# 包拯

## 和他的时代

马丽春 著

团结出版社

© 团结出版社，2025 年

**图书在版编目（ＣＩＰ）数据**

包拯和他的时代 / 马丽春著 . -- 北京：团结出版
社，2025. 6.
  ISBN 978-7-5234-1660-0

  Ⅰ . K827=441

中国国家版本馆 CIP 数据核字第 2025JT2890 号


责任编辑：时晓莉
封面设计：谭　浩

出　　版：团结出版社
　　　　　（北京市东城区东皇城根南街 84 号　邮编：100006）
电　　话：（010）65228880　65244790（出版社）
　　　　　（010）65238766　85113874　65133603（发行部）
　　　　　（010）65133603（邮购）
网　　址：http://www.tjpress.com
电子邮箱：zb65244790@vip.163.com
经　　销：全国新华书店
印　　装：三河市东方印刷有限公司

开　　本：170mm×240mm　　16 开
印　　张：28.25　　　　　　　字　　数：400 千字
版　　次：2025 年 6 月 第 1 版　　印　　次：2025 年 6 月 第 1 次印刷

书　　号：978-7-5234-1660-0
定　　价：78.00 元
　　　　　（版权所属，盗版必究）

# 目　录

# 引言：为何是包拯？

999 年二月二十五日（农历），一位伟大的人物呱呱坠地。此人就是本书主人公包拯。

包拯生前是位极优秀的政务官，官至枢密副使，但在历史上，却以威风凛凛的御史官、谏官著称。究其履历，他在中进士甲科后，十年不出，居家读书，侍候老父母，便以孝行名闻天下；约在 39 岁时，他才出来做官，从小县令开始起步，然后一步一个脚印，做过各种行政官员，官至开封知府、御史中丞、枢密副使。最后死在枢密副使的位置上。可谓鞠躬尽瘁，死而后已。他虽然出道迟，但履历丰富，且在每一任内，都留下闪光的政绩。这样的官员，在他那个时代，亦极为鲜见。

在生前，包公就已非常著名，尤其是在开封知府的任上，他是北宋一百八十多位开封府尹中，最为知名的一位。在他任内文件数量最为清简，老百姓打官司，可以直接上堂来，和他面对面；而他处理市政，不畏权贵，敢于执法；约束部下，纪律严明，严禁关说；而他自己，则带头守法执法。他在治理市政上的种种作为，都是开封历任府尹所没能做到的。也因此，包公获得了广泛认可。开封，又称东京，是当时全世界第一大都市，人口达一二百万，权贵多，经济活跃，消费指数高，又是北宋首都。包公能在首都市政上做出如此优秀的成绩，堪称历史第一人。

在御史官、谏官、御史中丞的位置上，从七弹王逵，弹宰相宋庠，弹劾皇亲张尧佐，再到后来的两弹三司使……包拯在弹劾时的风采，广泛出现在宋人笔记中。而他杰出的审案才能，则很快进入文学家和戏剧家的笔下，出现在各类艺术作品中。写北宋末年宋江起义的《水浒传》，在其开篇"引首"

中，提及仁宗降生时，昼夜啼哭不止。朝廷出黄榜召人医治。感动天庭，遂差遣太白金星下界，化作一老叟，进入宫廷。当老叟抱起仁宗时，在他耳边低低说了八个字，小仁宗便迅速止哭。这八个字是什么字呢？便是"文有文曲，武有武曲"：

> 文曲星乃是南衙开封府主龙图阁大学士包拯，武曲星乃是征西夏国大元帅狄青。这两个贤臣，出来辅佐。
>
> 这朝皇帝，庙号仁宗天子。在位四十二年，改了九个年号。……
>
> 且说东京城里城外，军民无其太半。开封府主包待制亲将惠民和济局方，自出俸资合药，救治万民。①

《水浒传》约成书于元末明初，自明中叶起，便被大量翻刻、传播。小说在人物和结构上多有虚构，当不得真，但历史学家认为，小说也是历史，小说和史料各有各的价值，小说提供更多的生活细节，这些细节，未必全然是虚构。就像诗歌可以证史一样，小说也可以证史。小说家之所以敢这样写，亦可见包公当时在民间的影响之大，用现在的说法，包公堪称一妥妥的流量王。故后期出现的大量公案小说，主角多是包公。

为纪念包公，包公祠后来亦在海内外广泛出现。在晚清末年，就连偏远的广东小县四会，都建有包公祠。每年元旦，县令会率领文武官员，诣包公祠行礼。② 而威风凛凛一身正气的"黑脸包公"，后来成了京剧中的一个著名脸谱。到了晚近，包公又进入了电视剧、电影、各种短剧中……当然这些艺术形象，和真实的包公，还是有相当距离的。但北宋一位官员，能以这样的方式，被人怀念，亦令人对真实的包公产生好奇：他到底是怎样一个人物？为什么在他死后不久，就进入了各类艺术作品中？为何是包拯，而不是别人？

---

① 施耐庵、罗贯中：《水浒传》，北京：人民文学出版社，1975年，第2页。
② 邱捷：《晚清官场镜像：杜凤治日记研究》，北京：社会科学文献出版社，2021年，第88页。

包公死于 1062 年，时为北宋仁宗（赵祯）期间。仁宗 12 岁就当皇帝了，一直当了 42 年，是北宋皇帝中，在位时间最长的一位。包公死后一年，他亦死。包公一生就在他手下做官，而他本人的故事则比电视剧更好看更精彩。包公死的时候，仁宗上门来悼念，为他"辍朝一天"。以这样的方式为大臣志哀，慰问家属，并且息工一天，也是一种极暖心的方式。

包公生前是三品官，死后追赠为二品官，谥号"孝肃"。这个谥号，还真很配包公。包公生前以孝著称，他的脸虽不黑，却也不无严肃。有意思的是，包公父亲包令仪，他的字为"肃之"。可见，包公的性格是有遗传的。有人天生不喜言笑，包氏父子，大约就是这一种。

包拯为自己取的字是"希仁"。古代同道之间都不称名，而称字，可见，一个人为自己取的字，代表着他的追求和理想。而包拯终其一生，和"希仁"两字，是十分匹配的。他表面看起来很严肃，内里却温暖如春，对工作始终充满热情，为人正派，廉洁正直，工作能力超强，且极富创造性，这就是一个真实的包公。

1973 年，包公墓及其家族墓被挖掘出来，这在当时，是极为轰动的一件事。包公及家属墓志铭的出现，让包公从传说中，回到人间里来。当然，还有很多最新研究，也让真实的包公活了起来。

这本书里，既写到了包公，更写到了那个时代，写了他的很多同学、老师、同僚和属官，刘筠、杨亿、范仲淹、欧阳修、晏殊、文彦博、富弼、宋祁、宋庠、张方平、苏东坡、司马光、王安石等北宋名臣，都出现在书里。他们或跟包拯同朝为官，或曾做过包公的属官，有的人曾举荐过包拯又弹劾过包拯，而在包拯死后，又主动要求来写墓志铭，比如欧阳修便是如此；而有的人曾深刻影响了青年包拯，后来成了包拯考上进士时的主考官，而在他死后，包拯又以独特的方式回馈了他，比如恩师刘筠；而有的人则为包拯的老同学，后来一起考上进士，几十年间同朝为官亲密有加，在包拯死后多年，又把小女儿许配给包拯的小儿子，这就是三朝为相的文彦博。而包拯墓志铭的作者，是他生前最要好的朋友吴奎。两人一起弹劾，共事多次，结下深厚的友谊。

　　包拯一生履历丰富,他的思想处处闪耀着光芒。他是个言行如一的真君子,守身如玉的真伟人,对自我有着极高要求的政治家,而在做事风范上,却又极具现代思想。他是行动派,不是空头理论家;重调查,也重然诺。他对民众的关心,体现在他的一百多篇奏折中。真实的包拯,远比传说中的更伟大,也更亲切。他的思想光芒,不光接地气,还有着深刻的现实意义。

　　本书最后一篇,写到了包拯的儿孙和他的著名后人。合肥包公祠,为何出现在包公死后第四年?包公的清白家风为何能传承久远?本书以史上最真实的史料作支撑,讲述最生动最真实的包公。

游学和十年归养

# 一、倔强的老祖宗

## 进士父亲白脸娃

999 年的春天，一个乍暖还寒的日子。坐标合肥东乡小李蛮村。中年孕妇张氏回了娘家。

张氏这一年快 40 岁了，已经生过两个儿子，那俩儿子后来都夭折了，这次她好不容易怀上了第三胎。快要生孩子了，她赶在临产前回娘家来吃个"催生饭"。这是当地一个风俗。意思是吃过"催生饭"后，胎儿就能顺利出世。

这天在娘家吃过中饭，张氏不愿意坐着不动，便一个人出门往柴山上走。柴山抬腿便到。那是个矮山坡，大树不多，杂草不少。张氏在杂草丛里搂点柴火，没到一个时辰，肚子就一阵阵疼了起来，难道要生了？张氏一惊。她是富有生产经验的女人，生第一胎时还紧张，现在从容多了，只是阵痛来得不是时候，她得赶紧下山。可一阵疼痛袭来，她只好蹲下来抱着肚子歇息。一共 13 次阵痛，她蹲下来 13 次小息。勉强回到娘家，没多久，孩子便呱呱坠地了。这孩子便是包拯。

这一天是公元 999 年的农历二月二十五日。现代人喜欢算星座，以此推测一个人的性格，那么包拯便是白羊男。他后来的很多行为，的确像极了白羊男。

传说中包拯生下来时是个黑脸娃娃。当然这是不可能的。他父母摆明了都不是黑人，怎么可能会生下一个黑脸娃娃呢？那纯粹是出于文学编排的需要，京剧里包公就是一个黑脸的壮汉子，一身正气，方脸，额头上一个著名的月牙儿，眼睛里不断喷发出怒火，让坏蛋们望之生寒闻之丧胆。这是舞台形象的需要。真实的包拯其实长得很英俊，脸色白净。一千多年来，包氏后裔坚决不承认他们老祖宗的黑脸形象，只承认一张画像是他们真正的老祖宗，那张画像就悬挂在包氏宗祠里，那个包公是一个儒雅的文质彬彬的形象。

包拯出生的这个小李蛮村，现在改叫小包村。随着包公的出名，小包村里留下一系列包公传说，"久留十三包""荷花塘""花园井"等。柴山后来被叫成"凤凰山"，那当然也是因为这个地方出了一个包公，千年难遇的奇人，还不是凤凰落下来的象征吗？那个柴山，安葬着包公的很多个祖先。在包公出大名后，祖先们的坟墓一个个被重新高高垒起。在村庄的下首，还有一块方方正正的农田，被叫成"衣胞田"，传说包公出生时的衣胞就埋在这个田里。

小包村后头有一口水井叫"花园井"，保存得非常好。现在去还能见到。是包拯外公家的吃水井，包拯小时候喝过里面的水。包拯在老家的痕迹也真的只有这口井了。

包拯出生时，父亲包令仪已老大不小。根据各种资料来推算，他此时应该40出头了。包令仪是983年癸未科的进士。他儿子包拯是1027年的进士，中进士时包公29岁。假如包令仪也跟他儿子差不多的年龄中的进士，那么到包公出生时他应该45岁了。当然他也有可能是位神童，20岁就考中进士，但这几乎不太可能，因为如果是这样的神童，那合肥县志不可能不记载，而他的官运也不可能如此不佳，终其一生，只是一个七品官员而已。他虽然是个进士，但名次可能很靠后，因为北宋官员的升官速度是和考试成绩联系在一起的，考得越好升得越快，考得差便升得慢。包令仪如果是25岁左右中的进士，那么16年后包公出生时，他已经是41岁的中年大叔了。

在很多话本小说里，包公是穷孩子出身，从小要放牛。而他父亲是个胆小怕事、虐待包公、吝啬小气的"包十万""包百万"。1967年上海嘉定县，在平整土地时，发掘到一个明代的董姓墓，居然发现这个墓里还保存着16种明代成化年间刊印的说唱词话刊本。其中一本是《新刊全相说唱包待制出身传》。①

这本词话里说包公 15 岁才读书，和烟花巷里的人结为兄妹，这已经很狗血了；居然还能考中状元。但这部离奇古怪的词话在民间很受欢迎。后来那些关于包公身世的故事都源于此，如《龙图公案》卷首的《包待制出身源流》和清代的《龙图耳录》都是在此基础上再创作的结果。这些小说中的包公有三个特点，一是长得丑，二是在家里从小被虐待，三是有个对他很好的嫂子。

《龙图公案》是一部关于包公的著名白话小说，明万历年间便有刊本问世，后来又有各种各样的版本出来，到现在还在流传，算是中国最早的通俗小说之一。明万历年间的版本，书封不题撰人。后人便猜测，有说是无名氏所作，也有说是一位陶先生写的。估计写这个东西偏低俗，撰写者都不好意思署上自己的大名。受这些话本的影响，定远人以为包公在他们那里做过县令，他们据此开发了一个包青天廉政文化园。那里说的包公，也和舞台形象差不多，和真实的包公距离已很遥远。

明朝的万历帝和宋朝的仁宗帝有得一拼，他们都是中国历史上的著名皇帝，一个在位 48 年，一个在位 42 年。他们自幼童起便当上皇帝，都是先由母后听政，自己长大成人后才开始亲政。当皇帝当得如此漫长，两位皇帝的故事自然也多。宋朝的那些著名人物差不多都在宋仁宗年间出现，比如晏殊、司马光、范仲淹、梅尧臣、王安石、欧阳修、包公、苏氏父子、文彦博、富弼、韩琦等，说得上群星灿烂；而万历帝呢，开始还勤奋，但到后来他当厌烦了，最后干脆不上朝，好任性吧？而且是几十年不上朝，天底下这样任性的皇帝也就他一个了。当然，明朝皇帝中也有很多很任性的，但像万历帝这样拒绝上朝直接和大臣对抗的，在大宋时代简直是不可能的。后来有一个著名学者名叫黄仁宇的先生，写过一本书《万历十五年》。这本书算是一本学术研究的书，可居然一纸风行成了畅销书，就是因为万历帝实在太奇怪了一点，让很多读者都产生好奇心，这个皇帝为什么这么特殊呢？

---

① 朱万曙：《包公故事源流考述》，合肥：安徽文艺出版社，1995 年，第 64 页。

跟万历帝比起来，那宋仁宗比他好得太多了。宋仁宗也算是很勤奋的皇帝，对大臣比较厚道，所以他死后庙号为"仁宗"。

五百年后，因皇帝不作为，不管事，朝臣们忧心忡忡，民间文学便因之纷纷出笼，借此表达民意讽刺时政，铁骨铮铮犯颜直谏的包公便成为最理想的文学形象，他的故事，被一而再、再而三地演绎和编排出来，这都发生在万历年间，实在也是不奇怪的。

拿包公来说事，千百年来人们津津乐道、乐此不疲，反映出老百姓内心的心理需求。有需求，便有产品应运而生。所以包公剧、包公案，便成了最受欢迎的大众文学。

单说包公的这个身世吧，是一点离奇都没有。父亲是个进士，无非生他时老了一点。父子俩皆进士，这在大宋时期的庐州府，是不多见的。庐州府三百多年间，只有三十几人考中进士，合肥总计 22 个。而在宋之前，庐州出的进士更少。古庐州有进士始于隋唐，但那时候的记录多半已亡佚，到底有多少人中过进士，也就成了一个谜。只有到了宋代，因为战争减少，老百姓生活安定，才有记录保存下来。[①]

这三十几个进士中，仔细研究起来，还很有意思。

包氏父子占了两个。马家父子，又占两个。这马家当年是合肥城的第一大户，最具影响力。马亮是 980 年中的进士，比包令仪早了 3 年。他和包令仪差不多是同龄人。他儿子马仲甫和包公又是同年（1027）进士。马氏父子为政清廉，政绩卓著。包氏父子和马氏父子肯定会有来往。只是目前还没发现什么更确切的史料。但以区区小合肥，同一个时间点内，两个著名的文化家族，几个著名的文化人，不可能没有来往。他们应该是朋友圈中的人物。

此外，庐州进士中还有杨察、杨寘两兄弟，杨察和包拯后来是同事，翰林学士，他的儿子是包拯墓志铭的书写者，可见他们两个家族之间是有来往的。庐江三兄弟王之道、王之义、王之深是同年进士。王之道是三兄弟中

---

① 张金铣主编：《合肥通史》隋唐五代宋元卷，合肥：安徽人民出版社，2017 年，第 273 页。

的老二，他儿子王蔺后来也是进士。此外，单打独斗奋斗成功的进士还有几个人。

这么一看是不是很有意思呢？几百年间庐州出的三十多个进士中，有三对父子，两对兄弟。最厉害的王家，则是一门四进士。这便成了非常有意思的一个文化现象。中国几千年历史中，出现过很多著名的文化家族，有的绵延几百年甚至上千年的，会出来几十个上百个大才子。比如和包公同时代的梅尧臣那个家族，便是非常厉害的一个家族。

梅尧臣是 1002 年出生的，比包拯小 3 岁，安徽宣城人。陆游曾把欧阳修的文章、蔡襄的书法、梅尧臣的诗，并称为宋文化的三大代表，可见他的诗写得之好。梅尧臣特别会写诗，几乎每天都写，什么样的体裁他都涉足，他的诗收录进他自己文集中的便有 2800 多首，体量堪称巨大。但他的考运又特别衰，屡考屡败。他叔叔梅询年仅 25 岁便中了进士，而他父亲梅让则终生在老家务农。

古代中国家庭中，通常是这样安排的。如果有两个儿子，家境不是太好，但也不是实在太差，咬紧牙关只够一个儿子读书，那便让一个去务农一个去读书，这种安排在经济学上最合理，回报率也是最高的。徽州的做法略略不一样，家庭如果有俩儿子，他们会安排一个学做生意一个去读书。因为徽州田地少，只有这样安排，才最合理。如果读书的那个日后求得功名做了官，那他就有义务救助在家务农或做生意的兄弟。反之亦然，如果读书的那个上不起学了，务农或做生意的兄弟就有义务拼尽全力去挣钱资助兄弟上学。这种安排，不能不说很聪明。日后读书的做了大官，做生意的也会得到关照。明清时期徽商崛起，绝大多数徽商家庭，都有读书人兄弟在朝廷当官。

梅尧臣家正是这样。因家穷，12 岁时他那个在外做官的叔叔梅询回来探亲，见家里穷他又聪明便把他带出来读书，自己亲自教育他。后来叔叔又安排他去做个小官，走的是"门荫"路线。

说到"门荫"，也算是宋朝的一个特殊现象。在大宋朝，只要有人做了官，就可以把兄弟、侄儿乃至门客、医生都带出来做官，这叫"门荫"制。后来，包拯的两个儿子也都是走门荫路线做的官。

梅尧臣中年时诗名已很大，可没有一个好出身，仍不免自惭形秽。梅尧臣 55 岁时靠欧阳修等人举荐，把他的诗集呈送给宋仁宗，皇帝看过诗集后也觉得他很有才，便给他一次考试机会。通过考试后，梅尧臣终于被赐"同进士出身"。整个宋代，被皇帝赐同进士出身的诗人只有两人。另一个便是陆游。①

包公考中进士的那一年，梅尧臣 26 岁，刚做上一个卑微的小官。如果不是叔叔梅询把他带出来，恐怕他一辈子都会和他父亲梅让一样，在宣城老家当着农民，写写诗歌种种田。正因为在外当官的叔叔把他带出来见了世面开阔了眼界，他虽然没有考中进士，却成了一个著名文化人。

可见考试这个事一要有遗传，二要有技术传承，三当然还要本人勤奋。每一行当大概都如此。基因如果不强悍，智商不高，又缺乏高明的师傅引导，本人又不勤奋，那一个人在黑暗中独自摸索要考中进士，除非天上掉馅饼，否则没有可能。当然机遇也是个因素。对的时间遇到对的人，包公便是如此。这个"对的人"便是他的恩师刘筠。后面再说他。

和包拯以后有同朝之谊，而且也和包拯一起参加过 1027 年进士考试的欧阳修，他的考运就不是太好。欧阳修考了三次才考上，他的第三次成绩考得最好，应该是状元人选，但皇帝在唱榜单的时候，把排在后面的人给拎上来做了状元，而欧阳修只是一甲第十四名进士，还是他自己在听榜时忍不住站了起来，通过自我越队声明，才给争取到的。问题还出在文章上。他在殿试赋上发表时论，寄托深义，揭露时弊，抨击朝政，皇帝看得不太顺眼，自然要把他往后面放一放。但他那个家族也是顶呱呱的，以写字闻名于世的唐代大书法家欧阳询便是他的二十世祖。欧阳修祖父欧阳偃兄弟有八，他的一位兄弟是南唐进士。欧阳修父亲欧阳观是宋真宗咸平三年（1000）进士。这一年的进士中，还有比欧阳观小 7 岁的弟弟欧阳晔。再加上欧阳修这个进士，

---

① 朱东润：《梅尧臣传》，北京：中华书局，1979 年，第 9 页。

欧阳家三代中也是一门四进士。① 我们不得不感叹：名门望族果然出人才啊。

现在回过头来说包氏家族。

包公的祖父名叫包士通，他终身布衣无官无职，读读书种种田，也曾做过乡村塾师，说明他的文化程度并不低；祖母宣氏，终身务农。父亲包令仪，少年时随父亲读私塾，是太平兴国八年（983）进士。这是包氏家族这一支几代人中的第一个进士。包令仪中进士后在京任职，公元1012年，包公14岁时，包令仪出任惠安（**今福建惠安**）县令。三年后任满回京，先后被授朝散大夫、虞部员外郎、分帅南京（**今河南商丘**）上护军、南京留守等职。

综合各种资料，包令仪的生卒年大约是958—1033年。比他早三年考上进士的合肥同乡马亮，是959年出生的，1031年去世。北宋时期的合肥名人中，马亮和包公是最著名的两个人物。马亮小时候很喜欢读文史类书，980年考中进士，初为大理评事、芜湖知县，后任工部侍郎、正三品工部尚书。死后赠官尚书右仆射，谥号忠肃。

马进士事迹不少，名声很好。死后合肥建有马公祠。马公祠一度被毁，后来南宋时在包公祠的西边又重建了一个。马、包是当年合肥人最景仰的两位人物。马公祠现在已经没有了，但他的事迹见诸地方志上。

## 倔强的老祖宗

据包氏族谱记载，他们的一世祖是春秋时期楚国的申包胥。宋朝郑樵《通志·氏族（三）》在"包氏"后注："出自申氏，楚大夫申包胥之后，以字为氏。"②

申包胥是春秋时期（**公元前五百多年**）的一位著名爱国志士。年轻时与伍子胥非常要好。伍子胥的父亲伍奢为楚平王子建太傅，因受人陷害，和其

---

① 刘德清、刘菊芳：《欧阳修传略》，南昌：江西人民出版社，2012年，第5页。
② 孔繁敏：《包拯年谱》，合肥：黄山书社，1986年，第1页。

长子伍尚一同被楚平王杀害。伍子胥悲愤至极，但他没办法，为防追杀只好出逃。在出逃前，申包胥特地备了一桌酒席为好朋友送行。席间，伍子胥酒后壮胆发下毒誓："我一定要把楚国灭掉！"伍子胥后来从楚国逃到吴国，成为吴王阖闾的重臣，他也是苏州城的营造者。苏州现在还有胥门。公元前506年，伍子胥协同孙武带兵攻入楚都，这时候楚平王已经死掉，他儿子楚昭王弃城出逃，伍子胥把楚平王的尸体挖了出来，鞭笞三百，以报父兄之仇。这是历史上非常著名的一个复仇故事。当楚昭王逃走时，楚国的很多忠臣义士也一起跟着他出逃，申包胥也在其中。他主动要求前往秦国，请秦国出兵联合攻吴。到了秦国，跟秦哀公汇报并请求他出兵，颇费一番口舌，可还是说服不了秦哀公出兵。申包胥眼见自己的国家即将灭亡，他当即在秦庭上大放悲声，据说他一直哭哭哭，眼泪哭干了还在哭……直哭七天七夜。这下秦哀公终于被他感动，决定出兵救楚。

申包胥在秦庭哭七天七夜救回楚国，这样的爱国心感天动地，成了他子孙爱国主义教育的最好范本。申包胥的后代，取他名字中的"包"为姓，他也就理所当然地成为包氏的一世祖。包拯为申包胥第三十五世孙。

申包胥的行为严重影响到他的很多子孙，包括包拯。什么叫爱国？什么叫忠贞？什么叫赤诚？这个故事中都有。这人做事还有点一根筋，或者说好听一点叫"拗、执拗"。再好听一点叫"坚持"。认准一件事，就坚持到底。包公的那些子孙们，都有如此个性。合肥话又叫"犟"。包公的性格也是特别犟的，估计包令仪也是个犟人，所以他虽然年纪轻轻便是个进士，但官运始终不佳。

我们顺藤摸瓜再来看看他的几位老祖宗吧。这只有从包氏族谱中来找找线索了。这是目前为止研究古代人物最靠谱的出处，尤其是不知名人物，在地方志上几乎不可能找到任何记载，如果本人及其子孙又都没有留下文字，他交往的人物中又没有著名的人物可能给他记上三言两语留下一点痕迹，那么，唯一的线索来源就是族谱上的记载。当然族谱记载只言片语，都是非常简单的。

　　下面这些资料的来源，是看守包公祠的包公儿子长房长子那一支后人中，一位名叫包先富（包公三十五代后裔）的生前留下来的。关于他们家老祖宗的资料，应该是他从包氏族谱或有关资料中抄录下来的。因为他们这一支的包氏族谱，在 20 世纪六七十年代动荡时期被抄走，包括唯一一张包公肖像。

　　这份手写资料中，包公是三十五世祖，包公上面的几位老祖宗如下：

　　二十八世祖，刚公。官至副校尉，因不阿，屡干时忌，二年解组，归田（肥东）。

　　二十九世祖，宠公。官侍中。后以世乱隐居柴山。

　　三十世祖，光公。聪颖，涉猎，满腹经纶。惜祸起萧邦，未展所学（住柴山未出）。

　　三十一世祖，传公。（公元 961 至 962 年间）初为庐州都护，是时天下归南唐，新降朝野，士民免兵焚之灾，公亦有功，生子二（逖公、远公），后遂寄籍庐阳。

　　三十二世祖，逖公。仕宋，为保宁守备，生子一，世忠。配阮夫人，卒后合葬东乡凤凰山，有碑。

　　远公为屯田郎中，配萧氏，生子一，栋忠。公妣合葬家穴柴山。有碑。

　　栋忠，字忘年，读书凤凰山中，自号栖梧先生，著有文集三十二卷行世。配胡氏。生子一，永封。公妣生卒失，合葬东乡凤凰山，有碑。

　　永封，字克嘉，才高学值，受业者不胜屈指，配颜氏，生子一，广学。公妣合葬东乡凤凰山，有碑。

　　三十三世祖，世忠（士通），字诸顺。赠太子少傅。配宣公登高之女。追封冯郡太夫人。生子一，令仪。葬东乡凤凰山。公妣生卒失，合葬东乡凤凰山，有碑。

三十四祖，令仪，字肃之，曾任福建惠安县知县，至虞部员外郎。赠至太保。皇妣张氏，追封口阳郡太夫人。生子三，援，授，拯。公妣卒后合葬大东门外螺蛳冈。

这份资料是包先富的儿子包训安（合肥市包公精神传承研究会会长），应笔者邀请，从父亲遗留下来的笔记中找到的。他拍图发来。这份资料弥足珍贵，因为 1986 年出版的《包拯年谱》中都未曾记录。

这份资料，传达出好几个信息，是以往包公研究中都没有注意到的，我们来大致梳理一下。

第一个十分有用的信息是，包公这一支是在三十一世祖（**包公的爷爷的爷爷**）传公那一代，始落户合肥寄籍庐阳的。

"爷爷的爷爷"传公，是包公的高祖。他到合肥来做"庐州都护"，那个时候天下一片大乱，正赶上五代十国的尾声，"天下归南唐"，年代应该在 961 年至 962 年间，正是包公出生前三四十年，这个高祖因为保护合肥城"免兵焚之灾"，立有军功，战乱平息后，他便留下来落户合肥了。

"庐州都护"是个什么官呢？相当于现在的合肥警备司令或者公安局局长，是个不小的官。既然官都当到这个份上了，他在合肥要落户也就一句话的事了。他在合肥应该置了房产，没有房产也不能落户。古代的户籍制度和现在差别不是太大。

再看这个高祖的前三代祖宗，要么是读书人，要么是出来做过官的。这位高祖的父亲光公满腹经纶，涉猎甚广，一辈子就在老家柴山读书。看来，他们这一支住柴山已有很久远的历史，无非到了高祖传公时才有机会落户庐阳城。

这个高祖的两个儿子，一个是"保宁守备"，一个是"屯田郎中"。这应该是大宋开国初期的事。宋太祖为拓疆域无一年不征战。大宋国虽然绵延 319 年，仅次于汉朝的 400 年，但宋朝的版图其实很小，就在中原这一带，合肥正处于大宋国的边界线上，历年兵家征战不休，战争频率很高。说起来大宋版图最大的时候也只有大唐的二分之一，后来到南宋时越来越小，只有明朝的三分之一、清朝的五分之一，真是可怜巴巴。宋开国初期，包公的两位曾祖都做到一定官职，表现应该是很不错。做"保宁守备"的那位，是包公的曾祖；做"屯田郎中"的是曾祖的兄弟。

第二个信息是，包氏祖上一脉书香，读书氛围十分浓厚。

包公曾祖的爷爷光公满腹经纶，一辈子都在柴山孜孜以求读书不倦。这是一位好榜样。爷爷的堂兄弟栋忠，字"忘年"，一辈子读书柴山下，自号棲梧先生，著有文集三十二卷行世。而包公爷爷包士通本人也是个书痴，他还做过教书先生，虽然没有像他堂兄弟那样写文章留世，但他最好的作品，便是给包氏这一支贡献出了第一个进士包令仪。

而有意思的是，那个有文集三十二卷行世的叔伯爷爷，他的儿子也是位书痴。这位书痴名叫永封，字克嘉，"才高学值，受业者不胜屈指"。看来他是当地非常有名气的一位教书先生。

包永封和包令仪，他们的爷爷是亲兄弟。包令仪考中进士，这是身边的一个最大榜样，包永封应该也取得过功名，比如中过举什么的，他才气很大，门下弟子遍庐州。这对兄弟在当年的合肥城都应该有相当的影响力。

第三个信息是，包公祖上的确出"犟人"。

比如那位二十八世祖刚公，官至副校尉，因刚正不阿，屡屡触犯时忌，只当两年官便回家种田了。二十九世祖宠公官居侍中，后以世乱隐居柴山。那是五代（907—960）十国（902—979）的乱世时期。大唐末期不到70年间出现五代十国、八姓十四君，整个大中国版图被各种大小政权割据，国家乱得像一锅粥。这时期不出来做官是对的。

宠公的儿子，那位博学的光公，也是一辈子安居乡下，乱世中不愿意出来做官。这几位都是正直倔强的祖宗。包公的爷爷和他的兄弟，也都是喜欢在乡下读书的人。后来包公考中进士，但为了侍候老父母起见，"十年不出"，闭门读书，看起来这都是有传统的。他的祖宗们这样做，他也这样做，这毫不奇怪。后来人说这是"孝"，这个标签贴在包公身上贴了一千多年，不能说贴得不对，但也说不上很准确——守在父母身边，读读书做做学问，本来就是人生的最大幸福。这个境界，包家人早就做到了，又何止一"孝"而已呢。

## 宋朝的制度建设

包拯出生的 999 年，正是北宋第三位皇帝宋真宗的咸平二年。包拯出生时，他父亲包令仪，这位老进士在做什么呢？查来查去，这个时候的包令仪似无官职在身。

这就奇怪了，一个老进士居然会无官无职？难道他犯什么错误了吗？

错误是没有的。无官无职也的确有可能是真的。而且像包令仪这样，有功名、有官阶却无官职的在有宋一朝，是非常普遍的现象。这就要说到宋朝的制度建设了。

前面说过，宋朝虽然版图不大但寿命却长达 319 年，是中国历史上第二高寿的朝代，仅次于有 400 年历史的汉朝。唐朝 289 年，才排上老三。论文化之灿烂，大宋绝不输于大唐。宋朝的皇帝还特别有才气，文质彬彬，比如那个著名的败家皇帝宋徽宗，除独创一种字体外，还能画画写诗，他的艺术品鉴水平很高，是位大艺术家。在历史上，宋朝皇帝整体素养是最好的，他们基本上不杀大臣和知识分子。

宋的前身是后周，后周很短命，从 951 年到 960 年，存在的时间连头带尾只有十年。当时与它一样短命的国家比比皆是，短短 53 年间换了五代，五代结束后，各地还有割据的更短命的政权存在。北宋的太祖、太宗两位皇帝，征战几十年开疆辟土，收复的地盘也远远未及大唐。而五代政权之所以短命，虽然原因各各不同，但除后梁是被敌对势力推翻、后晋是被契丹入侵所颠覆外，其余三个政权都是因内部军人政变而被推翻的。后周，就灭在内部军人赵匡胤的手中。

宋太祖赵匡胤是个有大智慧的帝王，但他的政权来得并不光荣，是从孤儿寡妇手中巧取横夺而来，历史上有两个著名的故事叫"陈桥兵变""黄袍加身"，说的便是赵皇帝巧取后周政权的故事。

后周太祖郭威待赵匡胤不薄，甚至可以说非常好。赵匡胤祖籍河北涿县，公元 927 年出生在河南洛阳夹马营。他父亲是后唐庄宗皇帝李存勖手下的战将，但后来家境变得十分不好。因为在军营里长大，赵匡胤年轻时便学会一手上好的骑射本领。21 岁时他开始闯荡江湖，但一直运气不佳，没人收留并赏识他，直到 950 年他来到河南邺都，投军在后汉枢密使郭威手下当兵，机会这才来敲门。因赵匡胤骑射本领高强，人又聪明，肯用脑袋思考，加之作战又勇敢，很快脱颖而出，成为郭威手下一员著名战将。

赵匡胤当兵第二年，郭威发动政变，把后汉政权三下五除二给颠覆掉，自己成为后周太祖。没几年，郭威就病死了，养子柴荣继位，史称周世宗。周世宗对赵匡胤也非常赏识，短短几年间，赵匡胤便不断因战功被提拔。

公元 959 年，也就是他当兵的第十个年头，赵匡胤已经做到"殿前都指挥使""殿前都点检"这样的高位，这个官相当于现在的中央警备司令员，直接负责保卫京枢皇宫安全。这说明，这个时候的赵匡胤正被周世宗高度信任，才会给这么关键的岗位。却没想到周世宗很快病死，年仅 7 岁的皇子柴宗训继位。在周世宗去世三个月之前，赵匡胤最敬畏的一个人物、宰相王朴也因突发脑溢血去世了。这样，后周朝廷里面，除孤儿寡母外，就没有任何一个人，可以拦截赵匡胤问鼎国家最高位置。这之前，很多战将也早已被甜言蜜语的赵匡胤给收买。

公元 960 年大年初一，后周君臣正在庆贺新年，朝廷突然接到紧急战报，说辽国与北汉正联军入侵边境，小皇帝和宰相当即命令赵匡胤领军前去灭敌。

部队次日便开拔，但走到离开封东北 40 里的陈桥却驻扎了下来。

当天晚上赵匡胤把自己喝得醉醺醺的，第二天一大早，各军将领带着部下来到赵匡胤的门前，呼喊声惊天动地。赵光义（*后来的宋太宗，赵匡胤的弟弟*）和赵普（*未来宋朝的宰相，赵匡胤的好朋友*）一起走进赵匡胤的住处，将他搀扶起来，递了一件黄袍披到他身上，然后大家一齐跪下来，大呼万岁，声闻数里，请求他当皇帝。

赵匡胤先是拒绝，但大家都不听，扶他上马，拥逼南行。他没办法，才不情不愿地说：

"你们自己贪图富贵，强迫我做天子，我是被你们逼的。如果你们都能听我的命令那我就当，如果不听，我就不当。"

部下全体下马，表示听命。赵匡胤就说出了他的三条命令：

一、小皇帝和太后，我仍然把他们当君主看待，你们都要好好对待他们；二、公卿大臣都是我的同事，你们不能欺负他们；三、进城时不许烧杀抢劫。

"如果你们都能做到这三点，事定之后我会重赏你们。如果做不到，则会诛杀严惩你们。这样，可以吗？"

大家都说好，没问题，都听你的。

于是，整理好队伍进京，一路皆无所惊扰，不到一天便成就了帝业。这就是历史上著名的"陈桥兵变、黄袍加身"。这一段记录出自司马光的《涑水记闻》，是最早记录陈桥事件的文字。

这个事件的主谋看起来像是赵光义和赵普。往好听点说，这二赵为建立大宋王朝，立下了巨大功劳。这就为后来赵匡胤去世后他弟弟赵光义成功接班，破了历史上皇位只传子不传弟的习惯做了伏笔。后来学者不断在研究这个事件的真相到底是怎么回事，至少有两点是可以判断的，"陈桥兵变、黄袍加身"肯定是个大阴谋，主谋是宋太祖本人，而非赵光义和赵普。

有好学好，有坏学坏。宋太祖当皇帝 16 年后有一天突然病倒，弟弟赵光义被紧急召唤来看病中的哥哥，当晚哥哥去世，去世时身边只有弟弟一人。第二天，弟弟即宣布哥哥已传位于他，这便是宋太宗。这个故事叫"烛影斧声"。应该也是个阴谋。这是宋朝开国之初两个最著名的悬案。

4 年后，宋太祖的长子德昭自杀身亡。次子德芳，在 2 年后亦病死。宋太祖只有两个儿子，在叔叔当皇帝后的 6 年时间内，两个侄子都不明不白死掉了。紧接着，宋太宗唯一的弟弟秦王（赵廷美）又离奇死亡。赵家三兄弟，最后只剩下老二宋太宗了。可是，不久后又有一件奇怪的事发生了——宋太宗的大儿子又被传出不幸。这个大儿子听说叔叔去世了，神经发作，点火烧房子，被逼自杀。

这么多奇奇怪怪的事都发生在皇帝家里，是不是给人很大的疑问呢？福尔摩斯出来，估计也破不了赵家的案，因为很多证据都被灭掉了。

为了解释政权来得光明正大，宋太宗在修史时便煞费苦心，虚构了很多故事，但难免挂一漏万，还是留下了破绽。

到他儿子宋真宗时，又花费数年时间，动用不少力量重修了一遍。但后世那些探案迷前赴后继，还是不断在里面发现了问题。可见说谎这件事，技术含量必须高。但再高明，还是会留下蛛丝马迹。

当宋太祖母亲杜太后听说儿子已做天子后，她老人家没有半点吃惊，脱口说出"我儿子素有大志，今果然矣"，这正说明宋太祖早就在窥视后周政权。他平时和家人已多次讨论过这个问题，或者至少已流露出他要做大事的痕迹。因为这个事情他弟弟赵光义是全程参与的。那么，最安全的讨论地点应该是在家里。

这个事情如果放在稍微正常一点的年代，一个做将领的人敢于窥视皇位，那是很不道德也是绝对不敢的。但因为是在五代十国的乱世中，军人篡夺政权成了家常便饭，宋太祖有这个"大志"敢在家里议论也便毫不奇怪了。他弟弟赵光义后来敢于"窥视"皇帝哥哥的皇位，也就不算很无耻了。因为至少这两个皇帝都是和平篡权，这已经比很多篡权者境界高多了。

宋太祖的高明当然不仅在于此。他在政权和平夺到手里后，鉴于大唐后期藩镇割据、各地政权崛起，皇权因之削弱，随后覆灭，紧随其后的五代十国又忽焉而起忽焉而亡的惨痛教训，为确保大宋江山不再重蹈前朝覆辙，而是牢牢握在赵家人手中，他在当上皇帝后，费了很多心思去思考这个问题。反其道而行之，是他首先必须去做的。

大唐王朝的覆亡和五代十国的短命，一大原因是武将和节度使、封疆大吏们的权力实在太大了，皇帝控制不了他们。宋太祖的一大政策便是"偃武兴文"，就是千方百计要削弱武将们的权力，提高文人的地位，地方长官权力要缩小，并全部改为由文官去管理。就是军队，也改由文臣去指挥，而武将，只能听命于文官领导。而文官本身又无权调动指挥军队，他只是皇帝命令的第一传达者。这样一来，武将们还能兴风作浪吗？文臣们又能把皇朝覆灭吗？

有一个著名的故事叫"杯酒释兵权"，就发生在宋太祖夺得政权后不久。

那些拥戴宋太祖"黄袍加身"当上皇帝的十位有功大臣，他们已当上节度使，拥有和前朝一样的权力。有一天晚朝时他们被宋太祖留下来喝酒，喝酒喝得正热闹，宋太祖突然屏退左右侍从，然后喟叹一声，脸上不无沮丧：

"这个皇帝是你们硬让我当上的，可我当得并不快乐，这皇帝实在也太难做了，还不如做节度使时快乐。我整晚都不敢安枕而卧啊。"那些刚当上节度使的难兄难弟，一听到皇帝说出这番话来，都很惊骇，不知道皇帝是什么意思。一个个说："现在天命已定，谁还敢有异心？""你们是没有异心啊，可难保你们的部下没有异心，如果他们也想要富贵，硬把黄袍加在你们身上，就像你们非要把黄袍披在我身上一样。到时候，恐怕你们也会身不由己。"

这些将领个个都是人精，听到这里，他们明白宋太祖已对他们产生怀疑了，搞不好会惹来杀身之祸，一个个都惊恐地哭了起来，恳请皇帝，给他们指明一条出路。

宋太祖喝了几口酒后，也不看他们，缓缓说道："人生在世就像白驹过隙那样短促，要得到富贵，无非是多攒点钱，多多娱乐，多置点良田美宅给后代子孙免受贫困，这样的话朕同你们联姻，君臣之间两无猜疑上下相安，岂不美好？"

次日，那些节度使个个上表，声称自己身体有病，请求解除兵权。

就这样，宋太祖靠几杯酒，没有杀一个将领，就把他们的兵权成功收到自己手中。这一招很高明吧？历史上技术水平达到这个水准的开国皇帝还真没几个。当然，宋太祖这一招并非原创，而是得之于宰相赵普的建议。但至少说明，宋太祖是很会听取建议的。

宋太祖对唐代灭亡看得很深刻，他的一个教训总结是：因为君主贪图安逸而怠政，从而导致大权旁落、中央失势。因此，他要子孙们牢牢记取这个教训，当皇帝的不能贪图安逸，必须勤政，还要时刻保持君臣上下交流通畅。这后来，也成为宋朝的祖宗家法之一。所以北宋早期几个皇帝，宋太祖、宋太宗、宋真宗，他们算是工作狂，都是非常勤奋的皇帝。

太祖是最典型的工作狂。他在位17年，除高居宫殿处理政务外，还经常微服到大臣家谈事。宰相赵普每次退朝后不敢轻易换衣服，唯恐皇帝驾到。一天，大雪夜，他想这样的天气皇帝应该不会来了，便换下衣服准备休息。没多久，便听到敲门声，赶紧去开门，见皇帝在风雪中站着，赵普惶恐中迎拜。

大雪夜，宋太祖还来到宰相家里商量事情，可见开国皇帝当得也的确不容易。那个时候大臣只要有急事找皇帝，差不多随时都能见到。

宋太宗也是个非常勤勉的皇帝。公元988年，他手诏告诫诸子，有这么一段话：朕自即位以来，已有十三年。生活一直朴素节俭，没有任何娱乐。潜台词是，皇子们，你们要以父皇为榜样啊。

接下来，我们要说一说宋太祖的制度建设。

因为制度才是根本，只有从制度上解决问题，才能确保宋朝不再短命。

一是削弱宰相的权力。前朝宰相是事无不统，权力巨大；而宋太祖的制度设计中，宰相权力大大缩水。在宰相之下，设有副宰相。

二是把财政大权独立出来，直接听命于皇帝。当然财政大臣手下也设置了副大臣。

宋朝的国务院叫中书省。宰相叫"同平章事"。意思是同皇帝一起处理政事。而"参知政事"，就是同宰相一起参加处理政务事的官，现在得叫副总理。财政大臣，则叫"三司使"。

此外，宋朝设置了枢密院以管理军政大权，相当于我们现在的中央军委。最高长官叫枢密使，副长官叫枢密副使。这是一个三品官。当然枢密使指挥不了军队，只是个决策机构。而能够指挥军队的人，却又没有决策权力。

三套马车之外，又有独立的检察纪检系统，以监督各级官员。就是御史台和谏院。他们的职责也各各不同，而且互相背靠背。做这两个部门的官员，录用条件十分苛刻，宰相本人无权推荐，政务官也不能推荐，以确保监督者和被监督者之间没有利益输送和党派关系。而且最后要由皇帝本人亲自拍板定夺，通常推荐的都是那些学术、才能、品行都很出众的人物，如果事后发现有污点，被推荐者还要负连带法律责任。

在这么一个制度设计下，所有人，除皇帝以外，几乎都被人监督着。想干坏事的可能性被大大压缩。

宋太祖最厉害的还有一招，那就是，他在干部任用上实行官、职、差遣三相分立的制度。官，只是用来确定品秩的，即俸禄、章服和其他待遇。比如拿什么工资，穿什么官服，享受什么待遇，属什么级别，官就是指这些，又叫"寄禄官"或"阶官"。而职呢，则是一种加官，比如大学士、学士之类，这是一种荣誉，又叫"贴职"。相当于我们现在的全国劳模、五一奖章获得者、院士之类。而差遣才是我们现在所说的真正意义上的官。比如县令、州长、御史之类，代表了真正的权力和责任。文官是三年一届。干完三年，如果没有新任命，就一边站去。

比如包公的墓志铭上，开头这么一段：宋故枢密副使、朝散大夫、给事中、上轻车都尉、东海郡开国侯、食邑一千八百户、食实封四百户、赐紫金鱼袋、赠礼部尚书……①

这么一大段，一般人都要看晕。其实，包公生前的官职就是枢密副使。别的那些都是他的官职待遇和荣誉官衔。食邑多少多少，那是指他享受的工资待遇。赠礼部尚书，则是礼部在他去世后赠送的官。这赠官还会延及他祖宗两代。这也是一种待遇。

第二段是墓志作者的自我介绍：枢密副使、朝散大夫、左谏议大夫、骑都尉、濮阳县开国子、食邑五百户、赐紫金鱼袋吴奎篆。②

吴奎是包拯生前的密友，他们是同年进士，后来又在一起共事。吴奎这一串自我介绍中，只有枢密副使代表着他当时正担任的实际差遣。别的都

---

① 孔繁敏：《包拯年谱》，合肥：黄山书社，1986 年，第 134 页。
② 孔繁敏：《包拯年谱》，合肥：黄山书社，1986 年，第 134 页。

是待遇和荣誉头衔。

说了这么多，也算绕山绕水，就是为了说明包公的父亲包令仪，为什么在取得进士功名多年后还闲居在家里，无一官在身。他老人家等到50多岁——宋真宗大中祥符五年，也就是公元1012年时，才等到上面的任命，做上惠安知县这个差遣官。

和别的朝代比，宋朝的中、高级官员俸禄收入是非常高的，而且名目繁多，除正俸（包括俸钱、衣赐、禄粟）外，还有加俸（包括职钱、傔人、衣粮、傔人餐钱、茶酒厨料、薪蒿炭盐、各种添支及爵勋供给），职田等。而且还有一点要说明的是，有没有差遣在身，在宋朝，待遇相差有一点，但不是太大，除非你是外放差遣，比如去很偏僻的地方做官，那会有一些补助。遇到有差遣时，拿的工资按最高的那个去算，就高不就低。比如七品官，俸禄只有八千，而做了一个差遣官，差遣官的俸禄是一万三，那做差遣官期间，实际收入就按一万三算。

这就是说，包拯出生时虽然老爸可能没有差遣，可还是有点俸禄可以领的，他们家境应该算不错。包氏父子终其一生对宋朝始终感恩戴德忠心耿耿，和这些，不能说全无关系。


## 等差遣等到头发白

25岁就拿到进士，却要到50多岁才做上小知县，包老爹这个经历，真的正常吗？当然不排除，包老爹年轻时曾经有过差遣，只是都很小，以致可以忽略不计。

宋朝的进士在历史上是最多的，这就影响到进士的就业问题。

宋太祖是很善于读书的皇帝，打仗时就很喜欢读书。当了皇帝后，读书更是不放松，他要研究很多问题，考虑顶层设计。他希望他的武将们都去读读书长长学问。宰相赵普"半部《论语》治天下"，也是被宋太祖逼出来的。

乾德五年（967），宋太祖刚刚平息了蜀中之乱，朝野上下松了一口气。

有一天君臣在一起谈到"乾德"这个年号，宋太祖对这个年号非常得意，赵普便跟着拍马屁也说好，翰林学士卢多逊却忍不住喷出了一句话："可惜，乾德这个年号是伪蜀用过的。"

太祖听了立即让人去核查，不久，报告上来了，说乾德真是前蜀的年号，而且还是亡国时的年号。宋太祖自认英武神明，可在要命的年号上却犯下这么一个大错误，惹大臣耻笑。他黑着脸喊赵普过来，拿起御笔，在赵普脸上一通乱写，边写边骂："你不学无术，怎么比得上卢多逊？"

骂完，宋太祖脱口而出一句话："以后用宰相，必须要用读书人。"[①] 智多星赵普就因为这么一个低级错误，发下毒誓：从今以后一定要好好读书。从此，他每天必从书匣中取出一本书来读。天天读天天读，总是那本书。别人就好奇了，到底是本什么书值得他天天去读？他死后，好奇者打开他的书匣一看，是《论语》，还只有前半部分。所以后人便以"半部《论语》治天下"说这个赵普。

太宗即位后，虽然政权来得不清不白，但哥哥的治国招数他是非常认同的，本着"拿来主义"精神，他不但全盘拿来，有的地方还发扬光大。比如取进士，太宗一上台，就大量扩充取士数量，第一榜系太平兴国二年（977），一次取士500人，这一榜取士数量就超过了太祖朝17年取士之总和。为什么要取这么多进士？太宗的解释是，多取一点，哪怕十人中只有一两个能用的，也就可以了。太宗时期，取士或隔年一次或三年一次，每次录取进士多达三四百人，加上诸科八九百人，共计一千多人。

在太宗时期，他的政府机构里充盈着很多新新人物，都是从进士考试中录取的新人类。他们给朝廷带来一股春天般的气息，年轻，有能力，有学识，忠诚，还有想法。这股力量迅速崛起，成为宋朝的中坚力量。

到了真宗时代，他在取士方面更是超常规，录取名额大量增加，曾经有过一次录取名额达到1638名的。真是破纪录啊。到他儿子仁宗时，对父亲的

---

① 梁庚尧：《宋代科举社会》，上海：东方出版中心，2017年，第2页。

做法稍稍做了调整，做出新规定，每次取士最多 400 人，还增加了殿试这道关卡，皇帝本人亲自主持最后一次考试。考中的进士，被称为"天子门生"。那真是春风得意。到了英宗治平二年（1065），科举固定为三年一次。

北宋时期，人人热衷于读书，只要能考上进士，官阶便到手，一生吃喝不愁，连祖宗八代都会跟着光荣。如果能考上状元，那更是出将入相光耀无比。太宗时吕蒙正状元及第，皇帝赐诗二首。真宗时蔡齐状元及第，招赐卫士 7 人给状元清道。状元及第的光荣，甚至连统兵十万收复失地的将帅劳苦归来都不能及。这让武将们不免暗暗失望。可有什么办法呢？宋代皇帝们就是要抬高文人的气焰削弱武将的光芒，重用文官。传说太祖曾立下誓碑，不许杀士大夫和上书言事者，这成为赵宋皇帝的家法。

"书中自有千钟粟""书中自有黄金屋""书中车马多如簇""书中有女颜如玉"，这四句话很多人都知道，这也是古代读书人最喜欢说的话，殊不知，这首诗的原创作者是宋朝的第三个皇帝宋真宗。连皇帝都这样说，这对读书人是多大的鼓励啊。

宋时，人才选拔方式花样繁多，有进士，有诸科，有武举。之外，还有制科考试和童子试。这其中，进士考试是最常规的人才选拔方式。又称"正途"。

比如前面说过的大诗人梅尧臣，考了几次没考上，最后是靠欧阳修等人推荐，皇帝给他一次特别考试机会才被"赐同进士出身"。这也是一种人才选拔方式。再比如苏东坡的父亲苏洵，比包拯整整小 10 岁，这人很有才气，唐宋八大家中他们家就占了三家。但苏洵年轻时特别贪玩，27 岁时才知道发奋读书。他在 18 岁那年考过一次进士，没考中；29 岁时再考一次又不中；37 岁时参加制科考试，还是不中。他命中就是跟考试过不去。

制科考试是一种非常规考试，难度比正常的科举考试还要大。科举考试那叫"贡举"。就像我们现在的高考一样，只不过它是三年一次。先从州县开始考，考中了叫秀才，然后才是举人，最后才是进士。而制科考试呢，是碰到国家有需要，皇帝下特诏，要招特别人才，让各地推荐，一旦考试通过，立刻录用为官员，而且制科出来的，升官速度特别快。包公的好朋友吴奎既参加过科举考试，也参加过制科考试。苏东坡也一样。这些人是双科"博士"，常成为皇帝的秘书和左右手。

太祖时代无一人报名参加过制科考试。太宗时代也没有搞过制科考试，大概正常的科举考试，人才已足够用了。到了真宗时代，才有人报考制科考试。而且允许有官职在身的人参加制科考试。苏洵参加制科考试是在仁宗时期。不过制科考试在北宋实行的时间也并不长，只四十来年而已，后来就废掉了。

童子试，是特为那些神童设置的考试。汉朝时便有，而且在年龄上有规定，有的是 10 岁以下，有的规定在 12 岁至 16 岁之间，能通一经及《孝经》《论语》者便可应试。考试合格便可拜为童子郎。写"昨夜西风凋碧树，独上高楼，望尽天涯路"的晏殊是个神童，但他参加的不是童子试，而是正常的科举考试。14 岁时，晏殊和数千名考生一起进京参加进士考试。几天后，因成绩优异，晏殊和众多考生一起参加复试。这次是在天子面前考试，叫殿试。晏殊拿到试题，对真宗说，"这些题目我以前都做过，能不能换个题目考呢？"真宗答应了，让考官给他重新准备个题目。新题目拿到手，他轻轻松松就完成了。真宗拿到他的答卷，看了连连称好。这次考试，14 岁的晏殊在众多才子中脱颖而出，成为北宋最著名的才子，被真宗赐同进士出身。[1]

包拯父亲包令仪，是太宗太平兴国年间进士，那一年应该有几百人获得进士。他的名次不会排在太前面。因为如果是一甲进士，像他儿子一样，那他很快就会有差遣。他等啊等，等到头发白了才有差遣。可见宋朝这个时期人才不荒。

## 进士二代的家教

包拯小时候留下来的故事非常少。有一个故事叫包拯放羊，但这故事应该是传说。

---

[1] 慕容苹果：《一曲新词酒一杯——晏殊传》，北京：北京工业大学出版社，2017 年，第 26 页。

　　姑且不说包拯小时候他父亲会否让他放羊，那也许是有过的，但在科举盛行的北宋，只要家境不太差，那时候的家长也和现在的家长一样，望子成龙心切，迫切需要子女好好读书、考上个功名以光宗耀祖，好彻底改变家庭的经济状况和社会地位，这比让子女去放羊重要多了。性价比最高的当然是好好读书。何况，那时候的包令仪也没什么官职在身，反正他已取得功名，如果家里农活多，雇不起人干活，他自己去干，三下五除二就干好了，儿子最多在旁边帮点小忙，让他知道农活的艰难、农人的不易，体验体验生活也就够了。

　　还有一个故事是说包公"三步成诗"的，写的诗是"只有天在上，更无山与齐。举头红日近，回首白云低"。

　　这明显是抄袭曹植七步成诗的故事。实际上这首诗是少年寇准咏华山的，和包拯毫无关系。寇准（961—1023）是北宋名臣，包公出生时寇准已经 40 岁。寇准父亲是后晋时期的进士，寇准 19 岁考中进士。那是宋太宗时期，最后一轮是殿试，要在皇帝面前考试。而宋太宗的惯例是，太年轻的他一般看不上，觉得人生挫折都还没有，典型的一张白纸，录取他们为官指不定会出什么事呢。所以年纪太轻的他往往不予录取。那么这寇准，也碰到了这个问题，有人提醒他，把年龄往上多报几岁，可以提高录取概率。寇准却说，"我刚准备好踏上仕途，怎么可以欺骗皇上呢？"这么诚实的态度，宋太宗是不知道的，但他当面提问时，这寇准却一副熟男状，回答得既通透又聪明，他没法不录取他。[1]

　　华山就在寇准的陕西老家，他小时候站在家门口就能远远望见这座山。寇准 7 岁时，有一天，有人让他以华山为题写一首诗。因为平时就留心观察，这题目出的也不算太难，寇准略思索片刻便吟出这首诗来，让人惊为天才。

　　但七八岁吟诗究竟算不算天才呢？也未必。因为吟诗对古人来说是家常便饭，他们通常从识字开始便受到相关训练，连吃饭时，大人都会训练你对

---

① 丁传靖辑：《宋人轶事汇编》上册，北京：中华书局，2012 年，第 200 页。

句子，上对下、南对北、白云对青山、红掌对青波，在那样的语境下脱口成诗并不是多困难的事。就像莫扎特在音乐家父亲的训练下，四五岁便开始学弹钢琴并练习作曲，到 7 岁时，他已经能够参加音乐巡回演出了。人以为神童。但后来有人做过一项这样的研究：让一批看着很普通的儿童，从 4 岁起就接受严格的音乐训练，到 7 岁时，这些儿童也都能参加音乐演出。而他们的训练强度甚至比不上莫扎特。这说明，刻意训练和反复训练在学习技术中是极其重要的。

相差四十岁的寇准和包拯，有一点是相同的——他们都是"进士二代"。他们的父亲，在他们的成长道路上肯定都起过至关重要的引领作用。有个进士父亲，家里会有什么氛围，想想都知道。他往来朋友中，文朋诗友肯定胜过农民。他平时最喜欢做的事，肯定也不是农活，而是读书、吟诗、写文章、练字，甚至有可能还在研究某种学问呢。这就是身教。

吴敬梓有个写了《破题六秘说》和《作文六秘说》的老祖宗，把他 7 次考试失败的经验总结成书，直接写出来供子孙们参考。这也是一种家庭教育啊。

进士一代和进士二代，在家庭教育上，显而易见，已有明显区别。贵族要三代才培养出来，出生在贵族家庭的叫"世家子"。包拯还算不上世家子，只能算读书世家。

真实的包拯小时是什么样子？在吴奎为他写的墓志中有这么一句话："**公幼则挺然若成人，不为戏狎。**"[①]这句话说，包拯少年时便像个小大人的样子，少年老成，这肯定是包拯自己亲口告诉吴奎的。

在《朱子语类》卷一百二十九，记载了包公少年读书时的故事。

（朱熹）泛言交际之道云，先人曾有杂录册子，记李仲和之祖，同包孝肃同读书一僧舍，每出入，必经由一富人门，二公未尝往见之，

---

① 孔繁敏：《包拯年谱》，合肥：黄山书社，1986 年，第 137 页。

一日富人俟其过门，邀之坐，二公托以它事不入，它日复召饭，意谨甚，李欲往，包公正色与语曰："彼富人也，吾徒异日或守乡郡，今妄与之交，岂不为它日累乎？"竟不往，后十年，二公果相继典乡郡，先生因嗟叹前辈立己接人之严，盖如此。①

　　朱熹在跟弟子说到交际之道时，提到他先人曾有一本杂录册子，那里面记载一个故事，说李仲和的祖父和包拯是同学，他们俩当时在一个僧舍里读书，每次出入都要经过一个富人家门口，但两人从没进去拜访过。有一天，富人等在门口，邀他们进去坐坐，这次两人都找了个借口，没进去。过两天，再走到他家门口时，富人又一次出来邀请他们进去吃饭，而且态度十分热情，李同学想进去，可包公非常认真地跟他说："他是富人，我们以后也许有朝一日还要在郡里做事，现在就随便和他交往，岂不是给以后带来麻烦吗？"包公坚决不去，李同学也只好不去。十年后，二公果然相继回到老家做了政府官员。朱熹因此感叹说，前辈们对自己要求之高、之严格，就是这个样子啊，值得我们好好学习。

　　包公知庐州不是十年后，而是他55岁时。他知庐州府时铁面无情，连堂舅舅犯事他照样在大堂里开打。这种做官风格，从他小时候当学生时的做派中便能找到蛛丝马迹。而那位李同学呢，在仁宗时期继包公之后在庐州做官的，有位名叫李端愿的，不知是不是他？若是他，便更能证实这个故事了。这样看来，包拯的少年老成和他为官时的做派是完全吻合的。

　　他们读书时的"僧舍"到底在哪里，也有各种说法。程如峰的《包公传》，说是兴化寺：

　　　　包公读书时的塾馆设在城里的兴化寺。寺庙里的环境幽静，庙宇宽敞，空气流通，光线明亮，不付房租，便可就读，深受贫苦读

---

① 孔繁敏：《包拯年谱》，合肥：黄山书社，1986年，第9页。

书人的欢迎。包公学习和住宿都在兴化寺里面。他举止端正，读书用功，品学兼优，庙里仁岳和尚对他十分尊重，两人结成了好友……①

但这兴化寺，果真就是少年包公的读书处吗？也还缺乏证据。

有人说，那个僧舍，是在合肥城郊浮槎山中。但这个浮槎山，可能性也是非常小的。浮槎山离合肥城有点远，是合肥境内最高的一座山峰，虽然浮槎山风光不坏，寺庙不少，佛教鼎盛时有十余处寺庙。但浮槎山僧舍离合肥城也着实远了一点。北宋时期，流民不少，劫案时有发生，学生若去此处读书，可能性有，但考虑到要过富人家门口，富人在此盖大宅院似无可能。

最大的可能还是合肥城区的寺院。而且这个寺院还不能太偏僻，因为太偏僻也撞不到富人啊，而且又刚刚好要从富人家门口经过。

包公一家在合肥城里是有房子的。他到了上学年龄，就在合肥住家附近的僧舍里读书，这是最大的可能。

淮河路是老合肥城区一条著名的路，呈东西走向。淮河路的东头，现在叫步行街。步行街上有李鸿章的老宅，往西走不远是段家祠堂。而淮河路这一段，一千多年前，却是一条舟船往来不断的河流，名叫金斗河。当年的合肥城，又名金斗城。

多年过去，金斗河变成了一条死河，这是元代的事。再后来，这条河流彻底消失了。消失的原因是它成为死河后，成了一条臭水沟，20 世纪 50 年代初期，市政当局决定把它填平。现在的鼓楼那个位置，还有小桥的痕迹。那个地方以前有座城楼式的雄伟建筑，叫镇淮楼。合肥是南宋时的边城，而淮河便是南宋的一条边界线。镇淮楼那一带正是以前合肥的市中心。

20 世纪 80 年代安徽省电信局盖大楼，地基挖下去 3 米深处，发现有内河痕迹，宽约 50 米，长约 300 米，并发现多处有用条石砌就的台阶码头，可见这一段，实际上是停泊船只的船坞和港湾。

---

① 程如峰：《包公传》，合肥：黄山书社，1999 年，第 10 页。

因水系发达，一千年前的合肥城就像威尼斯，大小河流就在合肥城里穿梭，桥多、半边街多，是合肥城的一大特点。所谓半边街，就是一边临河，一边是房子。至于它具体的样子，可以参照上海朱家角、周庄，浙江西塘、乌镇，这样的水乡风貌。

包公的故宅，在清康熙三十年（1691）续修的《庐州府志》中记载得很详细：

> 包公故宅在城南镇淮楼西凤凰桥巷，有读书台，濒肥水，土人呼为"香花墩"。明弘治间，宋太守监改城南梵宇为包公书院，命公二十四孙大章读书其中，对岸则公之后裔家焉。嘉靖己亥，御史杨瞻按庐，修葺书院，为建家庙，而香花墩之名遂移于城外。[①]

包公故居在包氏族谱中叫"孝肃公祖居"，一字之别饶有深意。既然叫祖居，那这房子应该是包公的祖宗们买下的。离包公祖居不远处，就有一个著名的寺庙，叫明教寺。这个寺庙始建于南朝，距今已有 1700 余年历史。这个寺庙是目前合肥城内最大的一座寺庙。如果当年有儒生寄居于此，借寺庙的一两间偏房做课堂，招收几个学生，讲点经义，是个非常理想的读书场所。包公从家里出来，走不到十分钟也就到了。这里有富户住也很正常。所以包公在这个僧舍读书，是有可能的。

包公是合肥东乡人，而在合肥北乡，19 世纪时有李氏父子数人，有一个官当得比包公还大，全世界都知名，连美国《时代》杂志都曾经拿他做过封面人物，可他父子却都是包公的铁粉。这人就是李鸿章。

李鸿章一生受包公影响不小，1884 年身为直隶总督兼北洋通商大臣的李鸿章个人捐银 2800 两，把包公祠重新修葺一新，还写了一篇《重修包孝肃公祠记》。他在生前做出决定，死后要埋在包公边上。

---

① 孔繁敏：《包拯年谱》，合肥：黄山书社，1986 年，第 9—10 页。

说李鸿章是包公精神的追随者，大约是没有错的。而其大哥李瀚章也是个包粉，他曾花钱翻印过《包孝肃公奏议》，在序中他这样交代说：

《包孝肃公奏议》十卷为门下张田所集，千百年来，流传盖寡。公产于庐而无是书，乡后进无能读公书者。先君子官比部，纠同志，建会馆京师，奉公栗主，其中心向往公，而时时以不见公遗集为恨。瀚章宦辙所至，遍物色而不可得。……①

这段文字里说他父亲李文安（1801—1855）生前就到处找寻《包孝肃公奏议》，父亲没找到，儿子接着找，李瀚章每到一地做官都要找这本书。他后来奉命去广东，得与端州人交往，而端州，正是包公做过知州的地方。到了这里做官，李瀚章特别有感触，他说我何其有幸，能够和包公出生在同一个地方，又同在端州做过官。

李鸿章后来就把墓地选在包公墓边上，说来还和他大哥李瀚章有点关系。

1865 年，李鸿章就任两江总督不久，他家人就开始为他找墓地了。那一年他才 43 岁。家人给他选了很多个地方，李鸿章都不满意。一直过了二三十年，墓址才选定，那是离包公墓地一里左右的一块地。风水看起来不错。在李鸿章给他大哥李瀚章的家信中这样说，"我对风水之类其实是不太讲究的，但能邻近包公墓，又能靠近南淝河，这是我喜欢的"。可见，李鸿章内心深处是很乐意以他的这位乡前辈为榜样的，也希望像包拯一样能够留名青史。

李鸿章出生的合肥北乡，离包公老家合肥东乡，离得也不是太远。算是同一块土地。

李文安、李瀚章、李鸿章父子三人在 19 世纪皆考中进士，这在合肥北乡是一件了不起的事情。那块土地上，几千年来也就这三个人比较著名；而不远处的合肥东乡，八百多年前，包令仪、包拯也是这片土地上的父子进士。

---

① 杨国宜：《包拯集校注》，合肥：黄山书社，1999 年，第 347 页。

包拯更是大名垂天下。虽然官做得没有李鸿章大，可当年那些帝王将相，又有几人被百姓传唱到如今？老百姓就知道两个人，一个是关公，一个就是包公。

李鸿章和包拯都有一个进士老爹，算是他们的共同点，他们自己是进士二代。

细究起来，这进士一代和进士二代，在读书上还是有些不一样的。包拯怎么读的书我们不太知道了，但李鸿章怎么读的书，还是有些知道的。不妨从李鸿章来反推一下包公。

李鸿章6岁启蒙。他进父亲开办的私塾"棣花书屋"读书，后转学"费氏墨庄"私塾。但也有资料说他6岁时师事堂兄李少岚，后从当地名儒周先生处攻读四书五经，18岁便成府学廪生。22岁参加乡试，中第84名举人。后来去京师，经父亲介绍拜曾国藩为老师（**李文安和曾国藩是进士同年**）。25岁时考中进士。而他父亲李文安因家贫，8岁才能读书，13岁时他才读完"四书"和"毛诗"，34岁始中举人，38岁才中进士。他读书的条件比儿子差，老大不小才考中进士已经是很厉害的了。李鸿章启蒙时，李文安自己还是个秀才，只能开个塾馆教几个童子，附带着温习功课。他什么都要比儿子晚一拍。而李文安的父亲李殿华是个乡下读书人，家有几十亩地。他在科考路上跌跌撞撞始终不如意，只好在乡下开个塾馆教几个童子，农忙时也要去种田，农闲时才教书，既耕又读，是个标准的乡村知识分子。

李家三代人的命运和八九百年前的包氏三代人，并没有太大区别，无非活在不同的年代而已。而科举改变命运，仍然是他们的最终出路。无论是宋朝还是清朝，在这一点上，也区别不大。甚至就连考试科目、时间和形式，也都差不多。

在一千多年时间里面，古老的中国就像一辆运行缓慢的老牛破车，很多方面，你来来回回穿越着去看，发现并没太大区别。比如宋时就有印刷品了，宋画甚至比清画还伟大。而宋代的诗词也到处可见。甚至宋代的文人个个都风姿绰约，活得气宇轩昂，书、画、诗词、歌赋都会，连皇帝都那么有才，后来呢？元、明、清，在很多方面甚至有一代不如一代之感。现在有很多人追慕唐宋，渴望穿越到宋时明月中，被那些光鲜笼罩着。其实宋朝也不是没有问题，这在后面还要讲到。但有一点，宋朝取士之多，是历朝历代都没有过的。无数贫寒子弟都借科考一举成名，考得最优秀的那些人，则成了皇帝手下的名臣。

比如那个"先天下之忧而忧、后天下之乐而乐"的范仲淹，他是典型的贫家子，2岁时父亲去世，他母亲是个妾，因贫无依被逼着嫁人。作为一个"拖油瓶"，范仲淹在继父那里还是受到相当爱护的，以至于他自己，很长一段时间内都没有发现他的身世之谜。直到上中学时，有一次，继父的两个儿子花钱没个节制，他便规劝他们，岂料那两个哥哥说："我们用朱家的钱，和你有什么关系？"范仲淹听到这个话后急忙跑去问别人，他到底是谁的孩子。有人只好告诉他说："你不是朱家孩子，你是苏州范家人，你母亲当年是改嫁过来的。"知道身世后范仲淹开始发奋读书，他不希望再花朱家的钱。据说他读书非常刻苦，睡觉时连衣服都不脱，实在困了才闭闭眼睛。睡意袭来时，便用冷水洗把脸，清醒后继续读书。那时他和一个姓刘的同学，同在长白山一个寺庙僧舍修学。他在这个僧舍住了3年。头天煮好一小锅粥，放在一个盆子里，一个晚上过去，这些粥就凝固了，便用刀，把它划出四块来，早晚各取两块，取十多根姜蒜韭菜之类，把它们切碎，倒入醋，再放一点盐，跟粥混在一起，热一热就当饭吃了。[1] 这和战国时期那个"头悬梁"的孙敬同学有得一比吧。孙敬晚上看书学习也常常通宵达旦，邻居们都称他为"闭户先生"，就是一宅男。

范仲淹比包拯整整大上10岁。但在大时代面前，他们仍然算是同龄人。

20岁时范仲淹来到关中，结识当地名士王镐，然后又认识了道士周德宝、屈元应。其中，周道士擅长篆书，而屈元应则精通易经。有一天，他们几个人会聚在王镐家别墅里，或醉或歌正热闹时，有笛声自西南起，那笛声之美妙把范仲淹惊呆了。王镐告诉他，这是一位穷书生在吹奏，他已经吹了40年了。

---

① 诸葛忆兵：《范仲淹传》，北京：中华书局，2012年，第5—6页。

这笛声深深打动了范仲淹，他潜伏着的音乐细胞开始苏醒，回到长白山后，范仲淹有点心不在焉了，读书是不是还有意义呢？他开始思考这个问题。其间，他因喜欢音乐还曾一度追随音乐家崔遵度去学琴。不过，对音乐的痴迷很快就结束了，毕竟那个吹笛吹了 40 年的穷书生的命运摆在那里，范仲淹很快回到科举读书这条路上来。

范仲淹于 1015 年终于苦读及第，那一年他 27 岁。据说他未中第时曾祈祷过神灵，一愿为良相，二愿为良医。他后来成为北宋最著名的文臣。这种贫家子成为金凤凰的故事，在有宋一朝，是很普遍的。

包公三代，他的祖父包士通和李鸿章祖父李殿华一样，科举上一辈子没取得过功名，除了务农外，闲时教几个学生，也是个私塾先生，他平生最大的爱好就是总结科举经验，督促儿子包令仪好好读书。

包拯出生时包令仪已是庐州城非常有声望的学问家了。他虽然还没有差遣下来，闲人一个，可走哪都受欢迎，还有闲工夫好好读自己想读的书、做自己想做的学问，这就是人生最美的时光。当然，他很可能也受聘去做教师。但像他这样的进士，如果要开课收学生，那肯定是非常受欢迎的。但他父亲事实上也不可能什么差遣都没有，无非史上还没见到记载而已。但从其他进士的履历来看，差遣应该还是有的，无非很小而已，这是我们的一个推测。而且这个推测应该是非常站得住的。比如包公后来的同事欧阳修，他父亲欧阳观年近五十才考上进士，他进士考上后的第一个差遣是道州（**今湖南道县**）判官，后调任安徽泗县做推官。而写《资治通鉴》的司马光，他父亲司马池 27 岁中进士，得到的第一个差遣是河南永宁县的主簿。司马池在下层官位上原地踏步了 17 年。到司马光出生时，他父亲已当上县令。这说明宋朝时的官位升迁是有制度的，考中进士的人，一点差遣都没有，的确史上罕见。

司马光 6 岁启蒙，司马池为儿子选的启蒙教材居然是很难懂的《尚书》。《尚书》是上古的书，成书很早，后来秦始皇统一中国后实行焚书坑儒，《尚书》抄本几乎全部被焚毁，直到汉时才有了新版本。关于这本书的来龙去脉，故事层出不穷，反正这是关于上古文献的一本很古奥的书，现在人基本上看不懂，至于司马池为什么会选择这么难懂的书给儿子作启蒙教材，真是天知道。司马光当然也不懂，他只能硬背。7岁时，他听老师在给别的学生讲《左传》，他觉得《左传》中有故事，比《尚书》好懂多了，他一下子爱上了《左传》。回家后，还把听到的故事讲给家人听。他后来发奋研究历史，便和《左传》的影响有关。[①]

司马光和包拯都属进士二代。他们早年受教育应该有相像之处。司马光虽然有父亲做启蒙老师，但他还是入了塾馆的。否则怎么能听到别的老师在讲解《左传》呢？

包拯是不是他父亲启蒙的呢？完全有可能。至少他父亲会给他选定教材。如果他父亲那阵子有差遣在身，那么跟司马池一样，他会在教材的选定上亲自动手，也会辅导儿子的学习。当然，他也会把儿子交给一个塾馆，或请塾师到家来，就像包拯儿子包绶一样，家里腾出房子当塾馆，请老师上门来教学。

李鸿章的启蒙是在父亲的私塾里完成的。那么包拯也有可能是在包家的私塾或家塾里得到启蒙。所谓私塾和家塾，家塾是指家里出资请老师上门来教学，学生主要是家里的孩子。中国人聚族而居，大家族里通常都不分家，会有很多孩子。有条件的人家便请老师上门来教学。

包拯爷爷包士通，就是个私塾先生，他的侄子包永封，"受业者不胜屈指"，教得比他还出名。这个包永封虽然没考中进士，估计也中过举，至少是个秀才吧？因为私塾老师，表面看来似无学历规定，但事实上也是有的，至少得是秀才，或者是个举人，才会有人请。如果什么都没有，但学问很厉害，培养出不少人才的，也会有人请。当然了，条件差的人家，那老师只要识字多些，也可以去做教书先生。但像包家这样的家庭，不可能聘请一个没学问也没经验的教书先生。如果你自己考试都那么失败，你会教出一个成功的学生吗？

---

① 赵东梅：《司马光和他的时代》，北京：生活书店出版有限公司，2012年，第54页。

包拯那个叔叔包永封，门下学生众多，而且知名度很高，他未必会去做启蒙级别的老师，除非是富人请他出山当老师，给的薪水也很高，那是有可能的。

## 宋人都读什么书

宋人会读哪些书？几岁上学？这是个非常有趣的问题。

南宋诗人陆游和梅尧臣一样被赐同进士出身，他在一首题为《观村童戏溪上》的诗中有这样几句："三冬暂就儒生学，千耦还从父老耕。识字粗堪供赋役，不须辛苦慕公卿。"[1]

这里面透露出两个信息，一是宋时基本教育很普及，穷人家也会让孩子去学堂上课，识几个字，哪怕不能改变命运。二是农村学校通常都在冬三月开学。这些孩子平时帮着父母干农活，只有到了冬季，才能闲下来去读书。所以又叫"冬学"。一般是在农历十月开学，读到年底。

陆游在另一首《秋日郊居》诗中这样写："儿童冬学闹比邻，据案愚儒却自珍。授罢村书闭门睡，终年不着面看人。"[2]

这诗里说得非常可笑。儿童上学吵吵闹闹这可以理解，可他们的老师也实在太过分了，上完课就闭门睡觉，也是个"闭户先生"啊。难怪陆游称之为"愚儒"。估计是那种一辈子没考到过功名，在乡村学校混饭吃的老师。

陆游自己考运不好，但文章诗词却大好。他在乾道六年（1170）十月乘船北上，便见到很多学童。那地方已近四川了，学童看到有船舶停泊时，便都过来围观，有的挟着书，有的还在背书。那个时候已有印刷品问世，学生读书已经有教材了。

儿童什么时候启蒙呢？最早有四岁五岁的，也有七岁八岁的。看家庭条

---

① 梁庚尧：《宋代科举社会》，上海：东方出版中心，2017年，第86页。
② 梁庚尧：《宋代科举社会》，上海：东方出版中心，2017年，第86页。

件而定。苏轼说他自己是八岁上学。跟一个道士读书，同学有几百人，那是相当大的学校了。在江淮地区，这么大的学校几乎见不到，那个时候，四川文化明显要比安徽发达。

春秋时期山东出了一个孔子，那时候齐鲁文化领先于全国；而到了西汉时期，蜀地文化一跃而起。西汉时四川各郡、县，已有州学和县学。到了宋代，蜀地更是书院林立，数量之多在全国亦是罕见。出版业，四川也非常发达。宋代有四大刻书中心，成都、眉山便占了两个。唐文宗年间（827—840），四川已有雕版印刷的书出售。所以陆游看到四川的学童"挟书出观"，是毫不奇怪的。

苏氏父子的出生地四川眉山，被陆游称为"千载诗书城"，自古以来文化十分发达，就在苏东坡兄弟参加进士考试那一年（1056），光眉山一县参加礼部考试的人就有四五十个，当年进士及第的就有13人。而庐州一府有宋一朝，长达319年间，考中进士的也就区区三十几个人而已。这么一比较，文化的先进与落后便一目了然了。可跟别的地方比起来，庐州府也不是蛮荒地带，还算是有文化的，无非眉山更厉害而已。

宋代儿童启蒙书都读什么呢？出生于陕西的司马光毕竟是大学者，他在《书仪》一书中记录得十分详细：

> 六岁，教之数（谓一十百千万）与方名（谓东西南北），男子始习书字，女子始习女工之小者。七岁，男女不同席，不共食，始诵《孝经》、《论语》，是女子亦宜诵之。自七岁以下谓之孺子，早寝晏起，食无时。八岁，出入门户，及即席饮食，必后长者，始教之以谦让。男子诵《尚书》，女子不出中门。九岁，男子读《春秋》及诸史，始为之讲解，使晓义理。女子亦为之讲解《论语》、《孝经》，及《烈女传》、《女戒》之类，略晓大意（原注：古之贤女，无不观图史以自鉴，如曹大家之徒，皆精通经术，论议明正。今人或教女子以作歌诗，执俗乐，殊非所宜也）。十岁，男子出就外傅，居

宿于外，读《诗》、《礼》，傅为之讲解，使知仁义礼智信。自是以往，可以读《孟》、《荀》、《扬子》，博观群书，凡所读书必行择其精要者而诵之（如《礼记》、《学记》、《大学》、《中庸》、《乐记》之类，他书仿此）。其异端非圣贤之书，傅宜禁之，勿使妄观以惑乱其志。观书皆通，始可学文辞。女子则教以婉娩听从及女工之大者（原注：女工谓蚕桑织绩裁缝及为饮膳，不惟正是妇人之职，兼欲使之知衣食所来之艰难，不敢恣为奢丽，至于纂组华巧之物，亦不必习也）。①

除敦煌遗书有部分内容提到外，司马光的这本书是目前传世的唯一一部书仪类著作。

什么叫书仪呢？说白了，就是关于典礼仪式的一本指南性著作。司马光写的当然并非都是他原创，而是在参考前人著作的基础上，加上个人的观察、分析和总结整理出来的。后来南宋时朱熹和别的学者也写过类似的书，但传世的《书仪》只有司马光这一本。这本书写得很权威，历史上评价也很高，书中内容包罗万象，比如表奏、公文怎么写，私书、家书是什么样子，冠礼、婚礼、丧礼、祭礼又是什么样的程序，这本书里差不多都"一网打尽"。

在这段记录中，宋时儿童6岁便开始上学了。比我们现在还早，何况他们说的6岁还是虚6岁（**本书涉及的所有年龄，都以虚岁为准**）。

儿童6岁启蒙，老师教简单的数字和方位，男孩子要开始学写字了，女孩子则开始学习刺绣和编织等手工技术。

7岁时，男女吃饭开始分开。男孩子要背诵《孝经》和《论语》。

这一点，女孩子也一样。这与我们早先的认识，以为古时候的女孩子是不上学的，这里做了全部推翻。说明宋时教育真的很发达，完全出乎我们想象。

---

① 梁庚尧：《宋代科举社会》，上海：东方出版中心，2017年，第88页。

7岁以下他们叫孺子。孺子可以早睡晚起，饮食可以不按时间。也就是说，虽然6岁就入学了，但对孺子的上学要求是不高的。

8岁就不一样了，男孩子要开始背很难懂的《尚书》。9岁时老师开始讲解义理。女生也要读《论语》和《孝经》等书。

到了10岁，男孩子要出去寄宿了，比现在的孩子早很多。要求博览群书，还要会背。"观书皆通，始可学文辞"。也就是说，他们讲语法比较迟，写作文是在10岁后的事情。

当然，司马光这里说的只是一个大致的情形。生活中，会有很多特例，比如欧阳修因为父亲早逝，家里没钱请不起老师，他的启蒙老师只好由母亲郑氏来担任。郑氏是读过书的妇女，一辈子跟丈夫走南闯北，也是见过世面的女子。欧阳修当时住在随州，随州城南长着大片大片的荻草。这种草有点像芦苇，茎干坚硬。因为家里买不起纸墨笔砚，母亲郑氏便就地取材，用荻枝作笔，以沙盘当纸，每天教儿子认字。郑氏还经常带儿子去观摩碑刻，让儿子认识中国书法，学会欣赏。她还教儿子背诵《毛诗》和《左传》。

欧阳修家买不起书，只好借书看。他的左邻右舍中有书的人家很少，只城南一户李姓人家，藏书很多，欧阳修便常跑去借书看。看完还要抄下来。后来还和他家儿子李彦辅交上了朋友。李彦辅后来做了宰相宋庠的连襟，他和欧阳修的友谊则一直保持到老。

一次，欧阳修在李家墙角的壁柜里，发现一个沉甸甸的破筐子，打开来一看，是一部残缺不全的《昌黎先生文集》。昌黎先生便是"文起八代之衰"的大文豪韩愈。欧阳修一见到这套书简直喜从天降，当即向李家讨来读，李家主人看他这么喜欢，便慷慨地把书送给了他。

这套书深深影响了欧阳修，他在四十多年后还写过一篇文章《记旧本韩文后》，叙述这套书对他的影响。他是典型的韩粉，后来他的不少文学主张都能在韩愈那里找到源头。[1]

---

[1] 刘德清、刘菊芳：《欧阳修传略》，南昌：江西人民出版社，2012年，第12页。

　　而包拯，少时经历显然要比欧阳修和范仲淹来得幸福。他父母双全，家里有塾馆，少时启蒙有进士老爹做指导，家里不缺书读，10 岁时，为锻炼他的独立生活能力，父亲让他去僧舍寄读。这僧舍，离他城里的家又不远，他来来往往还能经过富人家门口。那位富人肯定知道他是包进士的公子啊，读书成绩又很好，富人自然想结交他。可包公不干。他对自己非常有信心，以后肯定也是个进士，还要回乡邦服务，做州长郡长的。从小就要学会约束自己——这肯定也是他父母的教导。

　　包拯成熟的社交观，也折射出包令仪的教育是成功的。他对儿子输出的观点，也正是他自己的为官做派。

# 二、宦游和宦学

## 生于草茅，早从宦学

关于自己的少年经历，包拯有点惜字如金，很少写自己。留下来的唯一一段话，见诸《包拯集》卷十"求外任（三）"的开头语：

> 臣生于草茅，早从宦学，尽信前书之载，窃慕古人之为，知事君行己之方，有竭忠死义之分，确然素守，期以勉循。……①

这段话，短短几十个字，把他的志向和操守都说透了。这里面只有"生于草茅，早从宦学"，算是交代他生平的。

生于草茅，这个好理解，是说他出生很低贱，是个平民家庭的孩子。早从宦学，按字面来解释，宦是做官。那么宦学便是学习为官之道。在秦汉之际确实有宦学存在，这是一种职官教育，学习怎么做官。相当于我们现在的公务员职业教育。要学习相关法律知识，要知道做一个公务员必须具备的道德操守，还要学习相关技能。

但官吏毕竟不同于别的职业，细分起来也很有讲究，法官和税务官是不同的，政务官和技术官也是不同的。古时候没有现在这样细分，一个官吏要处理的事情往往非常庞杂。没有能力的人只好设一个机构养一帮幕员。这个机构就叫幕府。幕员又叫师爷，就是在后面帮着出主意的人。官员碰到事情

---

① 杨国宜：《包拯集校注》，合肥：黄山书社，1999 年，第 195 页。

没有主张时，往往要靠幕府人员帮着出谋划策。在近代史上，绍兴师爷是很有名的。

近代大画家黄宾虹先生，年轻时便在扬州一个幕府，做过一阵子的"小录事"，可他因为老跑盐商那里看字画收藏，被幕府人指责不务正业，没多久便愤而辞职，从此终生不入官场。而 18 世纪另一个著名的人物包世臣，这人是个学者，一生著述很多，可科举考试，他只勉强考到举人，临到晚年才当上个小县令。林则徐 1841 年去广东督办禁烟时，专门取道南昌，特意拜访包世臣，听取他对禁烟的高见。就因为包世臣是个著名的智囊，他年轻时在官府中做幕员，中年时，他的名气已在名公巨卿中传播开来。可见，什么职业做到顶尖，都是很了不起的。

一个官吏需要具备什么样的操守和技能呢？书本知识当然可以学到一部分，但也必须有实践机会吧？我们现在的职业教育，差不多都有实习安排。曾经在官府中做过实习生的人，有朝一日再去做官，肯定要熟练得多。

包拯说他自己很早就留心并学习怎么做官员，他的职业设计就是做皇家官员。那么为官之道，他是从书本中学到的吗？应该不仅仅是。

公元 1012 年，真宗大中祥符五年，包老爹的差遣下来了，他被任命为福建惠安知县。14 岁的包拯有没有跟着去呢？

在包拯自己的文字里，没有留下片言只语说他小时候去过南方。所有包公的研究者，也就不敢明确说他去过惠安，导致他的青少年时期扑朔迷离，让后人无法得知真相。但笔者推测包拯肯定是跟着父亲去惠安的，理由有三点：

第一，宋朝的差遣通常都是三年，包令仪时年五十余岁，他不可能不带家属单身一人上任。

第二，包令仪只有一个儿子包拯，包拯时年十三四岁，青少年成长最迅猛的裂变时期，做父亲的不可能放任儿子的教育不管，尤其是在科举社会里，全家的目标就是让包拯考上进士。包令仪必然带在身边严格管教。

第三，宋朝官吏都有带家属赴任的习惯，而且朝廷也是支持的。交通补助有没有不知道，但一路舟行陆路都会有相应服务站的。比如驿站和沿途官府，碰到问题去找他们，是绝对没有问题的。

古代驿站，大的功能有两个，一个是传递官府文书和军事情报，第二个是给来往官员提供食宿服务，更换交通工具。驿站相当于我们现在的邮政系统、高速公路的服务区、物流中心，它也是官办的接待站、招待所。有了驿站，国家运转才能保持正常。我们电影中看到的驿站，只体现出一部分功能。

说起来，驿站历史至少已有三千年。中国历朝历代都很重视驿站建设。驿站肯定也是多点设置，有简单的也有复杂的，有大的也有小的。秦始皇时期是"十里一亭"，到了汉初，改为"三十里一驿"。而到了大唐，随着丝绸之路的开通，国内外交流日益频繁，原先只是传递官方信息、收集情报用的驿站，开始设置起"馆舍"，一跃而成官方接待站了。在盛唐时，全国共有驿站1643个，参加接待的服务人员多达2万多人，几乎都由当地农民担任。这解决多少就业问题啊。

有意思的是，驿站建设，在大唐时期便充分体现了现代精神。

因为政府没有多少钱投入到驿站建设中，而驿站馆舍的建设、维护与管理是要一大笔开支的，那怎么办呢？最后想出一个办法，让富人过来投资，也由他们来管理，当然富人也是要收取一定回报的。他们的回报，就是驿站这个物流中心建成后可以交给他们经商用。这样一来，富人就有了积极性。当然，驿站的最终控股方还是官府。而且各级官员到驿站来免费享受接待服务，富人也有了认识官员的机会，这对他们商业版图的拓展是有帮助的。当然，有资格享受免费接待服务的人员，必须拿出官府给你开具的介绍信或证明来，你才能一路通行无阻。不过那时不叫介绍信，而是官符。

在这里再插一句题外话。宋时为鼓励贫寒子弟进京参加考试，只要你拿到了考试资格证，沿途驿站也会给这些贫寒子弟提供免费食宿服务。[1]只不过，

① 梁庚尧：《宋代科举社会》，上海：东方出版中心，2017年，第114页。

免费服务不是很普遍，只在特别偏远的某些地方实施，比如四川便是这样做的。四川那时是科考大省，每年招生指标比较多，考上的进士也多，所以他们出台的政策也很惠民。

梅尧臣出生时父亲已经43岁，他是家中的长子，因为家里困难，12岁时便跟着在襄州当通判的叔叔走出家门。当然也是因为他那时候的诗已写得相当好，很讨叔叔的欢喜，觉得这孩子超聪明，孺子可教，窝在乡下可惜了。叔叔梅询后来每到一地做官，都带着他。

而那个曾经三年吃粥读书精神超赞的范仲淹，其实年少时，也一直跟着当官的继父朱文翰，辗转各地读书。

朱文翰曾知澧州安乡（今湖南安乡），后来又做了淄州长山县令，范仲淹这个继子始终跟着继父。范仲淹后来考上进士回苏州认祖归宗，苏州范家起初还拒绝他，以为他要来分家产，后来他申明并没有这个企图，范氏族人才同意他复姓。① 但范仲淹始终不忘继父对他的抚养之恩，他在庆历五年（1045）向朝廷打了一份报告，要求给他继父赠送官阶。后来朝廷赠朱氏"太常博士"，朱氏子弟以荫得官者三人。而且范仲淹还在河南买了"义田"四顷三十六亩地，赠送朱族。

至于欧阳修，他就出生在父亲的工作岗位上。他父亲欧阳观当时在四川绵州（今四川绵阳）担任军事推官，也是个很小的官员，虽然是个进士。欧阳修3岁时，他父亲又被调到泰州（今属江苏）当军事判官。从四川到江苏，千里迢迢，这个调动也够远的，路上估计都要折腾几个月。可调到泰州才一年多，父亲就死了。护送父亲的灵柩返回庐陵（今江西吉安）故里后，欧阳修和母亲便断了生活来源，只好又跟着叔叔欧阳晔远赴随州（今湖北）……

看看欧阳修的少年经历，他从小走南闯北简直是家常便饭。大文学家的成长经历，会刷新我们对古人的很多认识。

至于司马光，从小搬家经验也是很丰富的。

---

① 诸葛忆兵：《范仲淹传》，北京：中华书局，2012年，第4页。

司马光出生在光州（今河南光山），所以取名"光"。7岁便跟着父亲司马池开始"宦游"。从7岁到12岁，他去过洛阳，又去过首都开封。后来去过安徽的寿县，去过遂州、耀州、利州、凤翔等地，司马光从出生到20岁这段时间，他们家随着父亲工作的调整，满世界跑。

就眼界而言，宋朝那些大人物，很少能比得过司马光的。后来司马光做了一个历史学家，专门研究各个朝代史，这和他的青少年经历是有关系的。不只是《史记》启发了他，"行万里路"也启发了他。

包拯14岁时才开始宦游，做惠安县府的实习生，已经不算早了。包令仪能不带他去吗？


## 惠安在哪里

包令仪到东京吏部领取派遣证有没有带包拯去呢？没有史料证实。估计是他一个人去的吧。他应该去过几次了。他拿到惠安知县的派遣令后，得回来带家属，再出行。反正都是慢生活，也不急。

终于有派遣了，一家人都很兴奋。打包行李，接受亲友们的祝贺和宴请，并和乡亲们一一告别，这是可以想象的。

包拯也有他的同学和朋友啊，他也要一一告别。他的同学中有不少贫寒子弟，都是没出过远门的。

"惠安在哪里？"他们很好奇。

包拯说："我也不知道，反正是在海边，这边过去很远。我们这边很冷的时候那边还很热。出产的水果也不一样。听我爸说，那边的民风民俗和饮食习惯，都和我们不一样。"

"那你们一家都去吗？要去多久？"同学们继续问。

"我们都去。要三年吧。加上来回时间，估计要三年半……放心吧，我回来时都会给你们带礼物的。"包拯很热情地回答同学。

同学们恋恋不舍。和包拯在一起时，他们的很多知识都是包拯传授给他们的。他们没书看时就问包拯借，而包拯每次总是很大方很慷慨地把他看过的书借给他们读，只是一再叮嘱他们千万不要弄坏书。因为如果弄坏书，他父亲会拿他是问的。

包令仪有一次打包拯，就因为把他最心爱的一本书给弄得支离破碎。而包拯呢还有苦说不出来，因为那本书不是他弄坏的，是同学借去被搞坏的。那个同学也是个书痴，可他家里很穷，父亲常年在外面帮人家打零工，还常常揭不开锅。有一次，家人发现他没有去干农活而是躲在家里看书，他父亲回来把他狠狠修理一顿，打的时候一不留神这书滑落下来被乱脚一踩，书被踩得面目全非了。还书时，这个同学两眼通红含着眼泪，说出事情真相，包拯不忍心再责备他，只好把这书悄悄藏起来不让父亲发现。没想到有一天包令仪还是发现了，问包拯怎么搞坏的他又不肯说，他父亲一气之下把包拯痛打一顿。虽然包拯小时候也因为顽皮挨过父亲的打，但打得最厉害的属这一次。但他咬着牙坚决不肯说。

如果是现在，一本书坏了再买一本就是，没必要大打出手啊。现在买书多容易啊，手机上头天下单，第二天就送到家了。

包令仪去世之前，才知道他那次错打包拯了。还是包拯母亲张氏说出来的。而那位同学自此之后，再也没来上过学，后来他的命运也跟他父亲一样，成了打零工的农民。包拯后来想接济他，却再也找不到他了。这成了包拯的一件伤心往事。没有地的农民，生活真的是百般不易，一点点风吹草动，旱啊涝啊虫啊病啊，对他们都是灭顶之灾。包拯对农民的深切同情，和他小时候的观察和体验是分不开的。他们家的亲戚中也有很多是穷人，那些穷人的故事，是他们饭桌上经常聊到的话题，也借以刺激包拯一定要好好读书。

那么包令仪为什么会因一本书而痛打包拯呢？

这就要说到宋朝的书了。在包令仪那个时代，家中有藏书那是不得了的标志。书还很少，这是其一；书价很贵，这是其二。

包拯出来做官时，毕昇的活字印刷才发明出来。时间在 1041 年至 1048

年之间。沈括在《梦溪笔谈》里记载："**若止印三二本，未为简易，若印数十百千本，则极为神速。**"[1] 这段话不需要解释就知道，活字印刷的出现是个重大革命。从那时候开始，出版业才开始上规模。各种各样翻刻的书越来越多，书的买卖也开始频繁起来，书价也不再高高在上，很多人家都有能力买书了。南宋时杭州一地，有资料可考的书店就有二十多家。那时候整个中国出版业最发达的有三个地方，一个是杭州，杭州是南宋的首都，理应发达。杭州印刷的品质也最好最讲究。其次是蜀本。然后是福建。福建出品的书数量很大但质量却是最差的。当然，它的价格也便宜些。[2]

到南宋时，有书已经不再是梦想，也不再是奢侈消费。但在北宋初期，书还很少，那时候流行的是雕版印刷。而雕版印刷的起源呢，又直接来自印章。中国画里面往往都有印章。印章当然不光是这个用场，各种寺庙要用，官府要盖印，皇家也要大量使用印章，而一般贫民家庭是使用不起印章的。早期的印章材质多使用青铜和玉石，后来才用木制。魏晋南北朝时，道教里面用来印符咒的木印，已经大得不得了，足足有四寸大，刻有一百二十个字。这已是雕版印刷的雏形了。

9世纪中晚期，包令仪出生一百年前，江浙一带，市面上已有白居易、元稹的诗集在出售；在江西，道教的书也已能买到；而在成都更离谱，书店都已经出现，这真是新鲜事物，那还是唐代后期。安徽淮南等地则有人卖起了历书。历书的买卖应该比诗集和道教书更有市场。这应该是最早的书商。

联系到这一个背景，便可知道包拯家就是有书，也是一本一本攒来，很不寻常很不容易的。当包令仪知道他辛苦购置的书被儿子弄得面目全非时，他不暴打才怪。

---

① 梁庚尧：《宋代科举社会》，上海：东方出版中心，2017年，第37页。
② 梁庚尧：《宋代科举社会》，上海：东方出版中心，2017年，第40页。

## 县府实习生

有人估计要问了，那个时代，交通那么不发达，他们怎么出行呢？

宋人出行有以下几种：轿子，骆驼，牛马车，还有各式人力车。这在《清明上河图》上都有呈现。这幅画是中国十大传世名画之一，国宝级文物，现存北京故宫博物院。作者是北宋画家张择端。这也是张择端留下来的唯一一件传世作品。画作共有5米多长，画得十分逼真，体现了宋时绘画的特点，那就是工细、唯美、精致。这幅长卷记录的正是北宋首都开封的生活场景。有车有船有房子，有风景有人物，更有生活气息，这种画又叫"风俗画"。

《夷坚志》是南宋时期一本非常著名的志怪小说，专门记录各种荒诞故事。书中有一个故事，记载一官员去云南赴任，坐着6人抬的大轿从京城出发，一直抬到云南。既然是志怪小说，那说明坐轿子出远门是一笔很奢侈的消费，估计是个巨有钱的官人，这笔费用，皇家肯定不会给报销的。

坐船，应该是最便宜的一种出行方式，这叫"舟行"。那时候水路发达，造船事业蒸蒸日上，宋太宗时，全国每年造出来的船只已达到一个惊人的数字——三千三百余艘。当时中国的造船技术在全世界是最先进的，1078年时已能造出万吨游船。1974年，福建泉州曾经出土一艘宋代古船，居然有13个隔水仓。这种船，设计并不简单，一两个隔水仓进水，整艘船并不会因之沉没。

宋时造船业如此发达，说明需求量很大。包拯一家去福建惠安，很可能会选择"舟行"的方式。先从家门口不远的南淝河上船，经巢湖下长江，当然，陆路还是要走的。这一趟行程走走歇歇，时间不会短。看看风景也看看人，虽然辛苦，却也新鲜。尤其对包拯而言。

惠安县就是泉州下辖的一个县。那里有一个"特产"很著名——惠安女。现在的很多画家每年都会去惠安，去拍惠安女，画写生。惠安女有什么特别之处，吸引那么多画家蜂拥而至呢？惠安女一是服饰特殊，二是特别勤劳。因海边多风，她们通常都戴一个橙黄色的斗笠，斗笠下面是好看的各式花色头巾；上身着短而紧身的衣服，露出肚脐眼；下身穿肥大的裤子。这就构成一种特殊的视觉效应。

惠安县就在海边，宋时才设县。包拯一家一路风尘仆仆，好在古时候的人生活节奏都很慢，走走玩玩，玩玩走走，交交朋友看看风景，亦是极难得的机遇。这一路下来，包拯算是开了眼界。

他们先去泉州府拜访知府，接受指导，听取意见，顺便也算报了到。

28年后泉州知府换成杭州人沈周。沈周上任时带着他10岁的儿子沈括，沈括比包拯小33岁，他后来写了一本书很有名，叫《梦溪笔谈》。"梦溪"是当时沈括住的一个园子的名称，叫梦溪园。"笔谈"，是说他这些文字，都是些很随意的笔记。但就在这本看似随意写的书里，却写了很多奇奇怪怪的事，他写到了音乐、书画、哲学、天文、地理、植物、药物、农业、水利、建筑、气象、法律、军事，还写到人类学、考古学、语言学、数学，当然还有文学。只有你想不到的，没有他不写的，当然他也写点杂闻轶事，简直是百科全书。

沈家是个了不起的读书世家，沈括父亲沈周、伯父沈同均为进士。沈括从小读书就很疯狂，14岁时他已读完家中藏书。他和司马光一样，从小便跟着父亲宦游州县，眼界非同一般，是个特别有故事的孩子。

包拯跟着父亲去泉州府拜访知府，知府也让他的孩子出来跟包拯见面。可惜那个孩子不是沈括。但出生在这样的家庭里，孩子们估计都是书虫。当父亲们在一边交流治理州府的经验时，孩子们会在一起分享彼此读过的好书。这个时候的"小大人"包拯，也会讲述他一路上的惊险见闻。

沈括曾跟着父亲去拜访一位泉州籍的退休官员，他们说起一起案件，引起了他的兴趣，他便向那位伯伯讨来那起案件的卷宗看，五十年后他还记得那起案件，并把它写进了文章里。他这种经历就是"宦学"。非官员子弟是不具备这个条件的。

包拯在惠安时，他父亲恐怕也会带着他去拜访告老还乡的官员，走访当地名胜古迹，也会去民间看看民情。惠安女，包拯见到了，会不会很兴奋呢？还真难说。

惠安当时是个穷县。在这里当县令，是个苦差事。但读书风气并不差，读书人也不少。北宋置县时，惠安就有县学了。他们的县学叫"明伦堂"。包拯去惠安县后，就被父亲送到县学里去读书。他发现这里的同学读书都很刻苦。衣服穿得都很朴素，个子偏矮，在同学中，包拯算是鹤立鸡群个子偏高的。刚开始，他压根听不懂他们说的话，他也没办法融入其中，每天同学们都行色匆匆，各走各的路回家。

有一天，一个同学没来上学。接连几天，他都没出现。同学们也没当回事，每人都把头埋在自己的书本里。只有包拯，由于老师说的话听不太懂，读的书也是以前看过的，只能埋头苦读，沉浸在一个人的世界里，偶尔抬头，观察一下同学们的动静。

惠安县是和他想象完全不一样的地方。比如，街头所见，都是女人们在做事，连扛石头这样笨重的活，居然都是女人在扛。第一次看到几个女人在扛石头时，包拯呆立一边，他很想过去帮忙，甚至动了动嘴巴，但女人们根本没把他这个呆鹅放在眼里，她们吭哧吭哧就过去了，还嫌他挡路。

包拯回家以后问父亲，父亲说这是这里的习俗。女人们在家做事，男人们出海打鱼，她们习惯了。但包拯心想，就算是这样的分工也是不合理的。他曾看到街上有男人闲逛的，还有的男人在带孩子。惠安石雕当时很有名，而采石、运石、拉板车这样的重活却都是惠安女在做。

那个同学过了很久才出现。再出现时，他的神情明显不对头，脸上有凄惶之色。同学们也没上前问他的，似乎都不以为然，唯独包拯实在忍不住，放学时走到他身边，悄悄问他，"家里出什么事了？"这同学红了红眼睛，说他妈妈去世了，而且还是跳水自杀的。

包拯要到很多年以后才理解惠安女为何自杀。民国时期，还有很多惠安女自杀的，甚至还有集体自杀的。有的村成了光棍村。这也是很诡异的现象。

怎么会集体自杀？还把自己打扮一新手挽手走进水里？

她们现在被冠以"前卫女"的标签，其实是苦不堪言。那一身怪异的装束不是为了前卫，只是因为劳动方便。紧身衣、肥大裤、包着围巾、头戴斗笠，是因为海边风大，紫外线强烈，不如此便没法干活。

惠安还有一个很奇葩的风俗。惠安女出嫁时，只能在丈夫家住上三天，第四天便要回娘家住。直到生儿育女，才能回到夫家和丈夫长年团圆。如果没有怀孕，一年中，只能逢年过节时，才能回夫家住上一夜，第二天，就得返回娘家。有的丈夫因为见自己妻子时间太少，甚至连娘子长什么样子他都不知道。晚上才能见一面，那时候既没有灯光，又没有照片。有的惠安女因为没有生孩子，只能长年住在母亲家。这种反人性的习俗让很多惠安女活得很压抑。当然，现在的惠安已经没有这种现象了。但在古时，每一任惠安县令，最头痛的事不是收税，不是治安，而是妇女自杀。

包拯作为惠安县府的实习生，面对这种既荒唐又棘手的民风和民情，他第一次感觉到官府作为也是很有限很无力的，什么叫无可奈何？这就是。

他只是给那个同学塞了一笔小钱聊作安慰。那点小钱，是父亲给他的零花钱，让他上街时可以买点自己想买的东西。在合肥时，父亲从没给过他零花钱。他们家用钱一直也是很紧张的，家里穷亲戚常常要接济，根本没有余钱。只有到了惠安，父亲有了差遣费用，略高于以往的收入，他才有了一点零花钱。本来，他想把这些零花钱攒起来给同学买点礼物的，他答应要给他们每人买一件特殊的礼物，让他们高兴高兴。他也的确看好了各种小礼物，合肥市面上绝对见不到的，可是，他的零花钱经常没到月底就花完了。

有一次母亲张氏问他："爸爸给你的零花钱，都买了些什么？拿出来看看。"包拯说："没买什么。"

母亲不相信。"买吃的花掉了吧？"包拯只好点点头，他说街上好吃的东西很多，不够他花的。

母亲便批评他："一个孩子不要馋嘴，那是没出息的表现。你爸爸一辈子没有在街上买过吃的，都是回家来吃家里的饭菜。有饭吃就应该谢天谢地了，你还去买零食吃。"

其实那些零花钱，包拯一个子儿都没花在自己身上，基本上都送人送掉了。他见到街上的乞丐时，总是同情心大发作，而那些乞丐呢，一看这个小孩走不动路想施舍了，便蜂拥而上。包拯的那点小钱，还不够打发的。

有一天，包令仪终于发现儿子的这个毛病了。用现在的话说，这叫同情心太泛滥。包令仪那天陪着儿子特意走了几条街，指点他该怎样去观察社会，分析现状，找出问题，然后找到解决办法。作为最基层的政府官员，实际上并没有太大的权力，如果发现问题解决不了，只能向上级汇报，提出建议和方法。施舍本身是值得鼓励的，但小施舍，也是解决不了问题的。

这一堂课，是真正的"宦学"。书本上的理论必须和实践相结合才管用，包拯小小年纪便知道了这个道理。

县府工作有时清静有时烦琐。作为一县之令，管的事情也是很多的，举凡教育、治安、税务、司法、行政、民事等都要管理。父亲每天回来会跟包拯说一说他碰到的问题，这也算是父子谈心吧。顺便也指点一下儿子的学业。

那阵子包拯似乎有些迷茫。青春期的迷茫他提前到来了，而且是在远离故乡的他乡。他觉得就是做一个官吏也是很辛苦的，远非想象的荣光。他一天到晚苦读书，目标就是像父亲一样，若干年后考上进士，然后出来做一个官吏，可父亲头发都白了，满脸皱纹，等了几十年才等到一个县令，漂洋过海来到惠安这么一个苦地方，每天处理那么多头痛的事情，有的事情还根本处理不了，不是没能力，而是无可奈何……

这些迷茫他不愿意跟父亲说出来。毕竟父亲每天还是兴头头地去处理那些焦头烂额的公务。从父亲每天兴头头地去工作本身，有一天，包拯忽然悟出：这做事本身就是一种境界啊。对读书、对做官，人一旦不去刻意追求，那个目标便可以自动消失，而每天十分投入地去做事、去读书、去学习新知识、去研究新问题，反而浑身有劲，幸福快乐。

这个白羊男，其实很简单。他真的并不复杂，而且也和父亲一样，每天活得兴冲冲的。

很快，他的周围有了一帮很喜欢他的同学。他的朝气蓬勃的气息传染给他们，也让整个教室充满了阳光。

## 包拯那个母校

三年半后，个子长到一米六二、已经见多识广的包拯回到合肥城。城里的老房子有些年头了，他们不在的这些年，一个本家叔叔住在这里，帮他们打理房子和小花园。

包拯看到家里什么都亲切。他曾经在梦里一百次想念的那个小花园，小花园里的芭蕉树在静静地等着他。他小时最喜欢巴着眼睛看芭蕉，长得那么美那么秀气。他对生活的热爱也和这棵树有关。他在惠安，看到无数的芭蕉树迎面向他走来，那些芭蕉是可以吃的，他在惠安时无数次走近芭蕉身边观察它们，那些农民，都热情地招待他吃芭蕉。当然，还有各种只有南方才有的果子，农民都毫不吝啬地送给他吃。他们并不知道他是县令家的孩子，只觉得这孩子眼里满是欢喜和纯净，他们爱看欢喜的眼睛。当然包拯每次吃过，都会悄悄地丢下一点钱来。他知道这些人生活都很贫困。

回到家里刚安顿下来，包拯迫不及待先回一趟乡下，他要兑现自己的诺言，给每个同学都带一份礼物。

同学闻讯都一一赶到包拯家。小嘴巴叽叽喳喳说个不停。他们有的还在读书，有的已辍学在家做了农民，有的则在合肥城里干活。包拯把礼物一一分给他们，说了说这些年来他的经历。有同学听得很羡慕，不断地发问，也有同学沉默寡言，不太吭声。那不太吭声的同学，通常家里出现了新情况。

包拯大脑很容易被烧得兴奋，但他很快便会安静下来，该做什么还做什么。他觉得最幸福的事还是读书。他从读书中去发现历史，找到各种答案。他是个历史爱好者，但不像司马光，他只是喜欢去读历史书，并没打算去做个史学家，一是他的史学根基还薄弱，二是他兴趣广泛，历史、地理、天文、气象、书法、诗词、音乐他都感兴趣，而且兴趣点经常转移，但他又不像沈括，他并不想做一个百科全书似的学者。他觉得他更像是个社会学家，喜欢研究各种奇奇怪怪的社会现象。惠安女是他在惠安时的研究对象。不过，这项研究有点沉重，后来也就放弃了。

包拯回来后就面临重新上学的问题。他会去哪里上学呢？那时候的合肥有学校吗？

私人小塾馆自然会有，但要说到政府办的学校，还是有一个的，那时候的名称叫"庐州府学"，就是庐州府办的学校，地址就在今天的蒙城路与安庆路交叉口东北处，原合肥四中所在地。

北宋初年，百废待兴，官办学校还没来得及顾上，都是私人办学，直到包拯出生前一年，即公元998年，宋真宗发布诏令让地方设立学校。

这个诏令的出现，还有一个故事。

福建甫田有方氏族人，因为子孙众多，经济实力也不错，而且甫田当时也已俨然一大郡，却没有一个官办学校，他们便推举代表北上京师，上书朝廷请求开办学校。皇帝欣然同意，且下诏各地要办官学。①

包拯3岁那年，宋真宗又发布一道命令，给每个学校赐九经书一部。这个诏令表明，短短四五年时间内，宋王朝有不少地方已办起了官学。前面说过，出版业真正发达是南宋时的事，在北宋前期，书出得还很少。九经书的雕版印制成功，是五代十国末年，也就是包令仪出生之前的事。

庐州府学好像就是为包拯而办的。想想看，他出生时，各地才开始办学校。后来这个学校，还真和包拯发生了关系。

府学是官办学校，府学教官是由朝廷任命的。北宋前期，官学由地方长官或副长官督办。开始有教授是宋哲宗年间（1086—1100）的事。现在大学里才有教授，但在宋朝时，州学和府学里就有教授了。那时候的教授，是学官，相当于我们现在所说的教务长、教导主任之类，负责管理兼讲学。教授也是

---

① 梁庚尧：《宋代科举社会》，上海：东方出版中心，2017年，第65—66页。

三年一任，到任就要换人。

刚开始，教授由地方主管举荐申请，后来变成从京官或举人中考察选拔。再后来，朝廷发现，有人为了当上教授，还有走后门的、请托的，教授最后改由府州长官考察推荐，呈报礼部批准，再行委任。

庐州府学后来更名为三贤书院。这"三贤"，指的就是包孝肃公（**包拯**）、马忠肃公（**马亮**）和王定肃公（**王希吕**）。王希吕是宿州人，做过庐州知府，也是一位为官清廉、刚正不阿的人。元时这三贤书院，被更名为景贤书院。这个书院在合肥历史上绵延最长，知名度也最高。

1853年，太平军进攻合肥，一把火将这个书院烧掉了。后来，还是李鸿章那个极聪明、眼睛有毛病的弟弟李鹤章把它重新修复的。当然，他可能也是遵照李鸿章的指示去办的。这个学校就是李鸿章兄弟的母校。从某种意义上，李鸿章和包拯，说起来还是"校友"。

包拯进庐州府学读书，认识的只有两个人，一个是他的旧同学，那是少年时期曾在僧舍一起读过书的李同学；另一个，是他小时候见过的马仲甫。

马仲甫，是马亮的儿子。包拯小时候跟着父亲去过一次马家。宋时合肥城并不大，两家住得不远，走着走着也就到了。马家比包家气派多了，不像包家寒门素户的，连个仆人都没有。不过马家虽然气派，毕竟是读书人家，家里书多是包拯印象最深的。当时他便见到了马仲甫，也是一个脑门发亮读书很多的孩子。他们俩是同龄人，马仲甫带包拯去了他的书房，拿出他刚写的文章给包拯看，这给包拯刺激很大，因为他那时还写不到马仲甫的水平。马仲甫的诗也给他看了，他也觉得好。而马亮伯伯给他的印象则更深刻，因为他那时候还没有见到一个大人像马亮这样有水平的，说话滔滔，非常有智慧，还很有气质。那种气质他形容不好，就是很博学很幽默、又睿智又低调那一种吧。他非常喜欢这个大人，觉得他父亲身上还差一点。包拯也参与了他们俩的谈话，当然，他只能偶尔插一句，马亮伯伯听了居然很欣赏，连声夸赞他，有见解，而且敢于表达。

那次马亮非要留饭。包氏父子也便不客气了，包拯自然更想留下来。马家饭菜其实也很简单，只是素净的几个菜，但一家人很热情。吃饭前，马亮还考了考包拯的学问，包拯勇气上来了，在马亮面前还拿出他的一篇文章来，这文章他一直藏在身上，连在马仲甫面前都不敢拿出来，他觉得他的文章还缺乏马仲甫那种恣意纵情的东西，但骨头是有的，见识也是有的。马亮伯伯看了后盛赞他小小年纪见识不凡，文章很有深度，还让马仲甫要向他学习。

回来的路上，包令仪背后把马氏父子夸个不停，说包拯今天表现不错，还一再叮嘱说，要向马仲甫学习，在诗赋上还要下功夫。

马亮比包令仪出道早3年，但他仕途比包令仪好得多。他那时候在政坛已攒下相当人望，口碑亦甚好。为人有担当，有情怀，不俗气。这人从小便喜欢研究文史，是个学者型官员。考上进士后从七品官做起，最后做到正三品的工部尚书，是北宋合肥籍人士中最优秀的一位。

这人看人也很准。有一个故事，最能说明。吕夷简（978—1044）年轻时，跟父亲吕蒙亨到福州，他父亲过来做县令，那时马亮是他父亲的上级，正任职福州路。马亮通过几次交往，看出吕夷简这小青年很优秀，便要把女儿嫁给他。夫人刘氏听说老头子的决定后很生气，"你要把女儿嫁给一个县令儿子？"夫人觉得两家并不般配。马亮也不和夫人多解释，只回了一句话："这事说了你也不懂。"[1]后来吕夷简做上马家女婿后，果然没让岳父失望，他在23岁时考中进士，后来官居丞相，成了大宋名臣。

还有一个故事，似更能说明。这在《宋史》上有记载，说马亮看人特别准。田况、宋庠和宋祁还很小的时候，马亮就对他们很好，有人不解，马亮便解释说："这几个人，以后肯定会有大出息。"后来这几人，果然个个都成了北宋名臣。马亮家族先后出了十几位官员，成为北宋时合肥响当当的第一家族，这和马亮的过人之才是有关系的。

马仲甫和包拯小时只见过一面，后来再未见到。马仲甫跟着父亲走南闯北，比包拯走的码头还多，见的人更广，如今居然有机会在一起上学，真是喜出

---

[1] 丁传靖辑：《宋人轶事汇编》上册，北京：中华书局，2012年，第165页。

望外的事。

他们俩在学校里见到彼此都很高兴。马仲甫说了说他这些年的足迹、他一家人的情况，说他父亲一直关注着包拯呢，让见到代问好；包拯听了自然很感动。马仲甫说，他也听说包拯去惠安县的事了，便仔仔细细问起惠安的情形来。他也是才回到合肥来的，说他父亲也回来了，还是合肥城让他更喜欢。

开学不久，知府大人来学校视察，新任知府居然是马亮伯伯。这次他来学校，在校方负责人陪同下简单说了说话，他的话非常干脆、明快，没打官腔官调。马知府说，他本人非常希望在庐州府学中能培育出一批杰出英才来，未来出将入相，能成为大宋朝的栋梁之材，为国家为地方做贡献。他看到包拯时直接喊出名字出来，并且说一直关注着他呢，让他好好读书，大有希望。虽然说的话只有几句，包拯听了却热血沸腾，十分感动。看来马仲甫说他父亲一直记着包拯，还真不是假话。

回家后，包拯和父亲说了说马亮来府学视察的情形，父亲显得很感慨，他说："马公为人真是没话说的。他的政声很好，子女培养也那么成功。那你见到马伯伯时，有没有代我向他致意呢？"包拯不好意思笑了："没想起来。何况你也没有提醒我呀！"包令仪笑了："傻孩子，这些事难道还要爸爸提醒吗？"

后来寻一个时间，包令仪带包拯又去马府拜见马亮一次。这次因为回到老家来做知府了，马亮显得很感慨，他说了很多真心话，他说他最烦恼的事是那些亲戚朋友都上门来寻求他的帮助，直接回绝吧，显得不近人情，帮忙呢，又坏了规矩。这点让他很头痛，如果在外地任职，这些事都不是问题。

那次包拯印象最深的一件事，是马亮在说到他老母亲时，居然落泪了。说他长年在外做官，妻子孩子都跟着走，只有老母亲一直留在老家，他觉得他一生中最对不起的就是他母亲。这次他主动打报告要求回老家来任职，就是为了照顾老母亲。他说他不能在人生中留下这么巨大的遗憾。

宋史上说，马亮为官相当清廉。早年任职常州通判时，有人丢失官钱，事情发生后，这人被抓了起来，严刑拷打也问不出名堂，抄没他家产也不足以赔偿，让官府很伤脑筋。当时受他牵连被关押的人有数百，可仍然解决不了问题。面对这么一个大案，马亮这个新通判该怎么去做呢？

马亮接手后，先看了看卷宗，去狱中提审了犯人并做了一番调查，很快他做出决定：把他们统统放走，给他们一个很宽的偿还期限。

当马亮把他们放走时，官府里所有人为他捏一把汗：这样去处理有用吗？

事实证明不但有用，还非常管用。不到一个月，那笔巨款所欠部分如数偿还。政府终于长吁了一口气。

马亮知广州时，宜州（今广西河池）有一起陈进叛乱刚被平定，跟从陈进叛乱的澄海兵家属200多人，按当时法律规定，这些人都应该被没入官府做奴隶，可马亮放了他们。他认为家属不应该受牵连。

那时候冤假错案也多。而马亮每到一地做官，都要到监狱里调查，一旦查明冤假错案，当即放人。他在西川任职期间，有一起叛乱刚被平定，主将为邀功，准备大开杀戒，诛杀一大批人。当地气氛极其紧张。马亮觉得这事领头的就那么几个人，干吗要去杀那些胁从人员？他便刀下求情，救下一千多人，让紧张局面迅速得到缓和。

这种事情，马亮一生中还做过很多，他活了73岁，《宋史》称他"为政宽仁"，所以庐州"三贤"，他理所当然名列其中。

马亮的气度和为政风格，隐隐中也影响了包拯。

# 文坛大佬来了

1021年包拯23岁，已经结了婚，还没取得功名。这一年是宋真宗天禧五年，皇帝时常生病不上朝，宋王朝开始进入多事之秋。

这一年的庐州府走了马亮，来了刘筠。刘筠是未来影响包拯的一位重要人物。如果说包拯有恩师给他人生做过规划，那么刘筠应该算是一位。

知府和学生，本风马牛不相及，他们也不是什么亲戚关系，不像马亮是合肥人，乡里乡亲的，拐个弯都是亲戚，刘筠是京城空降下来的官，和地方上的一位学生，不可能发生什么故事。

但如果空降下来的知府大人是位文坛领袖、偶像级人物呢？那对青少年会有多大影响力，想想也都知道。

刘筠（971—1031）虽然也在地方上做过官，但更多时间是在京城里做官，而且他这官做得还不太一样，有很多年里，他都在皇家图书馆里编书修书。这是一项很寂寞的工作，多数时间都默默无闻，偶尔才能露一下峥嵘。但他一露就露大了，居然成为文坛红人。那一年，他才四十来岁。

刘筠是河北大名人。这大名是冀鲁豫交界处的一个地方。在北宋时，叫北京。宋朝共有四个都城，河南开封是首都，称东京。距开封 130 里处的西部洛阳为西京。东部约 80 里处的商丘，则是南京。

刘筠，字子仪，因他在皇家图书馆就是宋人所说的"秘阁"里做过"校理"，所以又被称为"刘校理"。此外，他还有一个名号叫"刘中山"。这个外号怎么得来的，现在已无从得知。

刘筠考中进士后的第一份差遣，是在老家边上的一个县做县尉。县尉做满三年时，机会来了。

前面说过，宋王朝和五代十国完全不一样的地方，在于政策上的"重文轻武"。重文的表现除了大量使用文臣、鼓励全民读书、重视教育外，还非常重视史书的编修。尤其是在宋初，编修史书是皇家一项非常重要的文化工作。宋代四部大书《文苑英华》《太平广记》《太平御览》《册府元龟》，前三部都在宋太宗时期完成，后一部《册府元龟》，在宋真宗时期编纂。而刘筠，恰恰参与了这套书的编写。因参与这套书的编写，也改变了他此后的人生。

景德二年（1005）九月，真宗诏令资政殿大学士王钦若和知制诰杨亿，同修《历代君臣事迹》一书，日后参与这套书编修的还有钱惟演、夏竦、李维、刘筠等人。

刘筠才做过一个偏远地带的小县尉，怎么一下子就能到秘阁里来修书呢？说来这个机会还是杨亿给他的。

在说杨亿之前，先说一下这套书的另一个主编王钦若。王钦若（962—

1025），是淳化三年（992）的状元。在担任这个主编之前他已经做过参政（副相）了。这人长得五短身材，颈部还有一个肉疙瘩，被人称为"瘿相"。是不是长相让他很自卑，已没法知道了，只知道这人相当奸猾，很会迎合皇帝。他送文章给真宗审核时，只要是真宗赞赏的部分，都说是他自己写的，或至少是他的创意；一旦看到真宗开始皱眉头时，就说这些内容，都是杨亿他们编的。所以他那些修书的同事，背后都恨死了他。

杨亿为人和他完全相反。杨亿（974—1020）是福建人，天生不会迎合，喜欢交游，朋友很多，为人很耿介，得罪人他也不怕，是个有脾气有个性的文人。他是神童出身，小小年纪就在宋太宗身边当秘书了。杨亿比刘筠还小 4岁，但他那时候已经参与过《太宗实录》的编修，是一位非常有经验的修史专家了。

说到神童，北宋时期有三大神童很著名，第一个就是杨亿，他是太宗朝的神童；真宗朝还有两个，一个是晏殊，另一个叫蔡伯希（1013—1100）。蔡伯希是福建福清人，他两三岁时，邻居中有个举人，父亲做寿，举人为父亲写了一篇祝寿词，在寿宴上当众朗读出来。蔡伯希当时就在现场，他听过后当即一字一句复述出来。这一下，太让人震撼了。有人建议他父母，一定要让这孩子去京城考童子试。于是父子俩长途跋涉去了京城。真宗亲自主持面试。才 3 周岁的蔡伯希童子试通过后，被赐进士出身，授秘书省正字。还让他到东宫去当太子赵祯即宋仁宗的伴读。当时太子的伴读中已经有一位神童晏殊。晏殊后来官居宰相，史上名气很大，但蔡神童做的官却很一般，在历史上名气也不大。

而杨亿，则是两位神童的老前辈，他是杨徽之的侄孙，在太宗时期就出了名。杨徽之（921—1000）是后周时期的进士。他家藏书之多，得算北宋第一家族。杨徽之自己是个奇才，也是个修书专家。宋太祖灭掉后周登基时，知道杨徽之曾经写诗嘲讽过他，还准备把他干掉，是他弟弟赵光义力保才免受迫害，只把他赶走，给他一个小官而已。所以当赵光义当上皇帝后，便把杨徽之请了回来。

太宗喜欢写诗，知道杨徽之诗写得好，见面就要向他讨诗来看。而他自己每写一首诗，就要赐赠给杨徽之欣赏。杨徽之生病时，太宗还会派御医过去给他看病。杨徽之当然也是知恩图报的，他给太宗编过书修过史也提过很多好建议。真宗继位后，对父皇最欣赏的这位大学者极为尊重，不但请他给自己讲学，还特意为他设置"翰林侍读侍讲学士"这样的官职。杨徽之等于做了两代帝王的恩师。

出生在这么一个家族，杨亿很小就会写诗作赋。11岁那年，太宗听说他是个古怪精灵的孩子，便把他接到宫里住了十几天，他写了三首诗两首词还作了一篇赋。太宗问他："离家那么久，你想爸爸妈妈吗？"这古怪的孩子居然说："见了陛下，就像见到了父母。"[1]

以杨徽之和太宗之关系，杨亿在太宗面前感觉很亲切很放松，说出这种话来也很正常。

杨亿11岁时，太宗委任他做了"秘书省正字"。公元992年，他被赐进士及第，那一年他才19岁。他是宋初一支笔，先后做过著作佐郎、知制诰、翰林学士、户部郎中。

知制诰，就是给皇帝起草诏令的。而著作佐郎，则是给皇家编撰国史的。至于秘书省正字，也是一个官名，是具体负责校勘皇家典籍的。蔡伯希三四岁就被授予这个官职，说明那只是一种待遇。而杨亿做的是实职，他当年便是太宗身边的一支笔。

话说杨亿和王钦若奉诏主持《历代君臣事迹》编纂工作时，因馆阁人手不够，真宗命吏部侍郎陈恕、知制诰杨亿，向外征召部分编修人员。

刘筠刚好这一年县尉任职已满，便赴京参加此次考试。这次选中的人员共有7人，刘筠被杨亿推为第一，被授"秘阁校理"，正式成为秘阁编修人员。

参加这套书编修的馆阁成员共有18人，但和杨亿处得最好的却是刘筠。而那个人品很坏喜欢打小报告的王主编，和为人正直才华横溢的杨主编，他

---

[1] 丁传靖辑：《宋人轶事汇编》上册，北京：中华书局，2012年，第249页。

们俩是不同类型的人，完全无法在一起共事。

杨亿如果在馆中，王主编便会避而不至，或比他晚到。后来王钦若出知杭州，临别之际，很多人都送诗给他，独杨亿无诗。王钦若到朝廷里来辞别，皇帝问起来，当知道满朝皆有诗唯杨亿不作时，便下诏让他作诗，杨亿故意拖时间，直到王钦若上船走了，他的诗还没写出来。[1]

给皇家编书，说起来很光荣，但整天埋在书堆里其实也很无聊，更何况这种书并不是你想怎么编就怎么编的。先要每个人各撰篇目，送王钦若、杨亿两位主编审核，主编核定后再汇报给皇帝。皇帝若不满意还要打回来重写。像刘筠这样的校理，因为官级很低，俸禄微薄，常常入不敷出。后来还是杨亿提出来，要给他们增加点收入，真宗便以嘉奖为名，给他们涨了点俸禄。

编书之余，这帮文人常在一起喝点小酒写点诗。风雅点说，这叫"诗酒唱和"。由杨亿带头，刘筠、钱惟演均是主力队员，外加社会上的部分诗人加盟，慢慢地，这便成了他们固定的一项娱乐。诗酒唱和的地点，就在他们修书的秘阁里。三年后，杨亿把这些诗结集印制了一本书，名《西昆酬唱集》。

没想到这本书出来后，在文坛迅速蹿红。这些诗也被人称作"西昆体"。杨亿、刘筠、钱惟演便成为"西昆体"领袖。国内诗人纷纷向他们看齐，写的诗也以西昆体为榜样，一时间，"西昆体"笼罩文坛。

《历代君臣事迹》这套书煌煌一千卷，从1005年开始组建班子，到1013年最终完成，花了八九年时间，书编成了，皇上本人亲自写序，赐名为《册府元龟》。

在编这套书期间，刘筠还被临时任命为"中书省管勾"，刻太祖、太宗谥册。这期间，中书省的很多官员都跑到泰山去了，热衷于"神仙事业"的真宗皇帝，要去为泰山"封禅"。这帮编书的诗人苦闷无聊，只好喝点小酒，继续写诗。

西昆体诗人中最著名的为杨、刘。而杨、刘因个性接近，都耿介正直，

---

① 丁传靖辑：《宋人轶事汇编》上册，北京：中华书局，2012年，第250页。

反倒成了最好的朋友、知音兼知己。诗集中，两人唱和的诗歌多达 70 首。

西昆体诗歌有什么特点呢？简单点说，是比较讲究用典，"雕章丽句"，讲求韵律之美。这一帮人都是修书的，当然喜欢用典，讲究辞藻，这也显示他们的诗歌是非常有学识的。他们共同崇拜的偶像是李商隐。所以西昆体诗歌从李商隐处取法甚多。当然，这种诗歌因为语言过分精致华丽，文化不高的人，很难读懂，所以后人批判它，虽然极一时之丽，但毕竟非主流，远离大众。渐渐地，它又被更大众的所取代。

话说真宗看过《西昆酬唱集》后颇不以为然，因为诗集里的诗有的是讥讽朝政和他本人的，他看了当然不爽。次年真宗便正式下诏，称用语浮靡和非圣之书，一律要谴责。算是给《西昆酬唱集》的当头一棒。

刘筠一生著作很多，现存诗歌仅 95 首，其中《西昆酬唱集》中收他诗歌 73 首。他唯一存世的著作只是一本薄薄的《肥川小集》。这书收录于《两宋名贤小集》中。这个肥，指的是合肥。他后来又参与《国史》一书的编写，还修过《起居注》。

作为一个修史专家，刘筠有机会接触大量国史档案和资料，他的见识应该是远胜他人的。何况，从杨亿处他也知道不少国史秘闻。他曾写过《刑法叙略》，是对刑法深有研究的学者。这人最著名的还是后期的三典贡部。贡院是负责科举考试的最高机构。能够三典贡部，要有学识，还要有相当高的声望，否则的话凭什么去做考试院大考官呢？

当包拯还在埋头苦读时，未来的考试院大考官刘筠来到庐州，他做地方长官，有什么政绩现已无人知晓，只知他"政尚简严"，这还是明代一个叫杨循吉的人在《庐阳客记》中提到的。写到刘筠，就这四个字。包拯后来的做派也可以用"简严"两字来形容，做事风格简明，不复杂，明明白白，但做事要求严格。

刘筠先后两次知庐州。第一次来只有一年多，就被诏回京师。他在这里发现了一个人才——包拯。后来包拯还是他最后一次知贡院时考中进士的。

天禧四年（1020），刘筠自邓州还京，他在邓州做了三年太守。九月，刘筠以翰林学士的身份试诸州续解进士。五年前，也就是1015年，刘筠就在贡院做过考官，那是他第一次"同知贡举"。他那次是副考官，协助主考官工作。范仲淹便是这一年考中进士的。

那次礼部考试，开始设置有"誊录院"。<sup>①</sup>誊录院就是一抄写机构。以前考试都是手写，手写的最大弊端是怕手写笔迹被考官识别。考官如果有学生参加考试，就算名字看不到，单凭卷面笔迹，有的也能猜出来。万一他给学生打个最高分，就影响考试的公正性了。有鉴于此，那一年贡院开始增设一个抄写机构，每次考试时请上一批抄写员，考生交出试卷后，那份试卷被封存起来，抄写员再抄写一份呈给考官评分。真实试卷里，考生的姓名、年龄、家庭地址、婚否之类信息则实施"弥封"（**糊名**）。

1020年十一月，真宗命刘筠起草一份诏书，他要把丁谓、李迪两个宰相降官，赶出京城。罢免宰相是件大事，这个诏书一般小秘书写不好，真宗便命刘筠来写。可诏书起草好，皇上还没签发，事情又发生了变化。

丁谓（966—1037）听说皇帝要罢免他，迅速跑到真宗那里，说他不想和李迪一起被罢免，愿意留下来，继续为皇帝服务。真宗心一软，又发布一道诏令，让李迪出京城，而且必须"即时赴任"，丁谓则留在京城官复原职。

踌躇满志的丁宰相出得宫来，迅速传刘筠，重新起草一份诏书。可刘筠就是看不上这号人。叫他再起草一份？没门。

丁谓没办法，只好传晏殊来起草。晏神童不像刘筠骨头硬，他不敢得罪丁谓，只好乖乖去起草。宋史上说晏殊见到刘筠时，连招呼都不敢打，只侧面而过。这个时候真宗常卧床不起，难得出来上朝，丁谓把持着朝政，刘筠既看不起他又得罪了他，便主动请求外放。这段时间他心情不好，因为杨亿死了。

杨亿是1020年十二月去世的，年仅47岁。

杨亿门生很多，他喜欢提携有才华的人。宋史上说，游走杨门的常有数

---

① 梁庚尧：《宋代科举社会》，上海：东方出版中心，2017年，第29页。

十上百人，且其门生中颇多名人。

贫民子弟仲简，因家贫在杨亿门下做抄写匠，杨亿教他学作诗赋，后来考中进士，一举改变命运。而福州老乡吴待问，每次到杨亿家来，杨亿都对他很好，很关照。这人最后做到礼部侍郎。当时杨亿对他好，他的门生们都很羡慕，但不理解，杨亿说："这人以后前程远大着呢，你们都不及他。"果然吴家多俊杰。吴待问的四个儿子后来都是进士，其中大儿子吴育，是包拯同科进士，省元。吴家儿子个个都厉害，这在后面还要说到。由此说明杨亿看人是有几把刷子的。当然他看刘筠也很准，刘筠是他发现并提携的，也算是他的门生。

杨亿死的时候，他的一个门生李遵勖，是宋太宗女婿，年轻时杨亿曾教过他怎么写文章，杨亿死后他恸哭不已，还乞求朝廷，一定要赐杨亿"忠"字。

欧阳修在《归田录》中说过杨亿一则小故事。说杨亿在学士院时，有一天夜里宋真宗在小阁里召见他，见了他又赐茶又聊天又咨询什么的，一段长长的开场白之后，皇帝拿出数箧文稿，说这都是他写的诗，希望杨亿能帮他看一看，掌掌眼。皇上来这一出，让杨亿"惶然不知所对"，赶紧找个理由辞了，然后装作精神出了问题，飞奔去了外地。

杨亿死后，刘筠主动请求外放，也是为了换换环境。


## 为筠所知

刘筠来合肥，对合肥印象特别好。他准备在合肥终老，当然也因为他在合肥受到了热烈欢迎。

一个城市就那么一点大，忽然来了一位翰林学士，西昆诗派领袖，还做过礼部贡院大考官，自然会让很多士人为之兴奋。那些苦苦挣扎在备考中的士人，地处偏远，指导他们的老师最多是个举人，连省试（礼部贡院考试）都没参加过，刘筠来了，那是他们眼中的权威人物，当然会奔走相告。

每三年一次的进士考试，第一关先在州里考。上面给名额叫"解额"，每个州有大有小，人口基数也不一样，分到的解额指标自然也不同。州里的考试又叫"解试"，通常都在八月举行。因为是在秋天，所以这个考试又叫"秋试"。

虽然刘筠来的那一年不是考试年，但是他已经做过一次省试考官。能够当面向他请教，那是多么难得的机会啊。那个时候合肥还没出现书院，但在南京应天府已经有了书院。合肥城那个时候只有几千户，以户均三四人计算，也就一两万人口。商业已经有些发达，此外可能还会有书店。

包拯父亲包令仪，从惠安回来后，一时半会儿还没有差遣下来，也就闲在家里。当然，他很可能也会被人聘请过去当老师，毕竟他做过县令，还是个进士。合肥城这样的人物屈指可数。

刘筠来了，他这个知府也得拜访地方上的知名人士，寻求他们的建议和支持。这是每个地方官，到一个地方，必然要做的一件事。他在合肥人生地不熟，工作如何开展，他必须听听地方上的声音。马亮已经走了，留下来的最有影响力的人家便是包氏家族。他必然要去拜访包令仪。他认识包拯，也是必然的。

《宋史·刘筠传》中这样说："包拯少时，颇为筠所知。"而《国史本传》里也说"少为刘筠所知"[1]，也就是说，包拯年轻时便被刘筠知道了，而且刘筠不是一般地知道他，而是很了解他。这说明两人不是一次见面，而是多次见面。

那个时候的包拯，已经23岁，蛮成熟的一个人了，他已经娶了张氏姑娘成了家，这个张氏是不是他母亲张氏娘家的侄女呢？当然有可能。但因为这个妻子死得早，并没有留下太多资料。

包拯那时候有没有参加过州里的考试呢？没有史料证实。但按常理推测，他应该参加过。那时候的考试过分注重诗赋，死记硬背的东西很多，活知识少。写诗时韵脚押得稍微出了一点偏差，考试就考砸了。有一次，欧阳修就这样

---

① 杨国宜：《包拯集校注》，合肥：黄山书社，1999年，第270页。

被刷下来的。所以当年的科举考试也是很有问题的，刘筠在知贡院时便发现了问题并提出他的观点，而且一再呼吁要改变考试规则。他的核心观点是：考试不能只重视诗赋，还必须考策论，他认为考策论，更能代表一个人的水平。策论是什么呢？按我们现在的话说，就是写作文。写作文，自由发挥的空间很大，当然更能看出一个人的水平来。刘筠后来在宋朝科考史上最著名的一个贡献，便是写了一篇奏文，以他对科考试卷的精确分析，提出一个观点：以往的进士试以诗赋定去留，学者或病声律而不得骋其才，必须以策论兼考之。他的这个观点最终被皇上采纳，那时候已经是仁宗时代，在包拯考进士那年开始增考策论，包拯以进士甲科（前三十名为甲科）的好成绩被录取。不能不说，刘筠深深影响了包拯。

在这里，不妨看看北宋那些名人们，是什么年龄考中进士的：

寇准 19 岁考中进士。司马光 20 岁。苏东坡 21 岁，苏辙比他小 2 岁，兄弟俩同年考中进士。文彦博 22 岁。欧阳修 17 岁时便参加州试，但省试落榜。再三年后，他和包拯同年参加省试，又落榜，那年主考官是刘筠。再三年，他以省试第一登科，那一年他也才 24 岁。范仲淹 27 岁考中进士。刘筠 29 岁。包拯和老师一样，虚岁 29，实际年龄 28。

由此可知，包拯考中进士既不算早，也不算大龄。三四十岁考中进士的也大有人在。

但包拯更年轻时有没有参加过考试，至今还是一个谜。23 岁正当年，如果什么都不耽误的话，完全应该参加一次州试。如果州试合格，包拯理应去京师继续参加省试。当然，也有一种可能，他们家那时候碰到了丧事，比如祖父母去世或者妻子去世，碰到丧事是不能参加考试的。

那个时候的包拯除了攻读举业外，可能还做点兼职。因为很多学子也并不是一味死读书，二十几岁的年轻人，完全可以边打零工边学习，除非家里很富裕，但包拯家也只是小康人家。家里有点田地，再教点书，挣个仨瓜俩枣的钱，什么都不耽误，这是当年小康人家读书人的经典模式。何况他们家也是有传统的，从包士通开始就是耕读结合，开个塾馆，收几个学生，或被聘去做老师，这都是他们家的传统。

科举考试起源于隋，至唐时，得到了进一步的完善。那时候的士人，喜欢拿着文章诗赋去向有名望的人做自我推荐，希望得到赏识，这叫"干谒"。用现在的话说，叫"自我营销"。

干谒的风气到了宋，也依然浓郁。苏东坡的老爹苏洵几次考试没考上，因为他不擅长背韵律，写诗喜欢自由发挥。37岁时还没考上，他心灰意冷，便在家里写起学术著作来，写完了不能压箱底啊，必须寻求名公巨卿们的推荐。他47岁那年还没一官半职，脸上挂不住，便趁送两个儿子去京师赴考的机会，路过成都时，特意去拜访地方长官张方平。张方平看过他的书稿后很欣赏，推荐他做成都学官。学官嘛，相当于省会里的教育厅厅长了，但老苏对这个位置还不满意，恳求张方平向上面再推荐。碍于情面，张方平只好向欧阳修写了一封推荐信。为了提高命中率，老苏又托朋友给梅尧臣写了一封推荐信。怀揣着两封推荐信，老苏带着俩儿子去了京师。那一路千里迢迢，山一重水一重，陪着两个聪明的儿子，他们都已顺利通过州里的解试，拿到了赴京考试的通行证，老苏心里开满了花。

在东京安顿好后，老苏便去拜访欧阳修。那一次苏东坡兄弟都没去，只苏洵独自登门。欧阳修那时已是文坛领袖，他之所以深得后人敬重，就在于肯提携，有一双发现人才的慧眼，还有一副热心肠。欧阳修见了苏洵很热情，看了苏洵的书稿后更兴奋。第二天朝会时，他就将苏洵的文章带上，献给他的同僚们看，公卿士大夫听到欧阳修的一通狂热推荐后，便纷纷传阅，苏洵自此一炮走红。

但老苏还想有个一官半职啊，他在家等啊等，一直等到一年有余，两个儿子都已高中进士了，京城才有消息过来，让老苏赴京参加考试。那种考试是特殊人才的考试，可一听到还要考试，老苏心里就很抵触，他考怕了，只好以年老多病请辞。

苏轼和父亲完全不一样。少年及第，已是极为难得。他考中进士后才去欧阳修家。他拿文章给欧阳修看。欧阳修读了后对梅尧臣说，"看来我得避他一风头"。意思是，这小子一出来，我们都没办法混了，前浪死在沙滩上。后来苏东坡果然光芒四射，欧阳修这一代人物只好退出文坛。

那时候有才华的人，刚出道时，总是借助文章诗赋和人交往，寻求赏识和推荐。

刘筠走红时，文坛还没有欧阳修。刘筠在京城馆阁里待了二十年，别无所长，但学养和学问是一般人远远比不上的，这样的人出现在包拯面前时，他的小心脏会不会很兴奋呢？包拯应该拿出他的诗赋文章出来，请求刘筠先生指点。

宋朝时的那些长官，每到一地，最重视的就是教育，像刘筠这样的人到地方来，当然渴望发现人才。

庐州府学离庐州府也就区区数百米，抬抬脚就到，刘筠来府学讲讲课，学生们去他家拿文章诗赋恳求他指导，都应该是家常便饭。

刘筠在馆阁工作二十多年，藏书颇成规模，有不少还是真宗赏赐给他的，他很想建个藏书楼，但必须先建宅子。没多久，刘筠便下定决心，要在合肥安居乐业。

刘筠在合肥城里买了一小块地，开始盖房子。藏书阁是他自己设计的。他在东京时，经常和杨亿出没宋家（*杨徽之女婿那个宋家*），自从见过宋家的藏书后，刘筠就在心里做着一个藏书梦：什么时候他也能有个藏书阁呢？

宋家住在东京春明坊，那里是整个东京最具人文气息的地方，杨徽之只有一个女儿，他死后，全部藏书都被女婿宋皋、外孙宋绶继承。宋皋父子都在馆阁里工作，每次皇上赐书，他们家必得二本[1]。宋绶和杨亿是表兄弟，杨亿对他们家藏书非常了解。宋家经过几代藏书已达三万卷规模，成为京城名副其实的第一藏书家。王安石在馆阁任职时，特意租住在宋家边上，他常上宋家借书，借阅唐人诗集，边读边做读书笔记，后来，他把这些读书笔记整

---

[1] 梁庚尧：《宋代科举社会》，上海：东方出版中心，2017年，第44—45页。

理出来印出书，书名《百家诗选》①。

　　春明坊，因为住着这么一个大藏书家，便吸引着很多读书人在此买房。他们都想上宋家来借书，而宋家呢，并非藏而不借的抠门藏书家，而是有借有还、再借不难。也因此，春明坊周边宅子，普遍要比别处贵上一倍②。房价的这一坚挺表现，也正反映出，藏书家对士人会构成多么大的磁吸效应。

　　宋家的娱乐方式，是每天召集子孙，分享每人的读书心得，切磋学问，讨论怎么写书怎么翻译。

　　这简直是古代版的读书会啊，还每天都有，而且品质又那么高。因为宋家大人，都是特别有学问的大编辑家大学者。他们的主要工作是为皇家编书修书，所以皇帝赏赐给他们家的书也特别多。再加上他们自己，还在不断淘书搜书。

　　这个家族先后出过三个宰相。宋绶的儿子宋敏求碰到丁忧时，皇帝特批他可以在家修书。这也只有他们家才有这样好的条件。

　　刘筠这个藏书楼当然不能和宋家比，但对包拯来说，刘筠家的藏书已让他大开眼界了。包拯常来借书读，而刘筠先生呢，也是有借有还再借不难。刘先生还特别开明，可以在他家开小型读书会，分享每人的读书心得，交流文章和诗赋，刘先生会在最后做总结性发言。这段时间，也是包拯一生中最快乐的日子。

　　话说病重中的真宗收到刘筠来信，恳求他能够为藏书阁题上几个字。他当然二话不说，身体略微一好转，就给刘筠写上几个大字：真宗圣文秘奉之阁。他写的是飞白体。

　　飞白书，是汉末著名书法家蔡邕首创的。这个书体有什么特点呢？就是写字写得要有一定的速度，这样，行笔过程中便会露白出来，像枯笔的样子。

---

① 梁建国：《朝堂之外：北宋东京士人交游》，北京：中国社会科学出版社，2016年，第240页。
② 梁建国：《朝堂之外：北宋东京士人交游》，北京：中国社会科学出版社，2016年，第240页。

传说蔡邕是用竹子劈成细条条绑在一起练出来的。这种字体，在北宋，一度比较流行，凡宫门匾额，多用飞白体写就。历史上好书飞白的有曹丕，有王羲之、王献之父子，还有唐太宗、唐高宗、武则天等人。宋太宗、真宗、仁宗这三位皇帝都喜欢写飞白字，而且写得都相当有水平。

刘筠的藏书阁还没建成，真宗就去世了。刘筠本来想在庐州安居晚年的计划便被打乱，真宗是乾兴元年（1022）二月去世的。他去世后半年，刘筠又被朝廷紧急召回，复任翰林学士。

真宗去世，仁宗继位。但仁宗这年才 12 岁，他当然还没能力执政，便由刘太后垂帘听政。宰相丁谓就被太后贬官去了海南。

刘筠回来时，朝廷空气已经天翻地覆，完全不一样了。

# 三、游学南京

## 东京，东京

刘筠的新宅还没完全建成，藏书阁也还只是个雏形，他便走了。他这一走，包拯有点失魂落魄。

不过，包拯很快又见到了刘筠。这次是在东京刘筠的宅子里。他父亲包令仪到东京来等候新差遣。这是天圣元年（1023）二月的事。

对包令仪来说，当然不是第一次来东京，他前前后后已经来过多次，但对包拯来说，却是人生中的第一次。他们一路坐船，沿汴河北行。

汴河当时是一条非常壮阔的河流，也是北宋最著名的一条南北大动脉。从长江入淮河，由泗水入汴河。春秋以前，这是一条天然河流，公元前361年，魏惠王为加强与东部地区的联系，又开挖了一条人工运河，北接黄河，南接淮河以北的几条支流。汴河一路都流经哪些地方呢？从河南开封，向东南流经陈留、杞县、民权、宁陵，然后是商丘、虞城、永城，再到安徽萧县。

白居易（772—846）对这条河流是相当熟悉的。他曾经写过一首诗，"西至黄河东至淮，绿影一千三百里"，说的便是汴河。汴河的走向和景致，从这两句诗中也看得出来。为躲避战乱，白居易9岁左右就被父亲送到宿州的符离村定居。在汴水边上，一住就是十来年，史上说他读书特别刻苦，读得口舌生疮，小小年纪便生出了白头发。白居易出生于一个小官吏家庭，祖父和父亲都做过县令，父亲后来还做了徐州别驾。白居易虽然读书很刻苦，天分也高，但他35岁才考中进士，也已老大不小。

包拯父子过符离时，还特意上岸，去了白居易故居一拜。算是对这位诗王的致敬。白居易的老宅，就在古符离村东北二里处一高台上，现在还有东林草堂遗址。他最著名的一首诗《赋得古原草送别》，"离离原上草，一岁一枯荣。野火烧不尽，春风吹又生。"便是在这里写的，那时他只有 16 岁。

汴河那时候每年有 6000 艘漕船，往来于江淮与东京之间运输粮食[1]。这种漕船比较大，可以载米 300 石。此外，汴河上还有客船、货船、游船、客货船及做散活的小船。这是《清明上河图》上提供的。精确到船的各种具体设计，小细节栩栩如生，幸亏有了《清明上河图》，我们不必依赖想象，也能知道当年这条河流的壮阔景象。

当然，宋人也有很多诗，是说到这条河流的。比如欧阳修，还曾亲自去码头迎接过梅尧臣，那时梅尧臣乘船经汴河来到东京，船一靠岸，欧阳修便进船舱向梅尧臣行鞠躬礼，把梅尧臣感动得要哭，他赋诗说："我公声名压朝右，何厚于此瘦老翁！"当时梅尧臣还只是一个小官吏，有点诗名，但还不够大。他是因为欧阳修的举荐才出名的。而欧阳修在《答圣俞》的诗中说：

> 翁居南方我北走，世路离合安可期。
> 汴渠千艘日上下，来及水门犹未知。
> 五年不见劳梦寐，三日始往何其迟。[2]

意思是说，你梅尧臣住南方我往北走，我们俩平时难得碰面；汴渠每天往来船只有上千艘，你来到这里，我也未必知道。我们俩已经五年没见面了，经常在梦里想念你……

这便证明汴河那时候何其繁忙，百舸争流，千艘往返，像运送粮食的漕船经常编成一个船队，30 艘一支队伍，浩浩荡荡，非常壮观。

---

[1] 薛凤旋：《〈清明上河图〉：北宋繁华记忆》，北京：中华书局，2017 年，第 40 页。
[2] 欧阳修：《欧阳修全集》，北京：中华书局，2001 年，第 204 页。

而那些华丽的客船呢，当时船上就有贵宾室、餐厅还有观景区的设置。

我们不知道包氏父子当时坐的是什么样的船，但应该不会太差太小，当时一路所见，汴河里百舸争流，汴河两岸郁郁葱葱，的确是"绿影一千三百里""汴渠千艘日上下"，这种完全陌生化的体验，给包拯很多震撼。他又是个观察力极其敏锐的人，他从这里发现了国家运转的一些奥秘。当时宋朝航运已是全球老大，随着定向舵、指南针和新航帆的发明和推广，北宋海上贸易已妥妥地雄居世界第一。后来有学者估计，当年北宋人均 GDP 已高达 2280 美元，占全球 GDP 总量的五分之一左右，已是名副其实的"新经济"和"货币经济"国家。[①] 到东京后的进一步观察，使包拯对国家经济有了更深刻的认识。

东京，在文学家眼里，是这个样子的：

> 至京师，仰观天子宫阙之壮与仓廪、府库、城池、苑囿之富且大也，而后知天下之巨丽；见翰林欧阳公，听其议论之宏辩，观其容貌之秀伟，与其门人贤士大夫游，而后知天下之文章聚乎此也。[②]

苏东坡真是个伟大的作家，他的初见东京，观察到的是宫殿的壮观、城市建筑的富丽和盛大，由此推测到宋朝的繁荣。见到文坛宗师欧阳修和他门人士大夫一起出游，才知道好文章都汇集到了这里。

那么包拯呢，他肯定要去拜见刘筠先生，刘筠在合肥时已经给过他很多印象了，但在东京见到，又是不一样的。

此时刘筠复出做翰林学士，朝代翻了新篇章，进入仁宗时代。刘筠很快又要被任命为权知贡院。那时在东京滞留的各地举子就有几千人，他们除了修进士业外，就是拿着文章诗赋出入名公巨卿家门，希望得到欣赏和指导。

---

① 薛凤旋：《〈清明上河图〉：北宋繁华记忆》，北京：中华书局，2017 年，第 32 页。
② 苏辙：《苏辙集》，北京：中华书局，1990 年，第 381 页。

提前认识有可能做考官的人，给他一个好印象是多么重要啊。可想而知，未来的大考官刘筠家里，会有什么样的人出没。包拯此时所见，完全刷新了他的此前认知。他的竞争意识和危机意识也变得空前高涨起来。在刘筠这里还见到不少名流，他们都是学识渊博议论滔滔的人物，天下好文章都聚到他这里来了，包拯恐怕会和苏东坡一样有此感慨。

在东京滞留等待吏部差遣的十多天时间里，包拯父子差不多把京城逛了个遍，东京经济之繁荣，让包拯印象深刻。

这里已经有了夜市，有了餐饮一条街，有了菜市场，有了肉市、鱼市和书市，而且都是成规模的，几十家店铺卖一样的东西，整条街都是，这就是规模效应啊。有书店一条街、药店小诊所一条街、香料一条街，当然还有红灯区和金银铺。至于酒店、茶食店、小吃店，各种档次的餐饮店，更是琳琅满目，想吃什么都有，只恨钱生得太少。高档店铺都很讲究装饰，门楼缀满了花球、花枝，店招很有档次，甚至有了霓虹灯，无非他们叫"灯箱"，一到晚上就烛光闪闪灯红酒绿。

《东京梦华录》酒楼下，有如下记载：

> 凡京师酒店门首，皆缚彩楼欢门。唯任店入其门，一直主廊约百余步，南北天井两廊皆小阁子，向晚，灯烛莹煌，上下相照。浓妆妓女数百，聚于主廊檐面上，以待酒客呼唤，望之宛若神仙。[①]

这个描写刷新我们的很多认识。不过，细想想，宋王朝的运转，十分之一税收来自酒税，"诗酒风流"是受鼓励的。

北宋酒文化发达，全国光名酒就有280余种，酒店利用歌伎推广酒这是允许的。当然酒是国家专控品，不经允许，不能私下批发买卖。东京还有一种叫瓦子的地方，就是现在所说的自由市场，下面摆摊设点，上面有东西遮

---

① ［宋］孟元老撰，伊永文笺：《东京梦华录笺注》上，北京：中华书局，2007 年，第 174 页。

盖的那种临时集市，东京就有 6 个。瓦子里有卖字画的，有占卜的，有卖剪纸衣料香料的，甚至还有卖艺的说书的，这让包拯非常吃惊。而且整个城市绿植遍地，以榆树柳树多见，每隔一段距离，还设有消防站，那里还有瞭望楼，有消防员昼夜值班，并有基本的救火设备。城市里水井很多，不会出现饮用水困难。无非那时还没有出现自来水管道。但是，煤球使用已很普遍，东京看不到有烧柴火的。所以城市显得整洁而富有生机，也比较好玩。有保洁员，每天专门负责城市的公共卫生，也有维持城市治安的协警员。

当时东京有人口一百多万。整个城市呈方形结构，里外三重。最里面的是皇宫，然后是政府机构、学校、大的寺庙。有高档住宅小区，是名公巨卿们居住的地方。商业网点密密麻麻，成为这个城市的大小血管，日夜输送着氧气和营养，给这个城市带来巨大生机和活力。各种各样的人物穿梭其间，有波斯人，有道士，有僧侣，有挑着担子进城买卖的农民，有穿街走巷的卖货郎，有流动摊子，有官人，有各式消费者，当然也见到巡警、街道管理人员，还有各种收税点。

只要有商业，便会带来生机。这是包拯观察到的印象之一。寺庙也非常多，1021 年的东京，有人统计过，整个城市里有近千座寺庙和道观，僧尼和道士共有 2 万多人。差不多城市里的每个角落，都能见到寺庙。这和现在的日本东京有得一拼。

东京一百多万人口中，官员占五分之一左右，军人和家属占一部分，商人有二十来万人。[1] 游客估计也是个大数目。交通工具有步行、骑马骑骡、乘车和坐轿这四种方式。北宋时马很珍贵，只有少数官员能够骑马出行。车呢则以骡车、驴车多见，连平民也会坐一坐。至于轿子嘛，费用比较昂贵，只有贵人才能使用。包拯父子包里钱少，到了东京他们就显得跟穷人差不多，出行全靠"11 路公交"，但也便于他们对这个无比庞大的城市观察和了解。

包拯和苏东坡这种文学家不一样，他天生对经济学和管理学感兴趣，他

---

[1] 薛凤旋：《〈清明上河图〉：北宋繁华记忆》，北京：中华书局，2017 年，第 38 页。

那时候就注意到了整个东京的管理模式，以后他会出任东京府的最高领导，给东京带来一场前无古人后无来者的革命。

# 虞部员外郎

父子俩在东京等了十多天，包令仪终于等来吏部新差遣，这是天圣元年（1023）的春天，包令仪已经是 65 岁的老人家了。

这么老了还有差遣，蛮奇怪的事吧？这就是宋朝。

包家未来的亲家公文彦博 65 岁时还在朝廷工作，直到 92 岁才真正解官休养。真是生命不息战斗不止的代表人物。北宋人退休，并无统一规定。只要身体好，可以继续为国家服务。如果身体不好，随时可以申请退养。有的人病歪歪的就退休得早。而更多的人呢是死在工作岗位上。包拯是 64 岁死在工作岗位上的。先天下之忧而忧的范仲淹，63 岁时病情加重，实在不能再工作了，他那时候知青州，便给朝廷写信，要求将自己调到颍州或亳州去养老。这两个州就在安徽，一个是现在的阜阳，一个是亳州，北宋时是著名的闲郡，行政事务少，正是退闲大佬养老的好地方。仁宗同意了，给他调到颍州，没想到，在从青州去颍州的路上范仲淹病情加重，过徐州时，已经没办法再走路，范仲淹最后病逝于徐州，时年 64 岁。这就是北宋官员们的大致情形。

包令仪这一次在吏部，不但有了一份新差遣，还被授"朝散大夫"。他的实际差遣，是去南京做虞部员外郎。

朝散大夫官阶不高，宋为从五品下，属文官第十二阶。当年白居易，听说有朋友也被赐予这个品级后，便高兴地给他写了一首祝贺长诗，开头几句是这样的：

吾年五十加朝散，尔亦今年赐服章。

齿发恰同知命岁，官衔俱是客曹郎。

　　拿到官服时,包令仪便和儿子包拯说到白居易的这首诗,然后感叹说:"白居易50岁时做朝散大夫,还要感叹再三,而我65了也才是一个朝散大夫,不过,人是没法比的,我也挺知足了。品阶高低真的无所谓,尽忠职守而已。"

　　包拯安慰父亲说:"这就对了。你只管做事,不必在乎官阶的高低。"

　　虞部属于尚书省工部下面的一个部门,掌园林、山泽、打猎、山林采伐、药物及金银铜铁铅锡坑冶炼废置之类的事。别看这个部门,称呼不显山不露水的,但管理的范围可宽大了,什么工矿、药物、后勤采购、林业、园林等,全聚集在这里。虞部设有郎中、员外郎。相当于现在的部委正副司长。按现在的话说,包令仪属于副厅级干部。

　　宋王朝,别看整个国家的地盘只有大唐的二分之一,可它是新经济和货币经济的代表,世界第一大贸易国,全球GDP占有五分之一以上,老牌资本主义国家大英帝国,此时远远落在宋的后面。而包拯父亲包令仪掌管的这个部门,也是新经济的重要一块,金、银、铜、铁、锡开采管理也都在这里,包拯从这个时候开始,直接接触到了国家新经济强劲跳动的大动脉。

## 不寻常的书院

　　南京是北宋四个京城之一,就在东京南80里处,现在叫商丘,更早之前则叫宋州。公元959年,赵匡胤时任后周殿前都点检兼宋州归德军节度使。次年正月,他在这里发动兵变"黄袍加身",因发迹于宋州,便改国号为"宋"。这就是宋朝的由来。

　　1006年二月,宋已开国46年,宋真宗感念于这个地方是大宋王朝"龙兴之地",便下诏把宋州升格为应天府。1014年正月,真宗为表不忘本,下诏把应天府再次升格为"南京",并在这里规划建设都城和宫城,基本仿照东京的格局来建,无非规模要小一点。这里建有归德殿和鸿庆宫,还建有神御殿,是奉太祖、太宗和真宗三代帝像的。各类宫殿建好后,南京初具规模,也就顺理成章地成了皇帝们的行宫。真宗曾经来过数次,也曾短暂居住过,真宗住这里时，当然也要有办事机构处理朝政事宜，所以，南京的地位是仅次于东京的，无非办事机构简略些而已。

包拯 1023 年见到的南京，虽然不如东京那么上档次有规模，但毕竟是宋王朝的发迹之地，应天府升格为南京已快 10 年，城市建设相当壮观有样子了。那些宫殿，包拯在第一次去东京的路上，已和父亲一起上岸参观过，这次要到南京来安家，心情大不一样。

包令仪去报到后，在同僚推荐下，在办公地点不远处，租了一处院子住下。

那院子很小，只有三间房子，但有一丛高大的竹子，一株海棠，海棠下还有一个小石桌，三个小石凳，这是包令仪一眼看中它的原因。其实比它大比它便宜的农家小院还有一些，但包令仪看过这院子后就不走了。房东出什么价，他不杀价就付了定金。他说这房子让他想起老家来，感觉很亲切。

张氏喜欢侍花种草，没几天，就从外面弄来几个花盆，种上了菊花、桂花还有两株月季。

包令仪便笑了。"咱们在这里也就待三年啊，你以为要住五年八年？"张氏说："住一年也要种啊，你看它们多美多漂亮啊。天天看着它们，这南京，也就变成自己的家了。"

看着父母一头花白头发，却还打情骂俏，包拯心里暖洋洋的。对他来说，有父母在，那就是家，不管走到哪里。

包拯因为在东京受刺激很大，到南京住下后，得好好读书了。他向先生辞别时，刘筠听说他要去南京，就建议他，一定要进应天府书院。其实，包拯自己也是这样打算的。他跟父亲第一次去南京时，第一眼看到应天府书院，就喜欢上了它。

应天府书院，后来又叫南京书院、南京国子监、应天府学，学校地址就在商丘古城南湖畔。

这个学校最早是五代时期当地名儒杨悫创办的一个教馆。宋初时为戚同文讲学所。戚同文出身很穷，但他很喜欢读书，后来做了杨悫的学生兼女婿。杨悫去世后，戚同文接过来继续办学。他这个人境界高迈，自己没有私产，但他的讲学所却闻名天下，光在戚同文手里培养出来的进士就有几十人。最著名的就有范仲淹。戚同文去世后，书院一度停办。1008 年，由当地富商曹诚资助，书院恢复招生，并扩大规模，造学舍百余区，聚书 15000 余卷。论办学规模，在私人学校中，它是老大。学校建成后，校务工作请来戚同文孙子戚舜宾来做主持。这个书院投入使用后，在京师引起巨大震撼，无数学子，从天南地北飞奔而来。真宗听说后也很感慨，他在 1009 年二月，正式赐额应天府书院。皇帝给一民间书院赐额，这是个重大事件，标志着宋朝鼓励各地政府兴办州学的开始。各地有州学，实始于应天府书院。

34 年后，也就是庆历三年（1043）十二月，仁宗正式下诏，赐该校为"南京国子监"。这是全国所有书院中，唯一升格为"国子监"的书院。可见这应天府书院在全国是仅次于东京国子监的学校。

## 青年偶像范仲淹

话说 1014 年，宋真宗到南京来朝拜祖宗时，听说皇帝来了，应天府书院里的学生一齐都跑出来看，希望能见到皇帝一面。只有范仲淹，独自一人留在教室里静静地读书。有人问他为什么不出去，他说："皇帝嘛，总是要见到的。将来见也不晚。"真是淡定哥。

这位淡定哥，时隔十一年后，做上了母校应天府书院的校长。这是晏殊知应天府时的事。

1026 年，晏殊被朝廷罢免枢密副使外放南京，做了应天府的掌门人。刚好范仲淹丁母忧也居住在南京。碰上丁忧这事，官是绝对不能做的，做了就是大不孝，但办学、做学问，却是可以的。

晏殊到应天府来，看书院已经办得那么有影响力，禁不住手痒痒，读书人嘛总梦想着做教育家，培养万千弟子。晏殊一来应天府，便开始在教育上大做文章，这也是他最擅长做的事。延请名师，扩大办学规模，这就是他这个知府眼下要做的事，也是最出政绩的一件事。那么，请谁来做校长呢？他便想到了也在南京的范仲淹。

范仲淹本来丁忧在家正潜心做学问，日子过得安安静静，晏殊却突然上门来游说他，一次不成又来一次，他只好答应出来做主管。主管，就是现在说的校长。范仲淹办学特别认真，还充满激情，他干脆把铺盖直接搬到学校里，学校规章制度在他手里得到完善，然后张榜公布，自己带头执行率先垂范。他一有空还经常去教室、宿舍里检查学生。

有一次，范校长到宿舍里检查，看到有学生已经在睡觉，他一看火大，责问他："为什么这么早就睡觉？"

学生回答说："没有在睡觉啊，只是看书累了，在枕头上靠一下。"

"那你睡前看的是什么书？"范校长盯着他继续发问。

学生赶紧起来，胡扯一本书，算是回答。没想到范校长很认真，马上从他枕头下取出一本书来，然后开始提问题，结果几个问题扔过来，回答全部错误。这个贪睡的学生便被张榜公布，严肃处分。从此以后，应天府书院的所有学生，都没人敢随便早睡了。[①]

范校长不光教学很认真，天生还是名师的料。他如果给学生出题作赋，那个题目，自己肯定第一个先作。

范仲淹执掌应天府书院时名气很大，全国各地不断有学子奔他而来，他也因此培养出很多著名弟子。石介（1005—1045）就是其中一个。石介后来是北宋太学复兴的一个标志性人物，在他执教太学时，学生数量创下北宋太学之最，可见这人讲课水平之高。他是欧阳修那一科的进士，1027 年，投奔范仲淹而来进了应天府书院读书。

应天府书院后来改称南京书院，范仲淹为南京书院题名，并写了一篇"题名记"，洋洋洒洒，深情大气，盛赞该书院：

由是风乎四方，士也如狂；望兮梁园，归欤鲁堂……若夫廊庙

---

① 范仲淹：《范仲淹全集》，南京：凤凰出版社，2004 年，第 791 页。

其器，有忧天下之心，进可为卿大夫者，天人其学；能乐古人之道，
退可为乡先生者，亦不无矣。①

"风乎四方，士也如狂"，说明应天府书院狂生很多，影响极大。"有
忧天下之心，进可为卿大夫，退可为乡先生"，这正是范仲淹一贯的政治
理念。

那时候包拯还在不在应天府书院读书呢？可以推理一下。他是1023年
去的南京，父亲的差遣要做满三年，也就是说，1026年春天结束任期。他是
1027年3月考中的进士。1026年，他可能还滞留在南京。毕竟这里的学习条
件要比老家合肥好得太多。1024年那一次科考，朝廷在原有解额之外，特意
给应天府书院增加了3个指标。科考指标直接下达给书院，这也是破天荒的。
这给无数的考生以巨大鼓舞。作为优秀学生，包拯留在应天府书院参加解额
考试，理由也是有的。当然，他回原籍考试的可能性更大。毕竟到八月秋试时，
他完全有时间从南京回到合肥老家，再报名参试。

但1026年的春天，包拯应该还留在南京。范仲淹的课他很可能去听过。
何况范仲淹是刘筠的学生，包拯在南京期间见过范仲淹是完全有可能的。

包拯后来为官，和范仲淹也有几分相像处。《宋史翼·毕从古传》有
这么一段话说到他们俩，说毕从古个性很直，是个直男，不喜欢对贵人阿谀
奉承：

毕从古天资直介，与时人多不合，绝不喜事贵人，贵人知之者，
唯杜衍、范仲淹、包拯、田况、刘湜五人，未曾有私谒也。②

毕家是北宋时的著名家族，毕从古父亲曾经做过真宗时的宰相，他自己

---

① 诸葛忆兵：《范仲淹传》，北京：中华书局，2012年，第30—31页。
② 杨国宜：《包拯集校注》，合肥：黄山书社，1999年，第291—292页。

官至贺部郎中。这么著名的家族子弟，虽然不喜欢交往贵人，但知道他而又没有私下交往过的贵人中，只有杜衍、范仲淹、包拯、田况、刘湜五人也。也就是说，这五个人，都不喜欢和人私下交往，更不喜欢人送礼物给他，也都是直臣。

包拯后来做上御史官，正赶上范校长在搞庆历新政，包拯初起的奏议中，每一条都在响应着范仲淹庆历新政的观点，这说明，他们俩还真是一个类型的人物。

## 新同学文彦博

包拯去应天府书院读书，在这里认识了一个小他 7 岁的同学文彦博。

两人在学校里都是学霸，很容易注意到对方的存在。彼此走近一交谈，发现他们俩的父亲都在阁中做官，算是同僚，他们彼此也都认识。这两人，年龄虽然相差有点大，但不妨碍共同话题很多，很快便成为一个班里最好的朋友。

做过四朝元老、两任宰相、活到 92 岁的文彦博（1006—1097），是 11 世纪的著名人物，他的地位之高，活的年纪之长，拥有的声望之大，在北宋一百多年间，没人可以和他比。他也是诗人，书法家，学问很渊博，早年还是个神童式的人物，他和包拯同年考中进士，他在省试时考到第二名。可见这人智商极高，当然情商亦极高，否则不可能 80 多岁了还退不了休，年轻的一代又一代的皇帝们，希望老人家留在朝廷里，帮助他们掌舵。去世前三个月，宋哲宗才批准 92 岁的文彦博正式退休。他死之前其实很寂寞，因为那些同龄的老朋友全部都走光了。连年轻的王安石、司马光、沈括，也都走在了他的前面。

元祐年间（1086—1094），苏东坡陪契丹使臣入朝拜见皇帝，望见一位老先生站在殿门外等着他们，苏东坡立即后退，他问老先生："您是潞公吗？"老先生点点头。苏东坡看老先生这么精神便开始问他年龄。这本来是不应该打听的，可他实在忍不住好奇心。当听说潞公那年已80多岁时，苏东坡不得不感叹"何壮也！"

　　轼曰："使者见其容，未闻其语。其综理庶务，虽精练少年有不如；其贯穿古今，虽专门名家有不逮。"

　　苏东坡说，这老先生处理起工作来比年轻人还高效，而他学问之广博，就是那些专业人士和所谓的名家，也都比他不及。最后一句话是，"使者拱手曰，'天下异人也'。"

　　这段记载见于《宋史》文彦博传中。[1]

　　就是这位老先生，和包拯做过同学，也做过同僚。老先生83岁时，包拯已去世26年了，他还向朝廷奏举包绶。包绶是包拯的小儿子。包拯去世时，他才5岁。包绶长大后，先娶张氏，张氏死后，文彦博就把自己的小女儿嫁给了包绶。所以包公后裔，不光姓包还姓文呢，因为是两家的优秀基因结合到了一起。文彦博写给包拯的唯一一首诗见于《文潞公文集》卷三中。这是一首七言律诗，诗名《寄友人包兼济拯》，内容如下：

　　缔交何止号如龙，发箧畴年绛帐同。
　　方领聚游多雅致，幅巾嘉论有清风。
　　名高阙里二三子，学继台城百六公。每策事，则生之条疏常多。
　　别后愈知琨气大，可能持久在江东。[2]

　　这诗大致的意思是，我俩交往已多年，又是同年中进士。当年在一起上学时我们曾一起出游，正是"恰同学少年"。你我风华正茂书生意气，指点

① 侯小宝：《文彦博评传》，成都：四川大学出版社，2010年，第243页。
② 侯小宝：《文彦博评传》，成都：四川大学出版社，2010年，第55页。

江山激扬文字，你言论滔滔，我印象深刻，那段岁月是何等的美好啊，你我都不曾忘怀。你在老家时便已相当出名，"名高阙里二三子"，后来学业有成，你我做了同僚。每次策事，你的条疏是最多的。分别后你的水平肯定见长，你还能在江东久待吗？

这诗大约写于包拯知池州时（1056），他在1055年十二月，因为担保失误，被降为兵部员外郎，知池州，而文彦博时为宰相。包拯应从池州写信给了文彦博，汇报工作，信中还有诗一首。文彦博便回了这首诗给他，也是在安慰他，意思是，你不会在江东待久的。

至于"包兼济"，很可能是包拯的号或字，一般人恐怕不知道，但老同学文彦博是知道的。兼济天下，也的确是包拯的情怀，拿"兼济"作字号，也很符合包拯的行为。

这首诗被注意到，是1973年包公墓及其家族墓被挖掘以后的事。这一次挖掘，除包公的墓外还有他儿媳文氏的墓志铭被一并挖出来，文氏墓志铭开头是这么一段：

> 蓬莱县君文氏，世为河东汾州人，河东节度使守太师潞国公讳彦博之季女，今朝奉郎包公名绶之夫人也。天圣初，夫人王父、赠太师尚书令兼中书令讳□，与朝奉公王父、赠太保讳令仪，同官阁中，时潞国公与舅枢密副使孝肃公讳拯，方业进士，相友甚厚。未几，同登天圣五年甲科。逮嘉祐间，继以才猷，直至参加政事。而包氏、文氏，仕契亦再世矣。尝愿相与姻缔，故以夫人归焉。[1]

这一段，翻译成大白话来就是说，包拯的这位小儿媳文氏，她是潞国公文彦博的小女儿。当年文彦博的父亲与包拯的父亲同官阁中，而文彦博与包拯刚好在一起习进士业，他们俩交情很厚。后来又同年考中进士，再后来又

---

[1] 杨国宜：《包拯集校注》，合肥：黄山书社，1999年，第287页。

一起在朝廷共事。包氏和文氏几代交情深厚，儿女们愿意一起缔结婚姻……

一块墓志铭，诉说一段真感情。

"方领聚游多雅致，幅巾嘉论有清风"，文彦博这两句诗，让我们第一次知道包拯年轻时，还有这么雅致、激情、诗意风流的一面。不过，想想也正常。天天在古人的文字堆里打转，跟记忆力和理解力做殊死搏斗，也是很枯燥的，虽然像范校长这样的眼睛在背后使劲盯着你，连早睡一会儿都不可能，可毕竟是年轻人啊，总还是喜欢聚会游乐的。而聚游时，这两位高才生，恐怕会是活动中的主角，至少言论滔滔谈诗论赋不成问题。如果那时候便有大学生辩论赛，包拯和文彦博一定都会拿到好名次。

宋人书《闻见近录》记载，文彦博中进士前，曾师孙复，"时文洎倅南京"。文洎是文彦博父亲，他刚好在南京做官。1026 年，范仲淹应晏殊之邀出任应天府书院主管，孙复是山东泰山人，他曾两次来书院乞讨，范仲淹和他交流后，觉得此人学问不浅，志向高远，便一再接济他，还给了他勤工俭学的机会。

孙复（992—1057）是孙武的第 49 代孙，出身很穷，但从小发奋读书，学识很渊博。这人曾经四次参加科举考试但全部失败。灰心之余只好退居泰山专事讲学，他弟子门生很多，影响很大，后人称他为"泰山先生"。1042 年时，泰山先生被他曾经的恩师范仲淹推荐，正式做了国子监直讲，成为著名的"宋初三先生"之一。

孙复这么有学问的人，当时已老大不小 35 岁了，还去应天府书院勤工俭学，他肯定不是为了长学问或仅仅是为了活下去，而是为了次年的科考。

应天府书院还有两位学生日后和包拯、文彦博一起参加进士考试，其中一个拿到了殿试第一名，另一个第三名，相当于我们所说的状元和探花。他们便是王尧臣和赵槩。而文彦博差不多是"省元"，和省试第一名吴育几乎肩并肩。这几位优秀学生几乎都聚集到了这里。

可悲惨的是，1027 年那场科考，王尧臣、赵槩、文彦博、包拯全都考上了，还都冲到了进士甲科——这甲科只有区区 30 个人，是所有进士中最厉害的种子选手，而 4 次参加科考的孙复先生，则被远远甩到后面，连进士入围的资格都没有，自此孙复先生便断了考试念头，挥挥手含泪去泰山，"考试拼不过你们，做教师还拼不过你们？"果然成就了人生另一番伟业。

　　文彦博的上三代祖都是小官吏，到他父亲文洎时，官河东转运使，属于省部级干部。文洎一生在多地任职，政绩不错且颇有名声。文彦博是文洎的长子，从小跟着父亲走南闯北。母亲王氏是名门之后。他弟弟文彦若也是个才子，20 岁便中进士丙科。可见这家基因很厉害。

# 四、天子门生

## 宋人怎么考试

1026 年九月，北宋天圣四年，包拯终于迎来盼望已久的秋考。

秋考叫解试，在州里举行。天圣四年之前，是在八月举行；天圣四年之后，改为九月举行。

考虑到各地考生距离京师远近不同，距离远的像四川、广东、广西，解试提前到六月举行，而福建，则提前到七月举行。至于安徽，应该是在正常时间九月举行。[1]

秋考会有不同名额的指标，发放到各州郡。这叫解额，这也是宋朝科举考试力争公平的一大体现。教育不发达的地方，也会给指标。这种区域性照顾，和现在高考差不多。举个例子，假如庐州府有 50 个解额，那么参加考试的考生，500 人也好 5000 人也好，都只取前 50 名。

参加考试的人，第一步，要先报名。这和现在也是一样的。报名时，要先在籍贯所在地递交三样东西。一是家庭资料，他们叫"家状"。要填写姓名、年龄、祖三代、婚否、第几次考试和籍贯。

比如文天祥，是南宋朝最著名的人物之一，最后为南宋慷慨赴死。他的诗"人生自古谁无死，留取丹心照汗青"，谁都知道。但我们不知道的是，他是 1256 年的进士第一甲第一名，20 岁就考上了状元。他的录取档案上，家状是这样写的：

---

[1] 梁庚尧：《宋代科举社会》，上海：东方出版中心，2017 年，第 6 页。

文天祥　第一名

字宋瑞　小名云孙　小字从龙

年二十　五月二日丑时生　外氏曾

治赋一举　兄弟璧同奏名天麟　娶

曾祖安世　祖时用　父仪

本贯吉州庐陵县父为户①

另一个南宋大名人朱熹，是著名理学家，他是 1148 年第五甲第九十名进士，他的档案资料是这样的：

第九十人朱熹

字元晦　小名沈郎　小字季延

年十九　九月十五日生　外氏祝

兄弟无人　一举　娶刘氏

曾祖绚故不仕　祖森故赠承事郎　父松故任左承议郎

本贯建州建阳县群玉乡三桂里父为户②

那时候的家状详细到三代祖，还有外祖。小名、大名通通都要写，包括字。文天祥填写生日精确到时辰。他没有结婚，所以"娶"字后面没填。兄弟的名字也要写。他们都是第一次参加考试，所以写一举。曾祖、祖父和父亲的名字要写。被赠送或担任过的官职，也要如实填报。户籍所在地更要写。还要填户主是谁。文天祥的上三代，都无官无职，朱熹的祖父和父亲都有官职。

二是保纸，就是保证书。填写资料是否属实，要有人证明，通常都是几

---

① 梁庚尧：《宋代科举社会》，上海：东方出版中心，2017 年，第 15 页。
② 梁庚尧：《宋代科举社会》，上海：东方出版中心，2017 年，第 16 页。

个考生互相证明。如果证明出了问题，保人是要负法律责任的。

三是试纸，就是考试用纸。考试用纸官府不提供，要考生自己准备，而且要提前准备好，交给官府盖过印后，再发还给你，考试时就用这个纸做试题。

这个纸要备不少张，因为要考好多门。主要内容是考诗、赋、策论、帖经和墨义。

帖经，相当于我们现在的填空题。把经文前后盖起来，中间只露出一行，这一行中要填写几个字。这主要考背诵经文的功夫。记忆力好，对经文熟悉的人，等于是送分题。如果不熟悉，必然失分。连蒙带猜，是糊弄不过去的。

墨义呢，有点像问答题。有人看到吕夷简应解试的试卷，吕夷简是合肥第一大户马亮的女婿，他的试卷中有这样一种试题：

> 问："作者七人矣，请以七人之名对。"
> 回答说："七人某某也，谨对。"[①]

这是不是像我们现在的问答题呢？无非考试换一种方式，仍然考经文的熟习程度。这种考试就是考死记硬背的能力，也是送分题。

至于写诗作赋，看起来简单，但陷阱很多，一不小心就会犯错误。

诗赋讲究对偶、音律、韵脚、字数等。韵脚的规定特别严格，一旦出了韵，便会惨遭淘汰。欧阳修第一次参加秋试，就在韵脚上出了问题，考官说他出了韵，而遭淘汰。而苏洵，写诗作赋自由发挥惯了，也是在这个问题上屡屡犯下错误，以致终生与进士考试都无缘。泰山先生孙复，屡次参加科考都没过关，在经义的回答题和填空题上，他都不应该会有问题，但诗赋上，很可能也过不了关。

---

① 梁庚尧：《宋代科举社会》，上海：东方出版中心，2017 年，第 18 页。

至于策论，有点像作文考试，给一个题目，自由发挥去。策论是最能看出一个考生的真正水平和能力的，所以包拯的老师刘筠先生一直在呼吁，要增加策论在科举考试中的地位，而不能仅仅考诗赋。诗赋，是不是也像一种死知识？虽然看似很需要才气。

宋人考试采取自愿报名制度，但有以下几种情况，是不能报名的：

曾犯过罪接受过处罚的，假冒户口的，祖、父两代有过犯罪史的，不孝不悌品德不好口碑很差的，还有，服丧期间不许应考。工商杂类及曾做过僧人道士的，也不能应考。①

这就是说，有劣迹的、有丧事的、祖上犯过罪的、名声不好听的、做过僧人道士的、做生意的，都不给报名。

这一招有点厉害啊。这就逼得你必须好好做人。就算你自己不考试，也得留机会给你后代。宋代的整个科考制度设计是让社会从良。每个人都不要去犯罪，犯罪成本很高，划不来。

当然了，如果考生和主考官、政府主要官员之间有亲戚关系和血缘关系，则必须打报告，如实说明，然后给安排一场特殊考试，叫"别头试"。

如果像包拯和文彦博这样，跟着父亲在外面宦游，不回老家，留在南京考试也是可以的，但必须审核，且参加专场考试。这种考试又叫"类试"，参加者主要是那些远离本籍的举人，京城官员的随侍、门客、亲戚等人。因为不方便考生千里迢迢回原籍参加考试，所以朝廷也会有灵活的政策。比如司马光，就是在东京开封参加考试的，因为他父亲当时在京城做官。也因为东京的解额指标，比他陕西老家要多得多，而且他在东京复习，接触名师多，考试信息量也大。所以官员子弟，很少选择回本籍参加科考。

包拯是在哪里参加考试的呢？两种都有可能，一种是回老家，他父亲刚好任期已满，可以回老家了。另一种是留在南京，但南京生源好，竞争力强；而回原籍考试，对包拯来说，肯定能冲到第一名。

---

① 梁庚尧：《宋代科举社会》，上海：东方出版中心，2017年，第7页。

# 天子门生

宋朝科举取士制度，远比我们想象的要客观、公正与严肃。

比如，平民子弟和权贵子弟考试时，必须在同一起跑线上，考试制度甚至要向贫寒子弟倾斜，这是宋太祖最早的顶层设计。

一开始，宋朝皇帝便不喜欢权贵子弟和平民子弟争位置、争前途。那些考试中获得好名次的，皇帝反而会怀疑：你们父亲的权力可在起作用？

开宝元年（968），翰林学士陶毅之子陶邴，考中进士第六名，太祖知道后，当即要求他重新参加一次考试，这摆明了不相信。而且下诏规定：以后权贵子弟，必须参加复试。

985年科举考试，宰相公子，还有若干权贵子弟考中进士，太宗看了名单后便阴阳怪气地说："这些人家都有权有势，他们与孤寒子弟一起竞争，纵然是凭真本事考上的，但别人会以为是朕在照顾你们。"这话说得合情合理。但皇帝真心不希望他们的下一代又进入权力核心，于是下诏，将他们全部从名单中拿下。很多权贵子弟从此吓得都不太敢参加进士考试了。

当然，宋太祖、宋太宗的初心，朝臣们也都看得一清二楚。

皇帝自认为是"孤家寡人"，虽然天下表面上看是他们赵家的，可他做皇帝只是孤零零一个人，当大臣的如果拉帮结派给他设坑，背着他搞点阴谋诡计，他一个人，怎么玩得过一群人？他只有提拔那些没有任何背景的贫寒子弟，给他们机会脱颖而出，让他们一起参加到国家管理团队中来。因为是皇帝本人，直接给了贫寒子弟这个机会，他们效忠皇帝，当然也是必须的。所以后来的科举考试，要增加一道环节，叫"殿试"，本来省试那么多考官那么多道环节已经够多了，但如果只有一个省试，进士和考官之间很容易结成师生关系。所以太祖下诏，考中的进士，以后不得称考官为恩师。进士和考官之间，不存在师生关系。这一刀砍得何其痛快，把前朝留下的历史隐患给一举砍掉。否则做一次考官，会收多少门生？这种师生关系给皇帝带来的不安全感是巨大的。天下是皇帝的，不是大臣的，更不是考官的。做考官也只是一份临时差遣而已。

开宝八年，公元 975 年，宋太祖亲自主持落榜举人的复试，这成为后来殿试的开始。省试是由尚书省礼部主持的，所以简称省试。而殿试是由皇帝本人亲自主持的，意义大不一样，考的内容也不太一样。最后决出名次，当然也有区别，省试第一名，未必就是殿试第一名。比如包拯那一科，省试第一名是吴育，但殿试第一名就换成王尧臣了。

再比如欧阳修，他在 1030 年参加省试时是第一名，但殿试时，因为文章观点不讨仁宗喜欢，便把他排到后面。殿试放榜那天，有个很隆重的"唱名"仪式，由仁宗皇帝亲自主持。所有殿试合格者都排好队伍，军头司站在殿下依次传呼，唱了三个人都没有欧阳修的名字，他急了，赶紧主动出列大声喊"欧阳修欧阳修"，这才为自己争取到第十四名。这叫越队声明，只有省试第一人，才有这个权利。而且必须在报出一二三人名单后，才能出来声明。

其实殿试是没什么意义的，多一次考试就是多一种浪费。唯一有意义的是对天子本人。因为殿试是由皇帝本人亲自主持的，这样一来，所有录取的进士，就成了"天子门生"。

既然是天子门生，那当然必须效忠于天子。天子就是所有进士的最大恩师。这就是顶层设计的意义。宋太祖这只老狐狸，果然厉害！

宋朝考试虽然很严格，但也有温情的一面。比如，有的人几次秋试都过了，但临门一脚，却总是很失败，比如像孙复那样的，考过三次后，那第四次秋考就可以免考了，解额指标免费送上。一般都是三举才给优惠。当然了，年龄到了六七十岁还在考试的，秋试也给免掉。所以泰山先生孙复，1026 年秋天的那场解试，他是免考生。

至于包拯，究竟在哪里参加秋试其实已经不重要，反正秋试时他顺利胜出，拿到了赴京考试的解额指标。

那么解额指标全国到底有多少？换句话说，赴京参加省试的考生数量究竟有多少？录取比例又有多大？

我们用倒推法来推出这个大数据。

史书记载，真宗时是 10 取 1，仁宗时改为 10 取 2，就是百分之二十的录取率。包拯这一科省试录取 498 名，以 5 倍来计算，那考生应该有 2000 名左右。

南宋时大概考试的人太多了，录取比例下降到 14 取 1，宋孝宗时（1162—1189）又进一步降低，改为 17 取 1。

秋试时刷了一遍，到春闱时再刷一遍。三年开科考试，全国只取三四百名，这个比例，的确很打击考生们的自信心。

真宗时期最多一次取过 1638 名，到仁宗时开始封顶，规定上限不得超过 400 名。而且定为每三年考一次。太祖时期是每年都考，但取的数量实在太少，最少的一次只取了 10 个人，最多一次不超过 30 人。太宗时很混乱，有每隔一两年考的，也有连续五年不开考的。取生人数开始大量增加。到仁宗时，一切开始规范起来。

仁宗在位 42 年，是整个宋朝中的巅峰时期，群星灿烂。

星光灿烂好年华。包拯这一科考试中，便出了一大批优秀人物。

## 夫人董氏

1026 年的深冬，东京街头人流量剧增，各地进京赴考的举子正在陆续抵京。省试，北宋时都在一月举行，故又称"春闱"。

考生有的带着老父亲老母亲，有的甚至带上年轻的妻子和孩子，全家总动员，当然，形影相吊孤身进城的也大有人在。宋太祖、宋太宗最喜欢的寒门子弟，连路费都要享受皇家福利的，当然是单身进城，他们没条件嘛。

苏洵当年带着两个儿子两个媳妇，全家五口去东京，算是一支庞大的队伍，当然，他的回报也是巨大的。两个儿子都考中进士，他自己的书稿也找到了"投资商"，欧阳修给他推荐到朝廷，唐宋八大家中，他们家后来占了三个。

包拯呢，本来一个人来的，刚好包令仪的差遣结束了，年近七十，在告别职业生涯之际最后一次来趟东京，顺便会会老朋友，他便执意要来。老父亲要来，新婚妻子董氏也便跟着来了，因为她家在东京有亲戚，顺便来看看他们，还可照顾一下老人。

董氏，是个读书识字的女子，比包拯小2岁，还是个名门闺秀。世家出身，曾祖董希颜起兵于洛阳，是跟着宋太祖出生入死的一员战将，官至宁州刺史。祖父武将出身，官至"内殿崇班"，是宫廷里的侍卫官。父亲董浩做过鄂州武昌令。这个官阶，和包令仪差不多，甚至略高一点，很可能也是进士出身。因为能做上武昌令，通常必须进士出身。以上介绍，出自1973年挖掘出来的董氏墓志铭，是包拯门生张田写的，应该非常靠谱。她的这个家庭，和包拯家说得上"门当户对"。

董氏嫁包拯，应该是在包拯考中进士前两三年。因为董氏墓志铭中有这么一句话：

> 夫人佐公，承颜主馈，内克尽妇道，外不失族人欢心者，盖十三年。
> 孝肃渐贵，夫人与公终日相对，亡声伎珍怪之玩，素风泊然。[1]

意思是说，董氏嫁过来后，在家里安心做个贤妇人，照顾家里老人和孩子，各项家务处理得井井有条；对外很大气，举止落落大方，族人都非常喜欢她。包拯官当大后，夫人与包公终日相对，对那些珍奇贵重的玩意，她一概不感兴趣，是个很安静很朴素的人，并不向往奢侈生活。

根据这段话里的意思，可以推测董氏嫁到包家，正是在包拯去南京读书的这段时间。董氏父亲当时有可能就在南京做官，两家大人彼此认识，刚好双方儿女都已老大不小，董氏当时已24岁。在宋时，24岁还不嫁人的，算是剩女一枚了。为什么拖到这个年龄还不嫁人呢？可能也有原因，比如未婚夫死掉了或者什么。包拯时年26岁，丧偶不久。双方经人介绍一拍即合，便成

---

① 杨国宜：《包拯集校注》，合肥：黄山书社，1999年，第281页。

就了这段婚姻。

董氏父亲是官三代，所以他们家的背景比包家还要厉害些。祖父就在宫廷里当侍卫官，她小时候耳朵里听到的宫廷故事肯定不少。再加上董氏从小便跟着父亲走南闯北，见识也广。她信佛，喜读佛书。那时候读佛书很流行，上自皇帝，中至各位大人先生，下至平民百姓，只要识字的都喜欢研读佛书。佛书的传播，又碰上了第一次印刷革命，自然很快流行开来，成为宋王朝的主流文化。

这一次包拯到东京赶考，董氏也跟着来。她们家早年一度就住在东京，后来才跟着父亲去往别处，东京城里还有她娘家亲戚呢。所以包拯来赶考，住她亲戚家也是有可能的。

到了东京后很多手续等着考生们。先是要找地方住下来，然后赴礼部贡院报到，报到时要向贡院递交考试时的试卷，当然家状、保状、考试用的试纸也一并要交。据说宋朝初时，参加省试的考生还要预先送上一张考试用的桌子，这个真是超出我们想象。恐怕贡院边上，做桌子、纸张、笔墨、吃食买卖的生意会很兴隆。到包拯时期，应该不需要送桌子了。考试前一天，考生还要去看场地，查看你的座位号。这个倒跟现在一个样。

这次在东京，包拯见到了马仲甫。彼此一见面，心里热乎乎的。当然也见到了文彦博和欧阳修。欧阳修这是第二次来参加考试，虽然熟门熟路，但心里略微有些不爽。福建惠安包拯待过几年的地方，也有几个考生来，有一个还认识包拯，一起上过几年学的。彼此一介绍，也就认识了。这人后来还考上了进士。

包拯当然要去拜访刘筠先生。刘筠家里可热闹了，传说他这次要做贡院大考官，他家的门槛都快被人踏破了。

虽然皇帝不允许考生称考官为"恩师"，可传统力量还是很强大，挡不住考生想认识考官的热情。更何况刘筠是文坛大咖。粉丝见偶像，不需要任何理由。

见到包拯，刘筠说他几天前刚刚从颍州被朝廷召回来，今天凑巧还在家里，明天恐怕就不在家了。"回来这几天，天天都有人来，搞得没办法。"他苦笑着。

几年不见，刘筠清瘦不少，他说他身体不好，胃老是闹罢工，吃得少，人就瘦啊。

"瘦得像一棵竹，迎风站着，快成竹竿了。"刘筠还是那么风趣幽默，人虽瘦，但精神还是好的。包拯这才放下心来。

刘筠已做过两次贡院考官，第一次是范仲淹那一次；第二次，是 1024 年，那一次考试，出了一个大新闻。那次省试名单排名第一的是宋祁，第三名是宋庠。宋祁是弟弟，宋庠是哥哥。当时仁宗还没亲政，还是刘太后当家。刘太后认为宋祁虽然考第一，但不能排在哥哥宋庠的前面。于是殿试时大笔一挥，改宋庠为第一，宋祁被降到第十名。这对宋祁来说是不公平的，但礼让给哥哥宋庠，倒也无妨。

宋庠后来做上宰相，宋祁做上翰林学士。二宋和刘筠关系都很好，但小宋和刘筠更亲近些。兄弟俩一直自认为是刘筠的门生，他们给刘筠分别寄过不少诗作。刘筠对他们也很欣赏。刘筠在合肥盖房子并建藏书阁时，宋祁还献诗一首，而刘筠死时，宋祁写了三十首悼亡诗，可见感情之深。

几天后，传言得到证实，刘筠被诏"权知贡院"。这是他第三次权知贡院，也是最后一次。

## 考官们的锁院生活

刘筠一旦被任命为"权知贡举"，他就跟外界失去了联系。

跟现在的高考阅卷老师全封闭差不多，宋时叫"锁院"。自下诏之日起，考官们便要集体住进贡院里，不准回家，不准和外界联系，以杜绝考生请托。

考官们的锁院生活，要持续一个多月，门口有警卫站着，家人报平安，只能在门口"平安历"上填写，再传入院中，考试官再在"平安历"上回复，然后传给家人看。所有人员，共享一份"平安历"。锁院时间大约 30 天到 50 天，直到所有考生成绩出来，排定名次，向上"奏名"为止。这一个办法，同样适用于秋试和殿试。这就避免了考官们有任何私下操作的空间。

锁院期间，考官们身体虽然失去自由，但可以有点娱乐。比如，喝酒作诗是可以的。最著名的一个例子是梅尧臣做参详官、欧阳修做主考官、苏轼做考生的那一次省试。这是仁宗嘉祐二年（1057），有6个考官在锁院期间诗歌唱和，一共写下一百七十余篇诗文，欧阳修为此写序：

> 余六人者欢然相得，群居终日，长篇险韵，众制交作……自谓一时盛事，前此未之有也。①

这就是考官们锁院期间的优雅生活。不过，这样的盛事"前此未之有"，说明这是第一次。但考官喝点酒写点日记作点诗文，是允许的，无非前面的那些考官都没搞"诗酒唱和"而已。

这次诗酒唱和在历史上名气很大，还闹出不少事出来，原因是，很多平时都看好的学生，这次都落榜了，他们便上街闹事，还把上早朝的欧阳修给拦下来，差点要打考官。欧阳修锁院期间"不务正业"，才有此出大戏上演，也是很尴尬的。

那一次梅尧臣改到苏轼的试卷时极其欣赏，便把试卷送到主考官欧阳修面前，再三说这文章是所有试卷中最好的，几位考官看了也都说好，欧阳修当然也极喜欢，但他担心这篇试文是他门生曾巩写的，为了避嫌，便从试文中找了一个毛病——试文中有句话他没见过，把这篇试文给排到第二名。最后公布时，才发现这个作者并非他门生，而是苏轼。

发榜后，苏轼去欧阳修家拜访，欧阳修便问起试文中那句话的出处，苏轼回答说："想起来是如此，这要什么出处？"意思是说，这是他临时想出来的句子。

这个事情后来被传播出来，是苏轼自己写了一篇文章。

---

① 朱东润：《梅尧臣传》，北京：中华书局，1979年，第188页。

苏轼文章当年已出名到一写出来便被疯狂传播的境地，成了文坛网红。他这文章叫"上梅直讲书"，他说他久闻欧阳修和梅尧臣的大名，"**读其文辞，想见其为人**"，"**而向之十余年间，闻其名而不能见者，一朝为知己**"。

这"一朝为知己"，也只有苏轼敢这样说。[①]

刘筠的锁院生活是可以想象的。这是他第三次做考官了，他的文官生涯此时已经达到了巅峰。主持省试大考，是所有文官们心向往之的事。

仁宗天圣五年的省试和殿试，在考试内容上有了革命性的变化。唐以来进士考试，以诗赋定去留，过分重视诗赋。刘筠认为如果以诗赋定去留，过分拘泥于音律和韵脚，这样选拔出的人才，是有问题的。国家取士，是为了选拔出能够治理国家的人才。他的核心观点是，进士考试不应过分偏重文学诗赋，而应增加"策论"比重。因为策论，更能反映一个考生多方面的能力。朝廷经过一番讨论，最后采纳了刘筠的建议，在1027年的进士考试中，策论部分的分值被大大提高。这对包拯来说，是个重大利好消息。他受刘筠影响多年，早就在策论上磨刀霍霍做好了充分准备。

包拯果真在这次考试中考了个好成绩，杀入进士一甲榜单。

## 那场考试

公元1027年一月，宋仁宗天圣五年，本书主人公包拯，开始了人生中最重要的那场考试。

半夜三更就要出门，拎上几天的吃食，饭团、饼、糕团之类，当然还有水，细心的老父亲一再叮嘱考试注意事项。相关证件和试纸、笔墨之类，也早已收拾好打上了包裹，拿了便是。老父亲要送他去，包拯坚决拒绝。父亲只好送出门，陪着他走了一小会，说了一句"祝你好运"，便不再送他。

到贡院并不远，因为住处离贡院很近。住在这里就是为了方便考试。贡

---

① 朱东润：《梅尧臣传》，北京：中华书局，1979年，第191页。

院周边房子也因此显得非常紧俏，需大于供嘛。有不少住家房子，考试季专门腾出来做考生生意，书铺也多，卖吃食和文房四宝的也多，这和现在也没大区别。

一路上都是考生和送行的人。包拯到时贡院周边已人头攒动，天色渐渐亮了起来。

考试之前要有一个特别仪式，全体举子"入对"，集体拜见皇帝，这叫"群见礼"。因为人数多，两千人，这场面有时候不好控制，看到皇帝大家都很激动啊，尤其是从小地方来的人，一生中最渴望见的人物便是皇帝，秩序有些小混乱也是难免的。仁宗皇帝也才18岁，青春、英俊、帅气逼人，皇帝也是人嘛，他见到这么多举子向他行礼，大多数人也和他一样青春逼人，他看着也有些激动。这种场面他在15岁时见过一次，不过，3年后他成熟多了，显得沉稳而老练，给人睿智的感觉。

在包拯考试之后十一年，这个"群见礼"被取消，改为各州郡"解头"的"入对"礼。群见礼之所以被取消，怕是因为场面大，不好控制。

群见礼后还要赴国子监拜孔子，这叫"谒先师"。群见礼和谒先师，都在考试前举行。

贡院门口有胥吏唱名，考生听到自己的名字后，方得进试场。入场时，有两个胥吏在门口检查，核对身份，所有东西都要打开并逐一检查，以防止挟带书和笔记本。早年还要搜身。后来因为搜身太不文明，让考生在众目睽睽之下暴露身体也的确很不像话，这才停止执行。[①] 仁宗朝时已不搜身，但对考生携带物品的检查依然很严格。考试期间，贡院内巡察人员很多。最多时有一百多名卫兵，不断在巡察。

试场四周，张挂着帷幕，正前方摆着一张大香案，案台上灯烛通明香烟缭乱，场内列着一行行几席。几席上写着考生名字。举子一一对号入座后，在正式考试前，还要与主考官行对拜礼。对拜后垂下帘幕，在厅堂上头出示

---

① 梁庚尧：《宋代科举社会》，上海：东方出版中心，2017年，第27页。

试题，举子们坐在几席上答题，不准乱走乱动。如果有偷看抄袭行为，一经发现，严肃处理。

考试作弊历朝历代都会有，所以才要查那么严。偷带书本甚至代笔，也是有的。代笔一经发现，处分起来也是很严重的。除了要送回原籍劳动改造外，还有两项严苛的处罚在等着：一是取消考试资格，永远不得做官；二是担保人不管是否知情都要受罚。[1]

代笔行为应该在很早之前就出现过。所以到后周时，便出台不许代笔的规定。北宋时，代笔现象很少发生，但到南宋时，随着州县学校增多，开始直接从学校里选拔人才，代笔现象又开始死灰复燃。有富人找人代笔，出的价格高得离谱。公元 1151 年，绍兴二十一年，有官员说省试时的代笔，有六七人合写一篇文章的，这样的文章写出来，立马给数千钱。一手交钱一手交货，成交迅速。[2] 贡院外面书铺和贡院里的内奸互相串通，给考生提供有偿代笔服务，收受巨额好处费，也都有过。不过，对代笔的处罚还是非常厉害的。一经发现，永远别想再去考试和做官了，还把你的担保人给卖掉了。省试的担保人要有十个。就是说，十个考生之间互相以人品给对方担保，只要一个出了问题，别的人都要跟着连带受罚。

为了防止代笔，宋时规定，每次考试应考人必须本人亲自填写卷首和家状，以方便核对笔迹。

唐时考试，白天没来得及完成的，还可以点上蜡烛，晚上继续做试卷。考官可以给你三支蜡烛，点完为止。后周开始这项规定被取消，只准白天答题。也是怕引起火灾吧？宋真宗时出台规定，明确所有考试都必须在白天举行。当然，也有例外的事情发生。南宋时，仍然有晚上点着小蜡烛考试的，巡察人员看不清楚，视野昏昏，这就很容易发生各种作弊行为。想想吧，趁人不注意换位置找人代笔的，估计就是这种情况下出现的。

---

① 梁庚尧：《宋代科举社会》，上海：东方出版中心，2017 年，第 27 页。
② 梁庚尧：《宋代科举社会》，上海：东方出版中心，2017 年，第 28 页。

考生考完试交了试卷，就可以大摇大摆出去了。那边迅速把试卷封存起来，找人重抄一份送给考官评"等第"，相当于我们现在的打分。

程序是这样的：

先由"编排官"，除去卷首所有考生的真实信息，改为以字号编排，交付封存，然后送去抄写。抄写好后再核对无误，才送往"主考官"那里定"等第"。做这事的人，叫"编排官"。主考官是第一轮打分的。

主考官定好等第后送去封存，然后送"复考官"定等第，复考官定好等第再送去封存，这是第二轮。所以这个考官叫"复考官"，就是负责第二次打分的。

两轮后，最后送给"详定官"拆封，详定官参考上两次打的分，综合考量后给出最后的分。

最后的分出来后，再交给编排官，编排官取出考生的原始信息，核对无误后，列出姓名和名次。

这个程序和流程是不是很严密超乎我们想象？全封闭，三轮打分。

主考官、复考官和详定官是殿试时的称呼，省试时被称作点榜官、参详官、知贡举。刘筠做的官就是"知贡举"，也就是说，是省试时最后给分值的那个人，也是最关键的考官，他定分值和等级。

省试三天。首日考诗赋，次日考论，第三日考策。

## 殿试也刷人

省试考官改卷评分这个时间有点漫长，毕竟纯手工操作，各种细节烦琐无比，需时 30 至 50 天。省试名单揭晓，通常要在二月底或三月初。那么倒推一下，省试时间应该在元月的 10 日左右。

包拯自觉考得不错，送分题没有丢分，策论题心手双畅，诗赋嘛，那些雕虫小技也没难倒他。贡院出来，心情欢快无比。

从考场出来后，一家人选了个小酒店在一起吃顿饭，也算为宋王朝经济做贡献。老父亲包令仪满是皱纹的脸舒展开来，喝了几杯酒后包令仪居然当众吟诗一首。老人家的诗歌韵脚押得那么合辙，真专业，果然训练有素。

那段时间也是包拯一生中最悠闲最美丽的时光。

一方面他还要看书复习等通知等殿试。另一方面，他和那些滞留在东京的举子也有了来往，没办法啊，大家都在等通知，等得心慌慌。每天都有信息在流传，举子们经常三五成群在一起诗酒唱和，发点小情绪，认识几位新新人物。那时候走在街上，随便一撞，就会撞到大才子。而且三五句话一抛出，便有人响应。大家的心情，既有焦灼，也有狂欢。自以为考得好的当然欢喜，考得不好的垂头丧气。可成绩没出来之前，谁也不知道谁能笑到最后。

仁宗时期，滞留在京师等待考试的四方士子，常有六七千人。[1] 这个数字还是指平时。每到三年一次的考试季，那人流量更多，拖家带口的加起来，会有几万人。不光是拿到准考证要来考试的举子，那些提前过来观摩考试的人也有，至于国子监和太学里那些"习进士业"的老童生，也是一支庞大的队伍。所以东京每到考试季，街头巷尾人流量骤增，消费指数拉升到最高点。酒店和旅舍，早早做好了准备，以应付考试季的消费狂欢。

包拯的南京老同学来了不少，而且个个都很优秀，比如王尧臣、赵槩、文彦博，这些人全成了这次大考中的新闻人物。在这期间，通过同学介绍，包拯又认识了很多人，吴奎、韩琦、吴育、梅挚等人，就是在此时认识的。这几人中梅挚（994—1059）年龄居长，那时候已经 34 岁了，老童生一个。这人喜欢写诗，一辈子做着地方官。

有一天，几个老同学正在一个小酒店里坐着闲聊，晃进来欧阳修，他认识文彦博，便打声招呼也和他们坐到了一起。他那时候话并不多，也很低调，长得不是太好看，但颇有些傲骄。这一批人在地方上都是狂生，但到东京时，都显得低调起来。欧阳修此时虽然只有 21 岁，但已经是老考生，考场经验很丰富。他酒喝多便开始吟诗，两眼大放光芒，摇头晃脑的，大家都夸他诗写得

---

[1] 马端临：《文献通考》卷 31，北京：中华书局，2011 年，第 900 页。

好，他却说："没写好没写好，丢丑了。"初次见面，包拯对他印象并不坏。

"省元"吴育（1004—1058）是福建浦城人，但他出生在东京，他父亲是杨亿的学生吴待问，此时已是礼部侍郎。吴育是这一次省试的头名。这已经相当炫了，问题是，这次大考他们家一共来了三兄弟：吴育、吴京和吴方。吴育是老大，两个弟弟这次也一同考中进士。一个家庭出了三进士，简直要炸了，比 1025 年出了宋氏兄弟还轰动。

吴育这次和文彦博其实考得不分上下。也就是说，省试第一名、第二名之间分值咬得很紧，他和文彦博被人并称省元。这两位省元，后来都做上了宰相。

另外一个小"同年"吴奎（1011—1068），比包拯小 12 岁，也是这一年考中进士，才 17 虚岁，应该是这次考试中最年轻的进士之一。这人记忆力超强，书无所不读，是包拯一生中的密友。包拯墓志铭便出自他的手笔。他和文彦博也是好朋友。他们仨，也是这段时间认识的。

在东京街头，这一伙考试考得很好的举子，春风得意，常在一起逛书铺，去藏书家那里搜书，拜访文坛大佬，走访客居东京的乡前辈，游历京城名胜。

马仲甫住在他姐夫吕夷简家。吕夷简是安徽寿州人，算是包拯的乡前辈。1022 年仁宗还没亲政时，这人已经做上了宰相。这位老前辈，包拯早就听说过，他父亲在家里也经常会说到他，也说起过"是不是该去拜访他一下"？包拯说："还是别去吧，人家当宰相，我们去他家，还以为是有求于他呢。"包令仪一想，也是。

为了迎接即将到来的殿试，包拯更多时间还是把自己埋在书本里。窗外的世界，他只是偶尔才涉足。而且那段时间东京的上空时有雪花飘过，守着老爹和娇妻，倒也十分美好。

三月初，贡院公布省试上榜名单。

吴育和文彦博高居榜首。王尧臣、韩琦、赵槩、包拯、吴奎也在前面的名单中。欧阳修和孙复先生落榜。

贡院外，人头攒动，激动的，欢喜的，沮丧的，痛哭的，各种表情很丰富。有一个山西考生年龄已五十开外，听说已经考四次了，这次又落榜，老童生一把胡子已花白，脸焦得像把木炭，穿着老棉袄就蹲在地上哭。

很多人离他远远的，只有包拯走过去，把他扶起来，安慰他说："老哥，没关系，考不上还可以有别的出路嘛。东方不亮西方亮。"

老童生不吭声。

包拯把他拉到边上的一个小酒馆里，要上一壶酒，点上两个菜。一杯酒下肚后，老童生缓过劲来，问包拯：

"非常感谢小弟这样安慰我。你可有什么妙招指我一条生路？我家这些年，被我考试搞得家徒四壁，老妻每天都在唠唠叨叨。一个儿子死了，一个儿子在做小生意。我害了他。他本来可以有个好前程的。反而因为我，没走上正道……"

"大哥，你这么多次没考好，应该有很多经验和教训可以吸取。这本身也是一笔财富啊。现在这么多人参加考试，你如果把你的经验和教训总结出来写成书，给考生们看，不也是一种大收获吗？而且这样的书，市面上还没有……"

包拯还没说完，老童生兴奋地站起来。

"好主意。感谢老弟点拨……不光是写书，我还可以办学校嘛，我以前虽然也收过童生，可总觉得自己没考好，有点自卑，也不敢多收学生，怕辜负他们……你这番话，我有信心了。失败也是种财富，说得真好。"

和包拯连保的庐州籍考生，除马仲甫外，全部落榜，他那天给每人都打了气，让他们不必灰心丧气。考砸了，总结教训，下次再来过。

最后一关叫殿试。通常在三月初或三月中旬举行。殿试在皇宫崇政殿举行，考诗、赋和策论，要在一天时间内完成。由皇帝本人亲自主持，故殿试又叫御试、亲试或廷试。举子们必须再经殿试考试合格，才算真正的"登科"。考生的最后成绩和排名，当然也由皇帝本人来决定。

包拯、文彦博参加的这一次殿试，三月二十日在崇政殿举行。总共有

498 名举子参加。

这次殿试考的内容有三，一赋一诗一论。题目分别叫"圣有谟训赋""南风之熏诗""执政如金石论"。

这样的题目，现在的人是做不出来的，所以也就不必再去解释它。只说这一次的殿试唱名发榜是在三月二十四日，考试是二十日，这速度太快了呀。当然，殿试考生数量只有省试的四分之一，考试也只一天，考官工作量明显减少，速度自然也加快。

但还是有疑问的地方：殿试这么快就出结果，而省试要花四五十天；殿试只一天，而省试要考三天；省试 6 个考官，三轮打分，殿试只一个考官一轮打分，两相比较何优何劣？

敢于质疑的人还是有的。1042 年，富弼（1004—1083）上疏，指出省试有三长殿试有三短。省试三长不说它了，只说殿试三短：一短在殿试时没有刷人，全部都录取，没啥意思；二短在只考诗赋论三篇，不能全面考核一个人的才华；三短在考官打分时间短暂，没有时间细心研究作品，这样打的分存在问题。

这三个短板，找得很准确，仁宗皇帝也完全赞成，于是殿试被宣布取消。但是大臣们都强烈抗议，认为这是"祖宗"定下的规矩，不能破坏。于是没过几天，殿试又被宣布恢复。[1]

富弼是北宋名相，死后被赠"太师"。历史上很有名的"庆历新政"，就是他和范仲淹共同推行的。他父亲早年很穷，寄居在吕蒙正门下。前面说到的吕夷简，便是吕蒙正的远房侄子。

吕蒙正（944—1011）是北宋初年宰相。太平兴国二年（977）丁丑科的状元。富弼父亲当时在吕蒙正家做门客，有一天，他向吕蒙正请求说：

"我儿子十来岁了，想到书院里去读书，行不行呢？"吕蒙正说没问题，让他儿子来见，这就是富弼。没想到吕蒙正跟小孩子只交谈几句话，越谈越

---

[1] 梁庚尧：《宋代科举社会》，上海：东方出版中心，2017 年，第 13 页。

吃惊，他说这孩子以后不得了，也会跟我一样做宰相。

吕蒙正收下了富弼，还让富弼跟他儿子在一起读书，而且对他特殊照顾。[①]

富弼长得高大魁伟，气度不凡。他没有考过进士，是制科考试出来的。这还有个故事，说范仲淹第一次见他，便觉得此公是个神人，可以做"帝王的辅佐之才"。让他一定要通过各种途径进入仕途，还将他的文章主动拿给晏殊看，晏殊看了后也很佩服，最后还把他发展为自己的女婿。这样的奇才是要抢的呀。晏殊第一时间抢到了。

富弼最后是通过制科考试进入仕途的。制科考试是特殊人才的一种考试，考试一旦合格，立即授予官职。而且升官速度比进士还要快。当年梅尧臣就是制科考试出来的。而苏洵呢，经欧阳修推荐，朝廷给了他考试机会，他却因为害怕考试，主动放弃了。

虽然是制科考试，可诗赋也是必考项目。富弼和苏洵一样，并不擅长诗赋考试，那考试时怎么办呢？他老老实实对考官说，他确实不太会诗赋。考官们看到这样诚实的人，他们也犯难，研究后最后做出决定，不考诗赋，只考策、论各一首。考策论是富弼最擅长的，他最后被录取了。可见，北宋时的人才选拔制度也还是比较人性化的，并不是死板一块。


## "拜黄门"和"序同年"

1027 年殿试，共录取进士 377 人，分为六甲，就是六个等级。前 30 名叫一甲。一、二、三名，分别是王尧臣、韩琦、赵槩。他们分别又叫状元、榜眼、探花。包拯进了一甲。

这一次省试合格者共有 498 名，最终殿试公布的录取名单却只有 377 名，还有 121 名呢？被刷下来了。

殿试被刷，比省试被刷还痛苦。有跳河自杀的，有呼天抢地的。想想看，

---

① 丁传靖辑：《宋人轶事汇编》上册，北京：中华书局，2012 年，第 148—149 页。

人家读了一二十年书，辛辛苦苦过了几道关，省试都过了，也通知了家里，却在殿试中被刷下来。

因为每次殿试被刷都有悲剧发生，远方寒士有因贫不能归而跳河自杀的，二十多年后便有大臣上疏仁宗，殿试时能不能不再刷人？

仁宗皇帝是第一次听说这样的事情。因为殿试被刷，考生跳河自杀，这件事让他深受刺激，当即做出决定：以后只要省试通过，殿试不再淘汰士子。[1]

殿试不再淘汰人，这项规定是从嘉祐二年（1057）开始执行的，跳河事件应该发生在上一科。而有幸享受这个政策福利的，恰是苏轼、曾巩那一榜考生。那次欧阳修和五位考官，在锁院期间诗酒风流，虽然催生了不少奇文和诗歌，但也惹恼了一干落榜考生，导致考生直接上街，拦截欧阳修出行，并当街辱骂他，酿出风波，或许也是这个规定出笼的原因之一。

殿试揭晓仪式，叫"唱名放榜"。地点仍然在殿试场所崇政殿举行。

三月二十四日早上，仁宗皇帝一早就来上班，他在皇位上坐定，文武大臣分列两侧，仁宗从第一名状元唱起，然后是榜眼、探花，前面几位一一出列，全场目光全部聚焦在他们身上。

应天府举子王尧臣是状元。探花赵槩是南京虞城人，也是应天府书院培养出来的。文彦博曾经是省试第二名，这次是殿试第六名。

殿试唱名，始于宋太宗雍熙二年（985），起初分为三甲，后来分为五甲，一、二甲被赐"进士及第"；三、四甲赐"进士出身"，第五甲赐"同进士出身"。从第一甲到第五甲，又称"黄甲"，都是正奏名，是正宗进士。[2]

"特奏名"是指多次没考中，另造册上奏，经许可参加附试，考试合格后，特赐出身或官衔。这有点像"安慰奖"的意思。特奏名中老童生居多，不会像进士科那样有很多才气逼人的青春美少年。特奏名除第一名附第五甲，其余授诸州"文学""助教"等闲散官职。

---

① 梁庚尧：《宋代科举社会》，上海：东方出版中心，2017年，第13页。

② 梁庚尧：《宋代科举社会》，上海：东方出版中心，2017年，第14页。

　　唐代时，新科进士的欢聚宴会是新科进士掏钱买单的。至北宋时，才改由皇家请客。唐时状元和及第进士骑马出宫门，还要自付鞍马费呢。有好事者，早早就把马牵过来，等候在宫门外，等新科进士一出来，就送上马去，然后坐等收费。此时新科进士，有钱没钱，都要骑马出宫门。人生得意须尽欢，此时不欢何时欢。

　　公元1015年，那还是真宗时代。这次新增加了一个花样，当然也是真宗皇帝作出的特别规定：状元和新科进士骑马出宫门时，增加了一支导引队伍。有7个卫兵，在状元和新科进士前面骑行，做导引。这个场面很壮观，引得万人空巷。武官们醋意满满，他们打胜仗凯旋，也没这个派头啊。这时候的鞍马费，应该是皇家支付的。

　　接下来，状元和进士们还要参加天子主持的盛大酒会。这个酒会，又叫"琼林宴"或"闻喜宴"，在京的所有高官都要参加，天子亲自主持。当然也由皇家财政买单。

　　闻喜宴时，人人满面春风，个个欢笑写在脸上。就连天子，也是满脸喜气，进士们个个争先恐后要向天子敬酒，天子只是象征性地举举杯，否则几百杯喝下来，不醉倒才怪呢。但状元敬的酒，天子是会喝的，他甚至还会赐诗给状元。在闻喜宴上，状元是最风光的人物，[1] 万千宠爱集于一身。他是真正的天子门生。日后的晋升速度，也是最快的。但状元未必便是最优秀的那一个。包拯这一科，他们后来的官场生涯，表现最耀眼的是文彦博，其次是韩琦。王尧臣和省元吴育，在历史上反倒不太显山露水。

　　天子和门生，在闻喜宴上，是近距离最放松的一次接触。彼此借着酒的关系，都有些醉意朦胧，感觉都很美好。

　　二十天后，天子门生之间还有两个规定动作要完成，在这里一并先做介绍：

　　第一个动作是天子要向新科进士每人赠送一部经书《中庸》。让他们好好学学这本书里面的精髓，争做国家好干部。

---

① 梁建国：《朝堂之外：北宋东京士人交游》，北京：中国社会科学出版社，2016年，第138页。

　　第二个动作是天子要向新科进士每人发放"绿袍、靴、笏"各一套。并按进士等第，给他们授官职。一甲进士，通常被授予大理评事、知县。

　　进士们呢，则要当着天子面，脱去原来的平民服装，穿上天子赐给的官服、官靴，拿上朝板，向天子致谢。这个动作叫"释褐"。是从吕蒙正考中状元（977）那一榜开始的。这标志着他们正式步入仕途。

　　绿袍和靴是指官服官鞋。笏是指大臣上朝时拿的手板，我们在电影电视中都看到过，通常用玉、象牙或竹片做成。不是用来打人的，而是拿来记事用的，相当于我们现在的笔记本。天子说了什么话，朝会上有什么重要意见，都要及时在笏上记下来，免得回家忘记。当然，臣子们要在朝会上发表什么高见，也要在笏上先行写上。

　　天圣五年共取进士377人，诸科698人，特奏名343人。

　　这些人来自五湖四海，但都有一个共同的名字叫"同年"。同年，也常特指进士。诸科和特奏名，他们属非正规军，考的内容也不一样，所以这同年，关系又不一样。

　　富弼是这一年经过制科考试出来的，他是其中的翘楚人物。而进士科中优秀人物更多，可以拎出一串：王尧臣、韩琦、文彦博、赵槩、吴育、包拯、吴奎。他们后来都成为北宋政治舞台上星光灿烂的人物。这一串人物中，探花赵槩居长，中进士时已32岁；接下来包拯29岁；状元王尧臣25岁；省元吴育和制科第一人富弼24岁；省试第二名、殿试第六名文彦博22岁；榜眼韩琦20岁；吴奎17岁。

　　这些人以后关系都非常好。因为他们都是"同年"，有很多共同语言。曾经一起考过试，做过一样的试卷，经历一样的考官，一齐参加闻喜宴，所有这些，都成了他们日后最美好的回忆。

　　发榜之后，接下来的二十天时间里，是东京最热闹的日子。属于进士们自由活动的时间。这也是"同年"在一起认识、增进感情的开始。他们在这一段时间里频繁聚会，常三五成群一起出游，彼此结下深厚友谊。

　　殿试唱名和闻喜宴，通常是认识彼此的开端。但在隆重的场合，也只能认个脸熟而已。进士一甲只有区区 30 人，最容易被人记住，而后面的那些进士，除非长相特别，否则不太容易一下子被记住。

但没关系，同年之间很快还会有各种聚会，他们叫"期集"。期集后，他们还有"同年小录"这样的期刊可以方便彼此认识。这跟我们现在的同学会有得一拼吧？

第一次聚会是在闻喜宴后。新科进士择日集中去贡院，然后搞一个盛大的"拜黄门，序同年"仪式。

进士们先把自己的"赐第"在黄纸上写好，供在香案上，然后行礼。然后排队。这次排队是按年龄大小排的，共分两列，以 40 岁为分界线，上下各一列。一列向东，一列向西。每一排各推一名出来，必须是年纪最大的和年龄最小的。他们出来升堂，年龄大的面朝南，小的面朝北。

整个仪式由春官吏主持，40 岁以下的年轻一列，先拜年纪大的老进士，然后老进士再回拜年轻进士。

这样一来，小的老的都认识了。至少这个仪式上，最小的那个和最长的那个，是目标人物。他们也都被人牢牢记住了。

仪式结束后，进士们便前往期集院聚会。

这期集院是专为新科进士聚会提供的场所。期聚时，状元首先出来与同年相见，然后请一人出来做记录，其余的人有"主宴、主酒、主乐"的，探花则负责"主茶"。进士们在一起聊天，互相介绍彼此认识，场内气氛十分活跃。当然也赋诗也吟酒。有人还喝醉了，这也是难免的。

包拯便在这次期集会上，认识了不少人。

期集会上，状元提议，要集资出个"同年小录"。这"同年小录"，相当于我们现在的同学录，但他们那个年代应该比我们雅致多了。同年小录里，除留下彼此的联系地址外，诗词歌赋估计占大头。

同年小录要集资付印，出资额以名次高低来定多少。状元出最多，其次是榜眼、探花。考最后一名的，就算钱多，也无须出多少。真想赞助，也会被拒绝。同年会各项开支，也以集资的形式支付。状元考得最好，同年会中他是当之无愧的老大，考得最好就应该出得多。这也公平，因为他最风光，升官速度也会最快。

这些同年以后远走高飞，天高地远，但只要回到京师，小型同年会仍会不时举行。而"同年小录"也会不定期推出，发布各位同年的最新消息，这成为联系同年、认识同年的最好桥梁和纽带。

天圣五年的这帮"同年"，日后以他们为中坚，开创了历史上著名的"嘉祐盛世"。

五月初，进士们从吏部相继拿到派遣，开始陆续离京。一甲进士被授予大理评事，去地方做副州长和知县。文彦博是去绛州翼城县做知县，包拯拿到的派遣是去江西建昌做县令。

# 五、十年归养

## 解官归养

包拯回到家发现父亲小脸瘦了一圈，一问，原来老人家在回来的路上遇到风寒又是感冒又是发烧，胃病又跑出来捣乱。难怪看起来像个病人样子，包拯看了很心疼。

本来马上要去建昌的，父亲这个样子还能走吗？一家人坐在一起商量。父亲首先提出来，他们没办法跟着包拯去建昌，身体明显不允许了。

包拯是个孝子，家里又没有别的兄弟，有一个姐姐早就嫁出去了，女婿是没有义务为岳父母养老的。自己带着媳妇去建昌做县令，把父母留在老家？那明显不是包拯的想法，他也不会那样去做。

思前想后，他给朝廷打了一个报告，请求给他重新派遣一个离家近、能方便照顾父母、哪怕官职往下降一降的工作。

在家等啊等，终于等来吏部新派遣：和州税务官。这和州，就是今天的安徽和县。

拿到这个新派遣，父母还是不愿意出门，连一百公里外的和州也不愿意去。父亲做了一辈子基层官吏，他非常了解儿子想去新岗位一展才华的心理，可他们毕竟都已年迈，还有病，没法跟儿子出去了。

最后，还是媳妇董氏拍板：包拯去上任，家里的事由她来照顾。那时候董氏已怀了孩子，可她很理智，她在家庭会议开过后最后做了总结性发言：朝廷的派遣不能一改再改了，包拯必须去赴任。

这个过程，吴奎的墓志说得很明确：

天圣五年进士甲科，初命大理评事、知建昌县。时皇考刑部侍郎家居，皇妣亦高年，乐处乡里，不欲远去，公恳辞为邑，得监和州税。和邻合肥，皇考妣犹不乐行，遣公之官。①

父母年高，不欲远游，乐处乡里，包拯只能辞官归养。谁要他们家就他一个儿子呢？一个年轻人，读了二十多年书，好不容易才考中进士，成为整个庐州府里最著名的青年才俊，却因为父母年老不欲远行做不了官，不得不守在老父母身边。父母去世后他又必须按规定丁忧，守在父母的庐墓旁，这一晃，就是十年。正是人生中最好的年华——包拯这一尽孝就是尽了整十年。虽然他是尽孝了，可毕竟，心里还是有些小郁闷吧？

郁闷之说，当然是我们的推测。包拯未必有郁闷。他觉得尽孝完全应该，而且也不必去宣传，只是身为人子该做的事而已。

不过，我们也可以看看包拯老前辈、27岁考中进士的范仲淹，当年是怎么尽的孝。

范仲淹2岁时父亲去世，因"贫而无依"母亲只好改嫁到朱家。范仲淹1015年进士及第后去广德（今安徽广德）任参军，到广德后，范仲淹便将母亲接到身边。母亲眼睛已近乎失明，现在看来应该是有了白内障。当时范仲淹的俸禄并不高，吃饭和用度他尽量先将就着母亲，自己一家过得很节俭。在他出任第二个职务时，他穷得居然连出行的车马费都凑不出来，只能卖掉他的唯一坐骑来凑行资。马在北宋时很少，这匹马是范仲淹出门时的唯一交通工具，也是他家最值钱的家当。一个小参军，进士出身，居然穷到家徒四壁要靠卖马来凑行资这个地步。②

可范仲淹辗转各地任职，老母亲一直跟在身边，直到十年后，老人家在南京去世。然后范仲淹为她守孝。

① 孔繁敏：《包拯年谱》，合肥：黄山书社，1986年，第10页。
② 诸葛忆兵：《范仲淹传》，北京：中华书局，2012年，第22页。

那么包拯父母，为什么就不愿意像范仲淹的母亲一样跟在儿子身边去乡里呢？原因肯定也是有的，无非包拯不愿意说出来，别人不知道，也就无从记录了。

最合理的解释是，包拯家境并没穷到揭不开锅的地步，他们家在老家应该有些土地，足以可以维持一家老小的生活费用。虽不富贵，但吃饭也不必太犯愁，何况父亲退休了也还有些俸禄可领，更何况老人家走南闯北一辈子，该见的见了，该经历的也都经历了，曾经沧海难为水，他们对跟着儿子仕途走也了无兴致。在家乡的山水里终老，是老人家最大的心愿。既如此，他们不欲行、不乐行，也就是很正常的事了。

包拯当然理解父母。既然老人家不欲远游，做儿子的，成全父母便是最大的孝顺。他后来"解官归养"，也就是情理之中的事了。

那么监和州的小税官，包拯到底赴任了没有呢？有学者推测，包拯应该去了，只是为时不长便解官归养。何况，这监税官，实在也说不上让人喜欢。

苏辙年轻时因为哥哥的事被贬，而去筠州做盐酒税官。他到后发现，这里的盐酒税务所房子破败不堪，实在没办法住人。白天他就在卖盐卖酒卖鸡鱼的地方收税，和人为了一点小钱毫厘必较，吵吵闹闹，像个俗人样。晚上回来累得身子都要垮了，倒床便睡，一觉醒来已天明。早上起来又开始重复头一天做过的事，这样的生活苦歪歪，哪里能安静下来写文章做学问呢？

包拯最终向朝廷打了报告，要回家为老父母养老送终，朝廷同意了。那时候的主旋律就这个样，所以朝廷是理解并支持的。但长时间离开职场，却是很少见的，何况又是新科进士。

话说苏轼苏辙兄弟考中进士后，还没开始官场生涯，他们家庭突然遇到重大打击——母亲程氏不幸病故。

程夫人出身大富人家，她比苏洵小1岁，也是位知识女性。苏氏兄弟小时候，老苏经常在外游历，他自己27岁才开始发奋读书，平时教俩兄弟最多的还是母亲程氏。这样一位母亲去世，苏家的天就像塌了一样。

按照规定，遇到至亲去世，不管正做着什么样的官，哪怕是当宰相，也得立刻打报告，然后辞职丁忧。苏氏兄弟考完进士后，便急急回家，为母亲守丧两年三个月，之后，他们才出来申请朝廷的官职。

丁忧时，孝子们是否都守在庐墓边上呢？理论上是这样说，但实际上却也未必。不妨看看苏氏兄弟。这段时间，苏氏兄弟去过岳父家，也去过周边游览名胜。之所以三苏的事迹让今人这么了解，是因为他们自己留下了大量文字，充分曝光了他们的行踪。民国时期的作家林语堂先生，1936 年动身去美国之前，把所有苏东坡的文字资料全部带上，他希望在美期间能写出一本苏东坡传出来。后来他果然写出来了，还是用英文写的，这也是目前为止写苏东坡写得最好的一本书。林语堂说他在国外能够写苏东坡，全靠他带去的各种资料，他看过苏东坡诗一千七百首，研究过他的八百通私人书简，再加他的遗墨及各种文字，加起来总量接近一百万字——这个数字是让人非常吃惊的。他在书中还提到"宋儒都长于写日记，尤以司马光、王安石、刘挚、曾布为著名"。苏轼虽然不记日记，但"在他去世后百年之内，没有一本传记类的书不曾提到这位诗人的"。由于史料丰富，林语堂在美国也能写苏东坡。如果换上包拯，既无私人信件，也没那么多诗，留下来的文字只有一百八十多篇奏议，碰到这样的人物，恐怕林语堂也会抓瞎。①

所以这本书在写包拯时，用上了他同时代人的大量资料，原因便在于此。

1059 年十月，三苏父子守丧结束，又一次集体赴京。这次赴京，阵容更强大，除了苏洵，苏轼一家人（妻子王氏、长子苏迈），还带上奶妈任采莲，苏辙和他妻子史氏、奶妈杨金蝉，总共 8 口人，真是全家总动员。这个规模显见苏家还是钱多。如果是穷人，恐怕奶妈是请不起的。他们这一路寻幽访胜，一走就是四个多月。

到京后已是 1060 年的二月中旬，这一年八月，52 岁的苏洵终于守得云开雾散，未经考试，就被朝廷任命为"校书郎"。校书郎不过是九品小官，而

---

① 林语堂著，张振玉译：《苏东坡》，长沙：湖南人民出版社，2017 年，第 4 页。

且还是试用阶段，苏洵难免有点耻辱感。但没办法啊，总得从小官吏做起，谁要你进士考试没过关呢。

话说不久后苏氏兄弟接到了朝廷的派遣令，苏东坡被任命为凤翔府判官，而苏辙则被任命为商州的军事推官。兄弟俩都要离开父亲了，那老父亲谁来照顾呢？兄弟俩商量后决定做这样一个分工：老大苏东坡去赴任，弟弟苏辙则向朝廷提出请辞，不去做官，改留在京城照顾53岁的父亲。

两个兄弟考中进士，一个去赴任，一个选择留在父亲身边尽孝。和包拯相比，在美德的尺度上，他们都没什么太大的差别，无非包家只一个男孩子，包拯没有第二种选择。

再说一个故事，是司马光的。

司马光父亲司马池也是个著名孝子。他在殿试前一夜，突然梦到母亲在挥手向他告别。一觉醒来，司马池感觉不妙：莫非重病中的母亲出了意外？他在即将进入最后一道大考之际，在皇宫门口徘徊不已：是进去考试还是回家看母亲？

有人看见他在宫门口反复徘徊，便宽慰他说："你母亲不会有事的，那毕竟是个梦，当不得真，赶紧先把殿试考了再回家。"一听这话，司马池"号恸而归"。他不考殿试了，直接赶回家。只可惜，他到家时，母亲已经去世。

司马光在这样的父亲教育下，他在关键时刻的选择也是与众不同的。20岁那年他考中进士后，第一个官职是华州判官，这一年（1038）十月，他父亲出任同州知州，同州和华州算是邻居，司马光工作之余经常跑过去看父母。次年八月，司马池调杭州做知州，司马光向朝廷打报告，请求改遣苏州做判官，以便省亲。这个理由很充足，朝廷也迅速回应了他的请求，他被改派到苏州做判官，这离父亲近多了。

父亲去哪里，司马光就要跟着去哪里。按我们现在的逻辑来说，这孩子不懂事啊，没长大嘛。可在古人眼中，这是尽孝的表示。而且朝廷也是鼓励并支持的。

按照宋朝制度，官员父母如果超过 70 岁，身边无人照顾的，可以就近安排工作。如果父母年高八旬，儿子还在外面勤奋工作的，反而要被人弹劾。

尽孝比工作还重要，这就是当时的主流文化。


# 刘筠再知合肥

包拯在赴任和尽孝的选择中，选择留在老父母身边尽孝。这一回家，到重新再出仕，过了一年又一年，整整十年。

这十年中，包拯的小儿女慢慢长大，老父母相继去世，再为他们一一守丧。这期间，包拯可有什么故事留下来呢？很遗憾，有一点，但不多。

先说一个确定无疑的事。天圣六年（1028）八月，刘筠以龙图阁学士再知庐州，这年他已 59 岁，身体多病，感觉不好，他把庐州当成终老之地。全部家当，都从京城搬到合肥来，做好了老死合肥的准备。两年后，61 岁的刘筠"卒于书阁"。这书阁，就是他在合肥新筑的藏书阁，里面放着真宗皇帝十多年来赐给他的各种书和他自己的所有藏书。

这个藏书阁，包拯是去得最多的一个人。所有藏书他都读过，包拯出没于此，得益之大，是可以想象的。何况他还可以跟刘筠先生请益、交流、探讨，相当于他在这里读了博士后。

刘筠在天圣五年"权知贡院"结束后，又被留在京城数月，皇帝诏命他去修真宗朝的国史。这方面他是老专家了，一生修史修了二十多年，吞吐无数史料。宋王朝的很多皇家机密，都藏在他的脑子里。老先生三入翰林，但他没在政府里做过首脑。他的一个翰林同僚比他资格浅，却很快做上了枢密副使，刘筠便写诗嘲讽他："空呈厚貌临官道，更有人从捷径过。"有一次刘筠称病不出，他的那些同僚都来看望，问他什么病？他称他有虚热。有虚热是要清火的，而清火得用清凉药。便有人打趣说，"只消一服清凉散"。意思是，刘筠这个虚热症，只要任命他去政府里当宰相或大臣，这"虚火"，马上就消掉。①

刘筠既然得不到"清火"的机会，那就申请外放吧。在这样的背景下，他再次来到庐州做太守，而包拯也恰在此期间辞掉和州税务官，"解官归田"。那段时间包拯的老父亲还没去世，刘太守也来拜访过包老先生，谈谈京城动态，说说家长里短，看看包拯刚刚出生的小儿女。

刘筠夫妇唯一的儿子，这时候已经去世，夫妇俩无儿无女，把合肥作为他们的终老地，包拯此时是刘筠最可依靠的学生。刘筠在死前为自己选好了墓地，打好了棺材，还自己主动写好了墓志。做这些事时，他显得既悲凉又从容。

所有这些事，包拯再熟悉不过。

这期间他为父母也做了同样的事。无非，父母的墓地是父亲自己生前选好的，就在合肥城东七里路外大兴集螺丝岗。包令仪的几代祖宗都葬在柴山，而他们俩却选在螺丝岗，是不是考虑到了给儿子守孝提供方便？包拯毕竟在合肥城里居住，儿女们都在这里，如果葬到老家山上，包拯就得回乡下守孝了。包令仪为儿子考虑得非常周到。

包令仪的墓保存到20世纪50年代初期。1953年，那个地方要建一个纺织厂，包令仪的墓这才迁回老家龙山。包令仪墓前有神道碑，写着"宋故赠刑部侍郎包公神道碑"。包令仪生前做的官是虞部员外郎，正七品官。包拯后来发达后，当上三品官枢密副使，包令仪因此被赠"刑部侍郎"，刑部侍郎属于正四品，包令仪被赠四品官后，按规定，他的墓园待遇大大提高，墓道两侧可以有石人、石羊和石虎各一只。

因包拯是著名清官，受历朝历代地方政府的尊崇和保护，所以他老爹的墓九百多年来一直保存完好。直到太平天国大动乱，两只石虎遭到破坏，别的都还在。包令仪墓碑上的字，有认为是包拯自己手写的。那完全有可能。

---

① 丁传靖辑：《宋人轶事汇编》上册，北京：中华书局，2012年，第254页。

　　刘筠虽为一代名臣，但他在合肥的葬身之地，早已消失在历史的风尘中。刘筠的那些藏书，最后留给谁呢？这个疑问还要交给历史来回答，但读者也会想到，有一部分藏书，刘筠先生应该在去世前赠送给了包拯。

　　包拯是个书痴，吴奎在墓志中说他"书无所不览"，可见他的阅读是非常广泛的。他的十年归养，恐怕有不少时间是放在读书上。可惜的是，没留下任何文字。

## 大怪咖林隐士

　　刘筠知庐州期间，还和著名隐士林逋有过交往。

　　林逋（967—1028）是浙江奉化人，不光是位隐士，他的书法、绘画都达到非常高的境界和高度。连苏东坡、黄庭坚、沈周这样的大艺术家，都很佩服他。

　　这人苦出身，从小好读书，还好古，个性很怪，一生只爱两样东西，一样是梅花，一样是鹤。终身未婚，喜欢在寺庙里走动，和僧侣交往颇多，所以人称其"梅妻鹤子"，叫他"林处士"。

　　林处士曾隐居西湖孤山多年，而林逋也因孤山而名垂千古。林处士隐居孤山时，常喜欢驾一叶扁舟，在各小岛寺庙间出没，和僧人聊聊天，当然也会写字画画。如果有客来访，他的门童便会放出鹤子纵其高飞，给他发消息，"有人来了有人来了，快回来呀"。没多时，林先生便摇着小船，笑眯眯地回来了。①

　　这人当年名气很大，连真宗皇帝都知道他，有人向朝廷推荐他，但真宗只是给赏钱而已，并没有给他官做。感觉这样的人物不太适合做官吧。林处士也不向往做官，他向推荐者这样表白自己：然吾志之所适，非室家也，非功名富贵也，只觉青山绿水与我情相宜。

---

① 丁传靖辑：《宋人轶事汇编》上册，北京：中华书局，2012 年，第 316 页。

他不喜欢成家，也不喜欢功名富贵，只喜欢青山绿水。老年时他在庐侧给自己造坟墓，写了一首诗："湖上青山对结庐，坟前修竹亦萧疏。茂陵他日求遗稿，犹喜曾无封禅书。"讽刺的是，后来那些到杭州做官的人，或妾或女死后，大多葬在林处士周围。这人一生不爱女人不结婚，死后陪伴他的却是女鬼居多。

林处士诗词存世有三百多首，还全部都是别人搜集的。南宋灭亡后，他的坟墓被人打开，里面有一个端砚、一支玉簪。便因此有人作诗嘲笑他："生前不系黄金带，身后空余白玉簪。"

更搞笑的是，过了若干年，有人自称是他的七世孙。这人一生无婚怎么会有子孙呢？所以便又有人因此写诗："和靖当年不娶妻，因何七世有孙儿？若非鹤种并梅种，定是瓜皮搭李皮。"古代诗人除了风骨外，也是蛮有喜感的。[①]

林处士年轻时曾到江淮地带漫游，死前一度还居住在合肥。包拯也曾访问过他，林处士的隐居思想，恐怕也曾影响到包拯。否则包拯为什么要在老家隐居十年，三请四邀才肯出来做官呢？

一个人沉湎于自然之乐多了，便有遁世心理产生，官不官的也就无所谓了。所以包拯出道时那首著名的诗，第一句话就是"清心为治本"，这里面的信息可丰富了，值得反复玩味。包括他父亲包令仪的"不乐游""不欲游"，也是有隐居思想在里面的。

话说有一天，刘筠先生也去拜访这位怪咖了。可惜林处士不在家，驾一叶扁舟出去了，刘先生难免有点怅然，思虑片刻，总得丢下几句话给他吧，便拿笔在林宅大白墙上题诗一首：

久厌侯鲭静室来，卜居邻近钓鱼台。

旧山鹤怨无钱买，新竹僧同借宅栽。

---

① 丁传靖辑：《宋人轶事汇编》上册，北京：中华书局，2012年，第317页。

斗酒谁从杨子学，扁舟空访戴逵回。

抽毫有污东阳望，但惜明时老润才。

　　诗的意思是说，我久厌京城美食，如今带家人来到淝上，住处就在钓鱼台的边上。看来林处士没钱买山鹤呀，所以我来时也没鹤给你通风报信。看你新栽的竹子还是借的僧宅。你现在出门又驾舟访客去了吧？可有人和你斗酒谈诗呢？我来访你你不在，只好在墙上留下几句话，不要怪我把你墙壁搞脏啊。

　　刘筠这诗写得既幽默又风趣。林处士回来后，应该去见了刘筠。名士们来访，人不在，纸又没，那就在白墙壁上写字留言好了。

　　林处士几度往返于江淮之间，至于他和刘筠何时结识，具体时间不详。幸亏刘筠有诗留下来，这首诗在《肥川小集》中出现，是12首残留诗之一。

　　刘筠著作很多，有《中山刀笔集》《表奏》《钟山杂述》《肥川后集》《刑法谥册》《太宗谥册》等。《肥川集》共四卷，《肥川后集》有一集。刘筠的作品，在体量上是巨大的，在种类上也非常多，但遗憾的是，刘筠的多数著作都已亡佚，现仅存《肥川小集》一卷，还是因为收录在《两宋名贤小集》中才给保留下来。书中有一段按语："《晁志》卷四载刘筠《肥川集》四卷，世久失传，今仅存此抄本一卷。"现仅存的《肥川小集》，也只剩下作品12首，且全部为诗词。

　　《肥川集》和《肥川小集》，顾名思义，都应该是刘筠知庐州期间所作。肥，亦可作淝。淝川，即指淝河，历史上又称淝水、肥水。源出肥西、寿县之间的将军岭。出将军岭后分为两支，向西北流者，出寿县而入淮河；向东南流者，注入巢湖。而合肥呢，即为两支河流的汇合之处。故称合肥。

　　天圣八年（1030），刘筠病故于合肥。因无儿无女，他们夫妇去世后，当地政府把刘筠"田庐没官"——田地和房财，都被官府收了去。这可刺激了包拯，刘先生的房子，是他最熟悉的地方。

刘筠死后，他的学生宋祁写了不少诗歌纪念恩师。他写过"哭中山公三十韵"。在刘筠生病期间他也写诗来安慰。他哥宋庠，后来也写过怀念文章。

包拯有没有写诗纪念恩师呢？历史书没有说，但他后来帮老师做了一件大实事——"为奏其族子为后，而请还其所没田庐"。就是说，包拯后来到刘筠老家找到其族人，向朝廷上疏，奏请族人为其子，请还刘筠所没田庐给其嗣子。最后这事还真办成了。

这样的事，是包拯最乐意做的。这比写几首怀念诗，写篇纪念文章更有价值。从这一件事的处理中便可知包公的作风——脚踏实地，做实事而不是做空头理论家。

御史官的远见

# 一、谁在追包拯

## 那些著名同年

1037 年春天，整整居家十年的包拯，终于要出来做官了。

宋史上说，这是经"里人"反复劝说的结果。"里人"，是指他的邻居和乡亲。

守孝结束后，包拯并没有马上出来申请做官，而是又等了一两年。那些乡亲看一个进士整天呆头呆脑待在家里，他们总要上门来劝说。但包拯未必会听他们，他继续在思考——这个长考比下棋的长考还要漫长。以包拯的思维和他日后雷厉风行的做事风格，他的思考完全可以在三两天内就结束，何至于要两年？难道那些"里人"，有他本人对时局的观察和分析更到位吗？

当时可能还有一些事情，在羁绊着他。而促使他最终作出决定，应该还有别的因素。比如，那些同年们的劝说有没有呢？应该是有的。在十年时间内，同年们都在各地埋头工作，都已作出相当成绩，只有一位同年，还守在家里。那些同年能容忍吗？更何况包同年又是一甲黄榜里的进士，智商和能力都不是问题。

1037 年时，他的那些著名同年，都在做什么呢？

先看一看同学兼同年的文彦博，他在景祐四年（1037），经时任御史中丞张观举荐，做了监察御史，这是一个从七品官。四月，复经时任宰相吕夷简推荐，迁升殿中侍御史。短短几个月时间内，他火箭般蹿升，标志着一颗星星的冉冉升起。

这一年父亲去世，文彦博开始丁父忧。但这是下半年的事。也就是说，文彦博这一年，已经结束地方官工作，回到京都，开始在中央机关里当上御史官了。

1036 年文彦博自兖州回，到朝廷来报到，吕夷简一见便奇之。文彦博长得风神俊美，很讨人喜欢。吕夷简那时候已是一著名老人家了，在政坛几十年混到大佬的位置，他说话也不客气，问文彦博，可从兖州带墨回来？如果有，带一点墨给他。文人讨墨是件风雅事，更何况老宰相讨墨是为了工作。他整天要批各种条子，没有好墨，笔头也不快呀。

文彦博次日上朝便把墨送给吕领导。送墨时，他特意把老丞相的手看了又看，看得特别细致。这是干吗呢？原来他在相手。那时候的人，特别迷信这些。

再看看状元王尧臣。1037 年时他已进入翰林院做了大学士，"知审官院"。十年时间做到审官院的院长了，毕竟是状元啊，升官速度也是无人可以比拟的。审官院是专门管理中下级文官考核考察的一个机构。

榜眼韩琦，1036 年时已做到正七品官右司谏，做谏官了。谏官和御史官是皇帝领导下的一支特殊队伍，专门负责监督百官的。

有资料表明，王尧臣、韩琦和文彦博之间，年轻时常有诗歌唱和，是非常亲密的同年关系。包拯一生中，从未弹过他的这些著名同年。便说明，他和他们之间关系也很不错。

探花赵槩，这人后来还和欧阳修在馆阁里做过同僚。但欧阳修对这位老实厚道的同僚不太放在眼中，也没有提携他，而赵先生却在欧阳修遇到重大绯闻事件时，主动站出来帮他说话。人品爆棚啊。这人长期在馆阁中编书，属于埋头苦干型学者。至于当时他做什么官，未见记录。但应该已经在中央机构里任职了。

省元吴育，做了"著作郎"，给皇家做文秘工作。

这几位著名"同年"都已聚集在中央，并且已经有一定影响力，如果他们来信游说包拯，那包拯的出山势在必行。他们说的话，比"里人"的话含金量高多了。

而包拯，十年守孝，知识储备早已完成，家有仙妻娇儿女，已是中年大叔一个，也应该出来服务国家和人民了。

# 谁在追包拯

包拯十年后坐船行舟，又一次在春天的季节来到东京。

此时东京的榆杨树已泛出片片绿叶，街头巷尾一派生机。包拯突然置身于此，有轻微恍惚不适感。大都市的繁华包裹着他，熟悉的景象却有太多的物是人非，刘筠先生去了哪里？当年陪着他来的老父亲又去了哪里？走着走着，不无感慨。

为了办事方便，他选择在距中央政府最近的同里巷住下。

包拯这次在京城住了一小段时间，不断有同年宴请他，他也去周边逛了逛，逛得最多的是书铺，当然吏部是必须去的。他必须去吏部申请派遣，北宋时官员还没那么多，候缺的时间还少一点，南宋时，很多官员在杭州的小旅馆住上两个月，也未必能等到派遣。至于在家里候缺几年的也大有人在。也因此，很多候缺的官员，会经常出没在名公巨卿家里，求推荐，求赏识。但包拯，显然是个例外。

话说他从吏部拿到派遣令准备离开这天，发生了一个故事。

这天包拯一早出门，就去吏部办了手续，拿到派遣令他便出门。正大步流星地走着，后面有人一路追他过来，最后被追到了，那人请包拯一定要回去见见某公，说某公正等着他。包拯只好跟着往回走。

这是真实故事，有人把它记到书里。先看原文：

> 吕许公夷简闻包拯之才，欲见之。一日待漏院，见班次有包拯名，颇喜；及归，又闻知居同里巷，意以拯欲便于求见。无几，报拯朝辞，乃就部注一知县而出，尤奇之，遽使人追还，遂荐对，除里行，自此擢用。[①]

---

① 杨国宜：《包拯集校注》，合肥：黄山书社，1999 年，第 291 页。

吕夷简听说包拯很有才华，很想见到他。一天，他在"待漏院"（**百官朝会时休息的地方**）里，见班次名单中有包拯，便非常高兴，想着这次总算能见到真人了。回来后，又听说他就住在同里巷，和他住处并不远。以为包拯住这么近，是想拜访他呢。等了几天却没等到包拯上门，这天，上班时有人报告他，包拯早上已告辞离开，他在吏部的签注是县令。吕夷简对包拯愈加好奇，便派人去追。一定要追他回来。

把包拯追回来后，吕夷简便和他做了一番深入交谈，谈什么我们已无从得知，只知吕夷简日后还提拔并推荐了他。

吕夷简当宰相首尾13年。他对包拯那么渴望见面，目前所有写包拯的书中都没有交代清楚，以为吕夷简当大官惯了渴望年轻人到他家里拜见他，是有求于他——这种解释，把吕夷简的形象也给彻底摧毁了。其实并非那么简单。

首先吕夷简是合肥人的女婿，他夫人马氏通过父亲马亮早已了解包拯父子。马家和包家说得上是世交，所以吕夷简早已知道包拯其人。包拯考进一甲榜单，却在家守孝十年，这人实在有点奇怪，所以吕夷简渴望了解他。吕夷简很自负，他看人很准，当然希望见见这样的大怪人。

吕夷简是非常有才气的官员，否则也当不上宰相。他年轻时，马亮就看出这孩子以后不得了，便把女儿主动嫁给他，可见吕夷简让他很欣赏。他伯父吕蒙正是状元，太宗时期的宰相，也看好他，儿子不推荐，却主动推荐这位大侄子。吕夷简一路走来被无数人看好，他在阳光雨露下茁壮成长，他也喜欢发现人才选拔人才。做宰相的就应该有这样的风度啊。更何况，他识人能力又那么高强。

有一个著名例子。明道元年（1032），仁宗生母李氏去世。李氏，原是刘太后的侍女。因为太后没生出儿子来，便想出一个主意，让侍女李氏代她怀孕。结果李氏真怀上了，生出来的孩子便是仁宗。可仁宗并不知情啊，因为他从小是由刘太后抚养长大的，一直以为刘太后是他亲妈呢。他当上皇帝后还被蒙在鼓中，没人敢跟他捅破这层窗户纸。刘太后自己更不会说。明道元年，仁宗已经23岁，坐上皇位已10年，生母李氏在抑郁中死掉了。强势的刘太后准备把李宸妃给草草安葬算了，没想到，吕宰相在和刘太后面对面时，抛出一个问题来：

"李妃去世，太后打算用什么样的方式安葬她呢？"

刘太后惊叫一声，反问一句："宰相也管宫中事吗？"

"太后难道不为日后保全刘家着想吗？"

这话背后的潜台词是，如果草草安葬了皇帝生母，皇帝亲政后，总有一天会知道出生秘密。仁宗知道后如果怪罪下来，谁会首先遭殃呢？那当然是刘氏家族。

这么简单的一句话，迅速改变了刘太后的想法。她重新下诏，以皇后礼下葬李氏。后来，仁宗知道真相后大哭不已，跑去看生母，他要求打开棺材，开棺后发现生母安葬的规格是比照皇后来的，这才略感安慰。他要求重新高规格安葬生母，并打算报复一下刘太后。也是吕夷简从中调解，他说刘太后已经以皇后规格安葬了李氏，这已经算不错了；而且她毕竟辛辛苦苦养育了你，还辅助你治理国政，对你是有恩的，必须当亲妈看待。这么一解释，仁宗的狂乱情绪才安定下来，这对母子才重新和解。

吕夷简是受真宗委托出来做宰相的，属于临危受命。正因为他的大气、智慧、果敢和担当，宋王朝在那几年中，没出什么乱事，安稳地度过了最艰难的一段岁月。否则这对母子还不知会演一出什么剧。仁宗之所以被称为"仁"，的确算得上仁厚。在他治下，宋朝达到了巅峰，开创了一个盛世。而仁宗那一段青春期，应该对吕夷简的行为处世十分了解，是故仁宗对吕夷简非常依赖。

1044 年十月三日，69 岁的吕夷简去世，35 岁的仁宗皇帝就像失去父亲一样大哭不已，哭了很久，他说了这么一句话留下来："吕夷简死，谁复能办大事者？"[①]意思是，没了吕夷简，碰到大事时我又能去找谁呢？

吕夷简有四个儿子，个个都很优秀。一次他对夫人马氏说："我们家四个

---

① 丁传靖辑：《宋人轶事汇编》上册，北京：中华书局，2012 年，第 267 页。

儿子都不错，但不知道哪个以后能做宰相，我来考考他们。"

他出的考试题是这样的：

一天，让四个儿子都住外面房间，夫人派使女拿"四宝器"（*应该是比较贵重的*）装上茶水分别送给他们。走到门口时，使女故意跌一跤，把茶杯给跌碎了。他要看儿子们的反应。

其中三个儿子反应都一样：先是失声大叫，太可惜了，把这样贵重的宝贝跌碎，然后急急跑去告诉母亲。只有三儿子吕公著，看到使女摔碎了四宝器，问都不问，继续看他的书。

吕夷简便对夫人说，只有公著以后会当宰相。[①]吕公著后来果然当上了宰相。他在宋哲宗时期，和司马光同朝辅政，是位非常著名的大臣。他是吕氏家族继吕蒙正、吕夷简之后的第三位宰相。而且还是一位著名学者。他在宋代学术史上开启了一门学问，叫"吕学"，主张治心养性为本。这人从小便好学，经常废寝忘食，和欧阳修、司马光都是好朋友。

吕夷简是安徽寿州人，又是合肥人的女婿，算是包拯的乡前辈。可包拯这人就是奇怪，他明知道吕夷简在主持朝政，他却不去参拜，吕夷简反而要追他来了。

两人到底说了些什么已无人知道了。但吕夷简应该问了包拯几个问题：比如为什么守孝结束还不出仕？这十年里在家究竟做了什么？对去做县令，有什么想法和打算？等等。

老人家一辈子在政坛里混，混到德高望重这个级别，堪称阅人无数，但包拯的十年守孝史，仍然对他构成巨大的吸引力，老人家非要打开这个谜团看一看，这人究竟怎么回事。

不能说是包拯本人在故意制造这个新闻效应，但其结果，却是如此。行为和结果，并不是当事人所能控制的。后来的包拯，在政坛上不断引爆新闻效应。他39岁才出仕，64岁去世，短短25年间官居枢密副使，和他的那些

---

① 丁传靖辑：《宋人轶事汇编》上册，北京：中华书局，2012年，第268—269页。

著名同年有得一比，堪称政坛里的明星人物——这不能不说是个奇迹。

包拯的十年守孝史，也是十年读书史。这十年的沉潜思考和观察，给他攒下了巨大的能量。

这个能量球一旦引爆，自然会给人耳目一新之感。所有人成功的背后都是有文章的。这个能量球会给出什么样的回答呢？我们不知道。但吕夷简在听了包拯的回答后，非常满意，"自此擢用"。

## 天长小知县

包拯重新出山后拿到的第一张派遣令是"知天长"，就是做天长县的县令。

这天长县（现已更名为市）位于安徽东大门，素称鱼米之乡，属经济较发达地带。始建县于唐天宝元年，即公元742年。

为什么叫天长呢？有一个故事。开元十七年（729），为纪念唐玄宗李隆基生日，朝廷将每年八月五日定为千秋节。并于742年，从江都、六合、高邮三县各割一块，置千秋县。过了十几年，有人不满意这个名字，在皇帝生日那天上书说："皇上的寿命应与天一样长，'千秋'只一千年太短了。千秋节应改为天长节，千秋县改为天长县。"唐玄宗听了很高兴，马上降旨准奏。于是，千秋县更名为天长县。

这位马屁精就是时任宰相李林甫。这人做大唐宰相19年，让安禄山做大做强，导致大唐帝国的倾覆，李宰相实"功不可没"。从这一通奏折中，便可知此人心术不正。他死后被诬告谋反，遭削官改葬，家产被抄没，子孙也被流放。

但千秋县却因此公而得名天长，倒也是一桩好事。至少天长比千秋，好听多了。天长盛产作家。作家张贤亮的爷爷，民国时期还在天长做过县长。不过，天长县长中最有名气的还是包拯。

包拯做县令时，天长并没出过什么著名人物，但在北宋后期，却出了一个名人朱寿昌。这人以孝知名，被列入宋二十四孝榜单中。

　　朱寿昌的父亲是个不大不小的官员，家有妻妾。朱寿昌是小妾生的。他父亲在京城做官时，母亲因被大妻嫉妒赶出家门，那时候朱寿昌才出生不久。他几岁后才被接回父亲家，母子俩从此被活活分开。朱寿昌后因父荫而得官。从小办事员做起，一直做到"知广德军"。他长大后到处寻访母亲而不得。和人交谈时，只要一提到母亲便泪流不已。他还刺血写佛经，祈祷母亲回来。后来打听到一点消息，干脆辞了官，发誓不找回母亲绝不回家。老天爷也可怜他，母亲最后被他在陕西给找到了。这时候母亲已经70多岁了，朱寿昌也已50多岁。母亲后来改嫁党氏，又生了几个弟弟。朱寿昌把母亲从陕西接了回来。

　　这事很轰动，当地没人不知道他的。有人便把他的事迹整理出来，报给朝廷，皇上也被感动了，下诏表扬他，并让他回来继续做官。于是这人迅速爆红，连王安石、苏颂、苏轼等人都写文章称赞他。士大夫们更以他的事迹为题材，纷纷写诗赞美。这一赞美可不得了，他后来官升好几级，此公活到70岁而卒，也算高寿。

　　朱孝子的故事是在包拯知天长后发生的。但这个孝子的故事也可反映出当时的时代背景——孝，是宋时最大的主流文化之一。不孝，便是背离主流文化，要被万人唾弃。

　　包拯的十年守孝和朱孝子的弃官寻母，虽无可比拟，但都属于主流文化歌颂的同一题材。所谓的孝文化，其实也是人性至上。

　　包拯知天长有三年。三年任期说短也短说长也长，这不长不短的三年任期内，他应该做过很多事情，可历史总是那么诡异，平平常常的事都留不下来，没人看得到，也不会有人传播，偶尔破个奇案，倒被传了下来。

　　《国史本传》说包拯出知天长县。天长县当年属扬州府管辖。

　　　　有诉盗割牛舌者，拯使归屠其牛鬻之，既而有告私杀牛者，拯曰："何为割某家牛舌而又告之？"盗者惊伏。[1]

---

[1] 孔繁敏：《包拯年谱》，合肥：黄山书社，1986年，第14页。

有一天包县令坐在公堂上，有农民来投诉，说他家的牛被人割了舌头。

这可是奇闻啊，还有割牛舌的？这牛舌派不上什么用场，除了对牛是必需品。社会上有偷牛的，但未闻有割牛舌卖的。就算卖牛舌，也卖不了几个钱啊。

包拯问了问相关问题，农民说，早上起来，听到牛棚那边传来异样的声音，走近一看，原来牛在哭泣，它的嘴巴里满是血糊糊。再细一看，它的舌头没有了。谁这么缺德，拿牛舌来开玩笑？！这位农民便赶紧跑到县府里来告状，希望县令为他做主，帮他破掉这个案子。

牛和马，在北宋时期都是被保护的动物。宋代律典明文规定，如果私自宰杀牛马者，要被鞭打二十下，还要处以劳动改造一年。这个惩罚不能说不严厉，可有人还在顶风作案。虽然只是割掉牛舌，可分明在警告那位农民，这才是第一个小动作。

包拯让农民回家去干脆把牛杀了，反正没了舌头它也活不下去，何必让它痛苦不堪呢？然后把牛肉挑到集市上卖，也卖几个钱回来。

农民问："杀牛不犯法吗？"

包县令说："你按我的吩咐去做，犯法不犯法的和你无关。"

农民便按县令吩咐，回家杀了牛，去集市上卖。

第二天，包拯一早坐公堂，有人来报告，说有农民私自在家杀牛，他亲眼看到的。举报者，穿个破烂衣服，贼眉鼠眼的。

包县令眉毛跳了跳，突然一拍惊堂木，大声质问："你这人为什么要去割人家的牛舌？割了还敢跑过来报案，胆子也实在太大了！"

举报者吓傻了，脱口而出："我割牛舌，没人见到啊，你怎么知道呢？"

毕竟做贼心虚，三两下，他就招了。他承认是他割的牛舌，可知县大人又怎么知道的呢？那时候又没有测谎仪，人眼有那么厉害吗？

包知县冷笑一声，主动回答了他的问题：

"这很简单，没有人会去割牛舌吧？牛也不会愚蠢到自己吃掉自己的舌头吧？除非有人要恶意报复牛主人。那索性让牛主人杀了牛，给他一个举报机会，他肯定会来举报的。你不就是这样来的吗？这叫自投罗网、自我暴露。你想让你的报复对象被鞭打被判劳役，是不是？！"

举报者赶紧跪下来求饶，说他只是一时糊涂犯了罪，并说他们两家确实有点小过节，但他也不应该这样做，原谅他第一次做错事，该赔的他来赔，他会赔他一头牛。

农民听到牛舌案这么快就被破，惊讶极了。割牛舌的是他的邻居，邻居被惩处，还赔回来一头牛，高兴坏了，逢人便说，很快这消息传遍了全县，还传到京城去，最后被写进宋代的法学著作《折狱龟鉴》和《棠阴比事》中，成为经典案例，包拯智审牛舌案也成为他职业生涯的第一炮。

## 县令的考核指标

包拯"知天长"三年中，只留下一个牛舌案传名千古。这破案的事当然也是县令的职能之一，但县令不仅仅是审案破案。

一个地方官，需要具备的能力很多，比如，能不能发展地方经济让老百姓富裕起来，给国家创造更多的税收？这是一项重要的能力。再比如，能不能把环境治理好，让当地变成青山绿水环境大美？这叫生态指标。遇到灾害时能不能处理好，让老百姓有饭吃，不至于流连失所，更不至于饿死、淹死，出现人口大量死亡？这也是地方官的职责。当然，如果有盗贼土匪过来能不能剿灭掉，让老百姓不再惊慌？此外，教育也是重点。孩子上学、学校建设、人口增长，等等，都是一个地方官需要去做的。

这样看来，地方官需要具备的能力是多方面的。所以赵宋王朝每次从优秀的进士中，只选拔最优秀的一甲黄榜进士下去做知县，这是有原因的。范仲淹进士考上后，第一份工作是做广德军司理参军。苏东坡算优秀吧？但他第一份派遣并不是县令，而是做凤翔府的判官。司马光做华州判官。欧阳修呢，则是做西京（今洛阳）留守推官。推官和判官，职能都单纯些。王安石的第一份差遣是做淮南东路节度判官厅的小签书，这个活儿相当于做幕僚。考得好的寇准，首个职务是巴东知县。考第六名的文彦博，他的第一份差遣是翼城知县。

宋王朝对各级官员都是有考核指标的，指标要求还非常严厉，如果完不成，不但要扣工资，还要降级。甚至也要挨杖责，被鞭打，这是犯重大错误的一种惩罚。三年任期结束后，完成不好的，官阶会长时间停滞不动，或被调到边远县、穷县、小县。反之，如果做得好，各项指标都完成，还被当地老百姓称好，那就官升一级，或者从小县调整到大县，从穷县调到经济发达的县去做县令。

宋时奖惩制度已非常健全，他们每年有考核，就像公务员年终总结一样，各项指标都列出来。德、勤、绩、能，他们也都有。他们的档案叫"印纸历子"，是随身携带的。一当上官，就发下来。丁忧要记录，候缺也要记录。赴任后，每一年都会有考核，由上级部门派员下来考核地方官，然后记录在印纸历子上。这个档案无比详细，官员的各项政绩，廉洁程度，德、绩、能、效，全部都有。如果写得不属实，一旦被人举报，你的官也就当到头了。不同类型的官员会有不同的机构来考核。文官、武官、技术型人员、州县郡地方官，甚至医馆里的医官，都有不同的考核要求。下层公务人员由上级给做鉴定。最上面则有审官院，就是考核地方百官的机构。

做县令的政绩如何，不是自己说了算，上级机关每年会派人下来偷偷调查。至于经济指标，主要看每年完成的税收。户口指标也是一项考核内容。治理下的州县，户口如果增了，要表扬；减得多，则要扣工资。可见，宋时是鼓励生育的。那时候死亡率也高，必须鼓励生育啊。整个宋朝才区区两千万人口。如果民不聊生，户口减少，那地方长官不但要被严肃批评，还必须接受惩罚。

开荒、种树之类，也是有要求的。那时候人口稀少，荒地很多。能不能发展经济，开荒种粮是很重要的一项经济增长举措，能够促进国家经济的真正增长。比一味从老百姓头上要税，不知要好多少。

印纸历子，要随身带着。每到一地，要拿出来给上级领导看。[1] 宋太祖时期，已要求州县官考核成绩必须上报朝廷，还要据此进行赏罚。开宝九年（976）太祖下诏，每年让各路转运司察访考核，年终上报。他把考核分为上中下三等，没有业绩而又做事粗糙、态度不好、名声不佳的为下等，虽然能做事但业绩很一般的为中等，业绩优秀口碑又很好的为上等，分别给以不同的赏罚措施。

到真宗景德元年（1004），考核指标又进一步细分，修订如下：

> 公勤廉干，文武可取，利益于国，惠及于民者为上；
> 干事而无廉誉，清白而无治声者为次；
> 畏懦而贪，漫公不治，脏状未露，滥声颇彰者为下。[2]

干事也廉洁但没什么政绩的，这是基本成绩，只能打及格。在及格线之上的，是不但干事还有政绩，利民利国有好口碑的，是优秀政务官；及格线以下的不必说了，贪污的、不负责任的、没政绩的、态度恶劣的，都是这一类型。

司法公正与否也是考核指标之一。如果一个县，监狱里关满了人，那长官是不合格的。监狱里一个犯事的人都没有，朝廷是最喜欢的。这说明人民安居乐业，百姓觉悟高，都不去犯罪，这是州县长治理的好。平反冤案也是官员的政绩。所以很多官员到任后的第一件事，就是去监狱里看看有什么样的犯人关在里面，有没有冤假错案。合肥人马亮美名传天下，平反冤假错案就是他的一大政绩亮点。

经济指标也是很重要的一项考核指标。宋朝冗官冗兵多，财政负担重，皇家财政经常吃紧。皇家自己有时候都要勒紧裤腰带，所以对各州县的税收

---

① 于建军：《宋朝地方官员考核制度研究》，北京：人民出版社，2014年，第68页。
② 于建军：《宋朝地方官员考核制度研究》，北京：人民出版社，2014年，第141页。

完成情况特别看重。太平兴国八年，宋太宗接受阁僚的建议，诏令："自今诸县令、佐，凡历三年，收赋税并得依限齐足者，超资，任以大县。历二年，违限不足者，降资，授以小县。"[1] 税收完成得好，给奖励，会派遣一个大县让你治理；反之，完成不好，那就去做小县令去。

从制度层面去解读县令这个工作，看起来很风光，其实也是苦歪歪的。既要完成各项考核指标又要让老百姓歌颂，真心不容易。

包拯从和州税务官起步，对经济与民生的关系他看得很清楚，在十年时间内他沉潜不出，就是在研究经济、律法、税收、行政等问题。他接下来的二十多年仕宦生涯中，官阶升得如此之快，不能不归功于他在每一个岗位上，都交出了一份漂亮的成绩单。他随身携带的"印纸历子"应该是非常耀眼的。

包拯唯一传世的诗"清心为治本，直道是身谋。秀干终成栋，精钢不作钩。仓充鼠雀喜，草尽狐兔愁。史册有遗训，无贻来者羞"[2] 应该就是这时期写的。后来他走哪，都把这首诗挂在办公室里，借以提醒自己，也提醒身边人，一个官员必须怎么去做，才能既让老百姓喜欢又让领导满意，同时还对得起自己的良知和良心。只有让老百姓丰衣足食，才是一位好官员。

这首诗写得硬硬的，文学意味不浓，却深刻表白了包拯的良苦用心。关于这诗写于何时，历史上有三种说法。一种说是包拯布衣时写的，第二种说是包拯出知庐州时写的，为了应付乡党和亲戚。这两种都是南宋人说的。另有一种，是张田在编《包拯集》中说的"至毕亲丧，方复仕，尝有诗云"，[3] 那应该就是包拯在天长做小县令时写的。一个县令，要应对方方面面的挑战，绝对不是布衣时能感受到的。何况，张田作为包拯门生，又是包拯奏议集的编辑，他的消息来源或出自包拯本人，或来自董夫人，他的说法应该最为准确。

---

① 于建军：《宋朝地方官员考核制度研究》，北京：人民出版社，2014年，第158页。
② 孔繁敏：《包拯年谱》，合肥：黄山书社，1986年，第13页。
③ 孔繁敏：《包拯年谱》，合肥：黄山书社，1986年，第13页。

　　天长三年任期结束，包拯被擢升"知端州"，由县令而升州令，说明他的县令成绩很不错。

　　而他的老同学文彦博在知翼城三年任满后，1030 年被调整到榆次县做县令。榆次有五万二千户，是个大县。看来文彦博的第一份工作成绩单也不错，给安排到一个大县去当县令。在担任榆次县令的第二年，文彦博官阶升了一级，知榆次县的同时"权西河郡事"。郡比县，又高了一级。

　　两位老同学初起的职场成绩单都非常耀眼，属于被奖励的优秀政务官之一。

# 二、端州大变局

## 康定元年的春天

仁宗康定元年（1040），这年春天，42 岁的包拯天长县令任期满后，先把家属送回合肥，再一个人舟行北上，去东京吏部候缺。

半生不得意的梅尧臣，除最后五年居住在东京外，他一生中七次到过东京①，多数是为差遣而来。尽管是苦命的小官吏，拿的钱也不多，但也是必须去吏部候缺的。这一候，有时候也要十天半月甚至更久，很少有头天去第二天就给差遣的美事。毕竟宋王朝冗员那么多，都想有个差遣啊。

去京城候缺，连吃带住加往返交通，这笔费用可没人帮你报销呢。穷官小吏的只能住穷街陋巷。

这一年的春天，大家谈论的话题也不一样了。"西夏"成为年度热词。

包拯这次到京城，虽然"西夏"大家都在谈，但同年小聚还是免不了的。京城官员工作强度虽然也不小，但节假日还是很丰盈的。有人统计，说宋人一年的节假日有一百天左右。这节假日一多，娱乐生活自然丰富起来。皇家子弟，中高级官员，有钱的富人，都集中在帝都，东京的繁华一大半是他们贡献的。同年小聚中，彼此是否春风得意，都在脸上表露无遗。至于言谈中透露出来的信息，那更是市井百姓无从得知的。

状元王尧臣看起来没什么变化，他还在审官院里当院长，是朝廷最重要的一支笔，很受仁宗器重。也是他们同年中最耀眼的政治明星。但明星不摆

---

① 梁建国：《朝堂之外：北宋东京士人交游》，北京：中国社会科学出版社，2016 年，第 73 页。

架子，不势利，相当亲和，这是所有同年都喜欢他的地方。他说话谨慎，语调中有些沉重。

另一个明星榜眼韩琦此时刚从陕西回来。他言谈中透露的信息最丰富。此公年纪不大，说话沉稳。他初去馆阁工作时，那里都是闲散文人，其中有一位名叫石曼卿的特别喜欢拿人开涮，独见到年轻的韩琦，不敢轻慢，反而称他为"韩家"。当时东京的市井小民，见到官员时都喜欢喊"某家"。有一次，韩琦与同馆王拱辰、御史萧定同发解开封府举人，那两个人经常为试卷评等第争来吵去，只有韩琦，定力强，安静地改他的试卷。①

包拯那一批著名同年中，文彦博的脚有点问题，走路有点跛；韩琦呢，说话哑哑的，看来像是有慢性咽喉炎。可这两人后来都做了宰相。算是同年中最厉害的人物。

1039 年，原来臣服于宋的西平王李元昊称帝，建立西夏国，与宋公开为敌。他这一亮剑，让赵宋王朝突然紧张起来。宋朝养兵很多，但能打仗的兵又太少。整个宋朝 319 年，差不多就是不断挨打的历史。赵宋帝王的忧患意识也是空前强烈的，所以北宋皇帝会在制度设计、官员考核上煞费苦心。

韩琦 1039 年奉命去四川考察灾情。他到四川后发现当地灾情十分严重，他采取减免税负、开仓赈济、施舍粥食等很多方法，救济灾民。韩琦从四川刚回来，与西夏交邻的陕西一线形势骤然紧张起来。1040 年正月，李元昊大举进攻陕西，守将刘平、石元孙在陕西安塞兵败被俘，谁能去陕西前线呢？韩琦大胆举荐了范仲淹。他在奏章中这样说，如果我推荐的人有问题，耽误了国家大事，可以杀我族人。后来仁宗采纳他的建议，起用范仲淹。两人关键时刻一起出守边疆，一年后虽然一度被贬，但两人的政治声望却也因此迅速飙升。韩琦这个政治明星，比审官院院长王状元，行情明显看涨。

包拯对韩琦很佩服。关键时刻不是比智商、比能力、比分数，而是比胆识、

---

① 丁传靖辑：《宋人轶事汇编》上册，北京：中华书局，2012 年，第 352 页。

比格局、比魄力、比勇气啊。

老同学文彦博那段时间出了京城，奉旨去河中府（**今山西永济**）复审一个案子。没看到他，包拯不无失落。但这次巧遇吴奎是包拯最快乐的一件事。吴奎做了不少年的地方官后，这次也来到京城候缺。他们俩几乎每天都泡在一起，说了很多话，这是从来没有过的。吴奎虽然比包拯年龄要小不少，但两人心性相投非常默契。

1040 年，62 岁的吕夷简复出做宰相，此前他一度被贬，去了许州（**今河南许昌**）做镇安军节度使。一年后，他被进位"司空"。司空是一个很崇高的官衔，吕夷简不肯接受，于是改封他为"许国公"。后人便以许国公名之。

很快，包拯接到新派遣知端州。他的官阶也被提了一级，从大理寺丞提到殿中丞。

## 不持一砚归

端州（**今肇庆**）位于广东中部偏西，那里以出端砚而出名，而包拯和端砚，却有一段感人的故事流传至今。

中国四大名砚（**余三砚为洮砚、歙砚和澄泥砚**）中，端砚可是老大，最好最名贵，天下士子无人不喜欢它。

宋绍圣五年（1098），著名书法家米芾曾专门到端州考察端砚的制作过程，他拿各种砚做实验，证实端砚最好，他为此写下一卷著名的《砚史》。

端砚为什么好呢？按米芾的话说，端砚发墨效果好，而工艺啊形色啊倒不是关键。那时候还没有墨汁问世，更没有机器磨墨，所有墨汁，都是手工在砚上磨出来的。如果碰到不能发墨的砚，磨半天也是无用功，甚至还把墨块给磨坏了。而碰到好砚，三两下就磨出来了。端砚不光发墨，磨出来的墨汁还特别好用，甚至放上几天也不会干。因具备这个优点，端砚便成为贡砚。整个宋朝，皇帝和皇宫使用的就是端州上贡的端砚。

天禧三年（1019），丁谓做宰相，特意安排亲信知端州，为他搜刮端砚服务。

可见，到端州做长官，算是一个美差使。那么在这里不妨留一个小小疑问：宰相吕夷简派包拯知端州，是不是也希望包拯回来孝敬他一方端砚？

北宋一个名叫杜绾的人，曾经写过一本书叫《云林石谱》，此书是宋代记载石谱内容最为全面的一本书，差不多把市面上的各类奇石怪石都一网打尽。据此书记载，端石纯品的价钱当时为"十来千"。十来千就是一万钱，相当于十来两银子。而宋朝一个县令的年俸钱大约是360两，月俸30两左右。也就是说，一个县令的月工资，如果不吃不喝不养家的话，差不多可以买到三个端砚。现在端砚的市场价，淘宝网上少则数百多至数千，和宋时区别也不是很大。

端砚既然那么讨人喜欢，知端州的那些长官们一到端州，都想搜刮端砚，除了据为己有，还想拿端砚去孝敬各位领导，为自己当官，打开一条向上通道。此外，拿端砚和别人去做各种利益交换，也是用途无限。官员们的私欲如果都这么膨胀，那石匠们就遭殃了。除了要完成规定的贡砚数量外，还要满足官员贪得无厌的胃口，端州便因端砚而成了重灾区。

包拯一到端州，便先去端砚产地，做一番微服私访。

端砚产地就在端州东郊羚羊峡烂柯山的端溪一带。这里滚滚东流的西江水穿峡而过，直奔南海。端砚几个著名的坑地就分布在这里。古代砚坑，洞高约80厘米，采石工人只能蹲着、坐着或斜躺着采石。劳动强度非常大。开采时，如看不清石壁，看不准石脉，就会劳而无功，还白白浪费了石材。所以采石的技术含量非常高，不是谁都能采的。石头取出来后，还要经好几道工序才能做成砚，这些工序分别有：维料、制璞、设计、雕刻、磨光、做盒。

包拯当时看到的采石工人，住在破茅棚里，条件非常艰苦，一个个衣衫褴褛，面露愁容，手上骨节粗大，皮肤粗糙，各种伤痕。茅棚里，空气中有一股污浊味。有一个采石工人病倒了，面黄肌瘦，两眼凹陷，头上虚汗不断。一屋子的人都在抱怨这贡砚上面要得没完没了。包拯便问他们，贡砚的真实数量究竟有多少？

一位 50 多岁的老石工说，他以前听说贡砚数量要的并不多，一年也就一二十块，可这些年，官府要得一年比一年多了，甚至多到匪夷所思——比早年，多了足足有几十倍。

"也不知咋回事，还让不让人活了？每次问官府，说的都不一样。而且给的钱也很少。想给就给，不想给就不给。天底下还有这样的事吗？采石工人累得要吐血，活命的钱却挣不到。"

回到衙门，包拯脸色铁青，便去找经办贡砚的小书吏来问，每年进贡端砚数量到底多少？小书吏吞吞吐吐不肯说实话。问急了，他说他也不知道，以前都是长官吩咐一个数字，他去要的。一转身，他拿出一个端砚出来，要送给包拯。说这是前任知府留下来，要他转交给后任知府的。

包拯一看问不出名堂，便高喊："来人！"

小书吏一听要挨杖责了，便赶紧跪下，开始一五一十交代。他说端砚岁贡本来只需要送 10 块，但历任长官都不止这个数。他经手时已经大大超出原数量了。而小书吏本人在经办过程中又多要了一些。而且更可恶的是，所有原始资料，全部找不到。小书吏交代完了，把他私藏的端砚全部拿了出来，希望得到新知府的谅解。包拯一看，小书吏的私藏部分，就有 23 块端砚。

端州府很快贴出一张告示。小书吏被杖责二十，罚劳役一年。端州贡砚数量正式对外公告每年为 10 块。任何官府人员索要额外端砚，采石工人有权拒绝。

这么一个大动作，让全体端州人都知道新任知府的做派了。他们为之欢呼，"终于来了一个好官"。

三年后包拯离开端州时，端州万人空巷，都出来给太守送行了。男男女女，老老少少，这在端州历史上是从来没有过的。还有人捧着端砚要送给包拯，有人要挽留他，有人跪下来请求包拯再做一任，包拯除了感谢就是感动。当然，端砚他是不会带走一块的。

话说船离岸后不久，突然天色变暗狂风大作，包拯见此忽然生疑，便盘问起仆人来："在端州时，可曾收受了不该收受的东西？"

仆人只好交代说，临行前有人送来一方端砚让他转交太守，感谢包太守这三年来对端州人民的贡献。还嘱他千万别提前告诉太守，到家后再拿出来。送端砚的人也许是好心，但仆人不应该暗地里收下来呀，把包拯气得大骂他一通还不解恨，一气之下，把端砚拿起来扔到了湖心里。这一扔，乌云自此散去，狂风渐止。

包拯掷砚处就在东沙洲，城东四十里羚羊峡口外江中。这事端州人知道后，感慨不已，说，这样的官世上少见。

关于包拯在端州的见闻，《宋史本传》这样记载：

> 端土产砚，前守缘贡，率取数十倍以遗权贵，拯命制者才足贡数，岁满不持一砚归。[1]

有包拯这种风范的端州知府，做满三年没取走一砚的，历史上并无第二人。

在包拯去世后 7 年，端州还碰到过一个贪得无厌的知府，此公姓杜，老百姓直接喊他"杜万石"，可见此人搜刮了不少端砚，被端州人恨得入骨。

《爱莲说》作者周敦颐（1017—1073），时任广东转运官兼提点刑狱，他当时正是杜万石的顶头上司，周提点听到传闻后并经查实，特奏请上面下令，"今后凡在端州做官的，买砚不准超过两个"。这个规定看来被执行了，周敦颐也因此被端州人感念不已。

## 端州大变局

端州天气炎热，而当地人喝的都是江水，因此病人特别多。这种病外形很特殊，肚子大，人消瘦，青筋暴露，严重的还会死人。喝水喝的，现在得叫寄生虫病。

---

[1] 杨国宜：《包拯集校注》，合肥：黄山书社，1999 年，第 271 页。

　　包拯一去就发现了这个问题。他一出生喝的就是井水，江淮地带当时都已普遍饮用井水，东京街头喝的也是井水。在治理了贡砚问题后，包拯就下决心要解决端州的饮用水问题。方法就是打井。在任期内，包拯打下了七口井，惠及端州整个市区的市民。这七口井，其水清冽，被人呼之为包公井，一直用到民国时期。

> 　　徙知端州，病民之汲于江，作七井以便其用。其一在府治内，后人以其水清冽，比公之介，名之曰"包公井"；距府治西岳庙旁则其第二井也；其三在县学前街南，俗谓之"义井"；其四在分司井口；其五在广济仓右；自文济而转城北门之左，其第六井也；自城北门而复主帅堂之前，其第七井也。①

　　这七眼井，笔者在 2020 年去肇庆时，还能见到几眼。而包拯之前的太守，对端州"病民"问题似乎都无动于衷。只有包拯为他们解决了饮用水问题。有人说包拯在端州打井使用的是江淮技术。这完全有可能。他肯定使用他最熟悉的技术。甚至有可能从老家找了精通打井的人过去指导。而且打井技术不光惠及市区，整个端州都应该学会了打井，无非还没有专业人士去走访调查而已。而包拯自己，似乎也因此学会了打井技术，后来他去池州做太守，井眼就是他自己找的。他在庐州和池州任内都打过井。

　　端州不光"病水"，识字的人也少，连府衙里的办事员也有很多不识字的。端州风景很美，街头所见简直是异国他乡的感觉。可是府衙里发个布告出来，能看明白的没几个人。包拯便下决心，要解决这个问题。

　　包拯在城北宝月门创办了第一所官办学校"星岩书院"，这书院后来成为广东四大书院之一。所聘先生、教材和课程安排、师生宿舍等琐碎诸事，包拯也都亲力亲为。做一个教育家，是他最幸福的人生梦想之一。这个时期，

---

① 杨国宜：《包拯集校注》，合肥：黄山书社，1999 年，第 15 页。

赵宋王朝也在积极动员各地州郡创办学校，比如《宋会要辑稿》便有这样记录：

> 自明道（1032—1033）、景祐（1034—1038）间，累诏州郡立学，赐田给书，学校相继而兴。……庆历（四年，1044）诏诸路州府军监各令立学，学者二百人以上许更置县学，于是州郡不置学者鲜矣。①

这段文字表明，在包拯前任和前前任时期，朝廷就诏令地方官创办学校了，还给学校赐田送书。可是这些前任，也都没有办。只有包拯来了，才开始办学。

星岩书院能跻身广东四大书院之一，可见当时水准实是广东一流的。包拯本人亲自上课，安排课程，聘请教师，也是可以想见的。以他读书之多，治理之严，管理起学生来恐怕也是很严格的。

在三年任内，包拯全新改造了端州。他把端州从一个小小的军事城堡，建成一个初具规模的港口城市：他建了一个庞大的可以储粮备荒的谷仓"丰济仓"，可以防止灾年老百姓没有饭吃流离失所。现在去，还能看到这个丰济仓的旧模样。包拯在城西建起一个驿站，方便人员往返，也可以促进经济要素的有效流通。他还开创了珠江三角洲桑基鱼塘式农业的雏形。此外，他在美化环境上也作出了贡献。端州府内建有菊圃始于包拯，一直到清朝都还存在。在府治西北处他还垒土为山，凿了一个"洗砚池"，建了一个亭子。这也是端州历史上的第一个城市公园。包拯还在星岩书院边上建起了天妃庙，让老百姓的信仰和情感生活有一个倾诉处。又在府治东边建了"清心堂"，府西建了"枕书堂"。此外，还建了相魁堂、敬简堂、双瑞堂、节堂、秋霜堂，都是包拯命名的，也应该是包拯所书。

端州在包拯手里，有了全新的改造。三年任期内，有这样子的作为，是不多见的。后来的端州知府是坐享其成的。在端州，包拯还平反了不少错案，

---

① 梁庚尧：《宋代科举社会》，上海：东方出版中心，2017年，第67页。

留传下来的是这么一起案子：

有位老砚工，雕刻了一方砚，精美绝伦。当地有人出十两银子想购买，可老砚工拒绝了。那个家伙自恃有钱，在端州可以横着走路，没人敢拒绝他，便诬告老砚工，说这方名砚，是从他家偷走的。包拯前任居然就判老砚工有罪，勒令他交出那方名砚。包拯的这位前任，可能拿了富人的什么东西，只好胡乱审案。包拯到狱中一调查，这事就露馅了。包拯不光为老砚工公开平了反，还惩处了那位富人。

# 一行题字

庆历二年（1042）三月初九，包拯陪同两位来端州视察的领导，同游城北2公里处一名胜七星岩，包拯题写了一行字：

提点刑狱周湛、同提点刑狱钱聿、知郡事包拯同至。庆历二年三月初九日题。[①]

这一行字极简单，某人某日至某处，三个信息，30个字而已。包拯题字的原件拓片，现存北京图书馆。南宋著名法帖《群玉堂帖》亦有收集。七星岩现有500余处摩崖石刻，规模之大，数量之多，堪称中国南部之最。可惜很多唐宋石刻千余年来因风雨剥蚀，大半已看得不太清楚，但包拯的这一行题字仍清晰可见，这是十分难得的。

南宋大文化人刘克庄，在他的《后村先生大全集》中对包拯书法曾有过高度评价，他这样说：

鲁、包二公，本朝之萧俶也。世但仰其大节，至于鲁诗律清丽，

---

① 孔繁敏：《包拯年谱》，合肥：黄山书社，1986年，第16页。

包笔法端劲，翰墨间风流蕴藉，则未有知之者。①

历史上有个著名的"鲁公"颜正卿，是个大书法家，但此处鲁公不是说的他，因为颜正卿是唐朝人。宋人中有个鲁公，名叫鲁宗道，是北宋著名谏臣，官至兵部侍郎、副宰相。他是安徽亳州人，小时很穷，在外公家长大，34 岁考中进士，他做谏臣时以敢于直言而闻名。很多权贵都怕他，便给他送了一个外号叫"鱼头参政"，因为鲁字除掉日，就是鱼。鱼头鱼头，说明这人骨头很硬。刘克庄说的鲁公，当指这位亳州先生。

这段话的意思是说，鲁、包二公是本朝最有风骨的先生。世人只知其铮铮铁骨，敬佩他们的大节，却不知鲁公是位诗人，诗写得好，清丽动人；包公是位书法家，他的字非常有味道，笔法端劲，风流蕴藉。

刘克庄自称后村先生，他生活在包拯去世一百多年后的南宋，他是福建莆田人，活了 83 岁，此人一生足迹遍及两广，他应该去过端州，端州当时应该不止一处留有包拯的字。

刘克庄历经南宋五朝，阅历之广，在南宋也算独一人。他一生最佩服的诗人是辛弃疾。故他的诗也写得非常豪迈，是南宋诗坛的著名领袖。此公前半生五次被贬，到老了却成为一代宗师，官至枢密院编修、兵部侍郎、龙图阁直学士。60 岁时被宋理宗赐同进士出身，据说当时的南宋小朝廷，如果要起草重要诏书，非找此公不可。只要他一出手，诏书气象便大为不同。他也是《千家诗》最早的编选者。胡适在《白话文学史》中称赞他"有悲壮的感情，高尚的见解，伟大的才气"。这么一个人来评价包拯的字，包拯在地下当引为知音。

和包拯同来的两位官员，一位是提点刑狱周湛，一位是同提点刑狱钱聿。宋朝在各路都设置有提点刑狱，"提点"就是负责的意思。"同提点"是提点的副职。

---

① 孔繁敏：《包拯年谱》，合肥：黄山书社，1986 年，第 16 页。

周提点是进士甲科出身，邵州（今邵阳）人，他们家一门祖孙三进士，在当地影响很大。周湛父亲周仪考中进士后，也是一个直臣。晚年退休后回到老家办学，创办了邵州历史上第一个书院——"谏议书院"。周湛从小跟着父亲走南闯北，阅历很广，为人却谦和低调。他后来官至户部尚书、谏议大夫。他是真宗时期的进士，年龄应该比包拯大得多。这人记忆力特别好，人只要见过一面，过了多少年，他仍然叫得出名字。史书说他没有威仪，不摆官员架子。

两位提点到端州来考察狱政，包拯身为地方长官，理应全程陪同。工作结束后，还陪同游览七星岩，也是应该的。在题字时，两位提点都不肯题字，那只有包拯来题了。这是这一行字的题字背景。包拯十年不出，恐怕在写字上也下了功夫。他在端州府治边上特意凿了一个"洗砚池"，在池边，又建了洗砚池亭，可见，他对写字这事是痴迷并下过一番功夫的。

身为端州知府，包拯在三年任内，应该迎来送往过不少官员，却只留下这一行字，具体原因我们已不得而知，只知一年后包拯结束端州任职，出任"监察御史里行"时，写了一道奏折上疏朝廷——"请令提刑亲按罪人"。意思是，希望提刑官能够亲自核查罪犯，千万不要走过场。这道奏折的开头便是这么一段话：

> 臣伏见国家设按刑之司，盖虑郡县长吏或不得人，刑罚冤滥，俾之纠察，而大狱出入，未尝按问，细故增减，即务举劾，是小过必察，而大罪不诃，何以副圣人钦恤之意哉！今敢略举一二以明之：臣昨任端州日，狱中重囚七人，具案已就，适会提刑司巡历将至，闻其未断，即迁延引避……[1]

包拯的意思，国家设立提点刑狱这样的官职，是因为考虑到地方长官如

---

[1] 杨国宜：《包拯集校注》，合肥：黄山书社，1999 年，第 10—11 页。

果人选有问题，或者没有能力或者人品很渣，致使刑冤泛滥，那么提点刑狱就应该负责纠偏，减少冤案发生。但现在的问题是，那些大案有没有出入他们都不去复核，就撂到一边，却抓住地方官员的一些小过错大做文章。这算什么呢？这叫小过必察，大罪却不追究。他在知端州时，监狱中明明关着7个重囚，案子审得差不多了，只是还没有结案而已，刚好提刑官来了，他们一看那7个没有判决的重案，碰都不碰，便放到一边……这样的提刑官设了也是白设。因为那些大罪，如果他们不去亲自审理，是发现不了任何问题的。这些犯人一旦被砍了头，人死不能复生，人死后再去平反冤假错案，有多少意义呢？

这道疏文背后，应该意有所指。联系到这一行题字，提点刑狱周湛、同提点刑狱钱聿一年前例行到端州来巡察，该复核的7个重案他们都不去复核，只知吃喝玩乐，顺便挑点知府的毛病，小过必察，大罪不问，包拯只好陪他们去七星岩一游，题字时，也只好写到此一游。

# 三、御史官

## 京朝官

庆历三年（1043）春夏间，包拯在结束端州的三年任期后，入京做了京东排岸司官。这是他正式成为京朝官的开始。

京朝官有两种，一种叫京官，另一种叫朝官。朝官是指朝廷里的经常官，又叫升朝官。此外那些便是京官。排岸司官负责漕运事务。当时东京城在东西南北四处，分别设置有排岸司，排岸司官就是负责调度、指挥货物装卸的。宋人形象思维很发达，"排岸"嘛，就是指货船到岸，管理指挥装卸的意思。东京人口一百多万，城市所需的"金谷财货"，大部分出江淮经大运河转汴河，运进京城。货物到岸后要把它装卸到仓库里。仓库区，就星星点点分布在京城南面一带汴河两岸。

包拯做的是京东的排岸司官。一个做过州长的人来担任这个官，虽然有点大材小用，但从地方官做到京官，也是一个进步。更何况，在这份短暂的工作任上，包拯也发现了一些问题，给他后来做言官，提供了理想的观察窗口。

这样的事务官，包拯只做了几个月。很快因为欧阳修的一个奏议被朝廷采纳，包拯被御史中丞王拱辰推荐，做了"监察御史里行"。这个派遣属低阶高配。就是说，以包拯当时的官阶，还没资格做御史官。按正常的官员升迁制度，他应该先升到"太常博士"，才能做御史官，但因为御史官要补充新鲜血液进来，包拯就被低阶高配做上了御史官。

那么，欧阳修到底提了什么样的奏议改变了包拯的命运呢？

包拯奉调进京的这一年，宋王朝正面临多事之秋。年初，老宰相吕夷简因风病（估计是中风）而自请退休，接替他出任宰相兼枢密使的是晏殊先生。晏殊虽然很有才华，但行政能力不太行。这时候西夏和宋朝正在议和，契丹又开始出来捣乱了。虽然还没正式开打，但朝廷已开始紧张起来，加上皇家财政吃紧，34 岁的青年皇帝仁宗坐不住了。那些刚选拔进中央的年轻干部也坐不住了，他们纷纷提出改革方案，这些人中，以范仲淹为代表，欧阳修也是其中一员干将。37 岁的欧阳修，在这一年的三月二十六日被任命为谏官，欧阳修第一次上朝议事，递交了一份"论按察官吏的札子"。他在札子中说，现在年老无能的官员太多了，年轻有能力的上不来，朝廷应该建立起相关法律，让年轻人上来做事。

这第一炮没打响，仁宗不以为然。因为老干部还在岗上。宋朝时老干部很多，只要自己不提出来退休，身体许可，都在做差遣官，怎么可能你一个年轻人说下就要他们全部下呢？何况老干部们经验很丰富，国家运转也离不开他们。很快，欧阳修又连发两疏，"论按察官吏第二状""再论按察官吏状"，要求打破常规，不要论资排辈，要选拔优秀的按察使。三份札子一上，仁宗改变原先的想法，觉得欧阳修说的也许有道理。这一年四月七日，韩琦、范仲淹一起被任命为枢密副使。朝廷终于有了生气。八月，由于御史中丞王拱辰和谏官欧阳修等人的十八道奏折，仁宗终于撤销了夏竦出任枢密使的任命状，改由绍兴人杜衍担任。

夏竦（985—1051）曾做过国史编修官，门生不少。天圣五年（1027）为枢密副使，天圣七年（1029）做了参政（副宰相）。这人无论写诗作赋都很在行。12 岁时，他写《放宫人赋》，援笔立成。连大学者杨徽之，看了他的诗赋都大赞不已。此人以文学起家，也是个大才子，但为什么让御史官们那么讨厌，非要阻止他出任枢密使呢？只能说，他私德不太好。据说吕夷简执政时就怕和他一起共事，但他曾做过仁宗的老师，所以吕夷简也不敢得罪他，退休后反而举荐了他。

这一天，夏竦已走到京城门外，准备过来就任枢密使了，仁宗此时终于下定决心临阵换将。夏竦知道后，气疯掉了。

此时谏院迎来一位新谏官蔡襄（1012—1067）。蔡襄以书法著称于世，和欧阳修、王拱辰为进士同年。七月，欧阳修、余靖、王素出任谏官时，蔡襄还曾写诗祝贺他们，却没想到自己也很快加入其中。他有首诗在历史上留了下来，诗句中有，"御笔新添三谏官，喧然朝野竞相欢"[1]。可见这几人当上谏官后，联合搞了点动静出来，把夏竦拉下马，算是他们的一大胜利。

"三谏官"中，王素是老宰相王旦的公子，天圣五年被赐进士出身，此人正直，敢做敢言。有一次皇子出生，仁宗很高兴，准备大赦天下大赏将士，百官晋级，普天同乐。仁宗这么高兴，是因为皇子生得很少，且都没有长大便夭折了。是故皇子出生当然让他很高兴。可王素却在这时候上疏让他别这样做。仁宗也就同意了。后来有人给仁宗送来两个美女，又是这家伙跳出来说，不可以。仁宗只好将两位美女送回去。

另一位谏官余靖，也是个很奇葩的人。此公在三位谏官中是老前辈，年龄也最大。馆阁出身。但他十分懒散，不会收拾自己。有一个故事说，某日，余靖上朝面对仁宗侃侃而谈。仁宗一下朝，回宫后便对人说："被一汗臭汉熏杀，喷唾在吾面上。"[2] 这位余谏官说话时，唾沫星子都飞溅到仁宗脸上，身上还弥漫着一股臭味，难怪仁宗受不了。

三谏官中，独王素是高干出身。欧阳修有一次便和王素开起玩笑，"你是宰相的儿子，如果朝廷怪罪下来，你先扛着，反正你也不怕，就是贬官岭外，你们家经济上也能支撑你。以后议论朝政时，你打头一炮，我们跟着。"王素为人也大气，说，没问题。后来议论朝政时，果然王素先打第一枪。人送他绰号"一棚鹘"。鹘是一种非常凶猛的鸟，可见此公之战斗力。[3]

正是这样一种奇怪的组合，三谏官一出场，话语权就被他们霸占了，老干部们眼睛已昏花，说的话也都是过时话，除了经验占上风外，别的方面，都已开始走低。这个时候，御史台长官王拱辰，便积极举荐包拯出来做御史官。

---

① 刘德清、刘菊芳：《欧阳修传略》，南昌：江西人民出版社，2012年，第101页。

② 丁传靖辑：《宋人轶事汇编》上册，北京：中华书局，2012年，第197页。

③ 丁传靖辑：《宋人轶事汇编》上册，北京：中华书局，2012年，第419页。

包拯虽然是王拱辰的老前辈，但他出来做官迟，官阶比他们都低，还只是一个殿中丞，只好屈就御史里行。这在御史官中，是最低的一级。

## 一对老连襟

王拱辰比包拯晚一科，欧阳修是那一科的省元，而他则是状元。两人后来还成为连襟。他这个状元公在历史上的知名度不算高，但他曾外孙女，却是大名鼎鼎的诗人李清照。

王拱辰虽然名气不及欧阳修，但历史不是这样说的，状元就是状元。大家一提起某科进士，就会把状元名字挂在前面：王拱辰榜。所以这状元便成了某榜的代号，反复被人提起。包拯那一榜，历史上叫王尧臣榜。而庆历二年（1042）榜的状元是合肥人杨寘。所以那一榜叫杨寘榜。可惜杨寘考上状元只两年，便去世了。

杨寘是乡试第一、童子监第一、省试第一，殿试还是第一。可惜未及赴任，母亲就去世，等母亲丧事办完，他自己亦一病不起。年仅30岁便去世了。他那一榜，状元本来并不是他，而是王安石。王安石因行文中有一句话"孺子其朋"，让仁宗很不喜欢，便让他跌出状元外，而第二名、第三名原来已有官职在身，有官职的再参加考试不能和无官职的争名次，所以殿试时便取了第四名的杨寘做状元。[①] 杨寘在殿试唱榜前做梦，说他是"龙首山人"，已拿下三个第一，还会拿下殿试第一。事后果然如此。这也是北宋科考史上的一个奇迹。

杨寘哥哥杨察是1034年张唐卿榜的榜眼。那一年的省试考官，是欧阳修的老师兼岳父胥偃。杨察考上榜眼后，被晏殊看上，做了他家女婿。杨氏兄弟父亲去世得早，兄弟俩的早期教育基本上由母亲来承担。杨察考上榜眼，来报喜的人敲锣打鼓到他家时，他母亲还在睡觉，听说儿子只考个第二名，

---

① 邓广铭：《北宋政治改革家王安石》，北京：北京出版社，2016年，第8页。

她居然"闻之大怒",人也不出来,一个人面对墙壁,对来报喜的人说,这个儿子让她很失望。据说杨察考上进士后回家,母亲脸上还挂着霜,很久都不和他说话。[①] 杨氏兄弟及其母亲的事迹,包拯在合肥时便有耳闻。杨察后来官至翰林学士、三司使。他和包拯算是同僚,但并无多少私下往来。他和欧阳修的关系倒不错。欧阳修岳父是杨察的考官,而杨察的岳父则是欧阳修的考官。这种关系,在宋朝政府的高层人士中,也是不多见的。

王拱辰和欧阳修说起来不光是同年,早期还是朋友,后来做了连襟,他们那一榜的主考官正是晏殊。这两人怎么会成为连襟呢?说起来,还是一个非常有趣的故事。

1030 年那一场科考,省元是欧阳修,第二名是王拱辰,可到殿试唱榜时,第一名变成了王拱辰,欧阳修跌到第十四名。这两个人,被参政薛奎看上了。薛奎共有五个女儿,唯一的独子死得早。五个女儿花落谁家,是薛奎最关心的一件事。

理论上,王拱辰这个状元不可能只被薛奎一人盯上。因为每科状元一揭晓,所有权贵,只要家中有女儿未曾婚嫁的,都齐刷刷地把眼睛盯上他。王拱辰的墓志,1976 年 3 月在洛阳边上的伊川被发现,志石由苏辙书、文彦博篆盖、安焘撰写,同时出土的还有他夫人薛氏的墓志铭,薛夫人墓志是王拱辰本人撰写的。发现的地点就在伊川城关镇一处窑底村西 200 米处。伊川那个地方埋葬的名人不少,宋人中便有文彦博、范仲淹和王拱辰等人。王拱辰在给第一位薛夫人写的墓志里,交代了成亲的经过。王拱辰当时刚被钦点状元,薛奎就下手了。而且下手的方式还很直接,说得上简单粗暴。他看到王拱辰, 便直直问他可婚否? 有无对象? 当听说还没有,薛奎便马卜跑到仁宗那里,奏明皇上,说他想把女儿许配给新科状元王拱辰,已征得他本人同意,希望能得到皇上的祝福。仁宗当然愿意成全他。于是,他又让人找到王拱辰,说天子有命令,让你娶薛家姑娘……事已至此,王拱辰只好乖乖娶了薛姑娘。

① 邓广铭:《北宋政治改革家王安石》,北京:北京出版社,2016 年,第 8 页。

王拱辰先娶的是薛家三姑娘。可这位夫人 24 岁便死了，留下 1 个儿子 2 个女儿。后来续娶的是五姑娘。这次续娶，是岳母大人做的主。此时薛奎已去世。五姑娘给王拱辰生了 7 个儿子、8 个女儿，整整 15 胎。这 7 个儿子中所生的一个孙女，便是李清照的母亲王氏。李清照 1084 年出生时，王拱辰（1012—1085）还在世。可他的后代实在太多了，有没有见过这个曾外孙女，还难说，毕竟他那时候已经是 73 岁的老人了。

王拱辰是开封人，东京土著。原名拱寿。考上状元后，被仁宗赐名为"拱辰"。他 19 岁考上状元，后来做到翰林学士、权知三司使。74 岁去世。

李清照号称"千古第一才女"，她的身世和经历有点像民国时期爆红的天才女作家张爱玲。她们俩的命运也有得一拼，都是名门后代，也都是少年成名。张爱玲祖母李菊藕是李鸿章的二女儿，而李菊藕的外曾祖父，则是清嘉庆年间的状元赵文楷。张爱玲 12 岁开始写小说，24 岁爆红。而李清照出名时，比张爱玲还要小几岁。李清照父亲李格非是济南人，他是苏东坡的学生，进士出身，做过提点刑狱、礼部员外郎。母亲王氏文学素养很高。出生在这样一个双料贵族家庭，李清照出生时可谓含金衔玉。她从小就生活在东京，生活安逸，父母往来皆高人。李清照十几岁时，填了一首词《如梦令》：昨夜雨疏风骤。浓睡不消残酒。试问卷帘人，却道海棠依旧。知否。知否。应是绿肥红瘦。没想到此词一问世，因着父亲朋友圈的影响很快便流传开来。李清照 18 岁出嫁，夫君赵明诚当时还只是一名 21 岁的太学生。太学生成绩优秀者，可以不经解试直考省试。当时李格非正在礼部做员外郎，是一名闲散官员，平时好古董收藏；而赵明诚的父亲是一名吏部侍郎，他们家收藏亦丰。受父母影响，两人都对古物件、古书籍感兴趣，都想在里面做点学问出来。小夫妇没有收入来源，便经常去典当铺里当衣物，然后去古玩城买古董碑帖之类，日子过得雅致和美。可惜，这样的好日子很快便一去不复返，随着时局越变越糟糕，金兵大举入侵，李清照后面的日子堪称"惨淡"。不过，她的诗词经此一变，倒又有了另一种况味。这一点和张爱玲也非常相像。她们俩的美好生活都只有前面一小段。后面的漫长人生都是黑白两色，无复镂金错彩。李清照活到 72 岁，张爱玲活到 76 岁，活的年岁也相当。她们后半段人生里，活得很寂寞，却也活出了不一般的风采。成为后代文青永远的谈资。

而欧阳修在做薛家女婿之前，已经有过两段婚史。

天圣五年王尧臣那一榜，欧阳修连殿试都没能进去，省试就被刷下来了。他感觉自己在科考作文上，还是有点问题，叔父欧阳晔便建议他外出游学，他最终选择投师汉阳（今湖北汉阳）军知军胥偃门下。宋时路之下，设有州、府、军、监。胥偃是进士甲科出身，1034 年那场科考，苏舜钦上榜，梅尧臣落榜，杨察做榜眼那一场，胥偃是考官。他在 1028 年回京担任京朝官后，先后做了刑部员外郎、知制诰、工部郎中、翰林学士，后来也做过开封知府。传说欧阳修登门拜访时，这位老先生是"倒屣相迎"。老先生看过欧阳修的文章后非常欣赏，感觉这小子会有出息，便赶紧把他定为女婿。那时候，他女儿还是个只有 12 岁的小女孩，可胥老先生也顾不上了，先定下这个女婿再说。欧阳修在考上进士后，才来迎娶胥家姑娘。胥姑娘当时也才 15 岁。可这个妻子命薄，她在 1033 年产下第一胎男婴，没等满月，就因产后感染不幸去世。年不到二十。五年后，胥夫人生的男孩也不幸夭亡了。欧阳修和胥偃的翁婿情分，也因胥夫人和孩子的去世，染上一层凄怆的色彩。欧阳修和这位老岳丈，后来又因为范仲淹而闹得很生分。

1036 年，胥偃做了纠察刑狱官。这一年范仲淹在开封做知府。他在知府任上大刀阔斧做了很多项改革，让首都治安明显改善。可这些大动作刺激了胥偃。胥偃几次上疏，指责范仲淹判案断案随心所欲。但欧阳修却是范仲淹的坚定支持者，翁婿俩因为政治观点的对立第一次有了隔阂，后来矛盾越来越大，欧阳修也就不太敢上门再去看望他。

三年后胥偃去世，欧阳修是从连襟谢绛处得知消息，知道后当然非常痛苦，内心不无自责，抛却翁婿情分，毕竟胥偃先生还是他的恩师啊。一日为师，终生难忘。

谢绛是位名气很大的诗人，也是欧阳修和梅尧臣的共同朋友，他们之间还有一层姻亲关系。谢绛妹妹嫁给了梅尧臣，而欧阳修的胥家小姨子后来又嫁给了谢绛。没想到岳父去世后三个月，谢绛又突然去世。他死时连一件入棺的衣服都没有。这让欧阳修情何以堪。要知道谢家当年也是大户呀，谢家财产都被谢绛乐善好施给施舍光了。

欧阳修在胥夫人去世一年后，迎娶了杨夫人。杨夫人嫁给欧阳修只一年多，便突患疾病去世。数年间欧阳修连丧两妻，他妹夫也在这段时间内去世，而他唯一的妹妹，还没生下孩子，就成了寡妇。

1036 年十月，欧阳修在做过一段光芒四射的政坛明星后被贬夷陵。那时候改革派领袖正是范仲淹。范仲淹指责老宰相吕夷简大权独揽，守旧顽固。他向仁宗皇帝贡献了一张"百官图"，在皇帝面前详细解说，哪个官员升得不正常，属越级提升；哪个官员是徇私提升。这一下，朝廷像一锅沸水迅速炸锅，老宰相吕夷简气得全身发抖。他当然要反扑。年轻的政坛明星们则全力支持范仲淹，老年人图安稳，当然拥护吕宰相。仁宗皇帝夹在两派中间很为难。最后，他终于还是相信守旧派们，毕竟他们在管理庞大的政府上更有经验，他便把那一帮年轻人全部赶出了京城。当然，也还有别的原因，这在后面还要说到。

当时年轻的政坛明星主要有四个：范仲淹、余靖、尹洙和欧阳修。欧阳修的馆阁同事蔡襄看着这一帮人全部倒了霉，气不过，他创作一首"四贤一不肖诗"，歌颂四位改革派政治明星，被他喻为"不肖"的这位人物名叫高若讷。高若讷是个谏官，他当谏官时不但没有声援范仲淹等人，还替宰相这一方守旧派说话，欧阳修气不过，便写下"与高司谏"书，把高司谏骂成人品糟糕的人物。其实他们只是政治立场不一致而已，到了文人笔下，便成了流氓谏官。高谏官就因为欧阳修的这一篇文章而在史上留名。

欧阳修被贬夷陵，也算是好事一桩。他到夷陵后，天天有人给他接风，夷陵风光亦好，欧阳修便经常游山玩水写写诗歌。

1037 年三月，欧阳修在连丧两妻后，去许昌迎娶薛家四姑娘。和老朋友王拱辰做起了连襟。

欧阳修和王拱辰的共同岳父薛奎是绛州人（今山西新绛）。他家祖上三代都是普通平民，他自己发奋读书考上进士，1029 年官至参政，1034 年因病辞官。他看到欧阳修夫人去世，便有心将女儿嫁给他。可欧阳修婉言谢绝了。一个原因是，他刚刚失了胥夫人，心情还很难过，不便马上迎娶。再一个原因是，他不想攀高枝。何况他的同年王拱辰已经做了薛家女婿，他们俩平时常有走动，还是朋友，从朋友变成连襟，并不让他很喜欢。

三年后欧阳修第二个夫人又去世了，此时薛奎已离世。薛家四姑娘尚还待字闺中，薛夫人见欧阳修又丧偶了，便通过侄儿薛仲孺牵线，重新提出嫁女要求。这位侄儿在薛奎儿子去世后也过继给了薛奎家，由侄子变成了继子。他和欧阳修当时也是朋友。朋友上门来提亲，欧阳修母亲比儿子本人还高兴。老人家一口答应下来，还时不时督促儿子，早早上门去迎娶。这位薛夫人，后来是欧阳修的贤内助，为他生儿育女，并陪伴他走南闯北，是欧阳修最长情的妻子。

王拱辰在第一位薛夫人去世后迎娶了小姨子，此时娶了薛家四姑娘的欧阳修，便自动晋级成了"姐夫"，有好事者为此写下一副对联："旧女婿为新女婿，大姨夫作小姨夫。"[1]

## 如何做上御史官

包拯初当上御史官，级别很低，御史里行是御史官里最低的一级。

御史官和谏官，简称台官，又被称为言官、台谏官和言事官，是一支特殊队伍，由皇帝本人亲自领导并任命。他们的目标就是对百官进行监督，当然也包括天子本人。御史官侧重于对百官的监督，而谏官，主要是针对天子的决策和行为提出意见。所以谏官多半由皇帝身边人担任，他们通常都是史官和侍讲，学识渊博，熟悉制度和法规。

---

[1] 丁传靖辑：《宋人轶事汇编》上册，北京：中华书局，2012 年，第 373 页。

做御史官是有条件的，而且条件有些严苛。第一个条件是达到一定的官阶。比如太常博士以上，可以推荐做御史；太常博士次一级的三丞，如太常丞、秘书丞、殿中丞，遇有特旨，也可以荐充御史里行。包拯只是殿中丞，他应该是奉皇帝特旨，才进入御史官行列的。第二个条件是做过州县长。这是基础条件，以确保御史官对民情有了解，并对基层政府的运作相当熟悉。[①]第三个条件，必须是进士出身。宋代仕进有两种，一种是科举考试出来的，像包拯这种，这叫科举正途，是最受器重的，也是最正规的一支队伍。还有一种是诸科考试或恩荫出来的。历史上有人曾推荐荫补入仕的人做御史官，结果被否决。据记载，宋太宗时已明确规定，只有登进士第的人，或器业有文学者，才可担任台官。[②]这个条件，一举刷掉很多人。第四个条件是德行才学没有瑕疵的。[③]就是说，档案上要没有任何污点。这一关，又刷掉了很多人。

要进士出身，还要做过地方官，此外还要德才兼备，擅长文学，能满足这几个要求已经不容易了，而在遴选时又有具体要求。

做御史官的人必须思维好、口才棒，且说话时不依不饶有威严感。[④]这有点像辩论赛选手的要求，无非辩论赛选手不必威严而已，但御史官不一样，他的主战场是在朝会上，当着宰相和大臣的面，要挑他们的毛病。如果换一个说话笨拙、形象懦弱、反应迟钝、一脸温和的人来做御史官，当着朝臣的面，他那一副形象就让人看不起了，怎么敢挑大臣的毛病呢？要知道，朝廷上那些当大官的个个训练有素，口才一流，学识渊博，御史官要完胜整个辩论赛，必须是超一流选手。而谏官对象是皇帝，那又不一样。担任谏官的是皇帝身边的侍从官，通常由翰林学士和知制诰来担任。知制诰和翰林学士是负责起草诏书的，相当于皇帝身边的高级智囊和秘书。他们在两大领域必须非常熟悉：一是国史，二是历朝史。所以他们又常兼侍讲和史官。谏官的要求是

---

① 虞云国：《宋代台谏制度研究》，上海：上海人民出版社，2014年，第9页。
② 虞云国：《宋代台谏制度研究》，上海：上海人民出版社，2014年，第10页。
③ 虞云国：《宋代台谏制度研究》，上海：上海人民出版社，2014年，第11页。
④ 虞云国：《宋代台谏制度研究》，上海：上海人民出版社，2014年，第11页。

议论得体，懂得进退，知道分寸。不需要威严，但需要学识。现在影视剧中，在朝会上当着众朝臣的面，一脸威严、说话不依不饶在找他们茬的，就是御史官。包拯的舞台形象也差不多是这个样子。这基本上也符合历史。为了增添他的威严感，编剧还把白面书生的包拯改造为黑脸形象，还在他额上再添一道月牙儿。这都是艺术需要。至于谏官嘛，是一副先生模样，当着天子的面不急不缓地提意见，当然说话滔滔，唾沫星子飞溅到皇帝脸上也是有的，包拯被传就这样做过。而一身臭气把仁宗熏倒的余靖，便是谏官。但只要是言官，有一点是相同的：都必须思维敏捷、口才一流、反应机敏、学识渊博。

包拯是具备以上特点的。但他和王拱辰并不熟悉啊，王拱辰怎么就举荐了他呢？

先要说明一下，宰相和朝臣是无权推荐御史官的。因为御史官是监督他们的，如果由他们来推荐，那就有了人情，御史官还怎么监督他们呢？

而王拱辰，此时是御史中丞，是御史台的最高长官，他当然有权力推荐御史官。此外，谏议大夫、知制诰、翰林学士也可以推荐。谏官、御史官如果又去做别的差遣了，也可以推荐人。当然，也可以不经推荐，由皇帝本人直接任命。有一次，仁宗实在不满意下面的推荐，便红着脖子这样说："以后御史台再缺员，不如仿照旧制，把两府朝官的班簿直接拿过来，由朕亲自来挑选。"最高领导都这样说了，可见这台官有多重要。

在宋朝，推荐御史官也是有一定风险的。万一推荐的人有问题，推荐者是要负连带责任的。这个规定不是开玩笑的，还真执行过。有一位官员推荐御史官不当，便由龙图阁直学士降为天章阁学士。

王拱辰之所以推荐包拯，应该和包拯事先有过接触，那个时候，包拯的同年王尧臣、韩琦、富弼、吴育、文彦博都成政治明星了，包拯还在中下级官阶中挣扎，不是他没能力，只因他出道迟。除此之外，千万不要小看了御史台。王拱辰作为御史台的掌门人，他的信息来源，不会比吏部少。这里简单说一下台谏系统的信息来源。

一是基层和民间的投诉和举报。我们现在叫电话举报或网上举报。宋时投诉和举报也是有窗口和平台的，而御史台便是接受投诉和举报的机构。谏院有登闻鼓院和登闻检院，就是专门受理官吏士民各种章疏的。

二是公文关报。宋代公文，下呈上，叫"申报"，平级移送叫"关移"，通称为"关报"。所有朝政重大人事变动，都必须及时关报给御史台。这是规定。仁宗庆历元年（1041）起，每天便有进奏官，向御史台关报当日公文。[①] 朝廷任命官员中如果发现有违反规定的，台官们便可及时提出并阻止。吏部每半年，还必须将官吏的考核情况造表关报台院。向御史台关报公文的不仅仅是吏部，其他在京官署，地方上的路、府、州、县，都有责任关报台院，地方州郡，甚至连小到集市的存废都要向台院关报。至于官员档案，御史台也是最齐全的，他们叫"班簿"，就是档案。平时有专人负责整理、搜集和记录。涉及的范围相当广：姓名、籍贯、出身、历任、家状、除授、替移、停叙、丁忧、假告，等等。事无大小，有报必录，差不多一网打尽。

三是台院有权向政府机关索取公文材料，所有部门不得拒绝。

四是通过面谈，了解官员信息。北宋时便有规定：所有朝官，除部分人员**（任免和台官无关，如文学侍从、中书省人员）**外，一旦得到升迁，还必须去台院表示感谢。[②] 这感谢的意义有两个方面，一是借此面试一下官员，二是树立一下台官们的威风。和即将升迁的官员做面对面交流，也是了解信息的一个重要来源。

由此可知，包拯到京城做京东排岸司官时，王拱辰已经和他面谈过一次。而包拯的所有档案他也都调阅过了，推荐这个官员做御史官他有信心，包拯后来做御史官果然做得很出色，成为史上最著名的言官之一。

御史台的主要功能，主要是管百官纪律的。宋朝时的御史台下辖三院：一台院，二殿院，三察院。由侍御史、殿中侍御史、监察御史分别担任。其中最高头目叫御史中丞，从三品官。侍御史，又叫侍御史知杂事，从六品官，

---

① 虞云国：《宋代台谏制度研究》，上海：上海人民出版社，2014 年，第 46 页。
② 虞云国：《宋代台谏制度研究》，上海：上海人民出版社，2014 年，第 49 页。

是协助御史中丞管理台院的副手。这两个官位正副职各一人。此外，殿中侍御史有2人，他们是从七品或正七品官，负责言事。监察御史有6人，从七品官，主要负责管理干部风纪。御史里行是从资格浅的官员中选拔出来的。初置4人。1043年起改为2人。也就是说，包拯做御史里行时，里行的编制只有2人。此外，还有主簿、检法各1人，他们是从八品官，主要管理各种档案文书。

这一支队伍总共多少人呢？统计一下，只有区区14人。是不是一支特别有战斗力的队伍？

最后还必须补充一下。这支台谏队伍，内部是有职业回避制度的。

有三种情形要回避。一是避亲避籍。台官与谏臣如果是亲戚，必须回避。但欧阳修和王拱辰是姻亲，为什么不回避呢？看来也有特殊情况。此外，乡党也要回避。二是台官与谏臣不能私相往来。[1] 所以包拯做了御史官后，就没有了私人交际，没有了私信往来，别人以为这是他性格怪僻所致，哪里啊，他只是职业操守特别好，坚决执行规定而已。包拯不像欧阳修，做了谏官，还会出来喝酒，他是不出来的。三是嫌隙回避。就是说，官吏之间有矛盾的要主动回避，免得在一起会打架。

当然，宋王朝规定制定的时候都很健全，但后来也有很多走样的。越到南宋，越是如此。

## 御史官小试牛刀

包拯是在庆历三年（1043）十一月进入御史台工作的。

这份工作和原来工作要说有什么不同，那最大的不同就是以前务实，现在务虚。以前是部门领导，好歹也有一个团队归你负责，现在是单枪匹马独立工作。动脑，动嘴皮，还要动手写各种章疏。所以宋真宗强调御史官要有文学能力。文学好的人优先录取。那些章疏，虽然也有人是找人写，或找幕

---

[1] 虞云国：《宋代台谏制度研究》，上海：上海人民出版社，2014年，第61页。

僚或找属官或找别的人写，南宋时便有这种情况，但北宋时，多数官员还是自己写。

所谓独立工作是指御史官之间不合作，写的报告不需要向御史中丞请示，也无须给他过目。甚至还可以弹劾御史中丞、同事及同一系统的谏官。当然，更不必给宰相看。也不能和宰相有私下往来。台、谏官之间，也是各自独立工作。当然，必要的时候他们也会联合作战。

御史台不得接见宾客，这是项硬规定。所以想到御史台走亲访友是绝无可能的。御史官的监察方式，"大事则廷辩，小事则奏弹"①。也就是说，碰到重大问题，要在朝会上，当着百官和君主的面，指出问题，展开辩论。这样一来，辩论能力便显得相当重要。当然，事先做好案头工作是基础。至于小问题嘛，那就写写奏疏，上呈给君主就可以了。

包拯初做御史官时，在很短的时间内便递交了几篇奏疏。显示出他已迅速进入新工作模式，还相当投入有激情。

第一篇奏疏，"请不修上清宫"。背景是，这一年十一月初二夜，上清宫失火。宫殿失火非比寻常，故外界议论很多。包拯建议皇上要马上降诏以安民心，免得外界胡说乱说。他说，现在国库空虚，边界未宁，要用钱的地方很多。上清宫也不是什么特别重要的宫殿，维修事宜可以先往后放一放。钱要用到刀刃上。这一篇奏疏算是小试牛刀，却充分体现出包拯实事求是的思想。

第二篇奏疏"论取士"皇皇近千言。取士问题，是当时改革派和守旧派的争议热词之一。从时局关注点入手，提出议案分析症结解决问题，体现出包拯思考非常具有前瞻性，这一点和改革者们相一致。对干部选拔，包拯推崇的是唐天宝时期的制度：

> 两汉而下，莫若唐天宝之制，自京师逮郡县，皆有学焉。每岁仲冬，馆学课试，乃与计偕；其不在馆学而举者，谓之乡贡，并责

---

① 虞云国：《宋代台谏制度研究》，上海：上海人民出版社，2014年，第49页。

成有司，唯以得之与否以为荣辱，得士者升，失士者黜，孰不公其心以进退乎？……今之取士则异于是，乡曲不议其行，礼部不专其任……三题竞作，百篇来上，不逾三数日，升降天下士。[1]

唐时制度，地方官员有责任向朝廷推荐优秀士人，并和他同荣辱共进退。包拯认为，这种制度，比宋朝单独靠三天考试而选拔人才要靠谱得多。

第三篇奏疏是"论县令轻授"。前面说了，县令的工作看起来风光，做起来累人，但对了解基层、锻炼官员的综合能力是非常重要的。当时很多清贵人物和权贵子弟耻做县令，都想去做馆职。馆职工作风光啊，又是皇帝身边人，"文学侍从"。但如果大家都不愿去做县令，他们对基层对老百姓又能有什么了解呢？包拯因此建议，只要是履历中没有做过知县、知州的，便不得升通判、京朝官或按察官。

这三篇奏疏，是包拯初做御史官时抓住的几个热点，也是他对改革派的直接呼应。

必须交代一下当时的背景。庆历三年五月，范仲淹被逼着就任参政，他本来和韩琦在西北边疆处理战事问题，那边战事还没安定，只能算初见效果，可仁宗非要他和韩琦回到京城来，任命他们做了枢密副使，官是升了一级，可天天上班和朝臣们斗嘴，还不如去西北前线领兵打仗做点实事呢。这时候谏官欧阳修又出来插一杠子。他向仁宗建议，与其在朝廷上议来争去浪费时间，不如召范仲淹、韩琦两人回京，他们最了解朝廷的问题所在，也有能力做事，三人当面一起议事，总比一大堆人，在一起吵吵闹闹要好。[2] 除此之外，欧阳修、余靖、蔡襄三谏官又分别上疏说，参政王举正不称职，枢密副使范仲淹"有宰辅才"，建议可以用他做参政。

仁宗脑袋炸晕掉了，国家那么多事情，西北又不安宁，参政是得换人。

① 杨国宜：《包拯集校注》，合肥：黄山书社，1999年，第4页。
② 诸葛忆兵：《范仲淹传》，北京：中华书局，2012年，第116—117页。

当即任命范仲淹为参政，富弼为枢密副使，两人进入最高执政团队。可是范仲淹本人不干了。他质问仁宗，参政怎么可以因为谏官的推荐而得到任命呢？他坚决拒绝此项任命，愿意和韩琦一起回到西北前线，说那里更需要他们。富弼甚至更过分，他把命令状直接给退了回去。

过了三个月，范仲淹没去成西北前线，最后还是接受了仁宗的任命做了参政。这已经是八月的事了，包拯还在做京东排岸司官。朝政大事他知道一些，但也不是那么了解。只知道边境一不安宁，朝廷就会乱起来。

范仲淹从庆历三年八月知参政，至庆历五年正月主动离开朝廷，为时约17个月。这一阶段，史上又称"庆历新政"。包拯在这一年的十一月做上御史官，算是踩上"庆历新政"的时间点。他这一阶段也处于亢奋中，每天吞吐各种资料，研究朝政问题，夜半醒来还在琢磨奏疏怎么写。

范先生做上参政时，已经55岁了。廉颇老矣，尚能饭否。他身体病多，常有撑不下去的时候。在西北前线时夜间辗转难眠，曾写下一首著名的词：

塞下秋来风景异，衡阳雁去无留意。四面边声连角起。千嶂里，长烟落日孤城闭。浊酒一杯家万里，燕然未勒归无计。羌管悠悠霜满地。人不寐，将军白发征夫泪。[1]

这个阶段，34岁的青年皇帝仁宗也在期待着范仲淹能够端出一盘改革大餐来。他不断地催促，还下手诏。皇帝这样心急，范仲淹内心却很沉重，国家问题太多，没有那么简单，他在和富弼讨论后，最后写下"答手诏条陈十事"以回应皇帝。这十条内容依次为：明黜陟、抑侥幸、精贡举、择官长、均公田、厚农桑、修武备、减徭役、推恩信、重命令[2]。总结起来无非两大领域，一块是干部任免使用选拔方面的问题，另一块是经济民生问题。条陈十事一出，

---

① 诸葛忆兵：《范仲淹传》，北京：中华书局，2012年，第112页。
② 诸葛忆兵：《范仲淹传》，北京：中华书局，2012年，第120页。

算是拉开了"庆历新政"的改革大幕。

但是问题积弊已久，碰哪一块都会有人反对有人流血，有人利益受损。仁宗起初对范仲淹很信任，但反对的人一多，他也犹疑起来，谁不是他的"爱卿"呢，而且改革派们被人呼为"朋党"，皇帝本人是最不乐见"朋党"的。他孤家寡人一个，你们结为朋党对付他，他玩不过你们。

庆历四年四月某日，仁宗问范仲淹："从来都是小人结成朋党，君子也有朋党吗？"

范先生这样答复年轻皇帝，"我在西北时，发现勇敢作战的将士们常常走到一起，而胆小怕事的人，他们也互相走得很近。在朝廷上，正邪两方面也都这样。关键是圣上怎么去分析和判断了。如果结成朋党，是为国家做好事，那应该是好事呢。"范先生答得妙。事实的确是这样。

可仁宗心中还是有些担心。

范仲淹、尹洙、欧阳修、余靖他们走得实在太近了。什么事都一呼百应。欧阳修还公开写"朋党论"以回应质疑。而在前几年，蔡襄甚至写诗盛赞他们是"四贤"，结果这四贤，最后被仁宗统统赶出京城。沉痛的教训他们不记取，还高调回应。仁宗当然郁郁不乐。

这些人有才华有能力是不错，改革方案也不错，问题是，得罪的人太多了，实际做起来，问题也是一大堆。到最后，范仲淹也不干了。与其在朝廷上整天耗着，被君王质疑，还不如去西北做点实事。范仲淹一走，"庆历新政"也就破产了。

初做台官，包拯首次开弹的目标人物是一位知州。这人名叫张若谷，当时知洪州（**今江西南昌**），"年近八十"还在做官，便成为他的弹劾对象。这人并没什么劣迹，只是年龄大了还不退休。包拯拿这人开打，针对的是退休制度设计上的漏洞，这也是呼应范仲淹改革计划的。老年人占着好位置不肯退下来，年轻干部们怎么办呢？

宋朝有很多人没有差遣，成为失业官员。现在网上攻击宋人工资高待遇好，其实不然。宋朝开国之初，物价低，官员都有差遣，生活得确实不错。

但到了真宗咸平年间后，物价飞涨，许多官员得不到差遣，包括包拯父亲包令仪，也常常没有差遣，在家待着。这便出现一个怪现象，因为没有收入来源，官员家庭有不少男不得婚、女不得嫁、丧不得葬的。连结婚的钱都拿不出来，家里死了人也没钱安葬。官员一旦有了差遣，得赶紧捞钱啊，这就导致权力寻租现象频频发生。

包拯最后说，老同志完全可以有别的安置，当然，他也可以禀报朝廷主动选择退休。不过，包拯的老同学文彦博后来80多岁还退不了休，那是朝廷需要他，这又是例外了。但也说明，老而不退的情形，在北宋一朝，还是很常见的。

这期间包拯有篇奏疏，"论李用和捉获张海乞依赏格酬奖"，也是挺有意思的。

有位名叫张海的人物，庆历三年率千余饥民在商山起义，不久，他们与别的起义军会合，声势大震，一年之内转战河南、湖北十余州，每到一地烧杀抢劫，官吏们望风逃窜，而朝廷派遣的使臣却全部拿他没办法。实在没招了，只好悬赏招募使臣，看谁有能力把他捉获，且言一旦捉获，"依傅永吉例优加酬奖"。结果禁卫军中一名军官李用和，揭了这张悬赏，领兵前往。不到两个月，就把这支起义部队给灭了，张海等四个首领也被捉获打死。

李用和从小家境贫穷，从小军官做起，一直做到中高层官员。有一次，他被奖励了一笔钱，却把这笔钱拿出来作军费开支。可见这人实在很不错。他拿下这支起义军后，被授"东头供奉官"。这样的小奖励，和当初所说"依傅永吉例优加酬奖"是有相当距离的。"傅永吉例"，也是有农民军起兵于沂州，知州派傅永吉前去捉拿，结果被他击溃。仁宗便给他一个重重的赏，把他破格提升。

包拯认为，朝廷说话要算话，尤其是公开悬赏的事情。李用和立下的功劳比傅永吉的还大，可获得的奖励却只有傅永吉的一半。这怎么也说不过去。"功同赏异，何以激励将来？"政府必须公正、公道，言而有信。

李用和是仁宗亲舅舅。亲舅舅做出这么大的成绩，外甥仁宗却没有表彰到位，包拯看不下去，便主动出来为他说话。包拯认为，亲戚归亲戚，制度归制度，一码归一码。

## 晏殊罢相

在包拯初始阶段的奏议中，为灾民说话的奏疏占很大比重，有"请免陈州添折见钱""请支义仓米赈给百姓""请免江淮两浙折变"等，可见当时灾民很多，灾情很重。

> 发运司但务岁计充盈，不虑民力困竭，上下相蒙，无所诉苦，为国敛怨莫甚于此。且民者，国之本，财用所出，安危所系，而横征暴取，不知纪极。若因此流亡相应而起，涂炭郡邑，则将何道可以卒安之？况已萌之兆，不可不深虑耳。[1]

遇到灾害时，朝廷应该主动减免税收，并且给予赈济。这是包拯的观点。

这一阶段欧阳修奉使河东与河北，也在频频上疏朝廷要关注灾情，不要官逼民反。

此时晏殊在做宰相。他家大女婿杨察，主动申请去馆阁工作以回避岳父。而小女婿富弼正在做枢密副使。前面说过，这个官不是他要来的，是仁宗硬要给他的。他扔不回去，只好接下。他和岳父关系如何呢，不妨看一下这个故事。

庆历二年吕夷简为相时，富弼出使辽国。那边要求多给钱，否则就打过来，还提出了割地要求。别人都怕去，独富弼冒死前往，和辽据理力争，并一一驳回他们的割地要求。吕夷简第二次又派他出使，富弼却在半路上打马

---

[1] 杨国宜：《包拯集校注》，合肥：黄山书社，1999年，第21页。

回来，他发现他携带的国书，和宰相当面交代他的话有出入，便质问宰相："朝廷这样做，是想害死我吗？我死不足惜，但如果耽误了大事，问题就大了。"吕夷简辩解说，"国书上可能写错了，让他们改回来便是。"当时仁宗也在场。他便掉头问枢密使晏殊："枢密使是负责军政大事的，你理应很了解。"没想到晏殊却为宰相开解，"夷简不会做这样的事的，可能是误会了。"一听这话，富弼气得脱口而出："晏殊，你奸邪小人啊！你是想包庇吕夷简欺骗陛下吗？！"晏殊被女婿指着骂，还当着皇帝和一干朝臣的面。这样的翁婿，也是极少见的。

据说晏殊对待两位女婿，态度和方式完全不一样。富弼一来，晏殊便迎他进书房跟他说话，翁婿竟日清谈，也就一杯薄茶而已。谈完话，富弼马上就走，连饭都不吃。而杨察一来，就好酒好菜上桌，还招来歌姬弹奏管弦，翁婿一起娱乐放松。[①] 杨察其实能力也很强，他是翰林学士，颜值还高，晏殊在他面前很放松，玩笑也是可以大尺度的。杨察7岁才学会说话。按理，这样的人很笨啊，可他却很聪明。两位女婿中，有人说晏殊更喜欢富弼些，因为只要富弼一来，他就光跟他谈话而不让他喝酒。其实，这是不同的爱。

晏殊擅长文学，但别的不擅长。而富弼是时势精算大分析师，且又有魄力和能力。晏殊做宰相，必须借重富弼的脑袋。富弼难得来看岳父母一次，他的时间非常宝贵，对晏殊来说，和这位女婿在一起，谈话比娱乐更重要。

包拯和晏殊的两位女婿都很熟悉，都是朝中同僚，偶尔能见上面，但并无私交。和杨察，更亲切些，毕竟是乡党。而富弼，则是他非常敬重的同年。包拯去世后的墓志，是晏殊外孙、杨察儿子书写的。这说明，他和杨察这位乡晚辈，还是有些交往的，毕竟是老乡。

晏殊在庆历四年九月中旬被罢相，以工部尚书知颍州（今安徽阜阳）。在晏殊罢相后，包拯立即上疏"晏殊罢相后上"，建议仁宗慎选宰相。包拯上此疏时，富弼已主动离开朝廷去了前线，范仲淹也快撂挑子不干了。"庆

① 丁传靖辑：《宋人轶事汇编》上册，北京：中华书局，2012年，第293—294页。

历新政"的失败征兆，已露端倪。

说起来晏殊被罢相，还和门生欧阳修有关系。

这一年七月底，刚做了几个月巡检使的欧阳修回到京师，准备回来继续做谏官，没想到八月十四日诏命下来，却要他去做河北都转运按察使。欧阳修的那帮难兄难弟迫切需要他留在京城，为改革派摇旗呐喊，蔡襄和孙甫一再上疏，请求留任欧阳修，可宰相晏殊，却要求欧阳修离开，而且态度非常坚决。按理说，欧阳修还是晏殊推荐出任谏臣的，也是他的门生。可他们两那时候已经互相看不顺眼。

有一次，晏殊会见宾客时，指着韩愈画像，含沙射影地说："这人……长得有点像欧阳修，可欧阳修并非韩愈的后人。我只看重欧阳修的文章，但不看重他的为人。"这番话，很快传到了欧阳修的耳朵里。欧阳修自然不爽，他忍不住，也在外面评价起晏先生来："晏公小词最佳，诗次之，文又次于诗，其为人又次于文也。"[1] 双方都说对方人品不如文章，这是互相打脸。

欧阳修在外地时，曾写过一封感谢信，托人带给晏公，信中有这么几句："出门馆不为不旧，受恩知不为不深，然足迹不及于宾阶，书问不通于执事。岂非飘流之质，愈远而弥疏，孤拙之心，易危而多畏。"[2]

晏殊得到这一纸书信后，心里也一片冰冰冷，他对宾客口述一段话，算是回复。客人说："欧阳修名气很大，你就这样回复他，是不是太草率了？"晏殊冷冷地说："答复一个知举时的门生，这已经过了。"欧阳修当初是晏殊录取的省元，据说他出的题目只有欧阳修能看懂。范仲淹也曾受恩于晏殊。是晏殊让他做了应天府书院的主管。所以他们两在某种意义上都算是晏殊的门生。晏殊后来推荐欧阳修和范仲淹，也说明那个阶段，是欣赏他们的。再亲密的关系，一旦在一起共事，就会走样。何况他们的立场和观点都不一致，

---

[1] 丁传靖辑：《宋人轶事汇编》上册，北京：中华书局，2012 年，第 289 页。
[2] 丁传靖辑：《宋人轶事汇编》上册，北京：中华书局，2012 年，第 294 页。

在新政推出后，处着处着，就远了。晏殊和欧阳修亲不起来，不喜欢。欧阳修当然察觉得到。他们的直觉都很强大。不喜欢就是不喜欢，只能说，他们俩不是同类人。

庆历年间，某日雪夜，晏殊时为枢密使。欧阳修与陆学士一起去迎接晏公。晏公便在西园请他们俩喝酒。酒后欧阳修赋诗一首，题为《晏太尉西园贺雪歌》："主人与国共休戚，不唯喜悦将丰登。须怜铁甲冷彻骨，四十余万屯边兵。"[1]晏殊一看这诗便气坏了。这是讽刺他呢。西北那边战事刚起，雪天里，四十余万屯边将士都在辛辛苦苦努力保家卫国，而枢密使大人却在京城里喝酒吃肉。晏殊对欧阳修自然大感不满。他后来跟人说，"当年韩愈，他去赴宴，也写诗，可他只写这样的诗，'园林穷胜事，钟鼓乐清时'之类。说说雅致、谈谈风月而已。哪里想到，某人会这么闹腾。"[2]这个话一传出去，隔墙有耳。第二天，某人的朋友蔡襄，就在朝会上对晏殊发难。54岁的晏殊因此被罢相。

晏殊小词写得好，像个多情的小女子风情万种，可他做不好宰相。仁宗有一次去看重病的四叔，那时晏殊刚拜相。四叔说，"我很久没见到官家（宗室和宫廷里，都称皇帝官家）了，也不知道当今朝廷究竟谁在做宰相？"仁宗回答说，是晏殊。四叔便叹息说，"这个人啊名气虽大，可不是做宰相的料啊。"

范仲淹也是晏殊举荐给仁宗的。但范仲淹是很男人的，做事大刀阔斧高效明快，天不怕地不怕，只要对得起良知和朝廷，他是为文和为人都高度统一的人物。欧阳修呢，行文很泼辣，做人也直率，一旦做起谏官来，也是什么都敢说的人物。这两人风风火火倒是一对绝妙搭档。欧阳修和富弼之间也没问题，两人处得非常好，在价值观上，都站在一起。富弼这人，晏殊自然搞不定，但范仲淹和欧阳修是他推荐的，他看老干部们都在抵制改革派，就很担心他推荐的人，到时会否给他惹下麻烦呢？

---

[1] 丁传靖辑：《宋人轶事汇编》上册，北京：中华书局，2012年，第294页。
[2] 丁传靖辑：《宋人轶事汇编》上册，北京：中华书局，2012年，第294页。

晏殊在帝王身边一辈子，最懂帝王心。

一曲新词酒一杯，去年天气旧亭台。夕阳西下几时回？
无可奈何花落去，似曾相识燕归来。小园香径独徘徊。

晏殊是写花描情的高手，但不是处理关系的高手。他做仁宗伴读做了很多年，早已养成谨慎小心的习惯。范仲淹和欧阳修都是贫家子出身，又怎么懂他呢？

不过包拯在这道疏里，不谈晏殊一个字。他只是提醒皇帝，任命新宰相时需要做通盘考虑。"臣闻帝王之德，莫大于知人，知人则百僚任职，天工无旷矣。……宰相得人，则可以上尊朝廷，外威夷狄，陛下庶宽宵旰，垂拱仰成矣。若但取左右毁誉，容易以付大柄，恐非国家之福。"[1] 包拯认为帝王之德贵在知人。知人则人尽其用，百官称职。包拯在这里提出的宰相推荐标准，一看便是以范仲淹作标准提出来的。因为当时有能力"外威夷狄"的，也只有范仲淹一人。此外便是富弼和韩琦。

据宋人笔记记载，晏殊喜欢在家里宴请宾客，几乎无一天不宴客。而欧阳修却一直过得紧张而惨淡，妻子死了两个，孩子又死了两个，老母经常生病，守寡的妹妹也得靠他供养，他一个人的收入要支撑一大家子，经常穷得写诗感叹。他们互相不对眼，也很自然。晏殊喜欢宋祁。小宋做翰林学士时，晏殊恨不得和他朝夕相见，便在小宋住宅边上买了一栋房子。这样的喜欢是真喜欢啊，两人从此后可以朝夕相见诗酒风流了。这时候富弼应该是不会出现的，只杨察，偶尔会加盟进来。

中秋日那天晏公请客，叫上小宋，还有其他人，晏家好酒好菜好生招待，还有养眼的美女在一边弹琴歌舞，一帮人居然玩了一通宵。歌舞结束后，晏公拿起笔来写诗，分送各位。没想到次日，晏殊就被罢相。

---

[1] 杨国宜：《包拯集校注》，合肥：黄山书社，1999 年，第 40 页。

在外有强敌、内有忧患面前，宰相家里夜夜笙歌，就这一点，便很过分了。能力不能力的姑且不说。但也是因为晏殊坚持要赶走欧阳修，蔡襄和孙甫两位谏官气不过，便把他给弹了。

这天小宋刚好值班，他是知制诰，这道罢相诏书，还得他来起草，他起草诏书不成问题，可他脸上的酒晕还没散掉呢，身上的酒气也还在。那些旁观者就在一边嘀嘀咕咕，脸上露出嘲讽的笑容来。小宋还没彻底清醒，他的笔下晏殊已被罢相了。

雪夜故事引发弹劾，又和中秋夜的故事撞到一起，真是巧。

晏殊去世前，仁宗要去看望他。皇帝上门来看病人，通常都要把纸带上，万一他到的时候病人已死，就可以免跑两趟了。侄子就给晏殊出主意，让他回复说病快好了，这样，皇帝就不会带纸上门了。"好吧，那就这样告诉皇帝。说我病快好了。"其实晏殊那时，已病得快不行了。

当仁宗听说晏殊病快好了，便信以为真，就没去看望他。结果，他再也没机会看到活着的晏殊了。这个他从小看着长大的神童，曾经做他伴读多年，他们之间的感情别人怎么会理解呢？从此再也看不到晏殊，这让仁宗一生引为恨事。

至和二年元月，65岁的晏殊病逝，仁宗赐书神道碑首，并下令欧阳修考察晏公一生行迹，撰写《晏公神道碑铭》。欧阳修写了挽诗三首，其三这样写：

> 富贵优游五十年，始终明哲保身全。一时闻望朝廷重，余事文章海外传。旧馆池台闲水石，悲笳风日惨山川。解官制服门生礼，惭负君恩隔九泉。[1]

一方面说自己"惭负君恩"，另一方面又指责晏公"富贵优游五十年，始终明哲保身全"，这算是表扬还是批评？但至少说明，宋时评人论事的尺

---

[1] 欧阳修：《欧阳修全集》，北京：中华书局，2001年，第192页。

度还是很大的。欧阳修说晏公文章海外传，这应该是对晏公的最高赞扬了。

而范仲淹在主动离开中央后，选择去地方工作。皇祐三年（1051）十一月初，他用黄素小楷，手书韩愈文章《伯夷颂》，寄赠京西转运使苏舜元。苏舜元非常喜欢这件作品，他又制作副本寄赠晏殊、杜衍、文彦博、富弼等人进行题跋，成为北宋时期一大文化盛事。

晏殊罢相后任宰相的是杜衍。这个宰相算是按照包拯的要求选出来的。


# 小聚会大风波

庆历四年（1044）九月二十六日，67岁的杜衍正式拜相，他是范仲淹政策的坚定支持者。可没多久，便因一起风波而辞职。"庆历新政"也因他的离去而宣告终结。

说起来，这个风波和宰相本人并无关系，但和他的女婿苏舜钦有关。

苏舜钦以诗名世，在北宋诗坛，和梅尧臣并称为"梅苏"。祖父苏易简，做过太宗朝的参政。苏舜钦年轻时便以文章出名，是诗文革新的积极倡导者和实践者，也是先行者之一。欧阳修和他关系甚好，两人在文学理念上高度一致，甚至连脾气和个性也很相像。苏舜钦文风犀利，议论大胆，他在这一年的三月，因范仲淹的推荐，通过考试，被授"集贤校理、监进奏院"。但他上任后不久，便写了《上范公参政书》，对推荐者范仲淹也展开了批评。这个批评有点让人吃惊，好在范仲淹也不太当回事。

进奏院相当于现在的地方驻京办。宋代进奏院，最多时有一百多人。他们的办公经费都由财政划拨，其中一大块是镂刻雕版的费用，就是印刷费。时政消息和政令他们要印刷出来分送给地方学习，这些印刷品又叫邸报。进奏院里常有成群的地方官出没，地方官们想结交京官，所以进奏院便成了地方官和京官的交流平台。

监进奏院，就是进奏院的监督者，相当于现在的中纪委派出人员。权力并不小。范仲淹把他放在这个位置上，也是希望他能借此好好发挥作用。没想到他却在这个位置上出了事，不光把自己职业生涯给葬送了，还累及改革派。

话说进奏院每年在春秋赛神会后，都会搞点娱乐活动。这一次发起人应该是两位监官，苏舜钦和同监进奏院的同事刘巽，各出俸钱一万，再加上卖废纸的一点钱凑到一起，再动员来者也象征性掏点钱，大家在一起乐一乐放松一下。每年进奏院卖废纸的钱，也都是拿来喝酒聚餐的，从来没出过什么事。这次聚会来者约有 12 人，以馆阁成员居多，还叫来两名歌伎。聚会名单中有大藏书家宋敏求，翰林学士王洙，名士江休复。最年轻的一位名叫王益柔，刚进馆阁工作。而出事的恰恰是这位年轻人。

王益柔是北宋名相寇准的外孙，父亲是当过枢密使的王曙。王曙学问精深，为人比较严谨。他和欧阳修还有一个故事流传下来。说有一次，欧阳修等人在喝酒游宴，王曙来得晚，他到时看这些人已喝得东倒西歪，醉得不像样子，便批评说，"诸君纵酒过度，难道你们不知道寇莱公晚年之祸吗？"寇莱公即寇准。只见欧阳修站起来说，"以我之见解，寇莱公是因为人老还不知道该退下，才惹的祸。"王曙听了，并不反驳，也不生气，只是坐着。后来他做枢密使，第一个推荐欧阳修进入馆阁。其气度可想而知。王益柔没有像外公和父亲一样走科考这条路，而是以父荫起家，直接靠老爸外公的关系就做官了。当然了，他的学问也是很厉害的。他时常写策论上疏朝廷，所以在年轻官员中名气也不小。

西夏叛乱时，王益柔便主动写信给宣抚河东的杜衍等人，给他们出主意。范仲淹虽没见过他，也知道此人有雄才大略，考试馆缺额时，就推荐了他，可他参加考试时，一看还要考词赋便傻眼了，便向考官提出，"能否不考词赋，改考策论呢？"后来破例允许他改考策论。考试通过后，王益柔被任命为集贤院校理，正式进入馆阁行列。

这人书读得多，还把司马光的《资治通鉴》给看完了。司马光说，能把他的《资治通鉴》全部看完的，只有一个王益柔。《资治通鉴》共有 294 卷，司马光组织一个小型写作班子，整整写了 19 年，写得要吐血。他从周威烈王写起，一直写到后周世宗为止，写了中国 1362 年的历史。当然这书完成已是

1084 年的事了，这位王先生当时也已是七旬老翁，经历很多风雨后，他读书的耐心已变得超级强大。

可 40 年前的那个聚会，坐者皆京师名流，年少者唯这位 30 岁的王益柔，他声称不长于诗词，但这晚喝高了，激情上来，不管不顾，喷出一首"傲歌"来，惹麻烦的是最后两句："醉卧北极遣帝扶，周公孔子驱为奴。"[1]醉卧北极，让皇帝来扶他，周公孔子也成了他的奴仆。这还得了，难怪仁宗看了要发飙。

聚会还没开始，消息就走漏了。有人想来，并主动托人提出请求。这人就是太子中书舍人李定。

李定在历史上并无名气，如果不是这个聚会涉及他，他也就被淹没掉了。有人说他是晏殊的外甥，还有人说是梅尧臣的外甥，但不管是谁的外甥，应该也是有来头的，他靠门荫做上官。他本人和苏舜钦并不熟，便托梅尧臣代为转达致意。

按理说，酒会上多一个人也没问题，可苏舜钦也是一根筋，他不喜欢硬要跑来凑热闹的人，不喜欢李定，便对李定来个婉转回复，意思是说，我们这是小范围聚会，来的人都是官小地位低的，不适合请您这位太子中书舍人。

李定被拒绝，心里自然不快活，事后又听说他们拿卖废纸的钱来喝酒，王益柔还在聚会中高声吟唱这首有问题的诗，向他剧透的应该是聚会中的某个人物。那人很可能一笑了之，觉得说说也没关系。李定却如获至宝，马上把线索添油加醋透露给了御史中丞王拱辰。

王拱辰得到这一线索后，立即指示两名御史官鱼周询、刘元瑜弹劾苏舜钦。

这一弹劾，立即惊动了仁宗。仁宗大怒，连夜派宦官把参加宴会的人全部拘捕入狱，并将案子交由开封府处理。

一夜过去，这事闹得全京城都知道了。一帮文人喝酒把自己给喝到监狱里去了。

这事包拯知道得非常清楚，但他什么态度我们并不知道。而王拱辰为什

---

[1] 刘德清、刘菊芳：《欧阳修传略》，南昌：江西人民出版社，2012 年，第 127 页。

么没有叫他弹劾呢？第一个猜测是包拯这人有点犟，王拱辰的指示他未必会马上执行。所以干脆另找别人。第二个呢，包拯很可能不以为意，声称调查过后再弹劾。王拱辰自然也就不找他了。

听说苏舜钦等人被抓后，枢密副使韩琦次日紧急面见仁宗，他说，苏舜钦等人只是酒醉后言行失当而已，不是什么大过失，陛下干吗要大动干戈呢？何况朝廷大事那么多，忙都忙不过来，不必为这些小事分心。

仁宗听韩琦这么一说，也觉得处罚有点过度了。便和几位宰相商量，可三位宰相态度不一：首相杜衍，因牵连到女婿，不方便说话，只好不吭声；另一位宰相贾昌朝，他支持王拱辰，倾向于严肃处理。还有一位宰相章得象，则沉默不表态。两位宰相不表态，只有贾昌朝表态要严肃处理，于是只能严肃处理了。

贾昌朝（997—1065）是个训诂学家，也是个著名教授，很早就在国子监里说书。这人做官比较平庸，经常被台官们攻击，说他阴结宫人宦官，喜欢看皇上脸色。这次他看仁宗不高兴，便声称要严肃处理。

老宰相章得象（978—1048）是建州浦城（今福建）人，当年真宗要求近臣推荐德才兼备的干部，结果刘筠、吕夷简等人都一致推荐他，说此人在地方为官多年，口碑甚好。年轻时他和杨亿一起，在朋友家赌博，曾一夜狂输三十万，他也无所谓，照样睡得着觉。下次再赌，他反败为胜，整整赢回一奁金。此人器量大，杨亿称他有宰相之才。对章相而言，这种事情算什么呢？他当然不会表态。

"进奏院"聚会事件最终处理结果在十一月七日公布：苏舜钦、刘巽两位主事者以"监守自盗"定罪，受到革职除名、永不叙用的处分。王益柔等十人，则统统受到贬黜。梅尧臣后来写诗记录此事，诗中有：

客有十人至，共食一鼎珍。一客不得食，覆鼎伤众宾。[1]

---

[1] 朱东润：《梅尧臣传》，北京：中华书局，1979 年，第 101 页。

仁宗在事后5天发布诏书，严戒文人言论放肆诋毁前圣，"以讪上为能，以行怪为美"。而杜首相呢，女婿无意中给他挖的这个坑，让他很难再做宰相，只好辞职了事。

苏舜钦在被革职后，次年便率妻子去了苏州。在苏州，他花四万块钱，廉价买得一旧池馆加以改造，这便是著名的沧浪亭。他在这里排遣忧闷，四年后老天爷终于开恩，重新起复他，可就在他准备赴任时，却在苏州突然去世。他的所有诗文遗稿都存岳父杜衍处。

这场风波，事情很小却处理很重，伤了不少人，成为历史上一个著名的案子。

# 七弹王逵

包拯早期御史官生涯中最见风采的是"弹王逵"。他一弹二弹三弹，乃至六弹七弹，创下了他个人弹劾史上的最高纪录。什么样的官员值得他反复去弹劾？这背后又隐藏着什么样的故事呢？

一弹王逵时，是庆历五年（1045）；到七弹王逵时，已是皇祐二年（1050）十二月冬。时间跨越5年整。一弹时，王逵任江南西路转运使；七弹时，他已是尚书工部郎中、淮南节运使，而包拯已是兵部员外郎、知谏院、天章阁待制。弹劾者与被弹者都在进步。这就奇怪了。

包拯弹王逵，要求并不高，只是恳求仁宗把他"降黜差遣"，可王逵却始终弹不掉。最多小降一下，很快换个地方又做官了。

而更奇怪的是，一个大文人，名叫曾巩的，给他写墓志铭，还把此公狠狠夸了一顿。以致现在有人在网上提出非议，认为包公可能弹错了人——把一个好官给弹成酷吏了。如果真是那样，包公的问题就大了。为官多年还识别不了好官还是酷吏？不可能吧？

曾巩（1019—1083）祖上世代都是学者，祖父曾致尧曾做过户部郎中，父亲是太常博士。曾巩18岁时跟着父亲去京师读书，在太学读书期间投书欧阳修，欧阳修看了他文章后大吃一惊，非常赏识。后来亲自指导他写文章，并收他为弟子。他是欧阳修最骄傲也最著名的弟子。

在京师读书期间，时值庆历新政，曾巩功课之余，同杜衍、范仲淹、王安石等人都有过书信往来，那个时候他开始崭露头角。曾巩长于策论却轻视时文，以致科考屡试屡败，直至嘉祐二年（1057）欧阳修主持会试时，40 岁的曾巩和他的两个弟弟一个堂弟同时考中进士。这在那一年的科考中，是件非常轰动的新闻。弟弟曾布（1036—1107）比他小 17 岁，这次也考上了，日后官至宰相。

曾布和曾巩是同父异母兄弟，他 13 岁时父亲去世，曾巩从京城回到江西老家指导弟弟们读书。因为曾巩屡考屡败，兄弟六个整天在老家江西南丰读书，却没考上一个，里人中便有人瞧不起他们家，还写了一首打油诗打趣他们：**三年一度举场开，落杀曾家两秀才。有似檐间双燕子，一双飞去一双来。**[①] 那时候出门去考试的是曾巩和弟弟曾晔。两秀才考了几次都没考取，便被邻居们笑话。但曾巩不以为意，继续督促弟弟们读书。

1057 年秋，曾巩带上大弟、二弟，两个妹夫，还有一个堂弟，曾家六个人浩浩荡荡去京城赶考，这一行人出家门时，继母朱夫人感叹地说："只要有一个考中进士，我就不遗憾了。"朱夫人没想到，这次他们家是四个人考上，大大超出她的预期，高兴坏了。[②]

那次考试出了一个故事，这在前面已经说过。考官梅尧臣拿着苏轼的试卷过来，说这份试卷太棒了，建议录取为第一名。而欧阳修以为是他门生曾巩的，怕人说闲话，就把这个试卷列为第二名。这对苏轼来说，真是天大的委屈。那次殿试第一名，落到了章家。

在曾巩给王逵写的墓志上，提供了几条信息：一是王逵从小跟着母亲读书，再大一点他拜的老师是侍御史高弁。王逵是天禧三年进士。从小机警

---

① 丁传靖辑：《宋人轶事汇编》下册，北京：中华书局，2012 年，第 695 页。
② 丁传靖辑：《宋人轶事汇编》下册，北京：中华书局，2012 年，第 695 页。

绝人。他拜的高老师学问是有的，文章也写得很不错，但这人在做开封府考官时"私发糊名"，被削夺二官。跟着这样的老师，学问是能学到的，旁门左道恐怕也会学到一点。二是王逵很会做人。谏官李京曾经弹劾过他，但当王逵出任荆湖北路转运使时，李京做了鄂州税监官，当李京知道当年他弹劾过的人来到鄂州时，他称病不出。没想到王逵却主动和他见面，并且告诉他，"弹劾我是你做谏官时的本职工作，你没有对不起我。"两人于是相谈甚欢。等到李京死后，王逵还主动接济李京家，并向朝廷推荐他的儿子出来做官。

宋史上说王逵用钱豪爽，接济过不少人，曾巩贫贱时也曾得到过他的接济，这让曾巩终生难忘。但他的豪爽一面，和他为官专断独行、对下属威风凛凛、漠视民生之间，并不冲突。有研究说，人有二十四种性格。每一面呈现的都不一样。不同的人看到不同的面孔，会有不同的印象。

曾巩看到的正是王逵光明的那一面。曾巩虽然出生于官宦世家，但家里并不富裕。他父亲只是一个六七品官，有前房子女，有后房子女，曾巩下面有四个弟弟、九个妹妹。他年轻时在京城读书，穷困潦倒，刘沆、王素、杜衍、范仲淹、王逵等人都曾接济过他。

王逵（990—1072）去世时点名要曾巩给他写墓志铭，王逵相信以曾巩对他的了解和他本人曾有恩于曾巩，这篇墓志铭，只有曾巩出手才能写好。

三是王逵的确是个干才，算是能吏。晏殊做三司使时，便提拔了王逵，任命他为三司检法官。王逵在经办修建被火烧过的宫殿时，只用五天时间，材料便筹措到位。仁宗听说后嘉奖了他，说明他能办事，效率高。

四是王逵做事不循常规。曾巩说他："好智谋奇计，欲以功名自显，不肯碌碌。所至威令大行，远近皆震。"可见这人做事不按常理出牌。不肯碌碌，走到哪都想尽快出成绩。想出政绩的官员有多可怕？他可以不按章法，不守规矩，想怎么来就怎么来。虽然这个官员"至老益穷"，也就是说他不是贪官也不是污吏，却是个酷吏。

在包拯看来，一个自作主张拼命想出政绩的官员是非常可怕的。他每到一地做官，拼命压榨地方百姓，只为了向上多交钱。向朝廷上交的钱越多，他越能得到表扬。因为宋朝财政年年吃紧。国家这个软肋，王逵看得一清二楚。后来王安石新法改革，也是在创收上大做文章，得到神宗的坚定支持。这是一个大背景。包拯的个性也是很倔强的，越是弹不掉他越要弹。一般人，见一次、两次弹不动就算了，而包拯绝不。他一直盯着王逵，整整盯了5年。王逵也算倒霉透了。

第七篇弹王逵的奏疏，是写得最长的一篇，包拯把王逵的劣迹全部做了交代。我们来看看这篇著名的奏疏是怎么写的：

> 按王逵先任湖南转运使日，非理率配数十年役过里正，令纳见钱。只潭州系七百余户，虽子孙沦没，及卖过产业者，并令见佃人赔纳，凡干连数千户。其部下诸州，率皆类此。一路之民，例遭枷锢，逃移死亡者无数。①

——这摆明了是苛捐杂税，逼着人交，交不出来就卖子孙卖产业，再交不出钱来就把人铐起来抓走，逼得人走投无路，只好逃到别的地方去。干连数千户达数万人，可见，不是一件可以忽略的小事。

> 及臣僚论奏，朝廷特与放免。又隐匿朝省指挥数月，并不遵禀，一向催纳。因事发觉，遂降知池州。②

——在包拯弹劾王逵之前，已有人弹劾过他，包括前面说的那位李京。弹劾属实，那些被无辜拘捕的老百姓才被放出来。他是有污点的官员，这在档案中就有记载，朝廷也是处理过他的。

---

① 杨国宜：《包拯集校注》，合肥：黄山书社，1999年，第66页。
② 杨国宜：《包拯集校注》，合肥：黄山书社，1999年，第66页。

　　在湖南日，酷法诛求财利，苛图进擢，民被杀者，罔知其数。
黜降之后，潭州父老数千人共设大会，以感圣恩与人去害；在城数
万家，三夕香灯彻曙；又被苦之家，并刻木作王逵之形，日夕笞挞：
其人心憎恶如是。①

　　——在这段文字里，王逵就是一个酷吏形象，他被降职后，潭州老百姓
数千人开欢庆会，城里数万居民点了三天灯欢呼，被他害苦的人家，则把他
的形象刻成木人，天天鞭打它。被老百姓恨到这个地步，能是好官吗？

　　及任江西转运使，依前残酷，枉法徒配民吏，恣行威福。台官举劾，
遂下提刑司体量，适属高良夫未到，李道宁移任，王逵权本司公事，
乃妄疑前知州卞咸到阙说其事迹，遂追捕平民数百人，只于本州倚
郭两县收禁，构成卞咸之罪。况卞咸替罢，将及一年，方行捃拾，
以逞私憾，中外莫不扼腕愤嗟。②

　　——王逵任江南西路转运使时包拯首度弹他，朝廷的批复是让提刑司查
办，而提刑官高良夫并没到任，原任李道宁又调任他州，这样，提刑官没有了，
王逵这个转运使就更可以为所欲为了，他怀疑是前知州卞咸告发了他，便拘
捕平民上百人，逼迫他们说出卞咸在做知州时的行为，对卞咸本人直接进行
恶意报复。
　　卞咸事件在第三次弹王逵中就有说到，"妄疑前知洪州卞咸到阙说其残
虐之状，遂令诸色人等首告卞咸在任事件，一面差官根勘。且卞咸替罢，近
及一年，以朝廷体量之故，即虚有猜嫌，方行捃拾，以逞私憾。又令前提刑
李道宁录状举留，乃是轻侮朝廷之甚。"③

---

① 杨国宜：《包拯集校注》，合肥：黄山书社，1999 年，第 66 页。
② 杨国宜：《包拯集校注》，合肥：黄山书社，1999 年，第 66—67 页。
③ 杨国宜：《包拯集校注》，合肥：黄山书社，1999 年，第 61 页。

一方面怀疑是前洪州太守揭发他，导致他被台官一再弹劾，他自己不自省，反而怪罪到有可能的举报者卞咸身上，抓人刑事逼供，给卞咸罗织罪名；另一方面又找前提刑官李道宁向上面为他说好话，这种人，简直是人渣啊。

　　臣僚继有章疏。遂移荆湖北路，未几复授河东，所为恣横，愈甚于前。尝至抚州，筵上与郭志高酒醉诟争，远尔惊骇。[1]

　　——这时候应该不止包拯、李京两人弹劾过他了。这人骄横，在酒桌上和人争起来，没人不怕他的。他的威名远近都知。

　　寻又张珪进状指论，前知福州日，在任脏滥不法事件，俱有实状。[2]

　　——包拯敢于一弹再弹乃至七弹，绝对是证据在手胸有成竹。只可惜，对这样的官员，朝廷处罚很轻，降一下，便马上又给他升回来。

　　在七弹王逵的疏文中，包拯经常会提到一个人名——杨纮。他把王逵和杨纮做比较。"况杨纮、薛绅、王绰、王鼎，本无残虐之状，只以行事或有过当，尚降差遣，不与牵复职司。较之王逵，彼实非辜。"[3]

　　杨纮是前江东转运使，薛绅是前京东转运使，王绰是判官，王鼎是提点刑狱。杨纮和薛绅等人都是范仲淹派到地方上的监司官员，是一批特别正直能干有战斗力的干部，他们又都长期怀才不遇，这次蒙恩提携，他们分赴各路秉公执法，很多贪官污吏因此望风而逃，一时间言论滔滔，指责他们办案严苛，仁宗误听误信，便把他们一一罢免或降黜。

　　杨纮是大文豪杨亿的从子，此公为官刚直不阿，深得范仲淹、富弼的青

① 杨国宜：《包拯集校注》，合肥：黄山书社，1999年，第67页。
② 杨国宜：《包拯集校注》，合肥：黄山书社，1999年，第67页。
③ 杨国宜：《包拯集校注》，合肥：黄山书社，1999年，第67页。

睐和赏识，被推荐做了江东转运使。他最常说的一句话是，"**不法之人不可宽恕。降黜他，不高兴的只是他一家人而已，怎么能让一郡人千万家因他而受罪呢？**"这和范仲淹主张的"一家哭何如一路哭"、包拯的"于一王逵则幸矣，如一路幸何"都是一样的观点。据说江南东路的不法官员知道杨纮来后都望风而逃，因为他打击惩治不法之徒是非常有力度的。也因此，杨纮等人遭人非议很多，庆历五年十月，仁宗特别下诏，把这三位——贬黜，这是对庆历新政改革派的一大打击。

包拯拿王逵和他们比，王逵有过之而无不及，仁宗却始终没降黜他，他的"忠厚爱人之心"又去了哪里？

写《爱莲说》的周敦颐曾经和王逵打过交道。周敦颐年轻时因为判案有两下子，庆历四年他被调任南安军（今江西大庾一带）司理参军。

有一囚徒，按法不应该判死罪，王逵当时是江南西路按察使。他坚持要判死罪，没人敢跟他争辩。但周敦颐坚持认为此人罪不当死。王逵见一个下级官员居然敢跟他顶嘴，他两眼都要冒出火来，大声叫嚣："我说死刑就是死刑！"

周敦颐从来没见过这样蛮不讲理的官员，官也不要了，丢下一句话走人："这样不讲理，我还能做官吗？杀人以媚人，我是不会做的！"

听了这掷地有声的话语，又看周敦颐昂首而去，王逵这才感觉自己过分了，这位囚徒，最后因为周敦颐的抗辩而被免了死罪。

1051 年，在知谏院位上，包拯写了一道疏，"请录用杨纮"。写这道疏前，他刚好在读《先朝实录》，里面有一段故事。说宋真宗有一天把侍从官名册从头到尾看一遍，然后长叹一声，对宰相王旦说："看着侍从官，数量并不少啊，这些人也都各有所长，但如果要委任方面大员，能胜任的却又少得很。每次想起大唐时名臣比肩而出，为什么那时候人才就那么多呢？"王旦回答说，"我们现在并非没有才俊啊，这么大一个国家怎么会没有人才呢？无非选拔没有到位而已。我看前代求贤并不求其全面，也不以小疵而掩其大德。现在朝廷上的官员，哪一个没有犯过错误呢？无非流言一多，有人反对，他们便被降黜了。这样一来，人才怎么出得来呢？有能力的人，赞美他的人自然多。但如果把赞美他的那些人都当成'朋党'来对待，从而废之不用。自然就没有人才了。"

《先朝实录》君臣对话这一段，王旦回答得何其好啊。包拯联想到杨纮等人还在被降黜中，便上疏仁宗请求录用。他这道疏上后不久，杨纮等人，终于在皇祐三年六月得到擢用。

而当年重用他们的范仲淹，此时正以户部侍郎官职徙知青州（**今山东**）。他三月到任，不久因饥荒，大量灾民涌入青州，致当地物价飞涨，他奏请朝廷，对灾民进行救济，并设法减轻青州百姓的赋税负担。范仲淹这时候已病重，但他仍然使尽全力在帮助地方百姓减轻负担。

按规定，青州赋税要到博州（**今山东聊城**）去缴纳，往年都是青州老百姓自己把粮食运到博州，再将应纳的赋税折算成钱，在青州当地交钱。

当范仲淹听说博州粮价普遍低于青州后，当即作出决定：委派官员带钱到博州，并在博州到处张贴广告，说他们将以高于当地的市价购买粮食。结果不到五天时间，就收足了粮食。青州头一个完成全州的税负任务，还免得老百姓东奔西跑，最后还略有盈余。

盈余又是怎么做到的呢？范仲淹要求到博州收购粮食的官员不得住旅馆，而是借住庙宇，这样就省下一笔钱来。两地粮食差价，又是一笔钱。这一反一复省下数千缗钱，这些钱，最后又全部退还给青州百姓。

范仲淹知青州不到一年，次年五月二十日便病逝于徐州，消息传来，青州百姓哀痛不已，决定为他塑像立祠，以感激范仲淹对青州作出的贡献。

这样的官员和王逵一比，比出高低了吧？

王逵晚年"迁尚书兵部郎中，知西京，留司御史台，提举崇福宫，皆不赴"。是不是此时的他对平生苛虐百姓有所忏悔了呢？也许吧。他在82岁去世时，包拯已去世十年。

王逵死后儿子来找曾巩写墓志铭，曾巩毕竟早年曾受过他的接济，人都是有软肋的，他无法推辞只好写了，是故墓志铭中多处出现"坐小法""坐法免""亦多龃龉"这样的字眼，再高明的作家，面对这么一位有非议的人物，也无法写出一篇流畅的美文来。

有意思的是，曾巩也写过包拯传。这篇文章写得非常美，不过，这不是包拯家人求他写的，是曾巩主动要写的。写到包拯御史官的早期生涯时，他是这样写的：

> 为御史，言诸道转运加按察使之名，以苛察相尚，奏劾官吏，更倍于前，皆捃摭细故，使吏不自安。诏为罢之。[①]

包拯细腻犀利的御史官风格，曾巩描写得非常到位。

"吏不自安"，这吏当指王逵等人。也就是说，虽然包拯没有彻底弹下王逵，但王逵内心，却始终是惶恐不安的。

---

① 孔繁敏：《包拯年谱》，合肥：黄山书社，1986年，第144页。

# 四、外交使臣

## 一对特殊"兄弟"

庆历四年秋天的那一场小聚会大风波，作为一个御史官，包拯并没有卷入其中，文人的夸夸其谈他是反感的。他自己下班后就回家，基本上杜绝此类宴饮活动。这场风波也提醒他，以后在言行上，一定要管住自己。

庆历四年包拯上疏数量并不少，涉及吏治和人才使用方面的居多，边疆事宜他也接连上了好几道疏，比如有一道疏是《论契丹事宜》：

> 臣伏见契丹近遣人使复有请求，今朝廷重遣使命以答其意者，盖羁縻不绝之谊也。且北虏自先朝请盟之后，边鄙无事，垂四十年；近因昊贼背畔以来，邀乞无厌，情伪可见。……且河朔地方千余里，……而郡无善将，营无胜兵，……虽命两府重臣往逐路宣抚措置，更望陛下频召执政大臣与总兵将帅，乞丁宁训谕，俾图议谋策，选求将帅，精练卒伍，广为积聚，以大警备之。①

这一道疏，写于 1044 年九月后。

契丹即指辽国。宋辽之间打打停停，双方都打不过对方，最后，在真宗景德元年（1004）的年初，在边城澶州，签了一个条约，史称"澶渊之盟"。这个条约有如下内容：一、宋朝每年给辽国"军费"银十万两，绢

---

① 杨国宜：《包拯集校注》，合肥：黄山书社，1999 年，第 71—72 页。

二十万匹，在交界处白沟交割；二、两国交界城池可依旧保存修葺，但不得添置新的城池；三、抓捕盗贼，彼此要提供方便，不得隐匿。并约定，宋帝以"叔母"礼事辽太后，而辽帝以"兄"礼事宋帝。宋皇帝，每一个都比辽国的年长，所以那边称宋帝为哥哥，而这边称辽帝为弟弟，宋人便多少有点安慰。但内心的失落和耻辱，是怎么也抹不去的。无非掏钱买安宁而已。

签下这个条约后，彼此相安无事近四十年，这就是包拯疏中所说的"边鄙无事，垂四十年"。后来另一邻国西夏开始挑衅，不断在边界地带挑事，勒索宋王朝要地要钱，一看有机可乘，年轻的辽帝也坐不住了，庆历二年三月他派使臣到宋，提出他们的诉求，要求"割地"。四月，宋廷派使臣富弼到辽国，驳斥其割地要求。后经双方讨价还价，懦弱的宋廷，最后在银钱上面再作出让步，每年给银、绢各增十万，在十月签下新和约，辽国这才安静下来。

哥哥宋国一直受弟弟辽国的欺负，宋帝国的大臣们觉得此事很窝囊，但有什么法子呢？宋的体制就是重文轻武，各个机构之间互相制约，国内虽没出什么大乱子，但一旦边界有事，士兵们老弱病残，都派不上大用场，缺乏战斗力。

庆历三年，宋辽两国恢复正常交往。庆历四年七月，辽国派使臣告诉宋廷，他们要开始打西夏国了。八月，宋仁宗派余靖做使臣，去辽国报告宋方态度。包拯此疏便写于此时。余靖便是那个一身臭气熏倒仁宗的谏官。他去了辽国，回来后给朝廷打了一个报告。包拯便是看了他的报告后写的疏文。包拯对辽国经常找借口来敲诈宋朝深以为厌，他提醒皇帝要选好边疆将帅，练好队伍，苦下功夫，不要为表面上的暂时和平而陶醉。

在同时期的另一道疏《论昊贼事宜》中，包拯这样说：

臣窃闻余靖近进北虏回书，其意未顺。……缘北虏结好四十年矣，事无纤巨，莫不徇从，一旦骤违其意，非计之得也。……设欲恃北虏之旧好，纳西戎之新款，纵无后患，亦防他变，得此失彼，恐未为福。[①]

宋廷如果只会掏钱买平安，那么辽国的敲诈勒索只会有恃无恐，包拯深以为忧。在这一年的冬天，小聚会大风波还在延烧中，包拯已把他的关注重点放在边疆事宜上，这才是宋廷的真正危机。

1044 年八九月发生保州兵变，闹了一两个月才平息。兵变时还把保州通判石待举给杀掉了。石待举本人处事不公，虐待士兵，正是这起兵变的诱发因素。而石待举任保州通判，是枢密直学士蒋堂推荐的。按宋廷规定，被荐举者如果出了事，保荐者是要被问责的。可保州兵变发生后，蒋堂只是被罚铜四十斤便被释放。十二月，蒋堂又有了新差遣"知河中府"。包拯看了大为不平，遂上疏《请重坐举边吏者》，要求重处：

按石待举残虐屯兵，刻削廪食，群凶相扇，固守城壁，杀害民吏，几成大患。原其情状，免死犹示塞责，而保任之者，止从轻典，窃恐不足以诫其滥举也。[②]

造成这么一起兵变，固然是石待举的问题，但如果对保荐者只是轻轻处理一下，显然不足以起警示作用。

## 皇帝的工作模式

包拯这几道疏进呈后有没有作用呢？虽没找到相关史料，但仁宗曾对辅臣说过，他每次退朝后，凡天下之奏，必亲览一遍。也就是说，大臣们的奏文，

① 杨国宜：《包拯集校注》，合肥：黄山书社，1999 年，第 40—41 页。
② 杨国宜：《包拯集校注》，合肥：黄山书社，1999 年，第 44 页。

他在朝会上没时间看，但退朝后还是会看的。

这里得简单说一下，北宋皇帝，尤其是宋仁宗的工作模式。

仁宋12岁时死了亲爹，便当上皇帝了。但那时是他养母刘太后在垂帘听政。女人听政和男人听政，在工作上是有区别的。太后听政时要垂个帘子，和大臣不能面对面，这就意味着，在很多场合，太后不便出场，所以她更多地依赖执政团队，听汇报讨论问题给出意见这么一个模式。宰相们的权力也因此大大增强。仁宗亲政时已经24岁，他已习惯于依赖执政团队，当然执政团队经过十二年的君臣磨合，也已形成一套相当稳定的工作方式，彼此都已习惯，所以到仁宗亲政后，他的听政刚开始时只是"单日视朝"，就是说，逢单日他才去视朝，一个原因是他那时候好生病，后来有大臣提意见，才改为逐日视朝。然而日朝制度实施还不到一年，这种高强度的工作模式，仁宗又吃不消了，还生了一个月的病，于是，又改回单日视朝。那是1034年的事。

仁宗前面的几位皇帝都是"逐日视朝"，他们精力旺盛，对自己的工作充满热情，每天工作从早到晚。晚上结束后，还要坐在后苑上，只要有大臣过来说事，他们立马就召对。隔日视朝到真宗晚年才有，但那个时候他有病在身可以理解，而现在仁宗皇帝才29岁啊，正是青春好年华，怎么能隔日才御殿呢？所以不久后又有人上疏，要求仁宗逐日视朝。仁宗只好不再懒惰，改成每日视朝。

1040年二月，宋夏战争开始后，除了重大节日，仁宗都会每日上朝；即使不上朝，他也会在后殿办公。

虽然有执政团队，但因每天都要听汇报，最后采取排班制的模式，每天早朝奏事，不得超过五班，顺序是：**先宰相；次枢密使；次三司使；次开封府；次审刑院；次群臣**。①

吃过饭后，仁宗便易服坐崇政殿或延和殿，在这里还有奏事要听，顺序是：先军头司；次三班；次审官院、流内铨、刑部、群官等。

---

① 周佳：《北宋中央日常政务运行研究》，北京：中华书局，2015年，第124页。

诸司公事如果说完了，皇帝还不能下班，还有内臣、近职等人的奏事要听，此外还要看馆阁新修的书稿文章和有关文件。台官们写的奏疏，不紧急的话，只能等到晚上睡觉前，才有时间看。如果碰到皇帝生病，那攒下来的疏章，估计会堆到天花板上，那就只好拣紧急的看。好在皇帝的秘书也不少，看不了的，他们会读给他听。

真宗比儿子强多了，他刚即位时风风火火，很有工作热情。据司马光的《涑水记闻》记载：

> 真宗即位，每旦御前殿，中书、枢密院、三司、开封府、审刑院及请对官以次奏事，辰后入宫上食。少时，出坐后殿，阅武事，至日中罢。夜则诏侍读、侍讲学士询问政事，或至夜分还宫。其后率以为常。[1]

这也是前三位皇帝的基本工作模式。早朝通常是 7 点至 9 点。后殿视事多在 9 点至 11 点。午时是 11 点至 13 点。

夜间召对始于太祖。召对的对象是禁中的儒臣，有经筵官、三馆宿直官（晚上值班的）、诸殿宿直学士，以及一些与皇帝私交不错的官员。馆阁、诸殿，晚上都安排有值夜班的大学士，专门供皇上夜间召对用。最困难的是作出决定。通常皇帝会事先咨询很多人，但众议喧喧时，人很容易被弄昏。小聚会大风波作的决定便是有问题的。据说宋太祖、宋太宗常为作出的决定有失妥当而郁郁不乐。因为一旦决定作出开始执行，若发现不妥，要收回决定或中途制止，总归有些麻烦。前一阵子辽国要求割地，宋廷如何应对，就很烧皇帝的脑子。

仁宗当皇帝时日既久，再加上后来身体并不好，他在听政时，就变得很少说话。他的后代中有一位皇帝，言行非常反常，因为他的妻子是个很疯狂

---

[1] 周佳：《北宋中央日常政务运行研究》，北京：中华书局，2015 年，第 55 页。

的女人，他搞不定她，只好无所事事，听政也不管，老父亲太上皇病重时，他也不去看望。这便是南宋朝的宋光宗。皇帝还有怕妻子的？也是千年第一回。最后这位言行失常的皇帝还是被换掉了，被换掉后，妻子态度不再凶悍，她对失去皇位的丈夫变得温柔起来，就怕他得抑郁症死掉。这是宋皇帝中，最著名的一出悲喜剧。

排班奏事是仁宗朝才有的。规定了具体时间，且规定每班奏事不准拖延。因为一旦拖延，就挤占了后面人的时间。

1056 年正月，仁宗得了中风，那时他才 47 岁。每天早上听政活动，便从五班改为一班，奏事时间也大大缩短，只能满足二府的奏事。但在庆历期间，仁宗还年轻，也是他精力最充沛的时期，那段时间他几乎每天都视朝，人也变得有些亢奋。

在君主制国家，执政团队的工作，皇帝并不是很放心，所以总想亲力亲为，可他毕竟只是一个人啊，精力有限，要确保国家机器正常运转，他必须依靠监察系统帮他监督政府，所以无论再忙，台官们的奏疏他还是要看的。

## 送伴使的观察和建议

庆历五年（1045）夏天，包拯突然接到一个临时差遣"送伴使"，要他送辽国使臣回国。

宋、辽这对"兄弟友邦"，虽然时不时地吵吵闹闹，但若恢复正常，每年都会互派使臣，到对方国家问安或致意。

什么样的情况下会派出使节呢？计有十二种情形：

一是对方正旦（春节）时要派出使节，这叫贺正旦使或贺正使；二是对方最高领导如皇太后、皇帝或皇后生日时，要派贺生辰使或生辰使；三是本国最高领导去世时要派使者告知，这叫告哀使；四是最高领导去世后有遗物要送给对方时，要派遗留使；五是新皇帝即位时要派告登位使；六是对方最高领导去世时要派奠祭使；七是吊尉使，不言自明；八是祝贺对方新皇登基，要派贺登位使；九是贺邻邦皇太后受册，要派册礼使；十是答谢邻邦吊贺者，称回谢使；十一是别的事情要向对方告知，称泛使；最后一个，是答谢对方帮忙做什么事，要派回谢使。

最常见的是贺正使和贺生辰使，那是每年都有的，一个在春节，一个在皇帝生日时。皇帝去世或登位，毕竟偶尔才有。那时候国家之间有事要联系，只能派使节过来，幸亏北宋那个时候也只有辽国一家还在正常交往，别的国家要么是敌对状态比如西夏，要么就是被征服，成了附属国。

使臣到友邦境内时，对方会派人来接，这叫"接伴使"；到了首都，会派人陪伴，则叫"馆伴使"；回程时派人送行叫"送伴使"。接伴使和送伴使，常由同一人担任。一般而言，为显示老大哥的气度，宋廷派出接待的官员，级别会低于辽国。使臣中，有主使，还会有副使。主使由文官担任，级别必须低于对方，副使则是武官，这是北宋的标配。而对方则反之，主使是武官，副使是文官。且级别都比宋方高。

宋仁宗的生日是四月十四日。每年的这个时间段，辽国会派生辰使过来，当然他们也会带来礼物，但他们的礼物不及宋方回赠的好。连主使副使及相关人员，都会收到宋皇帝赐予的很多礼物。宋帝在送礼方面向来大手大脚，沿途招待他们吃住也是既周到又热情。进了都城后，中央官员出来接待。最后，会有一个隆重的皇帝接见仪式，对方送上礼物，宋帝回赠礼物。离开京城时，还要搞一个隆重的朝辞仪式。朝辞时，皇帝还会送上礼物，让他们个个喜笑颜开。在这方面，包拯是第一次目睹，看到国家在招待使臣方面如此铺张浪费，他心里揪着疼。

包拯做的就是"送伴使"。他的任务就是陪满载礼物的辽国使臣代表团，从首都返程，一直送到两国交界处为止。这一年的接伴使，是监察御史蔡禀，没想到他送辽国使臣到东京后的第四天，便猝死在家里。这样，包拯便被安排做了一回送伴使。

同事突然去世，包拯的心情是冰凉凉的，更何况他对辽国的印象很坏，不讲信用敲诈勒索的国家，他能有什么好感呢？但身为送伴使，在辽国使臣面前，却必须热情周到彬彬有礼，充分体现宋王朝的风度和礼仪。

辽国崇尚的是武艺，故他们的使臣以将官和王爷居多，身上多带有一股桀骜之气。包拯看了自然不爽，但身为送伴使，他必须注意礼貌和风度。喝酒只能浅饮，说话不能刺激对方，不能释放出不良信息，更不能泄露国家机密，这是最基本的要求。

王拱辰在至和二年（1055）去辽国做过一回使臣，那是十年后的事。那次他出了一点事，还受到惩罚。他在和辽国皇帝喝酒时，接受人家侑酒，这是违反外交纪律的，他因此而被罚铜。而另一起事发生在庆历六年四月，集贤校理李昭遘奉使辽国，他的一位从者偷拿了一个银杯，发现后被打死。使臣也跟着被降级。[①] 所以做使臣的既要照顾到国家的脸面，管住自己的言行，还要约束好队伍。

包拯这一次陪着辽国使臣团返程时，他的眼睛和耳朵始终是张开的机敏的，这是他到京师任职后，第一次有机会去边疆，沿途所见所闻给了他很大刺激，回来后他连续上了几道疏，把他发现的问题和相关建议全部写在奏疏里了。

我们来看看他发现了什么问题。

一是沿途接待铺张浪费严重。办理接待的人员提前四五天就离开京城，一路向沿途驿站，索要羊、面、鸡、鸭、鱼、兔之类，大摆筵席。到了边界城市雄州，使团一住就是十几天，雄州每天招待吃喝不胜负荷。包拯在疏中建议，接客人员只需提前一天到就够了，送客时提前两天到也就可以了。并要严格禁止到处伸手要东西，地方上招待也不必过度。还要明确规定送伴使和副使，在客人过界前一天必须返京，以减轻地方接待压力。

二是边界地带我们这边几乎是一马平川，高阳关一路只靠塘水巩固阵地，从城关至边界白沟一路 30 里，没有任何屏障。真要打仗怎么办？更何况知州、通判、镇守武官们素质都不高，他们在训练兵士方面也有名无实，让人非常担心。

---

① 聂崇歧：《宋史丛考》下册，北京：中华书局，2013 年，第 332 页。

三是边疆这一带地理位置对我方很不利，这里老百姓的生活用品都由南北两地供给，甚至本州的衙校与各种公务人员，有很多是由北朝（**辽国，宋为南朝**）人担任的，这样一来，我们什么秘密都保不住。在这种情况下，打仗时只能依靠边将，老百姓也未必靠得住。那时没有护照没有身份证，如果长得差不多，语言又一样，谁知道是哪国人？秘密又如何守得住？

据包拯的观察和分析，"西北二寇"即西夏和辽国，有结盟态势，所以朝廷要早做防范，我方现在并不缺人才，而是有了人才却不用。用人之道，不必分文武之异，高卑之差，而在于能力如何。包拯这个观点是非常有远见的。当然，选拔人才还是有讲究的，不能考他什么词赋文章和策论了，必须考以应敌制胜之略，询以安边御众之宜。

在边将用人上，包拯上过两道疏。他在第一道疏中提出来，哪怕人家以前犯有小过错微有瑕疵，只要有本事也可以使用，在使用边将方面必须有大格局，不拘一格用人才，让他们平时积极训练兵士，这就是包拯的核心观点。

包拯一路观察下来还有两个情况：一是河北今夏麦子丰收，秋收也没问题，政府应该预做计划，把该收的粮食坚决收上来，在粮食的储备上要做好准备，以应付荒年和战争；二是河北沿边州县军粮未备，屯兵很少，虽然朝廷财政紧张，但在屯兵备战上不能小里小气。打仗时没有粮食储备是不行的。皇帝必须有战略眼光。包拯的这些观察和建议，可谓句句说到点上。

## 出使辽国

送伴使做完没多久，这年冬天，包拯又接到一个意外的派遣，这回让他去辽国贺岁，做贺正旦使。

包拯只是一个七品御史官而已，怎么轮得上做使臣呢？这得说到宋廷的遣使制度。

宋廷遣使，通常由中书、枢密二府商量后提出人选，再报仁宗审批通过。

当然也有走后门的，有人想去做大使，便自己主动提出来，或由内廷徇私直接点派。后者主要是指副使人选。主使比较严格，程序走得很公开，但副使就有点随意了，副使榜单上，一度由权贵子弟滥竽充数，以致有台官上疏，谴责这种行为是对国家的不负责任。

为什么很多人想当使臣呢？除了免费出国一趟，长点见识看看风光，一路好吃好喝外，还因为奉使出国，会收到对方不少礼物，这些礼物，个人可以收下而不必交公。好处如此之多，当然都想做使臣了。

辽方大使多由帝室后族担任，而副使呢，则多是臣僚。他们的大使层级很高，武将居多，最低都是大将军、各镇节度使，甚至有枢密副使这种级别的。副使则以文官居多。反观宋方，派出来的大使多为郎中、员外郎或少卿监等五六品官。低的还有校书郎、太常博士等七八品官的，三四品官如翰林学士、尚书、侍郎等，偶尔也派过，但不多。宋方大使多由知名人士担任。马亮、吕夷简、刘筠、宋绶、薛奎、章得象、梅询、宋祁、谢绛、吴育、张方平、孙甫、杨察、王洙、吴奎、石扬休、胥偃、韩琦、王拱辰、富弼、余靖、赵槩等人，先后以不同的名义出使过辽国。

论官阶，宋方派到辽国的普遍要低，因为宋以老大自居，可是，派出来的使臣如果级别太低，又怕辽国翻脸，宋廷就会给使臣临时弄一个假官衔。比如韩琦 1038 年出使辽国时，他当时的实际官职是七品官右司谏，而出使时给他的假头衔是"太常少卿、直昭文馆"。这是正三品官。宋廷对付辽国，心态微妙，既怕惹急对方，又想有尊严地活着，于是，便在使臣的头衔上作假，但在礼物上，却会很慷慨。

在所有的使节中，生辰使送的礼物最多最丰盛；正旦使，只有一半不到。出使时，国书是必须带上的，那个假头衔就在国书上写着。那时候的辽帝是兴宗（1016—1055），他比仁宗还小 5 岁。他称仁宗为"哥"，仁宗称他为"弟"。[1]

辽国又名契丹，916 年建国，至 1125 年灭亡，共传九帝，享国 210 年。

---

① 聂崇岐：《宋史丛考》下册，北京：中华书局，2013 年，第 295 页。

辽国全盛时期版图有多大呢？东到日本海，西至阿尔泰山，北到额尔古纳河、大兴安岭一带，南到河北南部的白沟河，全部都是它的。堪称幅员辽阔，和北宋版图不相上下。

北宋是在灭掉后周的基础上建立的国家，太祖和太宗打到南边去，灭掉南方不少小国，但最北边的燕云十六州，却始终拿不回来。宋太宗父子和辽国先后打过几次仗，但都以失败而告终，真宗时，只好签了屈辱的"澶渊之盟"。虽然宋不向辽国称臣，却每年要拿钱出来给他们。这是宋皇帝最大的耻辱，也是他们无法高枕的最大隐患。因为燕云十六州（**今北京、天津全境以及河北北部地区**）因地势险要，居高临下易守难攻，在地缘战略上价值巨大。丢掉这些地方，就等于丢掉了天然屏障。宋一马平川，暴露在人家的枪口下。辽军兵强马壮，骑兵占大头，攻打中原并非多大的难事。这些年来，他们不断在边境地带敲打宋方，也是因为宋方好欺负啊。

言归正传。包拯作为贺正旦使，带的礼物都有哪些呢？辽国那边带的礼物，通常是御衣三袭，鞍勒马二匹，散马百匹。而宋这边带的，据记载，有金花银器三十件，杂色绫罗纱谷绢二千匹，杂采二千匹。[①]

带上这么多礼物，估计要有一个车队吧？不可能是人挑着走啊，那也不像大国的风度。想想看，我们的电影中，大唐大使出行时，都会有一支长长的队伍，中间有驴有马有骡。有人走路有人骑马有人坐车，队伍散乱而混搭。像辽国大使来宋廷贺岁，他们送上一百匹马，那也是很壮观的。一路走走停停，吃吃喝喝，难怪有人抢着要去当大使。

王拱辰出使辽国时，犯了错误。《长编》据王拱辰《奉使语录》下，有这么一段文字：

> 契丹国母爱其少子宗元，欲以为嗣，问拱辰曰："南朝太祖太宗何亲属也？"拱辰曰："兄弟也。"曰："善哉！何其义也！"

---

① 聂崇岐：《宋史丛考》下册，北京：中华书局，2013 年，第 300 页。

契丹主曰："太宗真宗何亲属也？"拱辰曰："父子也。"曰："善哉！何其礼也！"既而契丹主屏人谓拱辰曰："吾有顽弟，他日得国，恐南朝未得高枕也。"①

辽国的太后很爱她的小儿子宗元，她在筵席上，故意大声问王拱辰，"你们太祖和太宗是什么亲属关系呢？"王拱辰老实回答说，"他们俩是兄弟。"太后听了高兴地叫起来，"善哉，这对兄弟是多么有义气啊。"她这话是说给辽帝听的。意思是，你应该学学人家宋太祖，以后把皇位传给弟弟。辽帝急了，他来问王拱辰，"你们太宗和真宗又是什么样的亲属关系呢？"王拱辰说，"他们俩是父子关系。"辽帝马上感慨说，"善哉，他们俩是多么合乎礼仪啊。"

这对母子打的小算盘不一样。一个想让小儿子以后接哥哥的班当皇帝，而辽兴宗，只愿意传位给儿子。

不一会儿，辽兴宗把人支走，悄悄地对王拱辰说，"我有一个顽劣弟弟，如果他以后当皇帝，恐怕你们南朝就没法高枕了。"辽兴宗去世后，接班的辽道宗是他的长子。

因为王拱辰是状元出身，辽国对他非常重视，每次宴请加酒加菜外还要叫上歌伎，想方设法要让他醉酒。回来后，他因出使期间被侑酒而被罚铜。

包拯没碰到侑酒的事，但他碰到的是另外的故事。他回来后在奏疏上这样写：

臣等昨于正月初五日离北朝。四日夜，正旦馆伴并生辰馆伴与生辰国信使张尧佐、副使张希一及臣等共十人同坐，欲排夜筵。方吃茶了，其生辰馆伴副使张宥等先言云："请暂约退左右，有事要说。"

① 聂崇岐：《宋史丛考》下册，北京：中华书局，2013年，第328页。

左右既退，张宥等言云："雄州开东南便门，多纳燕京左右奸细人
等，询问北朝事宜，随事大小，各与钱物，此事甚不稳便，请说与
雄州。"①

包拯说，我们这一行人正月初五离开北朝。四日夜，我和生辰使张尧佐、
副使张希一等十人同坐，等着参加晚宴，结果刚喝完茶，辽方生辰馆伴副使
张宥，要我们先屏退左右，说他有事要说。左右退后，他说："雄州城东南方
向近来开了一个便门，经常有情报人员出没，刺探我方情报，根据情报内容
付费给他们，这样做很不好，请你们和雄州方面说一说。"包拯因为还不了
解情况，暂时没法回答他们。

包拯这次作为贺正使和生辰使张尧佐撞到了一起，张尧佐、张希一这一
行人，是去贺辽帝生日的，他们走的时候是庆历五年冬，回来时已是庆历六
年春。这两支队伍撞到一起，唯一的解释是，辽帝生日和他们的正旦节挨得
很近。

包拯的副使，是"阁门通事舍人"郭琮②。阁门是什么呢？皇帝每天从禁
中走到宫殿见群臣时，先在殿中便室里稍作休息，等殿上官员各班次集合并
整顿完毕后，他再由便室进入正殿视朝。这阁门就是宫殿两边的侧门。"阁
门通事舍人"，就是皇帝上朝时负责把门通报的，所以这位郭琮应该算是宫
中警卫团的武官。

第二天，到中路，开始吃饭前，包拯先派人告知辽国馆伴使，说他有话
要说。于是馆伴使便走过来，把包拯等人叫到大厅里坐下，宋方共有四位使臣，
辽国那边有两位，六人坐好后，包拯开始说话：

"你方昨天说的雄州开便门的情况，因为我当时不了解情况，没法回答
你们。昨晚酒宴后，我作了了解，我们有人曾在雄州做过指挥官，我问了他，

---

① 杨国宜：《包拯集校注》，合肥：黄山书社，1999 年，第 69—70 页。
② 聂崇岐：《宋史丛考》下册，北京：中华书局，2013 年，第 354 页。

雄州是否开便门？他回答说，雄州近期不曾开便门，凡有门户，都是原来就有的。所以你们说的情况是不存在的。至于雄州，如果真要诱纳奸细、探听情报，那何必另开一道门呢？正门便可出入啊。何况郡里就算开便门，这也是小事一桩，无关两朝的事。如果你们燕京或涿州等处开便门，我们南朝也无话可说。何况我们南朝，向来告诫沿边官吏不得生事，他们岂敢轻举妄动呢？"

包拯说得合情合理，然后话锋一转，指向辽国。

"近年来，北边臣僚，倒是常有侵入南界的事发生，还创立城寨，新建城池，这些事情，想必你们不知道吧？要是知道的话，应该绝不允许这样的事情发生。我们两朝之间是订有协议的，协议书上都说得清清楚楚、明明白白。若要两朝永远友好永续和平，最好的办法，莫如双方都好好遵守盟约，各保自己这一边的疆界不生事。"

包拯这一番话，说得辽国馆伴使面有愧色，无法反驳，只好一个劲地说，"说得对，说得对。"

包拯一行人来到辽国时，还有一个故事发生：

> 使契丹，至神水馆，前使者过，数遇凶怪，如有物击之仆地，拯径入居之，戒从者，虽有怪毋得言，至旦，亦无所恐。[1]

神水馆，宋方前面的使臣曾经住过，因数遇凶怪，不敢再住了。前边入住的使臣，应该就是张尧佐这一拨人。张尧佐他们住了一晚，觉得这地方太诡异，让人害怕，便赶紧换地方住。但包拯不太相信这些迷信的东西，他也不认为辽国人要和宋方使臣过不去。既然安排他们入住神水馆，那就住嘛，怕什么鬼啊。包拯坦荡荡地住进去，还交代侍从，如果夜里碰到怪事、听到声响，也不要乱说话，只管安心睡觉。一夜果然无事。

---

[1] 杨国宜：《包拯集校注》，合肥：黄山书社，1999 年，第 268 页。

　　包拯回到雄州后，仔细询问了开门情况，证明前面所言完全正确，雄州现有的门都是原来李允则做边将时开的。他还建议朝廷，要告诫雄州方面，如真要打探北朝消息，必须慎重而行，不得泄密。

　　这次出使辽国，包拯相比另一大使张尧佐，迥然有别。此公后来成了他的弹劾对象。

# 五、转运使

## 越级提拔的御史官

庆历六年（1046）春，包拯出使辽国回来后不久便迁升三司户部判官。

三司是和二府并行的一个机构，直接在君主的领导下工作。户部的机构设置中，有尚书一人，是正三品官；户部侍郎一人，为正四品官；户部判官一人，为正五品官。包拯在两年多的时间内，从七品御史官提拔为五品户部判官，这个速度是超常规的。而户部判官的板凳还没坐热，很快他又接到新派遣，出任京东转运使。这是六月的事。

工作调整这么快，唯一的解释是，有能力的官员太少了，而包拯的表现又很耀眼。所以拔擢他就有些超常规。当然，还有一个解释，京东当时的问题有些严重，不派得力干部去，解决不了问题，所以才把刚提拔到户部当判官的包拯给调到京东去灭火。

宋朝官员的晋级叫"磨勘"。前面说过，宋朝实行官阶、差遣分离制度，所以官员升迁会有两个系统，一个是官阶，另一个就是差遣。文职三年一迁，武职五年一迁。这就是磨勘。这个制度经常受到改革派的批评，意思是，只要年资到了，不按成绩大小都能得到升迁，容易导致"素餐尸禄"。所以庆历新政中，范仲淹提出要改革磨勘制度。对磨勘制度选拔人才，包拯做御史官时也曾提出批评，他在"论取士"这条长疏中就提出了很多非常好的建议，他说现在天下多事，边疆事又层出不穷，不得安宁，朝廷在政策制定和操作执行的层面中也有很多乱象，宜"推择直贤，讲求治道"，必须选拔重用那些有能力又正直的人，且要讲究治理之道，探索治理方式。

据《宋史》记载，宋朝官员对官阶本身看得不是很重，关键是有没有"登台阁、升禁从"。至于爵位官阶什么的也都不太放在眼里，差遣好坏才是最重要的。台阁，是指二府官员和台官，即谏臣和御史官。禁从，是指翰林学士、知制诰之类的文学侍从官，专门负责给皇帝起草诏书做文秘或给皇家修书、编书或给皇上做顾问的。这几类差遣，才是人人心向往之的好岗位。

说起来知制诰也是层层选拔出来的。一般来说，科举考试的前几名，有过一任地方官经历，便可以递交文章，经考试录用。考试时，主要考的是起草诏书的能力。当年差点考上状元的王安石，以第四名及第，外放地方官几年后，他是有资格去考馆职或考知制诰的人，可他就是不提出申请。他任舒州通判时，两次被召赴阙应试，他都以"先臣未葬，二妹当嫁，家贫口众，难住京师"为由，请求让他终满舒州通判之任。① 这个理由也算堂而皇之，毕竟居京师大不易。但未尝不是王安石以退为进的一种手段。林语堂在写《苏东坡传》时，便对王安石屡屡以退为进，故意弄得和别人不一样而不无看法。但真实的意图，后人是无法知道的。也许王安石真的只是因为家里事多负担重而不愿去做皇上的文学禁从。

翰林学士和知制诰，既帮皇帝起草诏书，也是皇帝的智囊。中书舍人则是帮宰相起草文件诏书的。这些人，统称为"两制"。其中，给皇上起草诏书的翰林学士和知制诰称内制，他们住在禁内，有专门的翰林院和学士院给他们办公用。离皇帝办公的大殿咫尺之遥，方便有事时随时召见。而给宰相大人起草文件诏书的中书舍人住在宫外，故称外制。中书舍人，如果优秀，也常被皇帝抓过来给他起草诏书。所以他们之间变动也很多。通常由两制出来的，官至宰相的也特别多。由两制兼任台谏官的也时有所见。当年蔡襄，便是知制诰出来做谏官的。

禁从，从宽泛的意义来说，甚至还包括二府高官和台官。至于号称"清贵"的馆阁成员，更是皇家的人才储备库，也是皇帝的重要智囊团。除为皇家编书、

---

① 邓广铭：《北宋政治改革家王安石》，北京：北京出版社，2016年，第15页。

修书外，还是皇帝的请益对象。平时闲得发慌，吟诗喝酒玩弄风月，像赛神会后进奏院事件中，苏舜钦召集来的都是清一色的馆阁成员。"醉酒无行"的，"文词自负"的，都是这类人物。这些人的顶头上司，就是皇帝。他们的书稿，皇帝是审读者。所以他们也叫文学侍从官。

阁指秘阁，管理图书的，相当于皇家图书馆。馆在北宋时有三个，分别叫昭文馆、史馆和集贤院。史馆不需要解释，就是修史、编史的。昭文馆也是一学术研究机构，包括教材及国家重要典籍图书的编写、校勘也在这里。昭文馆里有写字的，有拓书的，有笔匠，有熟纸装潢，有学生有教授。和现在教育部、文化部的职能有相近的部分。集贤院也是修书、编书的。有点像政协文史馆。在北宋朝的设置中，三馆隶属秘书省。有秘书郎二人分管集贤院、史馆和昭文馆。这三馆名义上的领导都是宰相。宋朝是集体宰相领导制度，宰相经常不止一个人，而是两个或三个。有首相，有副相。首相常兼昭文馆大学士，负责修史，这叫昭文相。次相则兼集贤院大学士，故又叫集贤相。

做过馆阁成员的人，蒙皇帝召见的机会总是特别多，皇帝晚上睡不着，想聊天，或咨询个问题，就会找值班的馆阁人员过来给他讲解。也因此，馆阁成员很容易被提拔重用。当然，馆阁的门槛设置也非常高，包拯就没做过，可见包拯的资格还不够。刘筠、宋祁、欧阳修、王安石、司马光、苏东坡等人都做过馆阁成员。包拯那一科中，王尧臣、吴育做过，因他们是状元、省元，但吴奎也做过，还做到翰林学士，因吴奎在考中进士后，又参加了制科考试，算双料"进士"，当然厉害了。制科考试就是考各种文体的写作，是专门为馆阁选拔人才的。吴育、苏东坡也是先参加了科举考试，后又参加制科考试，那样出来的人物，是真正的"特殊人才"。

馆阁人员的门槛设置是这样的：通常科举考试前三名，做过一任地方官回来，就有资格申请考试，考试通过就可进入馆阁。或者，经由名公巨卿推荐，经考试录取也是可以的。比如那位因诗惹事的寇准外孙、王曙公子王益柔，就是经范仲淹推荐，参加考试而录取的。

台官和馆阁成员、二制，他们有两大特点：一是经常出任要职，二是提拔起来可以不循常规。

庆历新政中，仁宗想有所作为改革旧体制，他为提高谏官地位，特意赏赐欧阳修、王素、余靖、蔡襄四谏官五品官服，在赏赐时，仁宗说："你们是我亲自挑选的，屡次论事，无所回避，所以才有这种赏赐。"这几位谏官，有的当时还只是七品官员，却因仁宗赏赐穿上了五品官服。[①] 这种待遇，一般官员是轮不到的。

台谏官的工作有目共睹，有没有能力，是不是敢言，议论的水准高不高，是否说到痛处，进言的次数多不多，都摆在明处。所以台谏官的考核不需要写成文字，也不需要自我表扬，甚至也不必朝臣推荐，皇帝心中一本清账。而且台谏官的疏文是直呈皇帝本人的，所以提拔台谏官也不需要走程序。可以越级提拔，这叫特恩。以里行、正言进入台谏圈，不到十年便成为宰相和辅臣的大有人在。[②] 这在一般人是不可能的。包拯的父亲也是进士出身啊，可人家一辈子也没有熬到六品官。

包拯同年文彦博 28 岁出任监察御史，32 岁为殿中侍御史，42 岁拜相。而另一个同年韩琦，29 岁开始当谏官，因敢于直谏，在三年时间内前后上七十余疏，35 岁出任枢密副使，50 岁拜相。状元王尧臣 1037 年时已成了翰林学士，审官院院长。1041 年官拜枢密副使，1056 年正式拜相。同年中最早拜相的应该是省元吴育，庆历五年（1045），包拯还在做御史官时，吴育在这一年先被任命为枢密副使，几个月后，就做了参政。升官速度和考试成绩，也是完全匹配的。

## 向绶一案

1046 年夏，吴育在做参政时，为向绶一案，和首相贾昌朝，在朝会上吵

① 虞云国：《宋代台谏制度研究》，上海：上海人民出版社，2014 年，第 78 页。
② 虞云国：《宋代台谏制度研究》，上海：上海人民出版社，2014 年，第 78 页。

得一塌糊涂。

向绶是老宰相向敏中（949—1020）的儿子，他在知永静军时，做了一些违法勾当，被人举报。他怀疑是通判江中立揭发了他，便给他暗中下套，江中立因此被抓，他绝望之下只好自尽。事发后舆论哗然，向绶被抓。这样的人怎么处理？吴育说："不杀向绶，没法向天下交代，我们的法律也就失去了意义。"贾昌朝却为向绶说好话，说他罪不该死，何况还是名相后代。削官降职，给个处理就算了。

贾昌朝的老岳父是真宗朝的状元陈尧咨。陈状元后来担任进士考官，因帮三司使刘师道的弟弟刘几道作弊，而在档案上留下污点。他的兄长陈尧叟是太宗朝的状元。兄弟两人都是状元，在历史上也是罕见的。贾昌朝本人是个训诂学者，年纪轻轻便在太学里当老师了。21岁被赐同进士出身。贾昌朝进了状元家做女婿，他夫人有时候会跟着母亲进宫，这便认识了宫里的朱夫人。贾昌朝又因朱夫人而结识了贾婆婆。对外说，这是他的姑姑，都姓贾嘛，别人也不明就里。这贾婆婆就是张贵妃的养母。

张贵妃8岁时和姊妹三人一起进宫，由贾氏抚养长大。所以认识了贾婆婆，就等于认识了张贵妃。张贵妃在仁宗面前经常会帮贾昌朝说点好话。贾昌朝能当上宰相，后宫路线功不可没。

苏轼在《东坡志林》中记载这样一个故事：

> 温成皇后乳母贾氏，宫内谓之贾婆婆，贾昌朝连结之，谓之姑姑。台谏论其奸，吴春卿欲得其实而不可。近侍有进对者曰："近日台谏言事，虚实相半。如贾姑姑事，岂有是哉！"上默然久之，曰："贾氏实曾荐昌朝。"[1]

这里说贾氏是张贵妃（死后被谥温成皇后）的乳母，不能算。因为张贵

---

[1] 丁传靖辑：《宋人轶事汇编》下册，北京：中华书局，2012年，第273—274页。

妃进宫时已经8岁，贾氏当时是宫里负责照管张氏三姐妹的，最多算"养母"。

因为和她同姓，贾昌朝便和她攀了亲戚。对外说是他姑姑。台谏官吴春卿要弹劾他，可又找不到关键证据。近侍中有进对者说："近日台谏官言事虚实相半，比如贾姑姑事，哪里有啊。"仁宗听了沉默半天才说："贾氏的确推荐了贾昌朝。"

由皇帝嘴巴里说出来，这就是最大的证据。

两位宰相吵架一事，和包拯有点关系。因为在此期间包拯曾连上两道疏，"乞断向绥"，要求快速结案。吴育就是因为看了包拯的奏疏，和包拯持同一立场，并不惜和贾相翻脸。

且来看看包拯的第一道疏：

> 臣窃闻太常博士傅莹，近沧州制勘迴，向绥准前翻变，一行干系九十余人，依旧收禁。窃闻向绥翻变，前后三四次，况证验分明，绝无疑虑，原情至重，坐死犹轻。若候具案定罪，必致淹延日月。干连人等，盛暑之际，枉被禁系，实可伤悯。其向绥欲望只据累次勘到罪状，特行重断，俾幽冤得伸，狡吏知惧。[①]

这一道疏里，包拯的言下之意，向绥一案经过多次勘验，尽管他多次"翻变"，口供前后不一，变来变去变了三四次，但证验分明铁证如山，判他死刑都是轻的。这个案子已牵连进去九十多个人。这些人都关在牢里，现在天气这么热，案子应该尽快结掉，免得这些可怜人继续被关无辜受罪。

这道疏一上去，吴育坚持要判向绥死刑。而贾相要求免死，坚持说降官便够了。两派意见争执不下，仁宗犹豫不决，案子也就没法了结。

不久，包拯又上一道疏，仍然叫"乞断向绥"：

---

① 杨国宜：《包拯集校注》，合肥：黄山书社，1999年，第78页。

臣近者上言，以向绶恐迫通判太常博士江中立自缢身死，累次勘鞫，拒抗翻变，只乞据前后勘到情款定断。寻于沧州取到案卷，送下法寺，至今多日，窃恐有司执守常制，引用律文，未得允当。

况向绶本意，怒中立欲摘发所为不公事件，遂抑勒诸色人等，诬罔陈首中立罪犯。今制勘所又已一一辩明，假中立所犯有状，自有朝廷之法，向绶何得辄用威势凌迫，一至于是，中外无不愤惋。若不特行诛窜，则今后长吏恣为不法，同官僚属稍有言议，即便行捃拾，置于非所，或迫令自尽，或锻成重罪，必无由理雪。所系事体甚大。欲望圣慈特于法外重赐裁断，以戒将来。①

包拯这疏的意思非常明白，一个当长官的人只是怀疑属下可能告发了他的不法行为，就迫害人家，逼人自杀，这样的人，如果不处理，会是一个坏榜样。朝廷不应该树这样的坏榜样。

在这起案子中，包拯和吴育两人观点是一致的。对犯罪事实如此清楚，致人死亡的人，还要轻判，这不是把皇法当儿戏吗？！

仁宗的最后处理，还是让人大失所望：向绶被削官除名，减死一等流放南方，编管潭州。

吴育爱憎分明，性格刚烈。他在廷中辩论时，言辞激烈，大臣为之惊恐失色。有一次，仁宗对朝臣说："这吴育啊，人很刚正，能力也强，就是嫉恶太过了。"他后来和吴育单独在一起时，也说了他："爱卿干吗那么爱憎分明呢？应该谨慎一点……"吴育说，听一个人的言语，不如观察他的行动。作为圣主，陛下每提拔一个人，要让人知道为什么提拔了他。同样，每贬一个人，也要让人知道这人做了什么坏事，品行上是否有问题。只有这样去做，天下百官才知道他们努力的方向。这是为王者的行为准则啊。吴育句句说到点上，水平的确是高。

---

① 杨国宜：《包拯集校注》，合肥：黄山书社，1999 年，第 79 页。

两个宰相为这事闹翻了，没法在一起共事，最后都被免除相职。吴育被安排去了枢密院担任副使。贾相呢，则出去做节度使去了。看来仁宗虽然同意贾的意见，可还是慰留了吴育。

## 不争气的杨"国舅"

包拯做户部判官，也就区区两三个月而已。这期间，御史官的工作似乎也还兼着，"乞断向绥"便是这段时间写的。此外有一疏，"应修造使臣乞依宣命不得乞转官"，这应该是就任户部判官后写的。这道疏里透露了包拯这一期间的工作。

> 臣伏见三司修造案，见管营房、仓库、店宅等共四百余处，计屋四万余间，并系合该修盖。今来重建太祖开先殿，虽功用甚大，然王者崇奉之意，诚不可缺。所有看池楼、福圣院等，并准传宣权住。
>
> 窃虑非次别降指挥，依前兴作。缘近年土木之功未尝暂息，材植工匠即日缺乏，兵士劳役，动有咨怨，兼逐处并差内臣监修，不以有无准备，立须办集，惟务速毕，以图转官。况国家仓廪未实，财赋有限，费用无极，将何取济！伏望圣慈省察，候开先殿毕功日，除营房仓廪等合修葺外，应系寺观园苑不急之处，且乞一切权罢。
>
> 兼景祐二年二月八日宣命节文，应修造了毕，使臣一员工匠等，并不得乞改转酬奖，如显有功绩，即等第与支赐，如违，当行勘断。欲望今后监修使臣等并依宣命指挥，更不得陈乞改转，如有实效，只与支赐。[1]

这疏里说的开先殿，是庆历六年八月建成的。也就是说，包拯接任三司

---

[1] 杨国宜：《包拯集校注》，合肥：黄山书社，1999年，第80页。

户部判官后，就对分管的这一块做了全方面的调查。他发现了好几个问题：

一是三司修造案工程很多，要修的有四百余处，计四万多间，有的固然是必须建造的重大工程，有的也未必。在皇家财政左支右绌的情况下，像寺、观、园、苑，只要不是特别必需的，包拯认为可以停下来，不必再建。

二是有些空降而来的指挥官，什么都要求快快快，材料没到位就要开始动工，就为了他自己能够快速转官。导致兵士劳役，埋怨不断。这方面包拯肯定去了现场做了很多调查。

东京作为北宋首都，大量皇族、贵族、土豪、士绅、官员、军人及家属住在这里，亭台楼阁和军队营房的修建是一个大数目，每年要向地方征集各种物质。常常是拍脑袋决策，要用到某种物质了，也不管仓库里有没有，有多少存量，只管尽快弄到手，"以图转官"。当年王逵就是这样干的。他仅用 5 天时间便筹集到了所有维修物质，因而受到仁宗嘉奖，很快便被转官。这种做法实际上是很坑人的。

因为地方政府并不知道东京仓库里存量够不够，只管按定额进行征集，如遇到丰收年份，征集到的东西多了用不掉便低价抛售，结果造成大量浪费；如遇荒年物价飞涨，征集不到足够的数量，但又不敢不足，只好花高价去市场上采买。这往往给商人造成可乘之机。但问题出在政府身上，是管理的问题，也是制度的问题。

三是监修使臣不得陈乞改转。如果做得好，有功绩，可以给钱给奖励，可以提升等级，但不得以转官的形式来奖励。如果做不好，则要惩罚。这才是问题的要害。监修使臣，相当于工程监理官。怎么能以完成工程的速度来奖励他转官呢？在建筑工程上，贪图速度是会出大事的。这方面教训很多很沉重，不必多解释。

这期间包拯还上过一道疏，"乞不遣杨景宗知磁州"，这应该是他作为御史官提出来的：

臣窃闻观察使杨景宗知磁州，物议喧然，以为不可。

按景宗累经外任，并皆不了。昨自郓州，亦以所为恣横，非次召还。缘禀性不常，用刑过当，今若委之为郡，以亲民政，不惟一州生灵枉被残害，或虑不公事发，须依法施行，恐非所以保全戚属之道也。其景宗欲望且令依旧与在京差遣，事体至便。①

杨景宗是杨太后的族弟，也算是仁宗的舅舅。

前面说过，仁宗是真宗独子，生母是刘后的侍女。歌女出身的刘后是位川妹子，很有身段，深得真宗宠爱。有过婚史。真宗在街头一见，便迷上了她，并把她偷娶进宫。太宗知道后，勒令儿子把她撵出宫，真宗就把她偷偷送进尼姑庵里。太宗死后，真宗立马把她接回宫里。在她面前，"六宫粉黛无颜色"，可见这歌女必有非凡之处。但刘后最大的软肋是生不出儿子来，只好借腹生子。仁宗的生母李妃，后来也生过一个女儿，但几岁便夭折了。

刘后野心勃勃，也有处理军国大事的政治智慧，所以她在真宗去世后，独揽朝政。抚养仁宗的事，她委托杨后负责。所以仁宗小时候有两个妈妈，他叫刘后为大娘，叫杨后为小娘。

大娘对仁宗从小管得很严，经常用礼法来管束他，不轻易开笑脸。而小娘呢则对仁宗特别溺爱，小孩子提什么要求，小娘总是偷偷满足他，所以仁宗从小就对小娘亲，对大娘怕。小时候仁宗有气管炎，大娘严格禁止他吃鱼吃虾。杨后可不管，她总是说："太后何苦虐待我儿子！"听听，她把仁宗叫成"我儿子"，可见，她在心里就是把仁宗当亲儿养的。所以仁宗从小对杨太后特别亲，对大娘，则不无埋怨。②

刘后去世时，仁宗哭得什么似的。这时候，小娘过来对他说："她不是你亲妈，你自己有亲妈。"仁宗这才惊恐地知道，他居然还有另外一个亲妈！当然，知道这事时，亲妈已经死掉了。

---

① 杨国宜：《包拯集校注》，合肥：黄山书社，1999 年，第 81 页。
② 丁传靖辑：《宋人轶事汇编》上册，北京：中华书局，2012 年，第 21 页。

刘后死后，仁宗尊小娘为太后，对小娘的家人也尽量给予照顾。在三个妈妈中，杨后是活得最长寿，也是笑到最后的一个人。她从小养大的这个孩子，虽非亲生，却和她最亲，她睡梦中都应该笑出来。

宋史里说，杨景宗是太后"从父弟"，"从父弟"是指祖父兄弟之子，算族兄弟。但唐宋时，一个大家族经常不分家，所以就算族兄弟，也还是很亲密的。杨后从小进了宫，而杨景宗是个无赖，在地方上犯过事，被黥面后充军流放。后来进宫做苦力——机会就这样来了。

有一天，真宗回到大内，六宫嫔妃都坐了金车前来迎接。杨太后那时还是一美人，她在车内看到一个黥面汉子，就站在御沟外，死死盯着金车上的嫔妃们看，此时，她已得知她有一个娘家弟弟就在宫里服劳役，怀疑便是这位黥面汉子。便叫停金车，然后探出头去问他："你叫什么名字？"

杨景宗当即明白，他正在寻找的族姐就是这位妃子，便连声叫出她的小名来，杨后一听，果然是娘家兄弟，便大哭起来，当即认了亲。

能在宫廷里见到娘家人，杨后激动坏了，当天便跟真宗说，她碰到娘家弟弟了，就在宫里服劳役，请求皇上能够关照关照他。真宗爽快答应了。于是杨景宗的命运自此改变。

杨景宗显贵后，用药把脸上的黥痕全部除掉，变成一个白胖男人。他当上官后，自恃有杨后做后台，马上威风起来。他喜欢用木槌打人，所以被人喊作"杨骨槌"。

仁宗亲政后，他的三个妈中只剩下一个小娘了，小娘让他照顾一下杨舅舅，仁宗也不好不照顾。可这位"杨骨槌"，在哪里做官都会惹下事端，也让仁宗很头痛。

有一次酒后，他把一个通判暴打一顿。而他在担任京城护卫官时，放任随从带刀剑进皇城，被守门人查出。这个事情发生后，谏官郭劝上疏，要求先惩罚杨景宗，再惩罚随从，仁宗不听，郭谏官反复力争，杨景宗这才被贬官。

杨景宗酒后经常打人。这个毛病仁宗曾经深劝过，他也写了一个戒酒的座右铭贴在墙上，可转过身，便忘了，照喝无误。还向仁宗提出想去地方上做郡令。仁宗看在小娘的份上还真答应了。他的派遣令一下来，"物议喧然"，包拯便写了这道疏，想让仁宗收回成命。他认为仁宗真要爱护自己家亲戚的话，就不应该把这样的无赖外放出去做郡令，只能让他在京城里，给他一个官职。

对这位舅舅的品性，仁宗自己也看得一清二楚，他曾经对大臣说过，景宗性贪，脾气不好，老而更厉害，不能给他做郡令。可那是后来说的话。那个时候，他还给他郡令做，遭到包拯弹劾，这才收回来。

## 京东转运使

庆历六年（1046）六月，48 岁的包拯被派遣去京东做转运使。

宋初时，转运使只负责一个路的军需和粮饷。从开宝八年（975）开始，还要负责"鞫狱"，即审问犯人、监察狱政。在太宗时期，转运使这一管理层级曾一度被取消，改为各州县直接对朝廷负责。但运转一段时间后又发现，二百多个州、县、府、监，中央政府根本应付不过来，便又恢复路一级转运司的职能，专门负责边防、治安、刑事诉讼、粮食和财税，也负责县、州、府、军地方官的检查、监督和考核。

真宗时期，只有十五路。仁宗时期，析分为十八路。到神宗时期，一跃变为二十三路。到了南宋，达至二十六路。虽然国家地盘越变越小，但路却越分越多。宋时的路，就相当于我们现在的省。

宋朝光路一级的设置，就有安抚司、提举学事司、察访司、廉访司等，有的机构非常短命，只冒一下泡就消失了，转运司、提点刑狱司的寿命要长一点，主要作用就是监督州、县、府、军的，统称为"监司"。安抚司或经略司，是掌管一路军事的，称为"帅司"。

包拯被派遣做京东转运使，实是他三道疏招来的。这三道疏的题目分别叫"请速除京东盗贼""请差京东安抚""再请差京东安抚"，这三道疏，道道都和京东有关系。

先说第一道疏"请速除京东盗贼"。

臣窃见江淮、两浙、京东、河北，累年以来，旱潦相继，物价踊贵，民食艰阻。两浙一路，灾疫尤甚。虽朝廷宽免租赋，优加赈恤，而迄今未得苏息。

近闻京东济、郓，河北德、博，淮南宿、亳等州，盗贼充斥，所在窃发，州县不时擒捕，颇甚凶猛。盖长吏与巡检、县尉罕得其人，上下蒙蔽，不以实闻。必恐稔成大患，为朝廷深忧，不可不速行处置也。

顷岁浙东鄂邻、淮南王伦、京西张海等，皆起自仓卒，结为巨盗，劫害居民，郡邑悉不能制御。幸而歼灭，"无谓邦小，蜂虿有毒"。且四方藩郡兵伍绝少，多者不逾数百辈，皆厮役羸卒，又骄惰难用，宽之则逾慢，急之则生祸，心不更训练。目不识行阵，驱之御寇，必先事而败。虽乌合啸聚，莫能长久，而生灵涂炭矣，则国家将何道而猝安之？况今国用窘急，民心危惧，凡盗贼若不即时诛灭，万一无赖之辈相应而起，胡可止焉！

伏望陛下督责有司，精择逐路按察之官及诸州长吏，有不任职者，即令黜罢。其巡检、县尉等，并委安抚、转运、提点刑狱司，专切举察，如庸懦不才者，速具体量充替。应有盗贼，不以多少远近，并须捕捉净尽，免成后害。或少涉弛慢，并乞重行朝典。[1]

疏里说，几个路多个县州，多年以来自然灾害频繁，物价飞涨，老百姓生活十分困难。虽然朝廷减免了税负，但还没有得到真正恢复。再加上这些地方盗贼充斥，虽然地方官员不时擒捕，但这些盗贼都很凶猛，剿灭起来并不容易。问题的关键是，各级官员上下敷衍，真实信息都被遮蔽，上传不到皇帝那里。这样下去，早晚会酿成大患。

---

[1] 杨国宜：《包拯集校注》，合肥：黄山书社，1999年，第87—88页。

每一个国家的颠覆都是小事件引起，这样的教训历史上非常多。陈胜吴广起义导致秦帝国灭亡，便是非常著名的一个经典案例。公元前 209 年，一支被临时征召起来的队伍，被派往渔阳戍边，途中为大雨所阻，不能如期到达。而不能如期到达的话，秦帝国惩罚的力度是非常大的，这就逼得人不得不造反。这个事件就是这样引发的。所以包拯说千万别小看小小的毒，有时也会要人命。

而宋帝国的地方兵将，能派上用场的又非常少。平时不训练，目不识行阵，老弱病残居多又骄惰难用，这几个老大难问题，决定了这些兵卒在关键时刻是很难派上用场的。

如果干部问题又得不到解决，帝国病患就深重了。所以包拯为此忧心忡忡，要求仁宗一定要选派能干事、想干事、有谋略的官员出去。

第二道疏，"请差京东安抚"。疏中有：

> 顷岁京东、西军贼等作过，差侍御史仲简、监察御史蔡禀监督捕捉。今欲乞选差台官一员，乘传往逐处体量民间疾苦，假以便宜，俾之抚绥，兼督责州县，所贵官吏效命，不敢顾避，速得剿除。[①]

京东问题那么严重，已经差两位御史官过去督办剿匪事宜，包拯建议，还要再派一个台官，去京东各州县访贫问苦，做一番调查，顺便也监督一下地方官员，让他们有所作为。

第三道疏，"再请差京东安抚"。这一道疏里包拯补充说：

> ……前代并本朝，天下凡有灾伤盗贼，即遣黜陟使或采访、安抚等使循行郡国。今之议者必谓虚有烦费。若其得人，可以按察官吏能否，询访民间疾苦，俾之便宜从事，所济岂不大哉！所有本路

---

① 杨国宜：《包拯集校注》，合肥：黄山书社，1999 年，第 89 页。

转运使，亦未甚振职，乞于别路对换有才略者。不然，则败事，虽悔无及。①

包拯这条疏的意思是说，京东盗贼多，又碰上去春地震，灾患很多，前代并本朝碰到这样的事情，都会派出黜陟使或安抚使下去巡视，考察督导，访贫问苦，如果发现地方官员尸位素餐，工作应付不作为，就能及时发现及时处理。别以为这是小事，所起的作用大得很呢。现在的转运使，也不是很称职，希望能和别路对换一下，派一个得力干部过去。否则一旦出大事，后悔莫及。

三道疏一写，包拯就给自己挖了一个坑——既然京东路问题那么多，那么严重，现在的转运使又不行，那你去干吧。

这不就是给自己挖坑嘛。否则在京城御史官的位置上，虽然级别不高，但站着说话不腰疼啊。

不过，包拯这人就是喜欢接受挑战，他又不是没有当过地方官，无非没做过转运使而已。派遣令一下来，他二话不说，走人。

京东路辖数州、几十个县。京东路治在宋州（今河南商丘），时称南京，即应天府所在地，是包拯年轻时读过书的地方。

以包拯的风格，他不可能在南京的路治办公室里坐着，每天一杯茶，听听汇报、开开会、下下文件，或者携三五个文人，跑到某个风景绝佳处，吟风弄月、搔首弄姿，这不是他的风格。他是个坐不住的人，和前任长官交接后，略事询问，便马不停蹄带人下乡做调查去了。几十个县够他跑的。那时候交通不发达，山多林密路途坎坷，一个县够他跑好几天，辖区里一圈转下来还不得转好久？何况他光调查还不够，还得解决问题，还要跟地方官员接触，了解他们的情况，听取他们的汇报，发现他们的问题，还要给他们的工作做年终或期中考核。作为一路长官，他还要有能力提出工作思路。何况转运使

---

① 杨国宜：《包拯集校注》，合肥：黄山书社，1999 年，第 91 页。

还有一项大工作，完成各州县向上进贡的粮食货物及赋税，是压在他肩上沉甸甸的大担子。

包拯这八个月京东转运使任上，每天风尘仆仆，他的生活到底是怎么安排的？有没有饥一顿饱一顿？有没有失眠数星星的夜晚？很多细节，只有宋时明月才知道。后人只知道事后包拯向朝廷写有两疏，谈及他这段时间的一部分工作。

一道疏是"领陕西漕日上殿"。

> 臣昨任京东转运使日，窃见辖下州军诸色人等，系积年欠负官物钱帛斛斗等，共约二万贯石。其干系人数不少，并是主持仓库，以年岁深远，因循消折，即无欺蔽，或本身死亡，或家产荡尽，见今均在干连及保人处理纳，皆是不济人户。看详先降条贯，合该除放。臣在本任内，累次保明申奏，终未奉指挥。省司凡下文牒催理，州县逐次承禀举行，终无毫忽钱物纳官，但虚成搔扰，重困疲民，于国未有小益，于民乃为大害。官中纵不除放，人户亦无可送纳。
>
> 欲望圣慈令检详前状，特降指挥，庶破荡之家稍获存济。兼恐天下诸般欠负官物，内有别无欺弊，合行除放，见行催理者不少，亦乞下诸路转运司勘会保明，如依应得先降条贯，并与放免。①

这道疏里写的是包拯在京东转运使任上，发现辖下有不少陈年债务，总计约二万贯石，人数不少，主要是仓库管理人员，拖欠时间已久，有的债主人已死亡，他们家产变卖光也还不起，现在官府追究保人交纳。他们都是赤贫人家，不可能还得起债务了。看前面的条例规定，这些人的债务应该是可以解除的。

---

① 杨国宜：《包拯集校注》，合肥：黄山书社，1999 年，第 100—101 页。

　　包拯说他在京东任内，已向上面连续打了好几个报告，可始终没有得到任何指令。省司年年下文，州县花费很多人力去催缴，可终究见不到一分钱来还给官府，还对老百姓构成骚扰，于国家没一点益处，对老百姓来说却是大害，与其这样，还不如把他们债务清零算了，也给破产人家一点喘息的机会和生活的希望。

　　为什么有那么多欠钱户？这便必须说到宋时的差役制度。

　　包拯这道疏里提到欠债的苦主，主要是指仓库管理人员，他们看管仓库，如果货物发生损耗，或者被人盗窃，都算他们的，那自然，他们就变成了欠钱户。

　　宋时官府里有很多打杂人员，在厨房里干活的，修皇宫修城墙盖驿站的，上门负责催缴税务的，修水利的，保安，警察，看管仓库的，所有这些人员，现在有很多得算公务员了，但宋朝不这样，他们都不拿工资，而是免费为政府为皇家服务。

　　这些人历史上统称为"役"。还有一个名词叫"色役"，因为役的种类很多，各色人等都有，所以叫色役。有活了，政府差你去服役，你必须去。不给钱还要服役，有道理吗？当然不讲道理。但古代中国，差不多都是这个样子。他们把人户分成等级，宋朝实行9级制。有几等人户，是要服役的，而有的人家，则是完全免除差役的。

　　最悲剧的是，纳税户，恰恰是服役的主力队员。也就是说，这些人家既要交税赋，还要出人力。

　　差役有这么几种：

　　衙前——主管运送货物、看管仓库或管理厨房的。

　　里正、户长、乡书手——他们是税务人员，负责催缴赋税的。

　　承符、人力、手力、散从官——他们是供州县衙门随时驱使的。

　　耆长、弓手、壮丁——他们负责抓捕强盗，相当于现在的保安。

　　宋初时，官府中有活，派到你家就要出人力；到神宗时改为雇遣制，就是雇佣制，这得自于王安石的变法。雇佣嘛，顾名思义是要付费的。这是一个大进步。所以王安石变法虽然被很多人骂，但这一项改革却是很伟大的。而到了南宋时，又出现义役制。就是义务差遣，这有点像志愿者。义役制，又有了进步。

为方便派遣，宋初时把居民分成九等。第一等户，充当衙前、里正。第二等户，充当户长、乡书手、耆长。第三、第四等户，做别的差。后面五等，则一律免役。

那么，什么样的人家可以免役呢？做官人家，或者在官府里有个挂名职务的都可以免役；进士及第人家，可以免役；僧、道、女户和单丁户，可以免役；此外，城市居民，做生意的商贾，也可以免役。

由此可见，真正要服役的人家是农民、有一点土地的富农和中小地主。大地主当然也是服役对象，但既然是大地主，往往也是官宦人家，所以免役的可能性很大。一般人家要混上免役一族，要么子弟有出息，考上进士了，要么生意做得很好，要么干脆出家做道僧。当然，沦落为单身户，也就可以免役了。

包拯这道疏里说的那些管仓库的欠债户，便是差役。管仓库看似是肥差，但如果管理时，仓库里的东西少了丢了或损耗了，这都算你的债务。不但白干，还直接倒贴。为赔偿债务，常把人逼得倾家荡产。

服役人家原来都是有点田产的，小日子本来过得还不错，有点幸福感，可一派到差遣，就会从小富农沦落为赤贫户。欧阳修在知河东路时，便看到过不少悲惨的例子，他在一道疏里曾这样说，只要一打仗，乱事一起，州县官府差遣的活儿就变得没完没了，有的人家做上三五年差役，就可以把数代人省吃俭用攒下来的小家产，直接搞到破产。

司马光在《涑水纪闻》中说，浮梁县有一户人家原来比较富裕，家中藏有金，这户人家养了好几条凶狗，只要里正过来催租，就放出凶狗来咬人。里正便不敢去催，到最后，只好自己掏钱帮他代交。里正几年做下来，便把自己弄破产了。长沙有一村多豪户，税却始终收不上来，每次派户长过去催税，他们都拒绝缴税，还打人，户长再当下去，只怕也要弄成破产户了，便干脆一逃了之。这种诡异的事，在北宋时期并不少见。

富户之所以不缴税赋，也是被政策逼的吧？所以这种政策就是让老实人吃亏。

有本书里说到宋时安州，规定收入达到二百贯的人家，就要被派差遣。上有政策，下有对策，那就想办法不让自己收入达到二百贯。所以就算是丰年，粮食大面积丰收，农户们也不去收割，而是任其破散。唯恐粮食收多了要被派上差遣。这种奇葩现象的出现，都和这个奇怪的差役制度有关。

包拯做京东转运使时，碰到的欠债户很多，都是斑斑血泪的苦主，再逼下去就会出人命的。所以包拯向上面提出来，应该把那些赤贫户的积年欠债一笔清零，给人家一条活路。

包拯写这疏时，是在他上殿接到陕西转运使派遣令时写的。那已经是庆历七年四月的事了。所以题目叫"领陕西漕日上殿"。也就是说，京东路欠债户的问题，在包拯任京东转运使时并没得到解决。这让他非常郁闷。所以他趁接到新派遣令时，就在大殿上，当面向仁宗提出来，希望得到他的明确指令。

当面说和书面说，效果肯定大不一样。

因为皇帝平时工作也忙，御史官们的疏章，就算看了，他如果既不批复也不转发，而是撂着，最后进入档案库里面——那等于写了也白写。而作为国家的一把手，仁宗每天的信息量多得都要爆炸，一般信息到他这里，就给"忽略"掉了，所以包拯只有趁领派遣令时，当面向他口头汇报，那仁宗，就必须正面回答他了。

包拯在京东转运使任上，还上过一道疏，题目叫"乞开落登州冶户姓名"。内有：

> 臣窃见登州铁冶户姜鲁等十八户，先陈状为家资无力起冶，递年只将田产货卖，抱空买铁纳官，乞依条例开落姓名。臣在本路日，累次保明申乞与除免。又准省牒勘会，逐官往彼相度，兼臣亲自巡

历到登州、莱州，子细体量得姜鲁等逐家委是贫乏，积年不曾起冶，再具保明申奏，至今未见指挥。①

包拯这里说的是登州冶铁户的情况。他先是看到这十八户冶铁户写的一个状子，说他们家贫无力冶铁，这几年来把家里的田产和货物都卖了，只为了买铁货来缴交官府，希望官府按照条例规定，在冶铁户名册上，把他们一一除名。包拯接到这个状子后，去登州、莱州做了一番寻访和调查，状子上说的情况完全属实，这十八户的确非常贫穷，已经多年没有能力冶铁。朝廷理应把他们除名。可包拯多次向上汇报，朝廷并无任何反馈意见。

臣因访闻得旧来州郡最出铁货，缘人户先乞起冶之后，或遇家产销折，无铁兴作，官中并不认孤贫，一面监勒送纳元额铁数，以致破荡资业，沿及子孙不能免者，比比皆是。虽遗利甚厚，而富民惧为后患，莫肯兴创，所以铁货日削，经久不兴。②

包拯调查得知，以前州郡铁货出得很多，但冶铁户开始冶铁后，有的因为家中碰到意外事件，经营失败，导致没有能力再冶铁，而官府却不肯承认他们的贫困现状，还勒令他们必须完成原先的交铁数量，这就把他们直接逼到破产境地，把田产卖空，沦为一级贫户，祸及子孙。

虽然冶铁业获利很丰厚，但看到冶铁户的这些悲剧，富人们都望而生畏，也不敢轻易涉足这个行业，致冶铁业每况愈下越来越萧条。这是怪制度下结的怪胎。包拯说，国家如要铁业兴盛，那必须在制度上作出重大调整和改变。首先，对那些确无经济能力的冶铁户，经官府派员调查确认后，如情况属实，即可申报转运司给予除名；如果这中间有猫腻，那可以公开举报制度，一旦

---

① 杨国宜：《包拯集校注》，合肥：黄山书社，1999 年，第 96 页。
② 杨国宜：《包拯集校注》，合肥：黄山书社，1999 年，第 96 页。

举报查实，就严肃追究。其次，州县政府要想方设法出台政策鼓励人冶铁，不得为难，不得阻止。这样一来，铁业怎么可能不兴盛呢？

包拯在京东转运使的任上只区区十个月而已。这十个月时间，几十个县能不能跑遍还是个疑问，可在山东奉符县（今泰安）却有个包公祠，《奉符县志》上记载说，包公曾在此地做过县令，这显然是不可能的。最大的可能是，包公曾到过此地，并做过大好事，老百姓感激不已，便建祠纪念。

# 第二次被人追

庆历七年（1047）四月，包拯被拔擢为"工部员外郎、直集贤院、陕西转运使"。

这些官职中，有的只是虚衔，比如"直集贤院"是一种名誉性质的文化标签。"工部员外郎"算是官阶。宋时有六部：吏部、户部、礼部、兵部、刑部和工部。工部是管理全国工程的事务机关，相当于我们现在的住建部。工部员外郎是三品官衔。包拯这次真正的工作，是去陕西做转运使。

那时官员等级不同，官服不同。所以不用介绍信和名片，光穿着一身官服，人家就知道你是几品官了。

包拯之前穿的是绯红色的五品官服。他拿到派遣令后去见仁宗，也忘了领官服，只顾当面汇报，请求免除京东那些欠债户的债务。而仁宗呢，也被包拯这一通请示搞乱了头脑，他也忘了给包拯发官服。而包拯一领到新派遣，就急急去陕西赴任去了。

过了几天，有转运使来找仁宗要求改换章服。仁宗不高兴，这才突然想起，包拯还没有换官服，就直接去了陕西。便赶紧让人拿三品官服去追包拯，追啊追，一直追到华阴，这才给追上。

在华阴，包拯还留下一个故事。宋人笔记《默记》中记载：

华州西岳庙门里有唐玄宗封西岳御书碑。高数十丈，其字八分，几尺余。旧有碑楼，黄巢入关，人避于碑楼上，巢怒，并楼焚之，楼焚尽而碑字缺剥，十存二三。姚嗣宗知华阴县，时包希仁初为陕西都转运使，才入境，至华阴谒庙，县官皆从行。希仁初不知焚碑之由，见损碑，顾谓嗣宗曰："可惜好碑为何人烧了？"嗣宗作秦音对曰："被贼烧了。"希仁曰："县官何用？"嗣宗曰："县里只有弓手三四十人，奈何贼不得？"希仁大怒曰："安有此理，若奈何不得，要县官何用？且贼何人？至于不可捉也？"嗣宗曰："却道贼姓黄名巢。"希仁知其戏己，默然而去。[1]

华阴县城里有座西岳庙，里面有座旧碑楼。内有唐玄宗封西岳的御书碑，高数十丈。唐末黄巢起义时率兵入庙，看到人都躲到碑楼上了，黄巢一怒之下便点火烧楼，碑被烧得面目全非，字十存二三，但包拯并不知道这个故事。

这天，县令姚嗣宗陪同包拯去参观西岳庙。包拯一进庙里，发现御书碑被损坏得不像样子，便问县官："可惜好好的碑，被谁烧的？"姚嗣宗不正面回答，只幽幽地说："被贼烧的。"包公一听便生气了，两眼喷出火来，他质问县令："那县官干什么用？"姚县官回答说，"县里只有三四十个弓手，对付不了贼啊。"

一听这话包拯火大了，"岂有此理！如果奈何不了贼，那要县官干什么用？！……那是什么样的贼？还抓他不到？"姚嗣宗只好解释说："这个贼姓黄，名巢。"包拯这才知道他被姚嗣宗捉弄了，便闷声不语，默默离去。

上下级领导一见面，场面弄成这个样子，实在尴尬。姚县官该解释的时候不解释，而包领导又很认真，这才有这样的事情发生。

《默记》作者王铚，汝阴人，曾做过宋高宗时期的编修官，是个著名的历史学者。父亲王萃是欧阳修的弟子，官至兵部尚书，与曾布、郑獬、王安石、

---

[1] 杨国宜：《包拯集校注》，合肥：黄山书社，1999 年，第 292 页。

秦观等人交游甚多。据说他们家藏书很多，汝阴士大夫都喜欢到他们家借书看，所以王铚的两个儿子也都是著名学者。王铚死后，秦桧听说他们家藏书宏富，便让儿子写信给当地郡令，想拿走王家的藏书，并许愿让他儿子做官。可他儿子宁愿守书而死，也不要做什么官。

《默记》全书只三万多字，记载了103个故事。说的都是北宋年间的趣闻逸事。

王铚写包拯的这个故事，由姚县官自己说出来的可能性很高。因为王铚还写过姚县官别的故事。

姚嗣宗是位诗人，陕西战事多发时，他因报国无门，便在驿站的墙壁上题诗一首：**踏碎贺兰石，扫清西洛尘。布衣能效死，可惜作穷鳞。**这首诗被时任经略安抚使的韩琦看到了，觉得是个人才，便向朝廷推荐了他。后来此君做军事推官时认识了范仲淹，范仲淹和他交谈过后，也认为他很有才华，便和韩琦联合推荐他到太学任职，此君从此而为人知。[①]

可包拯对姚嗣宗并不了解，而姚嗣宗呢，则是知道包拯的。两人信息不对称，故事便发生了。

包拯在陕西转运使任上，做满一年。

陕西是北宋时的边疆，与河北、河东合称"三边"。陕西北面，就是屡屡捣蛋的西夏国。西边，与少数民族地区接壤，民族纠纷时有发生。陕西一路面积比京东大得多，包括今天的陕西全省、宁夏的长城以南、秦岭以北、山西西南部、河南西部、甘肃东南的大片地区。辖有四十六个州军。路治所在地在京兆府（**今陕西西安**）。这么多地方，一个转运使要逐个走访，也是很不容易的。

包拯在陕西任内做过很多调查，上了好几道疏，都是民生居多。去后写的一道疏是关于粮食收购的。

一年多前，包公做送伴使去过一次边疆，看河北小麦丰收价格便宜，便

---

① 丁传靖辑：《宋人轶事汇编》上册，北京：中华书局，2012年，第445—446页。

上疏仁宗，希望内府能够借钱给河北，把粮食及时收购下来。因河北本身钱帛有限，收购不了太多粮食。如果中央财政不借钱给河北，粮食收不上来，等到边疆真打仗，军粮储备一旦不足，让兵卒饿着肚子是不可能打仗的。这点道理，小学生都能想明白。去年包拯在京东任内，看朝廷选派了几个人，去三路收购粮食，他便上疏说，以各路那么有限的一点钱去采买粮食，数量是有限的。内府的钱，应该先借给地方去收购粮食。这就必须请示一号领导仁宗，可仁宗始终没松口。

包拯到陕西后，上的第一道疏，"请出内库钱帛往逐路籴粮草"，光看标题就明白，这道疏是从国家战略高度提的建议。只有粮食丰足，才能应付战争、饥荒和各种自然灾害。但因为他"位疏言贱，未赐开纳"。而他到了陕西，看到的情况更让他揪心，"西鄙用事以来，关中生聚，凋残尤甚，物货踊贵"，陕西比京东明显不如，民生凋零物价昂贵，市景荒凉，包拯遂再度上疏：

> 伏望陛下少留圣意，大缓吾民，以安天下。应三路用度不足，且以内帑钱帛借助，以惠元元。民以苟安，则丑虏曷足虑哉！①

包拯的意思仁宗当然明白。但内府钱袋子也是十分紧张，到处都要用钱，都喊钱不够，所以仁宗也不敢轻易动用。仁宗身为皇帝，他的私生活其实也是很朴素的。宋书《后山谈丛》记载说，仁宗每次私宴，宫中各房（当时仁宗最宠的女人有十人，号称十閤）就会纷纷献上各种美食，以笼络君心。

有一年秋，蛤蜊刚刚运到京城，有人献上蛤蜊，仁宗便问："怎么会有这个东西？多少钱呢？"

"每一个是一千钱，一献总共28个。"

仁宗闻此，脸上立刻挂了霜，开始训起人来："我经常告诫你们，生活不

---

① 杨国宜：《包拯集校注》，合肥：黄山书社，1999年，第99页。

要太奢侈，今天一下筷子，就浪费了二十八千，我怎么下得了手？"遂罢食。

庆历七年夏，包拯在出使陕西前，还上过一道疏，疏名就叫"上殿札子"。

那年大旱，很多地方颗粒无收。仁宗为了表示与民同甘苦，他也表起姿态，每餐减少饮食，罢大宴，不在正殿里办公。并许可两位宰相宋庠、丁度，以旱降官一等。并频频下诏，采取了一系列行动。包拯便在札子里表扬皇帝，说"虽古之圣帝明王，责躬罪己，无此之甚焉"。他说既然皇上要大家直言朝政过失，那他认为关键的还是朝廷做事要"赏罚分明"："赏者必当其功，不可以恩进；罚者必当其罪，不可以幸免。"①

包拯这话当然也是有所指的。他多次弹王逵没有弹掉，这位酷吏还在继续当官；后来的名相之子向绶，该判死刑也没有判，而是顾念旧情，只流放而已。仁宗那个杨舅舅，就是一地痞流氓，他却一直罩着，还把他外放州郡做郡令。有法不依，执法不严，把法律当儿戏，大家都来走后门攀高枝，风气怎么好得起来？

包拯在陕西时也上过一道疏，是和冶铁户有关的。"请罢同州韩城县铁冶务人户"。他在调查中发现，韩城冶铁户共有七百多户，其中二百多户是比较有实力的，他们的实力超过一等户"里正"。但他们只冶铁，从来不派什么差遣，已有五十多年。其中一等冶户，每年只交给官府十余万斤铁货，其他费用所出的钱也只不过三贯文。而官府却要付给他们买炭费和工匠钱三百余贯，此外，每年还要派监理一名。本县人户对他们意见都很大，说那些冶铁户，以冶务占了上等户的差吏，导致下等户频繁派上差役，压力很大，这是很不公平的。

虽然官禁很严，但卖铁的私下交易还是很多。包拯说如果能开放冶铁业，老百姓也能随意炼铁，那铁价便会大幅下调。官府只要让县令和县佐专管收购便行了，还省得朝廷派员去监督，而且每年又会多出二百户来兼充差役，这样也可减轻下等户们的差役负担，对各方都是一件好事。

① 杨国宜：《包拯集校注》，合肥：黄山书社，1999年，第97—98页。

写这道疏时已是庆历八年五月，包拯调离陕西改遣河北，他在此时上疏仁宗，希望能允许陕西转运司实施这个新方法。

宋时，盐、烟、酒、茶、铁等物品，都实行专卖许可证制度，不允许民间私下交易和买卖。而包拯的经济思想是自由经济思想，在当时应该算是很前卫的，当然，他的建议也是建立在调查基础上的，故他提出的做法具有可操作性。

可仁宗的思想偏保守，他是不太可能同意冶铁业放开的。

## 户部副使

庆历七年冬，包拯还在陕西任上，河北贝州（今清河）出了一个兵变事件，震动朝野。

这年冬至日，贝州知州张得一，按当地习俗，率一干官员到天庆观朝谒，宣毅军小校王则选在这个时间点上率众起义。反叛军先占领了武器库，拿到武器后，一部分人去监狱释放犯人，另一部分人则去天庆观抓人。州长张得一当场被抓，副州长等五人遇害，还有两人逃脱。王则一举占领贝州，宣布贝州为首都"中京"，自封"东来郡王"，国号为"安阳"。为了让他的老百姓显得与众不同，还发布诏令，要求十二岁以上、七十岁以下的老百姓，都要在脸上刺上"义军破赵得胜"六个字。破赵就是破宋。旗帜号令则以佛为称。国家虽小，五脏可是俱全了。

消息传到宋都，朝臣无不大吃一惊。

王则是河北涿州人，因家穷流浪到贝州以替人放羊为生。离开家时，母亲在他后背上刺了一个"福"字，祈望他日后会过上好日子。王则做了一阵子放羊娃后，应募到宣毅军，当上了兵。

当兵后，没想到他背上的这个"福"字，被人看到了，便做起了文章。原来，当地民间，此时正秘密流行一种"弥勒教"，王则后背上的"福"字，便被一帮狂热信徒奉为真佛，把他给捧上了神坛。王则便毫不客气地做了教主。信徒多了以后，他被人一鼓动，就想做小国寡君了，便开始起义的策划和行动。

王则起义后，宋朝大军很快兵临城下，却一个多月都攻不下来。因为贝州城是边城，为了抵御辽国，防御工程修得相当坚固。官兵们在城外堆土山，叛军们则在城里修战壕，号称"喜相逢"。城外的土山，耗费两万人工，大干三十天，好不容易快堆成时，城里射出几支火箭，一把大火烧三天，把土山给烧毁了，让官兵们欲哭无泪。

地面上攻不进去，那只好挖地道。

就在快开始挖地道时，事情又有了转机。城中有人射箭投书，说愿意提供内应。当天晚上，城墙上，垂下绳梯来，一支突击队沿着绳梯爬上城墙，可上去后，绳梯马上就被收起来了，进去的几百人寡不敌众，仓皇间只好撤退。统领打仗的是著名边将明镐，他当时的身份是"河北体量安抚使"。

贝州兵变，从庆历七年十一月二十八日爆发，到庆历八年正月都没平息。这时还出了一件事情。正月十一，辽国使臣路过贝州时，王则派了一支三百人的小分队，准备前去劫持使臣，造成外交事件，给北宋难堪。还好，这个消息被明镐提前侦获，他在贝州西门设下一个埋伏，把这支队伍给灭掉了，这才没造成"国际影响"。

正月初六，仁宗在朝会上发了一顿脾气，甩了一句话："大臣没一人为国了事，日日上殿又有何用？"

回到京城刚半年、身为枢密副使的文彦博，实在看不下去了，便出来慷慨请行。仁宗马上批准他作为"河北宣抚使"出马，以明镐为副使，前去贝州平叛。

明镐是个著名将领，他之所以没有成功，和枢密使夏竦的不配合有关系。明镐这一期间的很多奏请，有不少都给夏竦压下来不报给仁宗。前方将领在浴血拼命，后方官员却生怕人家成功，故意压下奏请，这仗还能打吗？

夏竦当年出任枢密使，欧阳修等四谏官联合弹劾他，仁宗才撤回诰命，但庆历七年，他又复召为相，因与另一位宰相陈执中意见不合，被谏官弹劾，这才改为枢密使。

身为枢密副使，文彦博自然知道这些情况。出发前，他向仁宗提出两点要求：其一，将在外，遇到紧急军情，要给他机动处事的专决之权。其二，请任命将作监主簿鞠真卿等三人，掌管军前机密文字，到时直呈皇上。这两条要求，仁宗都同意了。

文彦博这次出马，和明镐密切配合，在贝州城外开挖了一条地道，然后派一支突击队登上城墙，里应外合，取得了成功，活捉了王则。贝州随后改名为"恩州"。原知州张得一，由于在被俘后委曲求全丧失气节，被台官弹劾而被处死。

文彦博平叛成功，回来后便被擢升为首相。明镐亦因功，被拜三司使，不久后即升参政，成为文彦博的副手。五月，宋庠被调整为枢密使，庞籍被任命为参政。

五月初二，包拯在朝廷二府大换血的同时，被任命为河北转运使，此时他还在陕西，等他从陕西回来已是一个月后，六月二十二日，他被重新改派为户部副使。

在北宋早期，三司不光管财政，还管全国贡赋，是独立于相权的一个机构。三司使下面，另设有盐铁副使、度支副使和户部副使各一名。户部下面设有五案：户税案、上供案、修造案、曲案、衣粮案。案嘛，也可以理解为司。所以户部副使实权很大。

包拯两年前就在户部做过判官，当然判官的职能和户部副使是不一样的，但至少那两个月时间里，他对户部工作已相当熟悉。包拯上任户部副使后，便写了一道有分量的调查报告呈交给仁宗，题目就叫"请权罢陕西州军科率"，这道疏，就和贡物有关。

陕西凤翔府是苏东坡考上进士后的第一份工作所在地。1061年，他在这里做判官，弟弟子由留在京都照顾老父亲，苏东坡在凤翔时经常写信给弟弟，由京都到凤翔府的书信，通常路上要走十天。兄弟俩每有诗作出来便寄对方欣赏，还在信中探讨诗词写作的技巧。凤翔离著名的渭水不远，就在陕西西部。

在渭水以南，有一道高大的山岭叫秦岭。苏东坡出任凤翔府判官时，时常在周边名胜处出没，留下不少诗歌作品。

包拯做陕西转运使时压力太大，他去凤翔府时，特意去了凤翔造船厂，做了详细调查，这边每年上贡的木料、河桩、竹子、肉羊兔、紫草、红花实在太多，很多原来很富裕的人户，现在都破了产，而完不成官府要求，就要被抓。包拯这道疏，没有通常的客套话，开头就是一、二、三、四、五、六，把他的调查数据如实写出来，还具体到采购单位。比如：

> "买紫草一万斤，系十州军"；"买红花四千斤，系六州军"；"上京材木共九万三千一百五条，各系大料木植，十四州科买"；"买上供肉羊兔千口，系十九州军"，"修河桩共四十五万一千六百五十二条，系七州科买"，"采斫澶州河中府缆索竹一百五十万三千八百二十竿，见差人司竹监斫次"。[1]

"科买"，用现在的语言叫征购。难听一点的话，就叫摊派。是政府把各种物质摊派到老百姓身上，以低于市场价，强行购买的一种行为。科买数量越大，老百姓越有"被剥夺感"，如果完不成，还会把人抓起来坐牢。

标题里的"科率"，指的是正赋之外，那种没有固定时间、品种和数额的临时性赋税。比如某处宫殿被烧了，要修复，临时摊派下来，这就苦了老百姓。包拯这疏，最后一段是这样说的：

> 臣勘会凤翔府造船场，每年额船六百只，其方木料，并是本府并陇州量支官钱收买，及于秦州采斫，所差衙前例各赔钱一二千贯，前后人户破荡家产不少，每户锢身者不下三两人，经年未得了当。……缘并系大料木植，只是秦州出产。又闻深入番界，采斫至难。其余

---

① 杨国宜：《包拯集校注》，合肥：黄山书社，1999年，第108—109页。

不产州军，须至差衙前分买。况陕西州军一年之内三五次，各是大段科配……若稍不行宽恤，则疲困之民无保全之望。虽详省中书札子，住九年、十年科买，又只闻说肉羊、紫草、红花之类，并是小可物色，亦易为应副。所有逐年买造船场材木物料及桩橛等，最为大害，乞赐详酌指挥，权与蠲免。①

这段话里说，凤翔府的造船场每年额定的造船任务是六百只，用的方木料，由本府及陇州量支官出钱采买，这些木料要到秦州（**今甘肃天水**）去砍伐，不产木材的州郡，都把任务派到承担衙前的一等户身上，按惯例，他们一般都要赔上一二千贯，为此倾家荡产的人家有不少，每户都有三两人被关押……这个问题，经年未得到解决……只因为造船用的大木料只有秦州才出产，别地都没有，还要深入少数民族地区，采伐和搬运都特别困难。其余不产的州军，都差一等户衙前去采买。何况陕西州军，一年之内三番五次都有大宗摊派，如果不设法减轻他们的负担，这些老百姓的生活就没一点希望了。

包拯说，虽然看到中书下达的文件有规定，暂停庆历九年、十年②的科买，又听说只是停止肉羊、紫草、红花之类。这些倒是小可之物，容易应付，危害最大、老百姓负担最重的是造船木材和桩橛等物。希望朝廷能暂停科买。

那一年，江淮、两浙、荆湖南北路自然灾害频繁，旱涝相继，粮价疯涨，淮南西路的蕲、黄等州，灾害尤其严重。这些地方，头一年秋天便雨水不断，秧苗受损，加之这一年夏天又碰到大水，洪涝灾害严重，宫中采买还没完没了，民间积蓄，全部都输送到官府中去了。官方采购那么多，那么频繁，老百姓手里一点积攒都没剩下，他们拿什么去抵抗自然灾害呢？包拯为此上了一道极有分量的疏——"请差灾伤路分安抚"。

---

① 杨国宜：《包拯集校注》，合肥：黄山书社，1999年，第109—110页。
② 当时是庆历八年，即指未来两年。庆历九年，改年号为皇祐。

　　写这道疏时，他心情很沉重。说现在已五月不雨，秋苗悉数枯萎，米价涨至一百文一斗，就是大丰收的年代，米价便宜时，老百姓仍有吃不上饭的，何况遇到现在这种凶年，他们拿什么过日子呢？只有一声叹息。包拯说很多地方一片荒凉，市景凋残，流亡者每一天都在增多。没有饭吃，房子又被大水冲垮了，他们只有流亡了。流亡人口多了后，抢劫的盗贼，成群出现了。多的有上百人，小的亦不下数十人，官府禁止不了。抓不胜抓，抓来还要管人吃喝啊。此时进监狱能吃上饭，反而也是一种好归宿。可官府，也是粮袋空空。所以他们也不敢轻举妄动。

　　包拯接下去如此记录：

　　　　州县上下，递相蒙蔽，不以上闻，使朝廷无由知之。况今秋苗稼既槁，则望在来夏；而彫残之民朝不谋夕，岂能及来夏乎！且天之降咎，必在于凶年者。盖年凶则民饥，饥则盗起，盗起则奸雄出。奸雄出则不可制矣，岂可不深惧而豫防之哉！[①]

　　州县上下都在蒙蔽朝廷，不报告，所以朝廷对下面的真实情况并不了解。现在秋苗都已干枯了，只能指望明年夏天。可问题是，人是天天都要吃饭的啊，哪能等到来夏。流民一多，盗贼必起，社会就乱了。

　　包拯是个忧国忧民的人。户部副使做得好好的，他要去管和他不相干的事情，别人都在欺骗皇上蒙蔽中央，只有他，把血淋淋的事实写出来。仁宗看时，估计又会一惊一乍头皮发麻。包拯建议他赶紧派安抚使下去救济灾民。

　　这条疏上去应该是起点作用的。至少那个阶段没有出现王则，看来老百姓得到了安抚和救济。

　　姚嗣宗调侃包拯，被文人当作趣闻逸事记下来，以为饭后之谈资，再反观包拯在任上的所作所为，包拯的不解风情，又算得了什么呢。

────────────

① 杨国宜：《包拯集校注》，合肥：黄山书社，1999 年，第 106—107 页。

包弹大名传天下

# 一、裁军方案设计师

## 天章阁对策

庆历八年冬，仁宗心里抑郁不舒服，感觉这一年虽然平定了王则，换了新执政团队，可还是有诸多不顺：自然灾害多，农业遭受重创，盗贼蜂起，小事件不断……是不是老天爷在发警告了？还是换一个年号吧，祈祷来年风调雨顺国泰民安。仁宗便在庆历八年十二月下诏，"以霖雨为灾，颁德音，改明年元"。皇祐时代就这样开启了。

皇祐元年春，仁宗在天章阁亲制策问，征求百官答题。

仁宗在策问里，一共提了十个问题。事关用人、财税、边将及如何应对契丹有可能的挑衅等。这十个问题，每一个都不好回答。在仁宗面前，天天出现混得脸熟的都是学霸，学霸们都解决不了他的十个难题，他只好面向所有"爱卿"，看你们，谁有能力，挑战他的十道难题。这有点像辩论赛。有点紧张，又有点兴奋。

没两天，便有人要求请对。这人就是户部副使包拯。

请对也是有程序的。必须先提交书面申请，得到批准后，再提交两份材料，一份是个人的出身文状，另一份是答问的文字材料。呈送上去后，会有人通知上殿奏对的具体时间。一个流程下来，要好几天。

据《宋会要辑稿》记载，有位御史官，在庆历四年的一份奏疏中这样写，"近乞上殿奏事，得旨，寻牒阁合须索申状，仍要出身文状两本。比至引对，已经七日。"① 这位御史官上殿奏事，手续很繁杂，要走各种程序，等到引对时，已经是第七天。

见皇帝，肯定是要提前预约的。现在就是请人吃个饭，也得提前预约一下吧，更何况是面见日理万机的皇帝。

由皇帝亲制策问，在殿试中，是非常多见的。但就朝政问题，面对百官提出策问，征人回答，则是不多见的。北宋从960年建国，到仁宗皇祐元年（1049）已有90年，体制问题全部暴露出来了，仁宗又下不了决心做大的改革，只是小打小敲，问题便日益严峻：冗官冗兵十分严重，财政窘迫，农民负担减不下来，社会不公也无法消除，养兵百万却没有战斗力，边疆问题随时可能爆发战争，一旦战争大规模爆发，北宋便会很快崩溃——大崩溃在60年后发生，靖康二年（1127）四月，金军攻破东京城，两位皇帝被俘（**宋徽宗、宋钦宗父子**），政权被颠覆，大量皇族被抓走，只有少数人有幸逃脱，这就是史上著名的"靖康之变"。大崩溃，宋仁宗没有机会看到，但在他子孙身上出现了。也就是说，他的担心，是有理由的。

这段策问，文字未必出自仁宗本人，应该是他身边的高级文秘比如翰林学士或知制诰起草的，仁宗最后审读并改定，但一部分意思，应该是仁宗自己的。

北宋君臣商议政务，通常有两种模式，一种模式是通过文书，还有一种是面谈。面谈也有两种模式，一种是皇帝主动找人面谈，还有一种是大臣自我推荐，找皇帝面谈。

宋太宗是经常找人面谈的，《宋太宗实录》中记载有宋太宗召见民间妇人询问冤情的，可见太宗时期访谈对象还是不拘一格的。到真宗时，他夜间也经常找大臣询问得失。真宗是个文青，喜欢写诗练书法，他经常会找亲近的文臣来聊天，谈诗论赋。有一次，还是雪夜，他召资政殿大学士向敏中、监察官陈从易、秘阁校理刘筠等数人，对话于崇政殿。正事谈过后，便开始

---

① 周佳：《北宋中央日常政务运行研究》，北京：中华书局，2015年，第294页。

娱乐活动，此时窗外雪花飞舞，室内君臣洽洽，真宗便命人拿来笔墨，让各位学士以雪为主题即席赋诗。[1]

君臣面谈，还有一种，是为了面试对方。

北宋官员，凡在重要任命之前，君主一般都会提前召见臣子，以便当面观察。神宗时期，他想用欧阳修做宰相，征求王安石意见，王安石便回答说，陛下应该召欧阳修本人面谈一下，除问问他对政事的看法外，顺便观察一下他。[2]神宗便召见了欧阳修。但他最后并没有任命欧阳修做宰相，可能是面谈时，感觉有点小失望吧。

还有一种面谈，是在官员接受新任命时，和他做一番谈话。包拯在做两任转运使时，仁宗都召见过他。包拯每次都趁这个机会，提出他的想法和建议。

面谈和笔谈，效果是不一样的。面谈时双方都会很慎重，交流是双向的，传达的信息也很明确，不太容易被误解。且面谈时，屏退所有闲杂人等，房间里就君臣两人，保密性大大增强，取得的效果也大不一样。所以庆历新政时，仁宗期待着范仲淹端出一盘大菜，可大菜迟迟不出来，让他有点失望，欧阳修便建议他，与其在每天朝会上见面，朝臣叽叽喳喳争论不休，不如赶紧召范仲淹和韩琦面谈。后来面谈后，范仲淹很快端出他的改革大菜出来。这就是面谈的作用。

宋时君臣面谈，形式丰富多样，但策对，却是一种非常规动作，因问题太多，皇帝也不知道该找谁来面谈，他只有把这些问题都一一罗列出来公开张贴，看谁有能力出来接受挑战。

包拯提什么对策，已不是很重要，他的很多观点以前多次上疏时也都提到过，比如用人上不能论资排辈，"不必分文武之异，限高卑之差，在其人如何耳"。"进贤退不肖，岂须岁月哉！"这就是包拯的用人观。这和现在的用

---

① 周佳：《北宋中央日常政务运行研究》，北京：中华书局，2015 年，第 39—40 页。
② 周佳：《北宋中央日常政务运行研究》，北京：中华书局，2015 年，第 287 页。

人制度差不多。看能力说话，而不是论资格、熬年头。再比如边疆事，包拯的观点是，先把人往最坏处考虑，练好自己的内功，如有国家胆敢挑衅，实力强大了还怕什么呢？实力说话，通行天下。无论治国还是做事，都一样。河北屯兵 30 万大军，数量看着不少，但老弱兵士众多，真有事时，他们派不上任何用场，还要供给他们吃喝，且一旦供应不上，这些老兵还会哗变。若能把他们裁减下来，后勤保障跟上，精锐者反而更勇猛。这是包拯的一个观点。至于官员为数巨多，也要学学前朝，改改做法：

> 真宗皇帝朝以河北荒歉，减省京朝官、使臣、幕职等七十五员，其逐路部署、押阵使军职，自观察而下，悉罢赴阙。此先朝令典，愿陛下遵而行之。[①]

真宗因河北荒歉，就罢过不少官。这是仁宗老爸的做法，仁宗完全可以仿其道而行之。

粮食问题，必须高度重视。没有足够的粮食储备，什么都免谈。粮食是国家的战略储备。在粮价便宜时，必须不惜一切代价，收购进来，充实国库，以备战备荒。这个观点，包拯曾经在多道疏里呼吁过。

军马场也是一个问题。原先在郓、同州（今山东东平和陕西大荔）各置二马监，侵占民田数千顷，有官员让马往别处牧养，结果未逾一月，死掉的马十有七八，军马损失惨重。有人建议，不如依旧归河北诸监管理，还地给农民，马就不会损失了。包拯认为，这都是条块分割导致的。因为马监，归群牧司管理，而各州官吏并没有管理权，他们也不知道相关信息，无法统筹协调。包拯建议，今后可委托转运使兼管，这样一来，一路内的问题，通过派员巡察，就能发现问题，及时处理，就不会出现死军马事件。

包拯最后说：

---

① 孔繁敏：《包拯年谱》，合肥：黄山书社，1986 年，第 50 页。

臣前所条陈，皆国家之常务，而言事者多及之，臣谓今之切务者，在择政府大臣敢当天下之责，独立不惧而以安危为己任者，委以经制四方，庶几可弭向者之患，而纾陛下之忧矣。臣愚以为言之者不难，事行则为福。古人有云："言之必可行也。"又曰："非知之艰，行之惟艰。"①

意思是，他前面所陈述的观点，都是国家之常务，前时已有很多人都说到过，包拯认为，当今迫切要做的，是要挑选那些有担当、有勇气、有情怀的人，放手让他们去做事。当然说说容易，真正去做才是关键。知道这些道理并不难，难的是去实践。

这次主动申请答策问，包拯又一次在百官中搞得很出名。所以后来几个临时差遣，都飞到他头上：

比如皇祐元年三月的"命拯往河北提举计置粮草"，他此前上过多道关于收购粮草的建议，这不，终于来活儿了；

一个月后，又有活儿飞来，"命户部副使包拯与河北四路安抚司、转运司议省冗官及汰军士之不任役者以闻"，裁员的大事，也让他来负责前期调查并提出可行性报告。

十月，"遣户部副使、工部员外郎包拯与陕西转运司议盐法"。盐法的改革也找到他了。

## 顶头上司叶清臣

皇祐元年虽然改了年号，可河北还是发了大水。因河北发大水，这一年的元宵节，仁宗诏令京城停止娱乐。朝廷也采取很多措施，想方设法救济灾民。

---

① 杨国宜：《包拯集校注》，合肥：黄山书社，1999 年，第 117 页。

在河北灾情严重之际，三司使叶清臣上疏说，三司总管天下钱谷，此时朝廷赈济灾民，钱和粮都从三司出，真是不当家不知柴米贵，我们现在是收小于支，再加上近年荆湖等路上供全部亏欠，还不是小数字……身为三司使，有苦难言。

正在这个时候，朝廷下令，调动京师禁军十指挥，赴京东、京西两路驻扎，以防范盗贼。京东安抚使富弼对这道禁令提出反对意见，他说本路突然增加禁军，反而会搞得人心惶惶，建议他们原路回去。包拯也认为此举万万不可，京师乃天下之本也，不宜轻易调动，若调发不已，"则耗其财力而弱其根本"。

三月，包拯接到新派遣，"往河北提举计置粮草"。包拯上殿接受诏命时，当着仁宗面，说了一番话。他说现在河北形势很严峻，那么多军马屯积在那里，而粮食支多收少，现在只能勉强应付，今夏秋粮能否丰收还不知道，若不赶紧预作安排，一旦发生大面积缺粮，恐怕就会有意想不到的灾难发生。包拯建议，先将缺粮部队移屯河东或近南有粮食供应的地方救救急。他知道这个建议一旦提出来，会有人反对，认为边防部队不可轻易调动云云，但现在这个时间段，辽国那边方守盟约，虽然声称要西征，但数月之间必不会有大动静。如果缺粮部队不趁此时紧急移防，错过这个机会，就晚了。

仁宗听了眉头直皱，但也没办法，只好说："爱卿先去河北看看，看可有什么更好的办法。"

包拯领了派遣令就急急去了河北。他先去河北产粮区漳河两岸做调查，发现这里土地肥沃，产粮也多，可这里的大片良田已被军马场占用了。整个河北西路，只有漳河两岸，是河北主产粮区，可牧马地，就占了三分之一。每牧马一匹，要占草地 115 亩。想想看，如果有几千匹军马，这得占多少亩良田啊？

从真宗朝开始，宋政府为了养马，开始大规模圈地建军马场，而且圈的都是水草肥美的好地方。那个时候是冷兵器时代，打仗时，军马是会派上大用场的。所以军马场用地，毫无疑问，必须摆在重要战略位置上。如果不缺粮食，那没有话说，可现在缺粮很严重，哪个更重要呢？

包拯看到邢、洺、赵三州，就有一万五千余顷良田，成为牧马地。而河北东路又值河水决溢，大量土地被冲成了泽泄国，只长柳树不长粮食，这一部分，占民田三分之二。这两大块加起来，就占了河北农田的十分之六。

河北是边疆重镇，驻军30万人，军马场也多，人要吃粮，马要吃草，都在争粮食，可碰到老天不给力，自然灾害频发，大面积粮荒是必然的。

包拯在漳州调查发现，因养马量有所减少，三个州近年来共退出草地7500余顷，这一部分土地，往年是租给佃农种的，年深岁远，佃农在这里种地、安家，甚至把老祖宗也安葬在这里，这一片土地多年种下来，已成一片园林。经统计，共有9340户佃农在此租田种粮，他们已经和这块土地结下了深厚感情，光每年出产的粮食，就是一个大数字。可这片良田，群牧司正要收回来，近万户佃户，总计几万人口，都要全部遣散——这是群牧司指挥说的，他说已经下令各州，年内务必全部收回，遣散全部佃户。可佃户，却无一人肯搬走。

这个事情闹得有点大，佃户们已多次到鼓司击鼓申诉过，三司也议论过多次，但还没有向仁宗汇报。

包拯头天刚从群牧司指挥那里得知这个消息，觉得他们这个决策是有问题的，加之他又从别处访闻得知，广平监（**在洛州的牧马监**）虽然表面上分为两监，可养马数量，并不及往年一监的数量。以包拯的分析，今后纵然再添军马二三千匹，现有土地也足够用了。既如此，那为什么不让佃户们继续租种那部分田地呢？多种点粮，于国于民不是一件大好事吗？包拯次日便把这些情况上呈给仁宗，请求他体恤民众，不要收走他们的土地。

疏上去后，许久没有诏令下来，包拯便再次上疏。

虽然包拯在前方辛辛苦苦做调查，提建议，可拿主意的决策者仁宗皇帝却常常左右摇摆，左耳朵一种意见，右耳朵一种观点，都是爱卿们说的，似乎都有堂皇理由，当两派意见打架时，圣心就会犹疑不定了。

包拯奉命到河北后，看到听到的几乎都是负能量的信息，这很容易把自己也给弄得身心疲惫。他在一份疏里说，自受命以来，朝夕担忧。问题太多、太严重，白天做事，晚上想问题，怎么着手解决？有没有可操作性？会不会遇到激烈反抗？君主会否同意？

油灯下，一头花白的头发，一个憔悴的官员。包拯应该学学庞宰相，每天写一首诗，喝一杯小酒，也让自己轻松一下。当官那么苦那么累，图什么呢？

说到时任宰相庞籍（988—1063），他是个特别喜欢写诗的官员，年轻时得到过夏竦的提携，他后来又提携了司马光。

司马光对他很了解，说他每天都要写诗。后来病重时，司马光去看望他，庞籍从病床上坐起来，还拿出十多篇诗来交给弟子欣赏。他在诗的后面，还歪歪扭扭写了几个字："欲令吾弟知老夫病时，尝有此思耳。"字已惨淡到难以辨认。数日后，庞老人家就去世了。[①]

在电视剧《开封奇谈》中，庞籍被编剧编排，作为剧中包公的死对头出现。但遍观包拯的一百多篇奏议，却只字未提此公，更没弹劾过他。后来庞籍因事被御史官攻击，不得已辞相时，包拯也没借机弹劾过他。可见，两人私下里不但不是死对头，还是彼此尊重的。更何况这一年，在文彦博和庞籍两位宰相的强烈支持下，包拯多次上疏提到的减员裁军提议，终于获得仁宗同意，十二月下令裁军。这件事情，被载入史册，是皇祐元年的年度大事件。在裁军问题上，他们三个人，意见完全相同。这在后面，还要展开来说。

在河北调查期间，包拯还写过一道疏，是关于军粮转运的。他在调查中发现的问题，也印证了三司使叶清臣前面所言不虚，疏中说：

> 臣奉敕差往河北提举计置斛斗。缘河北转运司近年失于计置，自灾伤之后，近里州军例皆缺乏粮储，有只得支一两月去处。虽本司于去年秋擘画，预给三说文钞，配籴三百五十万，自后又为安抚司以配籴不便，乃借支诸州常平仓，及那拨封桩斛斗外，只令籴

---

① 丁传靖辑：《宋人轶事汇编》上册，北京：中华书局，2012 年，第 330 页。

三十一万石，为一年准备。其斛斗又并未搬到缺粮州军，虚作见管
数目，不过夏初，渐已支尽……①

不过夏初，河北粮食已快见底。而河北有三十万驻军，每月要支军粮
五十万石，一年就要七百万石，这些军粮的筹措，是个大问题。

河北、河东两路水旱相继，老百姓流亡很多，能存活下来已相当不易，
不可能再去骚扰他们，只有从江淮等处调拨军粮过来。而从江淮运粮到河北，
只有汴河航运这一条路。所以包拯的建议是，趁三四月水势平稳之际，赶紧
多运粮食，否则到了五六月，水势浩大，官船停航，再要运粮就难了。

这里不妨说一说包拯此时的顶头上司叶清臣。

叶清臣（1000—1049），字道卿，苏州人，比包拯小1岁。他是北宋时期
的著名文学家。叶清臣和宋氏兄弟、郑天休，是天圣二年（1024）的同科进士，
当年录取他们的主考官正是刘筠。那一年，叶清臣因策论写得好，刘筠非常
欣赏，擢为第二名。那一科省元是宋祁，状元是宋庠。

欧阳修在《与高司谏书》中说到他：

> 闻今宋舍人兄弟（即宋庠、宋祁）与叶道卿、郑天休数人者，
> 以文学大有名，号称得人。

叶清臣这人非常正直敢言。庆历六年五月，京师地震，他因此上疏说，
自从范仲淹、余靖等人因言被黜后，两年来，没有人敢议论朝政了。所以才
有地震发生。请陛下深自咎责，就是让仁宗，做自我批评。

范仲淹在庆历五年秋冬，被罢陕西四路安抚使之后，徙知邠州（今陕西
彬县）。任职半年后，上疏说，他有老肺病，每年秋冬都会发作，希望照顾
他，给他挪个地方好找良医。这时候，刚好叶清臣上疏，又适逢地震之后，

---

① 杨国宜：《包拯集校注》，合肥：黄山书社，1999年，第124页。

仁宗认为这是老天爷对他的谴责，便很快同意，多病的范仲淹得以被改知邓州。邓州比邠州条件好多了，是一个著名的养老基地，政务清简，风景宜人。离首都也近多了。

北宋时期的老干部，退休后，多半会选一个宜居之地，可以"终日游宴"。但范仲淹志不在此，他在知邠州时，主持重建了地方州学；到邓州后创办了州学讲堂"春风堂"。汉代的东方朔，曾将孔子比喻为"春风"，故名春风堂。范仲淹传世名篇《岳阳楼记》，便写于春风堂，时为庆历六年九月十五日。

> 庆历四年春，滕子京谪守巴陵郡。越明年，政通人和，百废具兴。乃重修岳阳楼，增其旧制，刻唐贤今人诗赋于其上，属予作文以记之。①

这篇文章是应老友滕子京而写的。滕子京和范仲淹是 1015 年的进士同年。范仲淹把这篇文章寄给滕子京后，滕子京又请闲居在苏州的苏舜钦书写。苏舜钦虽以文学知名，但其实他也是个书画家，还特别擅长写草书，每每酒后落笔开写，作品一写出来，就被人抢走了。大书法家黄庭坚看过他书写的《岳阳楼记》后，评价很高，说他字"极端劲可爱"。

这似乎有点扯远。但事实上，北宋这些文学大家，亦都是政坛上的著名人物，他们之间关系交错，扯不断理还乱。比如包拯这位顶头上司叶清臣，亦是个文化世家子。他父亲和两位叔叔，都是进士出身。他们后代中亦出了不少著名人物。北宋晚期有一位著名文学家、藏书家叫叶梦得（1077—1148），便是叶家后人，说起来叶清臣是他的曾叔祖。而叶清臣四叔家族中有一个著名后代，名叫叶剑英，是我们共和国的著名元帅。

叶清臣原本不在三司使的建议名单中，只是仁宗看到宰相上报的名单时

---

① 诸葛忆兵：《范仲淹传》，北京：中华书局，2012 年，第 196 页。

并不满意，便脱口而出"叶清臣，才可用"，仁宗既然这样说了，这三司使人选便临时做了调整，撤下原来的，换上叶清臣，但叶清臣却表态说，他最多临时担任一下，"权使三司"而已。

可惜，叶清臣任三司使并没多久，便因病去世。

## 冗员冗兵大数据

皇祐元年十二月，仁宗终于下决心要裁军，这次裁汰诸路赢兵总共八万多人，这在当年是一件十分轰动的事。而这件事，实与包拯有关。

先说一说，仁宗时期到底有多少军队。

宋太祖开宝年间（968—976），全国兵籍总数为37.8万，禁军马步为19.3万；到了仁宗庆历年间（1041—1048），前一个数字变成125.9万，后一个数字则为82.6万。总兵数增长了3.3倍，禁军增长2.2倍。别看数字这么庞大，但真正有战斗力的只有禁军。

按宋太祖的最初想法，把那些地痞流氓，都收容到部队中来，包办他们生活费，这些人就不会兴风作浪，社会就会稳定。想法很美好，宋朝的确有很长一段时间都很平静，可是兵卒越养越多，部队变成养老机构，战斗力越来越差，而财政负担却越来越重。一旦到了没饭吃的地步，只怕这些老兵又会出来捣乱。

包拯在调查中发现，军中有两大问题非常严重，一是老弱者多，打仗时派不上用场，反而拖累别人；二是官多兵少，而他们的收入却又十倍于士兵。收入这样悬殊，也很容易引发部队哗变。

那么，北宋时期到底有多少人口呢？有一次仁宗宣包拯上殿，也问了同样的问题，让身为户部副使的包拯回答。仁宗不光问到了本朝户口，还问到了唐朝户口。因为只有比较才有意义。

包拯虽粗知大概，但具体数字还是不太清楚的，他下来后"遍考诸史"，做了不少功课，终于得出一个准确数字可以回答仁宗了，他因此上了一道折，

"论历代并本朝户口"。不妨简单梳理一下，他这道折中提到的各种数据：

汉朝时开始有户籍制度，西汉开始两年，有人户1223.7万户，汉光武兵革渐息之后，变为427.630万户，永寿二年（156），增至1067.960万户。这是两汉时期极盛之数；

三国鼎盛时期，人户才140余万户。晋武帝时期略有增加，为245.98万户。

南北朝时期户无常数，少者不满百万，多者不过三倍。

隋文帝时期为890.7536万户。

唐之初年，人户不满三百万户；至高宗永徽元年（650），增至380万户。在唐明皇天宝十三年以前，达到最高纪录，为906.9154万户。不到一千万户。唐时达不到两汉最高纪录。

自安史之乱后到五代十国，因战争频繁，人口减少得很厉害，一度降至只剩一两百万户，直到会昌年间（841—846），才增加到495.5151万户。也只是唐时一半。

宋太祖刚建国时，人户不到一百万户。但那时地盘不够大，也是一大原因。至开宝九年（976），增加到309.504万户；太宗至道二年（996），又增至451.4257万户；真宗天禧五年（1021），一跃升为867.7677万户。到了宋仁宗庆历八年（1048），增加到1096.4430万户。[①]达到了历史最高峰，超过两汉极盛之数，而北宋地盘，实比盛唐和两汉少多了。可见，宋时经济发展相当不错，老百姓有饭吃，又处于和平时期，故人口增长很快。和真宗朝比，短短27年间，户口数便增加了两百多万户，可见，仁宗朝老百姓总体生活是在改善的。

按户均三四人来算（还有单丁户），仁宗朝人口不会超过五千万人。这已经是历史上人口繁衍最多的时期。

说完人口和军队总数，有人会问，北宋时官员有多少？

---

① 杨国宜：《包拯集校注》，合肥：黄山书社，1999年，第136—138页。

在户部副使的任上，包拯也调查了这个问题。他上过一道疏，"论冗官财用等"。

臣伏见景德、祥符中，文武官总九千七百八十五员；今内外官属总一万七千三百余员，其未授差遣京官使臣及守选人不在数内。较之先朝，才四十余年，已逾一倍矣。窃以唐、虞建官惟百，夏、商倍之；周设六官，僚属渐广；秦并六国，郡县益众；降及汉、魏，以至隋、唐，虽设官寖多，然未有如本朝繁冗甚也。今天下州郡三百二十，县一千二百五十，而一州一县所任之职，素有定额，大率用吏不过五六千员则有余矣。今乃三倍其多，而又三岁一开贡举，每放仅千人，复有台寺之小吏，官监之杂工，荫序之官，进纳之辈，总而计之，不止于三倍。是食禄者日增，力田者日耗，则国计民力安得不窘乏哉？①

仁宗时官员总计一万七千多人，但这个数字和真宗朝比起来，四十年间已翻了一番。如果各种官员全部算上，则不止三倍。拿俸禄的人那么多，种田的人数并没有增加，长此下去，国安不穷？

接下来，包拯说到了财政收入。

臣谨按景德中，天下财赋等，岁入四千七百二十一万一千匹贯石两，支四千九百七十四万八千九百匹贯石两；在京岁入一千八百三十九万二千匹贯石两，支一千五百四十万四千九百匹贯石两。②

——这时候全国是支大于入二百多万；东京一都，收入超过支出。

---

① 杨国宜：《包拯集校注》，合肥：黄山书社，1999 年，第 140 页。
② 杨国宜：《包拯集校注》，合肥：黄山书社，1999 年，第 141 页。

庆历八年，天下财赋等，岁入一万三百五十九万六千四百匹贯石两，支八千九百三十八万二千七百匹贯石两。在京岁入一千八百九十九万六千五百匹贯石两，支二千二百四十万九百匹贯石两。

景德年间（1004—1007）是支大于入。而庆历年间（1041—1048），全国财赋收入有了三倍多的增长，这时期是收大于支。但东京一都出现了财政赤字。

> 今则岁入倍多者，何也？盖祖宗之世，所输之税，只纳本色；自后以用度日广，所纳并从折变，重率暴敛，日甚一日，何穷之有！[①]

包拯分析说，这四十年间财赋增长数倍，并不是经济增长的结果，而是税赋增多增收的结果。也就是说，为了应付日益增长的开支需要，只是在税赋上做了文章。横征暴敛，带来了国家财赋的增长。但这条路再走下去，是极其危险的。

> 臣以为冗吏耗于上，冗兵耗于下，欲救其弊，当治其源，在乎减冗杂而节用度。若冗杂不减，用度不节，虽善为计，亦不能救也。……谓养兵太众也，则宜罢绝招募，拣斥老弱；土木之工不急者悉罢之，科率之出无名者并除之……[②]

包拯认为，之所以开支增多，就是冗吏和冗兵导致的。他的建议是给农民减负，停止招募军人，裁减羸兵，停建不必要的土木工程，没理由的税种应该取消。

---

① 杨国宜：《包拯集校注》，合肥：黄山书社，1999年，第141页。
② 杨国宜：《包拯集校注》，合肥：黄山书社，1999年，第141页。

# 裁军设计

据《长编》记载:

　　壬戌,诏陕西保捷兵年五十以上及短弱不余震役者听归农,若无田园可归者,减为小分。凡放归者三万五千余人,皆欢呼反其家。在籍者尚五万余人,皆悲涕,恨已不得去。陕西缘边计一岁费缗钱二百四十五万,陕西之民力稍苏。[①]

　　这次裁去羸兵总计八万余人。光陕西一路,50岁以上的老弱羸兵,放归回老家的就有三万五千人,他们都欢呼着返回老家。那些仍然在当兵的,反而羡慕他们可以回家了。说明这次军队裁员非常顺利,原先的各种担心全都没有出现。这是皇祐元年(1049)十二月的事。

　　这次裁军能够顺利实施,离不开方案设计和前期调研。而这些,实和包拯有关。因为就在这一年的十月,包拯奉使陕西研究盐税,他在出差前,委托台官同事何郯,就裁去老弱冗兵一事,代他上疏。

　　《长编》皇祐元年十月下旬条下,有如下记载:

　　侍御史知杂事何郯言:“臣伏见陕西路顷岁边鄙用兵之际,朝廷指挥,以诸州新弓手刺面充保捷指挥,用备战守,一路之兵,仅增十万,缘当时仓卒,不暇精择,其间甚有疲弱不堪征役之人,驱之行阵,固难得力。自休兵至今,岁月已久,尚未闻一加选汰,所费廪食,不可胜计。况其人并是郡县第第之家,系在军籍,甚非所愿。

---

① 李焘:《续资治通鉴长编》卷一六七。

伏望敕本路诸州，令告谕：应系新置保捷兵士，除人员节级外，其余年五十以上及短弱不及等之人，如不愿在军者，许令自陈，委监司、长吏相度，减放归农。此等久习武艺，今若放罢，亦须置籍拘管。仍乞以所居乡社相近处，如河北义勇团作指挥，置人员节级管辖。其边郡每岁以此军番递防守处，亦令比旧减数。非时边上或有警急，其罢放之人，尚可追集守城，却代精兵出战，于事又无废缺。方今财力大屈，所患在于兵冗。竭天下所出之物，仅能供亿。陛下幸听臣言，特行处置，一路之内可减三数万人，乃亦省费之一端。近包拯被命往陕西制置解盐，伏乞下臣此议。使其就近复验，所冀审择利害，然后施行。"枢密使庞籍独以郊所言为是，壬戌诏旨，实自郊发之。

十二月壬戌，始听保捷不任役者归农。此据鲜于侁为何郊墓志。[1]

何郊在奏疏中说，陕西路正在用兵之际，新招募来的士兵，因为招募时太匆忙，没有顾上仔细挑选，有的明显是有问题的，让他们去打仗，是派不上用场的。

自休战至今，军队中还没淘汰过一个人，国家财政负担很严重。这些军士中，有的家境并不差，出来当兵并非自愿。希望这次可以裁掉一部分冗员，凡五十岁以上及老弱军人，如果不愿意当兵的，只要他们提出申请，派人审核后，可以放归回家务农。至于那些久习武艺有战斗力的军士，如果放归，可以作为地方民兵，让当地政府来管理。如此，边疆真有事时，还可以征用他们出来作战。这样一来，一路之内可裁减数万人，就能减少一部分财政支出。云云。

最后一段，有几条信息非常重要。

一是"近包拯被命往陕西制置解盐，伏乞下臣此议"。也就是说，这个建议出自包拯。只是包拯十月前往陕西出差，短时间内回不来，便委托何郊上疏。

---

[1] 李焘：《续资治通鉴长编》卷一六七。

二是何郯上疏后，枢密使庞籍认为此议甚好。

三是仁宗十二月下诏裁军，方案实出自何郯此疏。

四是"此据鲜于侁为何郯墓志"，说明这一段的资料出处，是根据鲜于侁为何郯所作墓志而来。

也就是说，皇祐元年这个裁军方案，是根据包拯建议而来。只是委托同僚何郯代他上疏。这道上疏得到枢密使庞籍和宰相文彦博的肯定和支持，最后仁宗拍板决定。

说起来，这一年的年初，枢密使庞籍与宰相文彦博，便因国用不足建议裁兵，但遭到激烈反对，纷纷上言说不可。反对者中，边将尤多，他们的反对理由归纳起来有几点，一是说老兵久习弓刀，不乐归农；二是这些人怀一身武艺，又丢掉了饭碗，归农后必散之闾阎，相聚为盗贼。

朝廷上下那么多人反对，后果还说得那么可怕，仁宗便也怀疑起来，直到张郯上疏，庞籍表态支持，觉得此议可行，庞籍和文彦博便联名上奏，强烈要求裁撤冗兵，说国家财政已到了不裁不行的地步。疏的最后，他们说，"万一果聚为盗贼，二臣请死之。"[1]

一个首相，一个枢密使，敢以死谏，也是因为包拯的前期调研和裁撤方案已做得相当周全，他们有信心，不会出乱子，更不会聚为盗贼。仁宗这才下定决心裁员。

事后证明，这一次裁军无比顺利，老兵们欢呼着回家，没有被裁的反而羡慕起他们。这证明，顶层设计是非常重要的。而在包拯的顶层设计里，已经考虑了所有因素：

当兵是不是自愿的？家里条件如何？是否愿意返乡？条件好的那就回家去，不愿意回家条件差的就近安排。他们的收入比照当兵时，略裁减一点。这帮人就近得到妥善安排，真打仗时，他们还能派上用场。

这种设计，当然人皆满意。

---

① 李焘：《续资治通鉴长编》卷一六七。

包拯三月奉诏去河北提举计置粮草时，在调查中便发现了很多问题。当时河北州军已出现粮荒，其中一道疏里，他建议"请移冀州就粮兵士归本州"，仁宗马上表示同意。紧接着四月，包拯接到新命令，"命户部副使包拯与河北四路安抚司、转运司议省冗官及汰军事之不任役者以闻"，所以这一阶段，包拯会同河北四路安抚司、转运司就裁军问题做了大量前期调研。

六月，包拯就河北水灾后缺粮部队的调防问题，提交了一份详尽的移屯方案。这份方案马上得到朝廷同意，准予实施。

到十月，包拯出使陕西前已就裁军问题考虑周全，他自己来不及写成奏疏，便委托御史官何郯代为上疏。

何郯（1005—1073），小包拯6岁，《宋史》说他"言事无所避"，他在台官任上，弹劾过不少人，包括夏竦。

有一个案子，当时非常轰动，还和"庆历新政"有关，这便是石介之诗及其之死。据《宋史》记载，石介死的时候，枢密使夏竦怀疑他是假死，朝廷便要求开棺验尸，台官何郯和张昪便上疏极陈夏竦之奸，这开棺事才算了了。

石介（1005—1045）是天圣六年的进士，和欧阳修王拱辰同年。这人也是进士二代，才气很大，但情商偏低。他进士考上后先任郓州观察推官，后任南京留守推官，他在这里遇到孙复先生，两人一见如故。1035年冬，由石介发起，为孙复在泰山筑室，创建泰山书院。

石介性格孤傲，批评起人来，不太顾忌，就连仁宗他也敢批评。有一次他上疏仁宗，指责宫中女人太多，皇上沉湎于男女欢乐，且饮酒缺乏节制。仁宗再是好脾气，被大臣这样指责，也是非常生气的。石介那支笔杀伤力太强，得罪人太多。他被贬，和这多少有些关系。

1042年，因杜衍推荐，石介被贬后起用，担任国子监直讲。在石介担任主讲期间，太学达到一个高峰。因为石介太会讲课，前来听课的学生由原来的区区数十人，骤增至数千人，创造了太学创办以来的奇迹。史上说，北宋太学之盛，实归功于石先生。可见，此公不光笔头厉害，嘴巴也厉害。

庆历四年三月，庆历新政正如火如荼进行中，形势似乎有利于改革派。

石介见此情形，便模仿韩愈《元和圣德颂》，写了一首长达 190 句的四言长诗《庆历圣德颂》，盛赞范仲淹、富弼、欧阳修等人，把矛头对准夏竦，指斥他为大奸之人，让皇帝一定要睁大眼睛，重用贤良，去除大奸。

这诗一出来，以石介之影响，朋友圈之大，粉丝之多，很快处于疯狂转发中。孙复先生读完这首诗时，吓了一跳，他对石介说："你要惹祸了"。

范仲淹看过这诗后，非常生气。他对韩琦说："我们大事要坏在这个怪人手上了。"韩琦和他深有同感。改革事业，最后果然毁在这首诗里。

夏竦看过这诗后，气疯了，他在家里的斋坛上，设置一个牌位，上书"夙世冤家石介"，以此诅咒石介。他让家中女奴，摹仿石介笔迹，伪造一封信，收信人是富弼。信中说，改革派要废掉仁宗，另立新君。署名石介。

这个内容简直要人命啊。那个时候又没有新技术，一封手写信是真是假谁能说得清？仁宗本来怀疑他们是穿一条裤子的"朋党"，这下好了，跳进黄河也洗不清了。庆历新政失败，就是这个小事件引发的。一干人等只好黯然辞职离开京城。

石介被外放山东濮州任通判，他未能赴任，即于庆历五年七月病逝于家中。他死后倒安息了，但夏竦，还是不肯放过他。

这年十一月，徐州有个狂人名叫孔直温，图谋造反被杀，官府抄家时，从孔家抄出几封石介写给他的信，这时候夏竦放出风声说，石介并没有死，他只是诈死，富弼正派他潜入契丹，试图勾结外敌，阴谋颠覆宋王朝。

这事闹大了。

仁宗知道后大惊失色，赶紧罢免富弼西路安抚使的官职，又诏令兖州开棺验尸。

这时候御史官何郯上疏说，夏竦明知道石介已死，还故意这样说，便可知其本意并不在石介，而是另有目标。因为石介当初，正是范仲淹引荐的，他想借此打击忠义之臣呢。陛下岂能上他的套？

另一位御史官张昇也跟着上疏，坚决反对开棺验尸，矛头直指夏竦。再加上石氏家族、门生，数百人联合保奏，死去的石介终于被免于开棺验尸。

但石介的家人还是受到了牵连，他们流亡多年后，才被允许回到故里。

发生这个事时，包拯正出使辽国做贺正旦使。包拯回来后，听说了这件事，对何郯、张昇非常支持。他说，如果他在，也一样会上疏，坚决反对开棺验尸，报复人不是这样报复法。

皇祐元年（1049），包拯为刘筠先生，做了两件事。

刘筠是河北大名人。包拯在这一年的三四月份，两次被命前往河北，一次是"提举计置粮草"，另一次是与安抚司、转运司议事，讨论裁军裁员问题。

包拯奉使河北期间，去了大名府，想方设法找到刘筠的族人，其中有位刘景纯，人敦厚淳朴，学问不错，早年和堂伯刘筠曾有过交往，包拯便和他说了刘筠故后田产被合肥官府没收的事，他问刘景纯："可愿意过继给刘筠，做他的继子？"

刘景纯当然真心愿意。包拯也征询了他父亲和其他族人的意见，他父亲不止刘景纯这一个儿子，所以对刘景纯过继给刘筠，本人并无意见，还很乐意，族长也同意了，便举行了一个小型的过继仪式。这在民间是很流行的。仪式后，包拯还邀请相关人士，在一起吃个饭，当然吃饭的钱是包拯出的。在吃饭时包拯挨桌敬酒，当这些族人知道包拯只是刘筠的一个学生，却帮刘筠操办了后事，还来寻找刘筠族人，帮助完成刘筠身后事，他们都十分感动。族长站起来向包拯鞠躬，表达他的敬意和感谢。他们也说了很多刘筠小时候的事情。说刘筠读书非常用功，人很聪明，他当官后也回到老家几次，但他兄弟早死，都无后，父母故去后，他再也没回来过。

包拯回来把手头事忙完，便写了一份折子，上疏朝廷，奏请刘景纯为刘筠后。《长编》对此有如下记录：

> 于是拯为言，请以筠族子景纯奉筠后。乙亥，授景纯将作监主簿，仍给还其田庐。[1]

---

[1] 孔繁敏：《包拯年谱》，合肥：黄山书社，1986年，第55页。

奏请刘景纯为刘筠后，是这一年八月份的事。而授刘景纯为官还其田庐，是这一年十月后的事。

刘筠三典贡院门生众多，但真正完成刘筠身后事的却是包拯。当然也因为刘筠最后是在合肥去世的，他和包拯的师生情谊，应该最为长久。

# 盐法改革

只要研究盐史，北宋朝的范祥是绕不过去的人物。而范祥的盐法改革能够推行开来，却和包拯有关。

在说范祥新法之前，先说一下旧法。

陕西是宋朝的主要盐产地。陕西产的叫解盐，不光供应全陕西，还供应京师、京东京西两路。此外，亦销及河北河东，惠及人口一千万。河北、河东、陕西这三路，号称"三边"，是北宋边疆。对面的西夏国也产盐，那边的盐叫青盐。解盐颗粒粗，味道一般；青盐颗粒细而味美。

旧法中，解盐由官方派盐吏搬运，然后设局专卖。宋初解盐售价是每斤34—44文，而其成本不过0.47文，即使再加上搬运成本和管理成本，也有几十倍的暴利。何况盐业是完全被官方垄断的，搬运派遣到老百姓头上，不去也得去，运输途中如有损耗或丢失，还要赔偿。为此倾家荡产和逃亡的人不少。每年因盐役而死的数以万计，冒禁抵罪者不可胜数。

因旧法弊端实在太多，后来又出现一个限制版的通商法。

因为三边老有战事，兵马屯集的也巨多，粮食供应经常跟不上，便发明一个限制版的通商法，让商人参与进来。这个方法是物物交换法。因三边缺粮草，便让商贩运粮草过来，去沿边州郡，换一张有价票券，再拿票券去指定地点，换盐、茶、香药和宝货。这种方法商人们喜欢，因为当时的钱都是金银铜钱，笨重得很，带着也不方便，不如拿张票券去换东西。

这看起来是个进步，但实施起来后，问题又来了。

运来的粮草远近不同成本不一，怎么估价？估价师如果故意压价，商贩们会很受伤，容易引发纠纷。那官商串通，故意抬价呢？受伤的会是国家。

据《宋史》记载，有商人和贪吏互相串通，明明只是两根橡木，却估价千钱，给盐 220 斤。有人为此上疏说，官家才拿到 50 万贯，商贾却拿了 360 万贯。

这两种旧法都有弊端，而且弊端都不小。包拯以前做陕西转运使时，便深知其弊。

而范祥发明的新法是这样的：

1. 运盐改"役使"为有偿雇用。停止沿边物物交易，商人直接去边郡缴纳现款，换取盐钞。商人再拿盐钞去指定盐产区提盐。

2. 政府控制青盐，禁止私下销售。因为西夏青盐细而白，价格还便宜，他们偷偷卖给沿边百姓，直接冲击了宋方的食盐市场，导致沿边州郡的解盐卖不出去，积压很多。这一道措施就可以管住青盐。

3. 政府根据每年出产的盐量发放盐钞。从源头上控制，盐钞就不会虚高或贬值。商人未能售出部分，政府则要按值赔偿。这一措施，把商人的担心给解除了。

4. 官府自卖盐地区，在商贾未流通时，允许官卖存在，一旦商贾开始流通，就要停止官府自卖。

5. 为稳定全国盐业市场，要在京师增设一个"都盐院"的管理机构，由陕西转运司派人负责。如果市场上的盐价低了，就大量买进；如果高了，就抛售一部分。这样，就能稳定住盐价，不至于被商人操控。

由此可见，范祥新法考虑到了方方面面，较之旧法好的不是一点点，而是太多。所以包拯评价说，此举"于国有利，于民无害"，道理非常清楚。

范祥是陕西三水人。进士及第，做过不少任地方官。他在主管陕西沿边青、白盐务时，看到当时的盐法问题很多，便想改良盐法。庆历四年，知汝州的范祥，为呼应范仲淹新政，提出盐法要改革，建议产销分开，但得不到时任陕西转运使的支持。随着"庆历新政"的流产，范祥也被派去管理银矿、铜矿去了。

　　过了四年，范祥再次上疏。这次获得朝廷同意，任命他为陕西提点刑狱兼管盐务。于是，范祥开始在陕西推出他的新法。但推行之初，观望者多，商人拿现钱去换盐钞的还很少，再加上批发价提高，原来那一拨既得利益者又从中作祟，以致新法实施第一年，税收减少一百多万。这样一来，便有人要求停止新法，恢复旧法。

　　在这关键点上，包拯上疏力赞新法，并请求朝廷派遣他去陕西，亲自去那里看一看，并和范祥及陕西转运使面谈一次，以便完善新法。

　　　　臣细详范祥前后所奏，事理颇甚明白，但于转运司微有所损，以致异同耳。臣固非惮其往来之劳，妄有臆说，实亦为国家惜其事体，不欲徇一时之小利，而致将来大患。臣欲乞候到陕西相度：如沿边近里州军粮储有备，钱物可以那容，得行新法，公私未至大害，其间或有未便之事，即与逐司将通商旧法与今来新法公共从长商量损益，且令通行；如沿边粮储阙乏，公私为大不便，即具画一事状，乞朝廷详酌指挥。[①]

　　包拯说，范祥的前后奏议他都看过了，旧法弊病大家都明白，范祥新法对转运司来说，在利益上暂时会有小损失，所以他们才有异议，包拯说他不怕往来辛苦，希望朝廷派遣他，去陕西跑一趟。如沿边州军储备粮充足，钱物允许实施新法，于公于私没有大害，那就实行新法；如果实施起来有什么不方便，我来跟他们沟通、协调。

　　仁宗看后同意了。临走前还特召包拯面谈一次。包拯在面谈时大赞新法，他说不应该有点小损失就放弃新法。何况"法有先利而后害者，有先害而后利者"，再说，朝廷也不能朝令夕改失信于民啊。

　　包拯去陕西后，一路所见所闻，证明新法是对的。老百姓就怕朝廷又把

---

① 孔繁敏：《包拯年谱》，合肥：黄山书社，1986 年，第 55 页。

盐法改回去。当然，也有不喜欢新法的。不喜欢的都是贪官污吏，他们搞不到钱了，当然不快乐，所以放出风声，诋毁新法。

包拯在陕西看到的新法，是妥妥的，细节很周详，商人拿钱去沿边州郡换盐钞，再持盐钞去提盐，然后加价出售。看过后，他对新法的支持更加坚定了。这时候，三京及河中等处还在实行官卖法。《长编》记载：

> 及拯至陕西，益主祥所变法，但请商人入钱及延、环等八州军鬻盐，皆量损其直，即入盐八州军者，增直以售。又言三京及河北等处官仍鬻盐，自今请禁止。①

朝廷很快下发诏命：陕西盐法且依范祥计划通商放行。

包拯考虑到范祥当时的派遣是"陕西提点刑狱"，便上疏仁宗，"请除范祥陕西转运副使"，因为盐法是范祥提出来的，不叫他去负责盐法实施而去管理刑狱，万一实施中出了问题，板子打在谁的身上？这道疏似无下文。

两年后，包拯已不在户部副使任上，做了谏官，他又一次上疏，"再举范祥"，疏中说：

> 臣先自陕西相度盐法回，曾具札子，乞除提点刑狱范祥权本路转运副使，所贵擘画盐法利害，计置沿边斛斗，事归一局，易为办集。至今未蒙施行。
>
> 勘会范祥新法，自皇祐元年正月至二年十二月终，共收到见钱二百八十九万一千贯有零，比较旧法，二年计增钱五十一万六千贯有零。三年春季又已收到见钱七十余万贯，兼籴到斛斗万数不少。缘陕西累岁丰熟，今秋又大稔，正当计置之际。况范祥显著成效，可备驱策，欲望圣慈允臣前奏，特许就除范祥本路转运副使，责其

---

① 孔繁敏：《包拯年谱》，合肥：黄山书社，1986年，第56页。

久任，俾之一面制置解盐，及将见钱收籴粮斛，须管沿边军储，大段有备，又免向去入中枉费榷货务见钱。经久之利，无便于此。①

包拯说新法实施两年多来，陕西收到的现款，较旧法比，两年计增 51.6 万贯，成效很显著。何况任命范祥为转运副使还好处多多，除责其负责盐事外，还可趁眼下粮食丰收粮价便宜时，将那些现款用来购买军粮，避免了旧法手续繁杂之弊。经久之利，没有比这更好的。诚一举多得。

这一道疏上去后，范祥终于被任命为陕西转运副使。这是皇祐三年十二月的事。

新法实施过程中，并非完全顺利，而是一波三折。比如实施不久，三司磨勘司判官李徽之上疏说新法不便，引起朝廷大哗，仁宗便将范祥召回，让他与李徽之及朝中大臣重新讨论，讨论结果，多数赞成新法。这其中，包拯的声音最大。于是，新法获准继续实施。

皇祐五年四月，范祥因处理边务，出现一点失误，被降为屯田员外郎，知唐州。他知唐州后，陕西转运使李参主政陕西，便又恢复了旧法。旧法恢复后，陕西财政收入，每年减少百万缗以上。

这一年，包拯独子去世，他请求调到离老家近的地方，以便处理家务事。所以解盐的事他已鞭长莫及。

嘉祐三年（1058）七月，包拯出任御史中丞，他和三司使张方平联合上奏，要求再度起用范祥重行新法。范祥因此被起复为官，新法这才得到推广。

嘉祐五年（1060）七月范祥去世，包拯时为三司使，负责全国财赋，位高权重，他感激于范祥新法推行十年，对社会贡献很大，当年十一月，在范祥去世三个多月后，包拯在朝会上特别建议，应该奖赏范祥及其子孙，获得仁宗同意，范祥孙子范景，因此被授官"郊社斋郎"。

---

① 杨国宜：《包拯集校注》，合肥：黄山书社，1999 年，第 201—202 页。

# 二、包弹大名传天下

## 假皇子案

皇祐二年（1050），包拯被擢为"天章阁待制、知谏院"，天章阁待制是个荣誉性头衔，官序还没到就被授予，便称为"待制"。包拯后来常被人喊作"包待制"，但他真正的工作是做谏官。

包拯在就职当天就上了一道疏"请召还孙甫张环"，疏文的开头为：

> 臣近蒙圣恩，擢预谏职，固让则有嫌疑之避，轻受则有忝冒之愧，进退失措，罔知宁处。伏况谏垣之才，方今极选……①

这段话说，他得到这项任命诚惶诚恐，不知该接受还是该推辞？如果谦让过分，会被指责是"作秀"。但如果轻易接受，也会被人说是不知天高地厚。真让人进退失措啊。可见谏官这个位置多么重要。谏官都是皇帝本人在百官中反复挑选的结果，这比御史官又高了一层次。所以御史官可以有十多位，但谏官却少得多。北宋谏院知院官共六人，多以司谏、正言充职，若以别的官来做谏官，则称知谏院。

包拯在这道疏里，除表达感谢外，还要求召还两位人才，以便充实台院队伍。

---

① 孔繁敏：《包拯年谱》，合肥：黄山书社，1986年，第59页。

　　臣窃见起居舍人秘阁校理孙甫，兵部员外郎、秘阁校理张环，

禀纯一之性，有端方之节。危言笃论，可以正阙遗；博学远识，可

以备顾问，欲乞特与召还，置之近列，则言路益广，公议允协。①

　　孙甫、张环到底有没有做成言官？似乎没有。但张环却因为包拯的这个提议，而外放浙江做了地方官。后面还要写到他。

　　话说宋仁宗这一年41岁了，却还没有一个儿子。后宫那么多女人也只生过三个皇子，还都早早夭折了。包拯做上谏官没多久，东京皇宫外，便有人自称是皇子，要进宫认亲。此人名叫冷清，说他母亲当年是宫女，怀孕后出宫生下了他。冷清说这话时，旁边还有人帮他说话，证明所言不虚。那是个大和尚。看起来德高望重的，也不像会说假话。

　　这事像长了翅膀一样，很快传遍京城，老百姓差不多都知道皇上有个儿子，是放出宫的宫女生的，现在长大了要进宫来认亲。这是多好的一件事啊，何况皇帝又那么渴望儿子呢。

　　开封府太守钱明逸，得知此事后，他的第一反应，这里面有名堂，便下令巡警把人先带过来。没想到冷清被抓进开封府后，看到坐在大堂上的太守，不但不害怕，还大喝一声："明逸，安得不起！"

　　钱明逸闻言居然乖乖站了起来。回过神来后，感觉不对头，是他在审案啊，怎么能够被冷清牵着鼻子走？这才稳住，重新坐了下去。

　　见他坐下去，冷清又飞过来一句话："大胆钱明逸，见了皇子，你居然如此无理，该当何罪？！"

　　好在官府中看热闹的人多，冷清除了胖和尚外找不到第二个帮手，没办法，他只好继续狐假虎威大放厥词。话一多，破绽就出来了。但钱明逸也没法知道冷清是真是假，他只好以精神病为由，把他流放到汝州。

　　开封府推官韩绛上了一道疏，说钱太守把人这样放掉，任其在外面胡说

_____

① 孔繁敏：《包拯年谱》，合肥：黄山书社，1986年，第59页。

八道是极不妥当的。老百姓听风便是雨，只怕会越传越离谱。

在朝会上，翰林学士赵槩，也觉得这样处理不好，他说如果冷清是真皇子，就不应该流放；如果他是诈骗犯，那就应该抓来杀头。

按理，这样的事情仁宗皇帝是最有发言权的，因为他是当事人啊。如果他真临幸过冷清母亲，这位宫女出宫前，的确已怀孕。那把她生子时间和出宫时间比对一下，就能发现问题。但宫女太多，皇上实在记不住了，也很不好意思，所以他只好不说话。何况他对这个冷清也有好奇心，没准……真是他儿子呢？

有一本宋人笔记里记载，说有一天仁宗退朝，因为头痒，御衣也没脱，便叫梳头宫女过来帮他梳头。梳头时，宫女见他怀里藏有东西，便问是什么？仁宗说："这是台谏官的章疏"。梳头女很好奇，继续问："是什么内容？"仁宗答："谏官说，宫里的嫔妃多了阴气太重，要裁减。"梳头女不以为然，撇撇嘴，开始发表她的高见：

"两府两制那些官员，他们家里都有歌舞伎女，只要官职一上去，他们家里的歌舞伎女只有增没有减的，官家（指皇上）跟前只剩一二人，就说阴气盛要减人，有这样的道理吗？只教他们快活？！？"

仁宗听了不吭声。

然后再问："他们说的话就要听吗？"

"台谏说的，岂敢不行？！"

梳头女更生气了，她嘟囔着说："如果宫里真要裁人，那就从我先开始吧。"

她以为官家只是说笑而已，不会当真。再说，她梳头技术的确一流，让官家很满意，料官家肯定不会裁她。没想到，这次错估了形势。

仁宗一起来，便叫来老内侍，让他通知掌管宫籍的奴才，拿宫籍到后苑来，他翻开宫籍，一笔勾了 30 人。然后开始发布第一道诏令：

"你们听好了，以后就是皇后来，也不允许她进后苑这道门来！"

再过一会，又开始发布第二道诏令："这宫籍里，自某人以下三十人，全部放出宫。"

这某人，指的就是那位梳头女。

这个时候，已到吃饭的点了，曹皇后来请仁宗去吃饭，看气氛不对，她不敢多停留。等到诏令都通知到位了，仁宗才开始吃饭。看到他脸色发青，皇后也不敢多问。直到吃完饭，上茶，仁宗脸色稍舒缓，皇后才敢问："那位梳头女，是官家平时最喜欢的，为何把她作为第一名裁掉？"仁宗回答说，"这人劝我拒谏，这样的人怎么能放在身边？"曹皇后便因此告诫身边的侍女，"以后你们在官家面前不要胡乱说话，更不要干预朝廷上的事。那位梳头女被撵出宫，就是因为官家不容她。乱说话嘛。"①

这个故事说明几个问题：

一是仁宗对待台官的章疏还是非常重视的。这些章疏白天没时间看，他就带回宫里晚上看。

二是因梳头女干预外事，他一气之下裁了三十名宫女。这些宫女中有没有他临幸过的呢？难说。但他并不以为意。这是由宫廷环境所决定的。

三是梳头女说的二府二制家内都有歌舞伎女，只能说有些人可能有，但不是普遍现象。前面说过，做过宰相的晏殊家是有的。像范仲淹、欧阳修家是没有的。包拯日后贵为三司使和枢密副使，也是没有的。

仁宗从小深受儒家教育，他有他的价值尺度和自我要求。欧阳修在《归田录》中，曾说到仁宗的另一面。他说仁宗生性节俭。至和二年春，他生病了，二府大臣进到他的卧室里去看他，看到他盖的被子都是旧的，颜色已发暗，使用的器服都偏素。如果不亲眼看到，一般人都以为，贵为天子，所用的器服还不是最好的吗？皇上的这一面一般人是见不到的，估计这次病有点重，才让二府大臣进去"侍疾"。

欧阳修这时候是皇帝身边的近臣，翰林学士兼史馆修撰，修唐书。所以二府大臣去看望皇上时，作为史官，他是随行者。

仁宗喜欢旧衣物旧器具，一方面是节俭，另一方面是旧一点的用起来，

---

① 丁传靖辑：《宋人轶事汇编》上册，北京：中华书局，2012 年，第 28—29 页。

生理上也更舒服。所以皇帝的后宫生活，的确和我们想象的有距离。其实，皇帝也是人嘛。何况仁宗审美并不低，他是个书法家，最擅长写飞白体，无非名气没有宋徽宗大。他从小很爱画画，喜画马。有朝臣便想索要他画的马，还被仁宗嘲笑了一顿，因为那时候他还是小孩子嘛。他说："你们这些大人，怎么还讨要小孩子画的马呢？"

欧阳修在《归田录》里说到仁宗别无爱好，只亲笔墨：

> 仁宗万机之暇，惟亲翰墨，而飞白尤神妙。凡飞白以点画象物，而点最难工。至和间，有书待诏李唐卿撰飞白三百点以进，上亦颇佳之，乃特为"清净"二字以之，其六点尤为奇绝，又出三百点之外。[①]

话说皇子真假莫辨之际，朝会上意见分歧，仁宗便诏令翰林学士赵槩和包拯出马，查清事情的真相。

赵槩和包拯是进士同年。一个稳重踏实，学问渊博；一个思维绵密，调查专业。两人强强搭档，可以甩钱太守一条街。

两人出马后，冷清案很快取得重大突破。

调查得知，冷清母亲王氏，的确曾在宫里做过宫女，因宫里失火而被遣散回家。她很可能就在厨房里做劳役，因失火受牵连，而被撵出宫。出来后嫁的丈夫名叫冷绪，是个民间医生。她结婚后生的第一胎是女儿，第二胎才是冷清。由此可知，冷清必是冷绪亲生子，而非仁宗子。

那他为何胡扯他是仁宗子呢？这就涉及那个教唆犯胖和尚了。

冷清在京城出生，长大后四处流浪，到了外地，反正也没人知道他的真实身份，便诈说他是皇子，结果还真有人上当受骗的。而且上当受骗的很多还是权贵人物。冷清只略施小技，这些人就拜倒在他面前，还送钱送物，免费招待吃喝，他太享受这种成就感了。他拥有的唯一本钱，是母亲的确曾在

---

[①] 丁传靖辑：《宋人轶事汇编》上册，北京：中华书局，2012 年，第 24 页。

宫中服务过,知道宫廷里的一些小秘密,他只要把母亲平时说的加以合理想象,抖一点出去,很多人便会信以为真。

这套诈骗术,本身并不高明,无非信息不对等,再加上编排得合情合理:母亲怀孕,出宫,嫁人生子……人们同情心大发作,便给他行骗提供了强大基础。

事情的惊天大逆转,是在他漂泊到庐山后,碰到胖和尚。

胖和尚一眼看穿冷清,因为他也是这一行中的高手。他觉得此人可利用,便做了冷清的总导演。这便有了进京认亲这出戏。

冷清本意只是编排个故事骗点钱而已。而那位总导演呢,志不在此。仅仅骗点钱太简单了,必须进宫做上真正的皇子。仁宗一旦承认冷清的皇子身份,那天下就是冷清的了。这位总导演就可以更上一层楼,直接做太师和冷皇帝的太上皇。那就可以挟天子以令诸侯,天下便是他的了。

冷清成了听话的道具,这出戏便在京城精彩上演。

没想到,包拯一眼便识破了此中伎俩。包拯还乘胜追击,很快和御史官何郯一起,调查出了那位胖和尚的真实身份。

这位"总导演"真名叫高继安,是个退伍军人,有犯罪前科,曾因罪流放鼎州,不久回到京城,托病放免,流落民间,此人好结交权贵,专门学了一套诡异的心理分析术,行走江湖。

包拯去了军巡院调查胖和尚的身份,也多次提审过冷清。冷清供述前后不一。事后包拯上疏仁宗,详细汇报了这个案子的调查情况,并建议他严肃惩处,越快越好,以防生事。

> 兼详放停军人高继安款,先因罪犯配鼎州,寻隙入京,托病放免,而妄谈幻术,交结权贵,所至之处,多以祷祠为名,扇惑州县。顷年于潭州即将带冷清随行,沿路累造妖言,知而故纵,不以告官。及冷清事发,则教令诈作心风,果得免罪;寻又教以狂悖之语,所不忍闻。且都城之内,岂可令此辈轻慢宪法,惑乱大众。若不速行

显戮，以戒未来，则启奸邪之心，为国生事，防微杜渐，不可忽也。乞令尽法施行。①

退伍军人高继安，先因罪流放鼎州，找个理由进京，托病放免，然后挟巫术行走江湖。上过他当的人不少。他在潭州碰到冷清。他们俩一路上大放妖言。冷清被开封府抓后，他教唆冷清故意装疯以欺骗判官，得以被流放。冷清说的那些话难听死了，包拯说，他都不好意思讲给陛下听。如果这样的人不处理，他那一套诈骗术可以蛊惑多少人啊。不能树这样的坏榜样，必须赶快正法。

等了几天仍无动静，刚好京师"风霾暴作，日月无光"，这是老天爷在发警告，不要宽恕罪人。包拯遂再次上疏，他认为这个案子已经查得非常明白，犯罪事实清楚，证据确凿，影响恶劣，不能按常法来处理，更不能宽恕。如果这样的事情都能够容忍，那天下事还有什么不可以容忍的呢？

这道疏上去后，仁宗终于下定决心，把他们俩全部推出去，斩了。这是皇祐二年四月的事。

那位钱太守因冷清一案而被降级，贬知蔡州。他是吴越王钱俶的孙子。父亲钱易，是个名士。17岁时考进士，殿试时，三道题不到半天他就做完，第一个交卷。在真宗时期，殿试第一个交卷的往往被他高看一眼，推为状元。但如此几次后，便有大臣抗议说，这样录取状元有点不公正。有人为了争做状元，会第一个抢着交卷，却没有好好审题。真宗也觉得这样录取可能有些问题。钱易考进士时是第一个交卷，他这次不但拿不到状元，连进士资格都被取消，还被指责为"轻俊"，但这一事件也促使他快速成名，成了网红。

包拯出生那一年（999），正是科考年，钱易第二次参加考试。这次他认定他就是状元，而主考官却不敢把他录取为第一，只是给个第二名。他便上书朝廷，对科考制度大加指责。真宗看了很生气，大笔一挥，把他从第二名

---

① 杨国宜：《包拯集校注》，合肥：黄山书社，1999年，第147—148页。

下调到第三名。不过真宗后来还是赏识他的，让他做了翰林学士。

钱明逸就生长在这样的家庭里，才气自然是没话说的，学识也很渊博，但他处理政务水平偏低，而且人品上也有问题，被贾昌朝、夏竦利用，做了他们的马前卒。

庆历新政时，他第一个跳出来攻击范仲淹和富弼。范、富二人因此而被罢免，庆历新政也因之流产。他还弹劾过欧阳修，说欧阳修和侄女有一腿，结果证明子虚乌有。

欧阳修写过钱家故事，对钱家可能有些微词，钱明逸看了很不爽，便找机会整治一下欧阳修。这事曾一度闹得满城风雨，欧阳修差点要气疯，这时候只有翰林院同僚赵槩站出来为他说话。而欧阳修对这位老兄，原来还不太厚道。

路遥知马力，日久见人心啊。后来欧阳修老了，贬官在颍州，又是这位老朋友，颤颤巍巍跑过来看他，让欧阳修感动不已：什么是真朋友？这才是。

而这位名声有点臭的钱太守，到了神宗时期，终于得到机会可以做翰林学士了，没想到诏书一出，便有台官弹劾他，说他为人阴险，曾巴结贾昌朝、夏竦，诬陷忠良，且"文辞浅谬"，钱明逸因此被罢翰林学士。

## 多情的皇帝

既然说到假皇子，我们接下去顺便说一个更有趣的故事。

前面说到仁宗有一个宠妃张贵妃，她在至和元年（1054）去世后，被追封为温成皇后。那个时候仁宗的曹皇后，还活得好好的，却把一个去世的贵妃封为温成皇后，已经算是很过分了。更诡异的是，宣诏时，是在人死后的第四天，而且丧事已按皇后规格处理完毕。这种做法是仁宗前所未有的行动，算是打台官们一个措手不及：你们就算要弹劾，也已经是马后炮——没用了。

张贵妃活着时，就想当皇后。但她生前做不到，因为废曹后实在没有一点理由。仁宗前面已经废过一个郭后了，那本来只是宫廷女人间的争风吃醋，郭后一巴掌要扇妃子，结果误打到仁宗脸上，因此而被废。事情过后仁宗便后悔。如果再废后，找不出理由啊。

　　说起来张贵妃也算多才多艺，情商高，颜值也高。仁宗在 30 岁那年，一见到她便爱上了，这份爱情持续到仁宗的晚年，哪怕是在张贵妃香消玉殒后，仁宗还是会忍不住想念她——不管有人多么诟病这段爱情，但身为皇帝，对一位妃子能这么长情，还是值得赞美的。

　　因为喜欢这位妃子，仁宗便接二连三地赏封她家人，这种封赏，甚至打破了很多皇家纪录——先是她哥哥被封官，皇祐二年（1050），她母亲的曾祖和祖父，也被赠官。她父亲张尧封，生前只是一小推官而已，死后却被追封为"清河郡王"。一个贵妃的父亲被封王，这在宋朝的历史上是前所未有的。而其伯父张尧佐，在皇祐元年，则被越级提拔为三使司。

　　张尧佐做三司使时，包拯还是三司户部副使，他对此公的工作能力看得一清二楚。几年前他们俩出使辽国时撞到一起，算是不打不相识。包拯虽然不太看得起此公，但刚开始，并没有贸然弹劾他。

　　传言中，张贵妃还牵连到包拯的同年文彦博。而传说中被称为"后党"的人物中，除了文彦博还有贾昌朝、王拱辰、夏竦等人。可传言毕竟是传言。虽然台官可以"风闻言事"——就是说，听到传言就可以上疏，而不必知道消息的真实性。但被指责为"后党"一号人物的文彦博，包拯还是非常了解的，知道他是完全靠个人能力做上宰相，并非走的是后宫路线。

　　张贵妃出身并不低贱。祖父张颖，娶吴越王子太师雅之女，虽是进士出身，可仕途一辈子跌跌撞撞，十分不理想，最后才当上一个小县令，所以家里并不富裕，甚至说得上贫寒。其父张尧封，年轻时游学南京，认识了应天府助教曹简，曹简见他长得既英俊又有才华，便把女儿曹氏嫁给了他。所以仁宗爱上张贵妃，有一个原因是她的身份和别的宫女不一样，她是"良家子"——其实她不光是良家女，她这个家族还很有文化。何况祖母那一支，还有贵族血统呢。

　　关于张尧封、张尧佐的事，在王巩的《闻见近录》中记载得非常详细。

王巩是真宗朝宰相王旦的孙子，仁宗朝名臣王素的公子。他自己是北宋中晚期人，长于诗，且擅画，文章亦好。王巩虽然官做得不是很大，但在政坛上十分活跃，和苏轼兄弟都是好朋友。《闻见近录》这样的书，没有见多识广，肯定是写不出来的。所以宋人的文史小品，多半出自名臣手笔或名臣二代手笔。这也是很有意思的现象。王素是庆历期间的著名谏臣。每次言事时，欧阳修总让他打头炮，就因为他是名相之子。这也是书中记载的。这本书可以媲美于欧阳修的《归田录》、邵伯温的《邵氏见闻录》和沈括的《梦溪笔谈》。无非各有各的叙述角度。信息来源有亲见有耳闻，也有道听途说。下面叙述的这件事，可信度极高，因为是他父亲王素所经历的事：

> 先公为谏官，论王德用进女口事，仁宗笑曰："朕真宗子，卿王旦子，与他人不同，自有世契。德用所进女口，实有之，在朕左右，亦甚亲近，且留之如何？"先公曰："臣之所论，正恐亲近。"仁宗色动，呼近珰曰："王德用所进女口，各支钱三百贯，即令出内东门，了急来。"遂涕下。……①

王素当年做谏官时，弹劾王德用（979—1057，北宋名将）给宫廷里进女人。仁宗反问他，这是宫里的事，你从哪知道的？王素说，我是言官，不需要知道传闻出处，陛下有则改之无则加勉，不需要追问我的消息来源。

听到这里，仁宗笑了，他说我是真宗儿子，你是王宰相的儿子，我们两家是世交，和别人是不一样的。王德用的确给宫里进过女人，现在她们就在我身边服务，留下她们怎么样？

王素说，如果不在陛下身边，和她们很疏远，留下来倒也无妨。就怕皇上和她们很亲近呢。所以我才要议论这个事。

话说到这个份上，仁宗脸色大变，赶紧传令："王德用所进女人，每人支

---

① 丁传靖辑：《宋人轶事汇编》上册，北京：中华书局，2012年，第27页。

钱三百贯，让她们从东门出去。"

说完，他流泪了。

仁宗说他虽然是皇帝，可也是人啊。如果赶她们走，看到她们在他面前流眼泪，他心里就会受不了……

真是多情的皇帝。

正因为仁宗是位多情皇帝，所以才有那么多的故事。

## 张家故事

在王巩的《闻见近录》中，写了张家故事。

> 吴越王子太师雅之女适张氏，生子名尧封，与尧佐为宗表兄弟。尧封游学南京，遂娶曹氏。尧封俊迈，从学山东孙明复，明复在其舍，执事皆尧封妻女，如事亲焉。时文异倅南京，子彦博、彦若并师明复，明复遂荐尧封于文氏，为门客，张文之好，始于此。尧封就举，与张文定同保，将引试，语文定曰："宗表兄自无锡宰归，当往求举资。"及还，尧佐但与钱五百文。后尧封举进士，任石州推官卒，其女入宫为婕妤沈氏养女，是为温成皇后。时相为访其族姓，会尧佐以太常博士知开州还，时相因以白上……①

这段话里说，张尧封与张尧佐并非亲兄弟，只是"宗表兄弟"而已。张尧封游学南京时，认识了应天府助教曹简，曹简见他长得一表人才，便把女儿嫁给了他。张尧封当时在南京拜孙复先生为师。孙复虽然穷，科考屡屡受挫，但他学识非常渊博，投师他门下的弟子颇有一些。张尧封和文彦博，便都是他的弟子。孙先生每次到张尧封家来，都会受到张尧封妻女的热情欢迎。

---

① 丁传靖辑：《宋人轶事汇编》上册，北京：中华书局，2012年，第39页。

张尧封生有三个女儿一个儿子，张贵妃是张家二小姐。

当时文彦博父亲文洎正在南京做官，和包拯父亲是同事。文彦博和包拯正是这个时期认识的。而文家兄弟这时期也都在孙复门下读书。那个时候，张贵妃还是个幼女。她比文彦博整整小 18 岁。文彦博考上进士那一年，她才三四岁。而她父亲张尧封考上进士，要比文彦博早几年，那个时候张贵妃很可能刚刚出生。所以她对文家是没有印象的，只有母亲和姐姐可能有印象。而她父亲考上进士后，也就出去做官了。一家人当然也跟着走。她父亲死时，张贵妃已经 8 岁了。那应该是 1031 年的事。

在南京游学期间，经孙复推荐，张尧封做了文彦博父亲的门客。门客生涯很可能也很短暂。张尧封有可能是 1024 年那一科的进士，因文洎在南京做官，是 1022 年后的事。

张尧封一家穷得要命，应举时，连考试费用都拿不出来，他与张文定之间有同保约定，即互做对方的担保人。考试前，张尧封对张文定说，我的宗表兄，马上要从无锡过来了，到时候我去问他要点举资钱。结果张尧佐来后，只给五百文钱而已。张尧佐当时已在无锡做官，经济条件要比张尧封好得多，但也不大气。

张尧封考上进士后做了石州推官，没几年就病死了。曹氏一个寡妇带着四个孩子，怎么过日子呢？只好求助张尧佐。张尧佐那时候正要去四川做官，却以路途遥远为由，拒绝了这一家人。

幸而张贵妃家有人和宫中的刘太后认识。而那时宋朝的最高领导人就是刘太后。曹氏无奈之下，只好把三个女儿统统送进了宫，张贵妃做了婕妤沈氏的养女，小时负责照顾她生活的，正是贾婆婆。

入宫时张贵妃才 8 岁。她长大后，做了杨太后的侍女。杨太后，便是抚养仁宗长大的小娘。说起来，张贵妃进宫后，有机会认识仁宗的大娘和小娘，也算是她的幸运。她和仁宗日后会有很多共同语言，恰恰是别人不具备的。

进宫后，张贵妃被送到仁宗姑母齐国大长公主的府上学过歌舞。仁宗初见她是在一个酒会上，时年 16 岁的张氏上台表演夺人眼球，仁宗第一眼就被这个小女孩紧紧抓住了。这段爱情，应该是仁宗倒追张氏。仁宗大她14岁，此时已阅女无数，但在张氏出现后，所有的女人都因之黯然失色。

这段爱情，惹来闲话无数，也让仁宗原来的光辉形象轰然倒塌。一个男人为了一个女人，可以不顾家法王法不顾祖宗规定，她想要什么，仁宗都会尽量满足她。她为仁宗先后生下三个女儿，可惜都夭折了，死大女儿的时候，仁宗就像死亲爹一样痛苦。可见，对这段感情的结晶，彼此都看得很重。

张贵妃的故事，令人想起杨贵妃。

杨贵妃也是多才多艺能歌善舞。白居易有诗说她"回眸一笑百媚生，六宫粉黛无颜色"，李白则说"云想衣裳花想容，春风拂槛露华浓"。想来张氏的才艺和杨贵妃还是可以比一比的。

杨贵妃10岁时父亲去世，被寄养在洛阳叔叔家。有一天，唐明皇女儿在洛阳举行盛大婚礼，杨玉环应邀参加，结果皇子李瑁对她一见钟情，把她娶进宫中。

三年后杨玉环婆婆去世了，唐明皇郁郁寡欢。便有人建议，将杨氏娶进来，或许能一抒失去爱妃之痛苦。出这个主意的人也是奇葩一个：居然让公公娶儿媳。可唐明皇一看见杨玉环便昏了头，于是儿媳妇华丽转身，成了公公的女人。真够乱的。

杨贵妃得宠后，她的娘家很快鸡犬升天，人人得到封赏，命运全部改变。她喜欢吃荔枝，那时没法空运，吃的还必须新鲜，只好打马快跑，"一骑红尘妃子笑"。

据宋人笔记记载，张贵妃最爱吃的是金橘。金橘产于江西，一开始京师里没有这种水果，仁宗时期才渐渐出现在京城里，但东京人多不识此物，而且初起时也不太贵，听说张贵妃爱吃后，京城里才风行起来，以致"价重京城"。[1]

---

[1] 丁传靖辑：《宋人轶事汇编》上册，北京：中华书局，2012年，第40页。

张氏做上贵妃，是庆历八年的事。当时朝廷便议论纷纷。但台官当时并没有出手。几年过去，张贵妃在宫中势力越来越大，又受仁宗宠爱，贾宰相因夫人关系认识了贾婆婆，主动认她为"姑姑"，那么姑姑的养女张贵妃也就和他成了"亲戚"。他和张贵妃交谈时得知她还有一位伯父张尧佐，已多年没有联系。说者无意，听者有心。

也真是凑巧，贾相正想为张贵妃寻找张尧佐时，他却主动送上门来。此时他刚好结束三年的知开州（今重庆开县）任期，回到京城，来朝廷报到，等待吏部的新差遣。贾相和张尧佐略一交谈，便知此人的确是张氏的堂伯父。他便把此事禀告给仁宗。仁宗听了自然很高兴，宫里的张氏当然更高兴，她不会再去计较当年的那些旧事了。毕竟伯父当时条件也差。更何况父亲和这位伯父还是很有感情的。

于是，张尧佐的命运便因之而彻底改变，他成了庆历年间火箭升官第一人。不光他两个儿子都做了官，他自己在几年时间内，也从小知县，一跃而为三司使。

## 预言家出场

张尧佐在皇祐元年（1049）继叶清臣之后，被任命为三司使。这是一个非常让人眼红的官职。欧阳修在《归田录》里说到三司监官，因缘请托，不可胜数。

> 京师诸司库务，皆由三司举官监当。而权贵之家，子弟亲戚，因缘请托，不可胜数，为三司使者常以为患。田元均为人宽厚，其在三司，深厌干请者，虽不能从，然不欲峻拒，每温颜强笑以遣之。尝谓人曰："作三司数年，直笑得面似靴皮。"[1]

---

[1] 丁传靖辑：《宋人轶事汇编》上册，北京：中华书局，2012年，第315页。

这段记载里，说京师诸司的库务监官，都是由三司使推荐任命的，因当司库监官油水比较多，权贵子弟及其亲戚们，都争先恐后想做监官，三司使便成为他们的请托和行贿对象。

田元均（田况）在三司时，最讨厌那些干请者，虽不能从，但又不好意思一口回绝，只好强装笑脸。他说自己当三司使数年，把脸皮都笑成靴皮了。

田况（1005—1063）是北宋名臣，和欧阳修、范仲淹等人都是好朋友。此公道德感很强且为人宽厚，说得上人品爆棚。他也是夏竦的眼中刺、肉中钉。

但张尧佐做三司使，见到一天到晚有人来"干请"，他可能会真心喜欢。爱钱的人置身钱堆里，做自己喜欢做的事，那恐怕也是很幸福的。

而此时，包拯也在三司户部做副使。包拯那时正研究盐改和冗官冗兵的裁员问题。茶法改革，也是他这一时期的研究对象。他在这期间，曾上过两道疏"论茶法"。

> 臣访闻今岁江淮山场榷货务，见积压累年茶货一千一百余万斤，并无客人算请。盖自在京榷货物擘画，每茶引一百贯文，更贴纳三十四贯，方支得一百贯文茶货。后来商旅阻节不行，每年课利并税钱亏欠数百万贯，则国家财用仰给，何以取济？
>
> 今发运使施昌言近已到阙，欲乞令昌言与三司使副，将今来茶法子细公共从长定夺，合如何擘画，即得公私利济，经久可行。①

包拯访问得知，今年江淮山场的各地交易场所，光积压的茶货，已高达一千一百余万斤，并无商客来买。原因是，在京交易茶货时，商人先花一百贯钱去买茶引，而拿着茶引去提货时，还要再贴上三十四贯钱，才能拿

---

① 杨国宜：《包拯集校注》，合肥：黄山书社，1999 年，第 144 页。

到一百贯钱的茶货。做茶叶生意还要倒贴，商人就不干了。国家因此每年要亏损数百万贯。包拯因此上疏说，现在发运使施昌言已到阙，请求朝廷下令，能允许他和发运使施昌言，就茶法一事议一议，怎么改革，于公于私皆有利。

包拯在关注茶法改革时，他的顶头上司张尧佐在做什么呢？查《长编》皇祐二年的全年记录，只有张尧佐被弹劾的记录，却无他的任何建树和政绩。

张尧佐起初被任命为三司使时，虽有台官弹劾，总体还算平稳。但后来，他嫌升官速度不快，还想得到更高荣誉，这才把台官都惹毛了。到最后，所有台官都出来弹劾他，演变为一个年度大事件。

这一年，到底发生了什么事情，才出现台官弹劾大联动呢？

有两件事，看似无关实则有关。一件大，一件小。

先说小事。

这一年年中，仁宗亲舅李用和因病去世。李用和是真正的皇亲国戚。他和张尧佐比，低调多了。

仁宗在飞扬跋扈的刘太后去世后，小娘告诉他，已去世的李妃，才是他的亲生母。得知消息后，他的头都要爆了。他和生母同住宫中多年，近在咫尺，却无母子相处的机会。简直太可怕了。他歇斯底里发作过后，冷静下来，才肯接受命运的安排。然后开始寻找舅家人。一直默默在宫廷里做侍卫官的李用和，这才和仁宗认上亲。仁宗对这位亲舅舅有着特别深的感情。因为从他身上，能找到生母的影子。也是那么静默、低调、谦卑，却让人敬重。

《宋史》说这位李国舅特别有品。一个谦卑的底层人物，却有感动人的高贵品性。

李用和是杭州人。年少时寄居京师，靠给人做纸钱谋生。姐姐进宫后，先是做了刘后的侍女，但因为刘后生不出孩子，而李姑娘有一次说，她做了一个梦，梦见一羽衣之士，赤着脚从空中飘下来，说，"我来给你送一个孩子……"醒来后，她觉得这梦很奇怪。因为头一天，她捧洗脸水给真宗洗漱时，真宗看她皮肤很白净，还特意和她说了几句话。刘后听说这个梦后，若有所思，然后说，"我来为你成全。"当天晚上，刘后便安排李氏和真宗睡到一起，这就有了仁宗。不过，仁宗一生下来，刘后便抱过去，对外宣称是自己生的。

仁宗果然是个赤脚仙子。他小时候不喜欢穿鞋袜，常光着脚在宫里走路。所以宫里人都喊他"赤脚仙人"。[①]李氏应该是经常能看到仁宗的，无非她不敢上前去抱他，只能默默地看着他。后来她为真宗还生过一个女儿，不过那孩子长到几岁便夭折了。

李氏生下仁宗后，被刘后据为己有。刘后为了对她有所安慰，除了后来给她一个宸妃的称号外，还把她兄弟做了安排。李用和不再做纸钱生意了，而是进宫做上了侍卫官。

仁宗认了亲舅舅后，李用和便不断被提官，先后做过贺州刺史和宁州刺史。做刺史，按旧制，公使钱是可以据为私有的，可李用和全部拿出来做了军费。后来他做了节度使、同中书门下平章事，这是宰相的待遇。但李用和在京城里并没有私宅，而是始终租官舍住。仁宗看不过去，便把一处园林赏赐给他，但李用和推辞不住。晚年他以病辞官，退休在家。

李用和病重时，仁宗赶去看望。这次仁宗提拔他次子为阁门使，并把他租住的那幢官舍赐给了他。李舅去世后，仁宗哭得非常伤心，赠官"太师、中书令、陇西郡王"，还特意辍朝五天，为他志哀，并亲撰神道碑："亲贤之碑"。

仁宗对李舅舅的赏赐和提拔，超乎常人，可并没有一个台官弹劾过他。就因为李舅舅很有自知之明。所以《长编》评价他：起民间，位将相，而能小心静默，推远权势，阖门谢客，亦其所长也。意思是权势送到家，还能推出门去，这不是平常人能做到的。所以这位舅舅始终受到朝野人士的好评和尊敬。

---

① 丁传靖辑：《宋人轶事汇编》上册，北京：中华书局，2012年，第21页。

张尧佐和李国舅一比，就给比下去了。

仁宗后宫虽然给他生过13个女儿3个儿子，但9人早天，只有4个女儿活了下来，而且有3个女儿生得晚，所以长女福康公主自小很得他宠爱。仁宗给长公主选的女婿是亲舅舅的二儿子李玮。

李玮长得不好看，从小受的教育也很有限，所以仁宗这个选择让人大跌眼镜。后来这段婚姻果然很不幸。

可对仁宗而言，这个亲戚才是他真正意义上的血亲。从他生母到亲舅舅，在人品上也都是无懈可击的。他的这种选择并没什么大错。但对他女儿来说，一个含金衔玉的贵公主，下嫁这样的丈夫，在心理上，是很排斥的。

仁宗自己的品性有很多也遗传自母亲，包括他的宽厚、仁道和多情，他在亲舅舅去世后恸哭不已，为之辍朝5天，这种感情是很真挚的。

接下来说那件大事。

1050年的二月，首相文彦博和副相宋庠联合上疏，建议在秋天举行大飨明堂之礼，仁宗同意了。普通的祭祀，年年都有，但大飨明堂之礼，不是每年都会有，这是一个祭天祭祖宗的重要大典，活动很隆重，要动员很多人力，还要有一个筹备委员会。让风水先生挑了一个好日子，最后定于九月二十七日举行大典。诏命文彦博为大礼使，宋庠为礼仪使，枢密使王贻永为仪仗使，庞籍为卤簿使，参政高若讷为桥道顿递使。几个重要干部全部都作了安排，然后就开始热火朝天的筹备过程。

按惯例，这么大的庆典活动结束后，便有一个封官过程。有人在明堂大典还在筹备时，便预见了各种可能性，他在临离开京城时，还特别上疏给仁宗，提醒他各种注意事项。这位预言家，就是那位就裁撤冗兵事宜代包拯上疏的御史官何郯。

这一年八月，何郯以母亲年老要照顾为由，请求派遣他回老家去工作，后被改遣知汉州（今四川广汉）。何郯是四川人，所以这份差遣等于照顾了他。他在离京前，上疏仁宗，他说，三司使、礼部侍郎张尧佐，庆历三年冬从开州来京时，还是个南宫散郎，也就五六年间，先开封府尹，再三司使。

虽然张尧佐做官时没什么过处，但骤然被宠用，朝野议论纷纷。都认为这种破格提拔，并非他有能力，只因他宫中有人。这种提拔也让人对朝廷的用人政策产生失望。现在朝廷正紧锣密鼓地筹备明堂大典，外面人都纷纷传言，大典结束后，陛下肯定要以酬劳为名，赏赐张尧佐进二府做宰相或做枢密使。如果这样的事情到时真出现了，言官们肯定要以死抗争到底，到时陛下怎么办呢？如果陛下坚决要用张尧佐，那就必须黜罢言官；而如果听言官的话，那就要罢免张尧佐。这两者势必取一。但不管哪一种，对陛下都不好。如果张尧佐真进了二府，那陛下威望会严重受损，任人唯亲嘛；如果听言官的话罢免张尧佐，那么张家亲戚会对陛下有意见。何郯认为，最好的办法是让这个事情不要发生。给他富贵而不要给权力，就像对待李用和舅舅那样。这样，对谁都好。

何郯提前预见到了一切，而且预见到言官会以死抗争。可惜，仁宗并没有采纳。

## 开弹张尧佐

这一年六月。台谏官首次联合开弹张尧佐。

领头的是包拯，联署的还有两位谏官，陈旭和吴奎。这是弹张尧佐的序篇，算是前哨战。

> 谏官包拯、陈旭、吴奎等言：比年以来，阴沴过甚，水坏城郭，地复震动，大河决溢，沉溺者众，是皆群小之道盛也。

三位谏官选择弹劾的时机是天怒地怨之际，又是地震又是决河的。天怒地怨了，肯定是一国之主在处理政事上犯下了错误，所以才会有这样的惩罚。这是古人的认识。

> 今亿兆之众谓三司使张尧佐凡庸之人，徒缘宠私，骤阶显列，是非倒置，职业都忘，诸路不胜其诛求，内帑亦烦于借助，法制刑弊，商旅阻行，而尧佐洋洋自得，不知羞辱……①

这段话主要是说张尧佐德不配位问题。包拯曾经是张尧佐的下属，所以张的行为他了然于胸，知道此公自从做了三司使，便把下属折腾得够狠，规矩到他手里全给破坏了，而他自己还洋洋自得。

三个谏官联合出手，就像对着棉花打了一记拳，仁宗并没回应。

这一年接下来，朝廷里还有很多大事小事发生。

先是大太监麦允言在八月份去世，死后被赠"司徒"。司徒是宋朝三公之一（太尉、司徒、司空），尊贵无比，一般只有担任过宰相、亲王的人才能戴这顶高帽子，可一个太监却在死后被赠司徒，出殡时还要配仪仗队。这是过分的尊崇。小礼官司马光初出茅庐，第一次上疏，以为大大不可。这个太监和仁宗的感情也许真的很好，是从小照顾他长大的人物，也立过一些军功，但不能因此而破了国之规矩。可司马光的这份上疏也没起什么作用，只回了一句，"下不为例"。

接下去便是给李舅舅家的三位儿子李璋、李珣、李玮赏官。这三位，是仁宗的亲表兄弟。三兄弟中，老二李玮后来做了驸马。但大表弟李璋，却不肯接受赏官，辞官不就。

九月丁亥，仁宗身着华服光临崇政殿，召集近臣、宗室、馆阁及台谏官们观看盛大歌舞表演。音乐家们还为此特意搞了个主题创作"九十一曲"，算是拉开庆典的序幕。包拯和台官们也都去了现场观看。

接下去，是给几位不在京师的将相夏竦、王德用、程琳、李昭亮，赐袭衣、金带、器币、鞍勒马。将相在外，遇大礼有赏赐，自此开了先河。

紧接着，诏令近臣、宗室及馆阁台谏官、三司开封府推官、武臣刺史以

---

① 孔繁敏：《包拯年谱》，合肥：黄山书社，1986 年，第 60 页。

上官员，去迎阳门，观看"先朝御书"。

接着仁宗亲自题写明堂大典的"明堂"两字，"明堂之门"也是他题写的。这么多年写下来，仁宗的飞白书，水平已经很高了。

大典序幕正在缓缓拉开。突然下发一道诏书：诏兵部员外郎、知制诰嵇颖为翰林学士。岂料诏令刚发表，人还没有到朝廷来感谢，便死掉了。仁宗亲自光临他家，赐告敕、袭衣、金带、鞍勒马及明堂赏物。

此公是一个著名学者，教育家。门下桃李芬芳弟子万千，其中一个弟子，便是早已去世的张尧封。张贵妃几年前还没做上贵妃，便叫弟弟张化基，拿父亲遗稿去找嵇颖先生，希望嵇先生能给编一编，写个序以便出书纪念。愿望很美好，态度也恭敬，却没想到，嵇颖先生并不买账，直接给拒绝了。而另一位先生孙复，张贵妃也让弟弟找过他，孙先生呢更过分，干脆连门都不开。张贵妃很想给父亲印本书做个纪念，可这两位先生，都不给面子。

两位先生在学术界影响很大，可为什么都不愿意给故去的门生写序呢？

就张尧封个人而言，他们并没任何意见，写几篇序也没问题，可涉及他女儿张贵妃，问题就来了。因为在中国人的儒家思想里，跟皇帝的后宫女人是应该保持距离的，以免给自己挖坑。因一旦跳进去，一百张嘴都会说不清。所以这两位先生避而远之。这也可以理解。

明堂大典正在倒计时，听说皇帝马上要诏令百官迁官，在明堂大礼前一天，侍御史彭思永急急上疏，"不宜滥恩"。

这时候，二府阁员中，参知政事（副宰相）刚好有缺。张尧佐在那段时间频繁进宫，要为自己活动这个位置。大宦官王守忠，听说也在活动中，这位老兄的目标岗位是做节度使。两人活动都已到位了，只等着诏令下来。

彭思永获知这个消息后，便和御史官们商量，是不是一起联合上疏？可有人说，还是等诏令下来再弹劾吧。彭思永说，诏命出来后再弹劾就没用了。他见有人犹豫，便一个人独自上疏，他的疏文大意，总结起来一句话：陛下过分宠爱外戚和宦官，这对国家来说，不是好事而是灾难。

仁宗看了大怒，问他："你从哪里知道这个消息的？！"

吴奎主动站出来，为彭思永说话，他说："御史官根据传闻就可以上疏，而不必等到成为事实。对此，陛下应该有包容心。如果不能容忍，那处罚他便是，何必追问消息来源呢？"

这时候，御史中丞郭劝也站出来说话了，他说彭思永说这个话是为朝廷好，陛下不应该追究他的消息来源。

听到两位台官这样说，仁宗这才冷静下来，不再追问消息来源，但彭思永却因此被罢侍御史，贬知宣州。

九月二十七日明堂大典如期举行。

大典结束后，宰相文彦博加礼部尚书，宋庠加工部尚书，枢密使王贻永加镇海节度使，进封郑国公。宗室八十七人迁官。包拯本人也因明堂大典，"恩迁兵部员外郎"，欧阳修则授"尚书吏部郎中，加轻车都尉"。

似乎雨露均沾，很多官员都处于欢欣鼓舞中。但在此时，包拯却连上几道疏，两道疏是"请选内外计臣"，一道疏为"论明堂覃恩"。

在第一道疏"请选内外计臣"里，包拯这样说：

> 臣窃见天下财用，积年窘乏，近自明堂礼毕，赏赉才罢，又行特给，支费浩瀚，帑藏虚竭。且朝廷所仰给者，江淮、两浙逐路旱涝相继，兼又茶法堕坏，商算不行，东南州军，钱帛粮斛自不足用，则四方岁入之数，所得几何？……①

包拯这道疏写于明堂典礼结束之后，仁宗正大行赏赐之时，本来一个大典活动已增加不少开支，又大行赏赐，支费浩瀚而国库空虚，朝廷财政现在主要仰仗江淮、两浙的税赋，多路因旱涝相继，兼又茶法出了问题，致茶叶大量库存卖不出去，东南州军钱粮匮乏……国库里还有多少钱呢？这种情况下，如果大家都不说，以为天下无事皆大欢喜，都只顾眼前而看不到问题，

---

① 孔繁敏：《包拯年谱》，合肥：黄山书社，1986年，第63页。

这样下去，恐怕困难会日甚一日，大灾难会在不知不觉间来到，到时候，就怕救不了了。

知道三司使张尧佐正在活动，想进入二府做参政。那么，这三司使的人选，包拯希望仁宗能选能者来出任。

这道疏上去后并无反馈，包拯遂再次上疏。

第二道疏里，包拯说，以前老祖宗，哪怕在国库丰盈之际，选用的三司使，都是那些特别有才干的人物，何况现在财用艰难，却任用张尧佐这样的人物。历史上后妃家族中，就算真有才干，也不曾给以事权，何况那些庸才呢。"但富贵保全之，则无害矣。"

这段话仁宗应该是看进去的。后来他任命田况接任三司使，和包拯这次上疏，便多少有些关系。

在"论明堂覃恩"这道疏中，包拯一开头，说了这么一段话：

> 臣伏睹明堂敕书，应文武百官内臣并与迁转。臣先以风闻，曾具论列，并乞召对，不蒙开可。[1]

包拯在听说百官都要升官这一消息后，曾提出过申请，要在朝会上，公开辩论这件事，并请求得到皇上的召对，却都没得到准许。所以他只好上疏阐述他的观点。包拯认为，一个官员，没什么大功劳，是不能轻易赏赐爵禄的。

御史中丞郭劝，在这之前就百官迁官一事，也曾提出过申请，要率御史官在朝会上公开辩论，仁宗也没同意。后来他本人也曾多次上疏，仁宗也不听。

郭劝时年已近70岁，是个耿直的老实人。御史中丞是台院长官，位置很高，而皇帝却三番五次驳回来，老人家非常生气，既然做官这么没意思，他便提

---

[1] 孔繁敏：《包拯年谱》，合肥：黄山书社，1986年，第62页。

出辞职，要回家养老。辞了几次才给辞掉，仁宗过意不去，便给他封了个闲职"翰林侍读学士"。郭劝便站出来向皇上再三鞠躬，说他原来只希望能做个五品官的郡令，现在能做上陛下的文学侍从官，他已经非常非常满足了……听了这席话，仁宗也很感动，主动赏他一笔银子，让他回家买田宅。两年后，郭劝在老家去世。

郭劝被罢后，御史中丞换了一个老实人王举正。

王举正被任命的当天，张尧佐的任命也终于下达，一天之内，四个尊贵无比的头衔，一一落在他头上：宣徽南院使、淮康军节度使、景灵宫使、群牧制置使。

这之前，张尧佐的两个儿子已被赐同进士出身。田况也在这一天被任命为权三司使。这一天，还有一条诏命随后发布：后妃家人，不得担任二府高职。

这几项重要任命，都选择在同一天里对外发布，说明仁宗还是费了不少脑筋的。这几项诏令中，唯一会遭到台官反对的只能是张尧佐。因为之前，已有不少台官相继上疏，反对重用张尧佐，说只能给富贵不能给权力。现在好了，御史中丞换了王举正，他刚刚接到任命，必然不会也来不及跳出来反对。何况，还下发了一个补充诏令，后妃家人以后不得进二府担任高职，这算是给足台官们的面子了。

巧了，这一夜，秀州发生地震，有声如雷，自西北起。这是个不好的预兆。马上，"有声如雷"会自朝廷起。

第一个跳出来弹劾的是谏官包拯。他说，我观察陛下在位三十年来，没有做什么失道败德之事，可这五六年来超速拔擢张尧佐，群臣议论纷纷，但这个过错，不能算在陛下身上，而是有人利用后妃关系干涉朝政的结果。他们知道陛下没有儿子，还没确立继承人，便勾结后妃，有所图谋；而执政大臣们又都只顾顺着陛下，不肯说真话，高官大臣都在争着拍张尧佐的马屁，唯恐他不满意——这种作为，难道是对陛下的真正爱护吗？

接下来，包拯举了几个本朝故事来说。他说，杜太后当年生了宋太祖宋太宗兄弟，他们是开国皇帝，而她亲弟弟杜审肇，穷老一辈子，才得一个节度使；雷有终为国平定西川，那么大的功劳，也才得到宣徽使；李至功劳不小，真宗小时他是老师，有师生情谊，曾官至参政，到最后，也才得个武胜军节度使；钱若水、李士衡这样一批将领，他们当年的功劳比张尧佐大得多吧？一个做到枢密副使，一个做三司使而已。论亲，张尧佐比得上杜国舅吗？论功，他又比得上他们中的哪一位呢？"伏望陛下断以大义，稍割爱情"，不要给张尧佐过分之恩，宣徽使、节度使，择其一给他，就已经很可以了。

包拯这道疏，题为"论张尧佐除四使不宜"，逻辑严密，推论正确，思维缜密，道理充分，说得上义正词严，句句说到点上。

包拯这疏文一递上去，紧跟其后上疏的正是那位老实人，刚就任御史中丞的王举正。王举正一方面感谢朝廷对他的任命，另一方面力言擢用张尧佐极其不当。他说近来台谏官纷纷上疏反对重用张尧佐，现在陛下虽然罢了其三司使，但给他的恩宠却比以前还过分，一次赐他四使，又赐他两个儿子科名。所有人知道后无不震撼。

包、王两位重量级台官的两篇疏文一上，仁宗看了后无话可说，只好扣下不报。不通报、不评论、不回复。这三不，是他处理台官疏章的常见模式。

看到上疏如此无声无息，而张尧佐却在得意洋洋，台官们愤怒了。这天百官快退朝时，发生了一个重大事件。

据《长编》记载：御史中丞王举正"留百官班廷诤，复率殿中侍御史张择行、唐介，及谏官包拯、陈旭、吴奎于上前极言，且于殿庑切责宰相"[1]。

台谏官在新任御史中丞王举正的带领下，全体出动，趁着上朝，率领所有言官阻拦百官退朝，并把宰相们堵死在办公室里，谴责他们不负责任，放任陛下，出台这样荒唐的诏令。

仁宗在宫禁里知道这件事后，愤怒至极，他马上派来中使传达他的旨令，要求言官放行，百官这才得以退朝。

---

[1] 孔繁敏：《包拯年谱》，合肥：黄山书社，1986年，第65—67页。

事件发生当天,仁宗有诏令传出,意思是,台谏官近来反复要求罢免张尧佐三司使,不能用他为执政大臣,可以给富贵,优给官爵,这才任命他为宣徽使和淮康军节度使。他又发布诏令,后妃之家,今后不得在两府任职。今天台谏官又来上疏,言语反复,还在朝廷上喧哗不已。这种行为,按律法规定,他们统统都应罢官。朝廷为示宽容,没有罢免他们,但应引以为戒。以后台谏官上殿,必须先到中书取旨。没有允许,不得上殿!

据说这道诏令下来时,仁宗还气鼓鼓的,没有一个大臣敢站出来说话。只有枢密副使梁适,出来打圆场:

"台谏官提意见是他们的职务行为,他们的话虽然有点过了,但这是供陛下做决策时参考。陛下恩宠张尧佐过分,对他本人并没有好处,反而有害。"

目睹这一幕的司马光热血沸腾,他回家后也写了一道疏递交上去。32岁的司马光此时虽然还不是台官,但他的立场和观点,与台官们是完全一致的。[1]

包拯在此期间,天不怕地不怕,当着仁宗面他仍大声说话,反复陈说理由:张尧佐是何许人也?他何德何能,配得上这四个至尊爵位?最多一个,也就够了。

张尧佐本来还沾沾自喜的,但看这一把火越烧越大,激怒了很多朝臣,已经灭不掉了,而且皇上看样子也非常为难,只好主动上疏请辞宣徽使、景灵宫使。仁宗巴不得张尧佐主动请辞,自然准许。至于台官奏事,要"先申中书取旨"一事,后来也并没有得到执行。

## 包弹大名传天下

台谏官联合弹劾张尧佐,和明堂大典一样,是皇祐二年(1050)载入史

---

[1] 赵冬梅:《司马光和他的时代》,北京:生活书店出版有限公司,2014年,第175页。

册的两个大事件。

在这一事件中，包拯冲锋在前，留下数则轶事并一个外号。

其中一则轶事是这样描写的：

> 张尧佐除宣徽使，以廷论未谐，遂止。久之，上以温成故，欲申前命。一日将御朝，温成送至殿门，抚背曰："官家今日不要忘了宣徽使。"上曰："得得。"既降旨，包拯乞对，大陈其不可，反复数百言，音吐愤激，唾溅帝面，帝卒为罢之。温成遣小黄门次第探问，知拯犯颜切直，迎拜谢过。帝举袖试面曰："殿丞向前说话，直唾我面。汝只管要宣徽使、宣徽使，汝岂不知包拯为御史乎？"[1]

说有一天仁宗御朝前，张贵妃送他至殿门，摸着皇上的后背细心叮嘱说："官家今天别忘了宣徽使。"皇上不耐烦地说，"知道了知道了"。当天上朝便降旨，一送便送了张尧佐四个爵位。

包拯请求皇上召对。召对时，包拯反复陈说此举极其不妥，说着说着便激动起来，唾沫星子都飞到了仁宗的脸上。这期间，张贵妃多次派人去小黄门探问消息。

仁宗回宫时，贵妃过来迎接并拜谢，仁宗举着袖子擦脸，边擦边说："今天殿丞上前说话，唾沫直飞，都溅我脸上了，你只管要宣徽使，你难道不知道包拯是御史吗？"

这则轶事出于《曲洧旧闻》一书中。作者是朱熹的从父、南宋文学家朱弁（1085—1144）。

这段文字极富感染力。包拯外号"包弹"，便是在这期间传出来的。可见他在弹劾时，的确有"音吐愤激"这一面。

在这一事件中，吴奎和包拯、陈旭三谏官一起联合上疏，多年后，他在

---

[1]　丁传靖辑：《宋人轶事汇编》上册，北京：中华书局，2012年，第39—40页。

墓志铭中这样说包拯：

> 群议凶凶，公与同列及御史偕上极谏。事未即改，疏复连入。遂罢尧佐宣徽、景灵宫二使。[①]

因朝议沸腾，包拯和御史官们一起上疏，仁宗没听取，再上疏，这才罢了张尧佐的宣徽使和景灵宫使。

《铁围山丛谈》作者蔡绦系蔡京小儿子，他在书里记载说：

> 郑尚明昂，老先生也，鲁公甚听爱，坐漏吾狂妄语获戾，竟老殆乡井。顷为吾言："昔昭陵（仁宗）在位巳三十余载，时未有继嗣，而司马温公为并州通判，乃上书力言之，朝廷不罪也。又温成张后当盛宠，其叔父尧佐一日除节度、宣徽、景灵三使，而包孝肃公为中司击焉。其白简□□骇人，不忍闻，而昭陵容之也。是以仁庙《实录》史臣独载温公书暨孝肃三章甚备。故都邑谚谓人之不正者，曰：汝司马家耶？目人之有玷缺者，必曰：有包弹矣。包弹之语，遂布天下。人臣立节，要使后世著闻若此，始近谏诤之风。"吾志吾老先生语，而后每书诸绅也。[②]

在台谏官中，包拯弹劾张尧佐是最有力度的，所以仁庙《实录》只完整记载了司马光和包拯两个人的奏议全文。记载司马光，因他是著名史家，《资治通鉴》的作者。而在台谏官中，只选择记载包拯一人，亦可见包拯弹劾的风采和力度。

"其白简□□骇人，不忍闻"，这几个字中，可知包拯是一副怒目圆睁、

---

① 杨国宜：《包拯集校注》，合肥：黄山书社，1999 年，第 276 页。
② 孔繁敏：《包拯年谱》，合肥：黄山书社，1986 年，第 67 页。

激动愤慨、犯颜直诤的样子。看了都让人害怕。仁宗也只好耐着性子听他发言。没办法啊，谏官就得这样，才能起作用。如像温吞水样斯文雅致，谁睬你？！

"包弹"外号，就是这一时期出现的。只要说人有缺点有毛病，老百姓便会说，有"包弹"在，怕什么。

皇祐二年，包拯还留下不少弹章。

酷吏王逵，在这一年继续遭到包拯的弹劾；包拯联合谏官，还弹过另一位皇亲国戚郭承祐。

郭承祐是太宗第七子舒王的女婿，是五代名将郭从义（909—971）的曾孙。郭从义原名李从义。他父亲郭绍古，是侍奉后唐开国皇帝李存勖（885—926）的，因忠诚谨慎而被赐以李姓。李绍古去世时，李从义还很小，便被李存勖收养在宫里，和他的几个儿子一起长大。所以李从义也算是李存勖的养子。他从小受到的教育非常完整，和后唐明宗李嗣源关系极其亲密。后晋时，他复姓为郭。在五代乱世时期，郭从义成长为一著名将领。后周时，他做过好几个节度使。退休时的头衔是"太子太师"。《全宋诗》和《唐文拾遗》中都收有他的文章。

因为这种家世背景，郭承祐从小便很傲骄。后来又做了舒王的女婿，那更不得了了。仁宗还是太子时，他是东宫官。仁宗即位后，他做过阁门副使，管理过翰林司。在此期间，因偷御酒和金器，被除名过一次。但很快又被起用。到包拯弹劾他时，其已是宣徽南院使，判应天府。此人做事骄纵，无视律法，走哪都惹出一地鸡毛。杜衍、钱明逸、欧阳修、余靖，都曾弹劾过他。

这人在宣徽南院使任时，曾遭到包拯的三次弹劾。

臣等近曾再具论列郭承祐，以其上僭不法等事，乞朝廷重行降黜。今闻改差许州部署，虽罢知州之权，然依前为节度使。[1]

在包拯的弹劾下，郭承祐被罢知州之权，但包拯认为这还不够，必须把

[1] 杨国宜：《包拯集校注》，合肥：黄山书社，1999年，第158页。

他的南京节度使也拿掉。如果不拿掉，此人还会为害滋事，朝廷的公信力也会大受影响。这个人并无微功，有大罪而被饶恕，只因他是皇室亲旧，便继续享受荣华富贵，这样的人物不罢免，那还要法律何用？

> 臣等乞再下南京，令仔细分析承祐在任日决配过军人百姓，依法不依法，作两项声说的实数目闻奏，候文字到日，乞朝廷别赐裁处。[①]

包拯希望能够同意他去南京做个详细调查，根据调查结果，他会写个汇报材料，朝廷根据这个再作出处理。

但包拯的恳求，并没有获准，否则他会留下一份详细的调查报告。现存的包拯奏议，只有两篇弹郭承祐的奏疏。而他在第二篇开头是这样说的：

> 臣等已三次论列郭承祐，乞朝廷据其迹状，重行降黜，至今未奉俞旨，臣等实以为忧。[②]

一个优柔寡断感情泛滥的皇帝，真拿他没办法。前面是为了爱情，这个是因了少年旧情和皇家面子。而苏舜钦的哥哥苏舜元（1006—1054）做转运使时居然还推荐过此人，说郭承祐有将帅之才。

仁宗对这位少年伙伴，其实是知根知底的。他对辅臣说："这人是庸人一个，苏监司居然说他有将帅之才，简直是笑话。"此人最后被改知郑州，还没上任，便因暴病而亡。

---

① 杨国宜：《包拯集校注》，合肥：黄山书社，1999年，第159页。
② 杨国宜：《包拯集校注》，合肥：黄山书社，1999年，第160页。

# 三、七求外任

## 弹劾二宋

宋庠、宋祁这对兄弟的事，前面已说到不少。

二宋中，大宋端厚小宋风流，大宋很快做到宰相，小宋只能做到翰林学士。他们在文坛和政坛都很有影响力，资格也比包拯老，还都受过刘筠影响，但包拯照样弹劾他们。

事情的导火索是开封府的一起案子引发的。

皇祐三年二月，宋祁因"坐其子与张彦方游，出知亳州"。那么张彦方是何许人也？为什么宋祁儿子跟他一起游乐，就要处理？

据《长编》记载，先是开封府审理一起经济案子。有个胡寡妇起诉欠她家钱的人，要求还钱。为了提供证据，她把所有契约、文书，一把抱到法庭上来。审理这起案子的是开封知府刘沆。

刘沆把这些契约文书细细看下来，发现其中还有胡寡妇丈夫生前的交游书。与其交游的都是知名人士，其中一位便是张彦方。

张彦方从胡家拿钱不少，他被抓后，三两下便交代了，他说他是张贵妃母亲越国夫人的门客，的确拿过一笔胡家的钱。他拿这笔钱，是给胡寡妇的丈夫运作升官事宜，钱全花出去了。

胡夫是个七品官。平时常和名卿巨公们一起游乐，掏钱买单，在他们身上下了不少本钱，但几年下来，他的官阶还是原地踏步，不曾升官。这时候，他认识了张彦方，知道他是张贵妃母亲越国夫人的门客后，便眼睛一亮。想想张尧佐，短短几年间，便从七品官升到二三品官，这给想升官的人，无形中指明了一条升官路径。胡夫便把一笔大钱，慷慨地给了张彦方。

张彦方拿了钱后并没有帮胡夫升上官，他只是伪造了一份敕书给胡夫。

连皇帝敕书都敢伪造，使得这起案子，性质立刻有了一百八十度的转变。从经济纠纷，上升为政治案件。伪造皇帝敕书是重罪、死罪。而欠债，再怎么样都罪不至死。

开封知府刘沆，是王拱辰科的榜眼。后来官至参政、宰相。此公性格刚正，做事果断，能力和口碑都相当不错。他比包拯大 4 岁，却比包拯晚一科才考上进士。他此前什么都好，唯一的"污点"就是在这起案件中，耍了一点滑头，这不像他平时的做派。

在朝会上，刘沆向仁宗汇报时，只说张彦方论罪该死，却不敢提及张贵妃母亲一个字。而宰相宋庠，看到这起案子涉及张贵妃母亲，他也不敢追究，便轻轻放过。

后来调查发现，在张彦方的社交圈中，还有小宋儿子，他们常厮混在一起。但刘知府和宋宰相，却都对此打了马虎眼。

审讯结束后，中书指令刑部派员介入。刑部派的人物是员外郎杜枢。杜枢到开封府三两下一调查，便对外扬言，他已拿到充足证据，将驳回开封府的一审结果。

宋宰相得知杜员外居然要翻案，便先行一步，枪口掉转过来，指责杜枢行事草率、说话荒唐，意图贬他出京。

谏官贾黯这时候站出来为杜枢说话，他说杜枢并没有罪，他是奉中书旨令，去开封府复核案子的，他有什么罪呢？

但杜枢最后，还是被宋宰相拿下，顶替他上阵的是谏官吴奎。吴奎出马，证据很快便抓到手。

这起案子这个时候已经急转直下，太多的诡异，让谏官们高度兴奋。很快，他们要采取行动了。这次打头的仍然是包拯，依次是吴奎、陈旭，三人联署，这次，他们要弹劾宋宰相了。

这一天是 1051 年二月二十二日。他们弹劾宋庠，理由只有一条，作为一名宰相，宋庠不称职、不尽责。

因为牵连权贵子弟，仁宗便召刘沆来问，刘沆回答说："胡氏的丈夫是位七品官，而张彦方举进士，曾参加过廷试，他虽然结交贵官，与公卿子弟交游，但这并不害人。我多年在外，也不认识这些人。"仁宗听了，觉得他说得不无道理。

但谏官们并不这样认为。他们觉得一个翰林学士，放纵自己的儿子跟这样的罪犯在一起游玩，是有问题的。而身为宰相，宋庠在这件事上的态度和作为也是有问题的。何况多年来，宋庠在执政大臣的高位上，也并没有什么值得称道的作为和业绩。

弹疏递交上去后，宋祁被贬知亳州。因他是史馆修撰，正在修唐书，仁宗特命他到亳州后可以继续修唐书。

而宋庠呢，一看到台谏官们在弹劾他，宋祁已经受了处理，他立即写了一篇文章上疏仁宗，除为自己辩解外，还请求引退。以退为进，这是政治人物的常规策略。但这次，仁宗还没同意他是否引退，宋庠又忍耐不住，出来做宰相了。

见台谏官联合上疏后，仁宗只是把小宋贬出京城去修唐书，包拯便再次上疏。这次上疏，目标只有一个——弹宋庠。这也是他疏章的标题。

> 臣等昨于二月二十二日，具札子论列宋庠，自再秉衡轴，首尾七年，殊无建明，略效补报，而但阴拱持禄，窃位素餐，安处洋洋，以为得策。且复求解之际，陛下降诏，未及断章，庠乃从容遂止其请，足见其固位无耻之甚也。今乃自辩，谓臣等议论暗合己意，臣等亦谓宋庠本意暗合天下之议论，斯不近于欺乎？[①]

包拯说三谏官联合弹劾宋庠，只因宋庠出任执政大臣前后七年，碌碌无为，

---

① 孔繁敏：《包拯年谱》，合肥：黄山书社，1986年，第70页。

毫无建树。而且好笑的是，宋庠为自己辩解时，说台谏官们的议论，正暗合他的想法，他正想引退。可他明着请求引退，回家只待几天，陛下还没批示，他又出来上班了，可见这人，对宰相位置有多看重。

包拯认为，对执政大臣，不能拿普通官员的标准来要求。一般公务员，只要不犯错，不违反各项规定，是可以允许平庸的，但宰相不同，他必须优秀，不允许平庸。

包拯提出来的这一标准，现在也一样通行全世界。因为一个国家执政团队的领导人，如果很平庸，那影响的不是一个人的事，而是整个国家。身为执政大臣"与国同体，不能尽心竭节，卓然树立"就是有过，理当罢相。

欧阳修《归田录》中说宋庠精通古文字，有一次，办事员在一份文件下面写了一个俗体字的宋，送去签名。宋宰相看到后不肯签名，还阴阳怪气地说，"这不是我的姓"。把小办事员搞得很害怕，赶紧涂掉，重写一个"宋"，他才肯签上大名。[①]

二宋没发迹前，也是穷人一枚。

有一年元宵夜，宋庠在书院里读《周易》，听说小宋在家里点华灯拥歌伎，醉饮不已，内心不无感慨，想起兄弟俩有一年，在州学里读书，也是一个元宵夜，兄弟俩没有钱，只能吃粗糙不堪的齑饭。现在小宋做了翰林学士，大宋做了宰相。做宰相的人还在天天读书手不释卷，没有忘本；可做翰林学士的那一位，却已忘掉早年的穷日子，只知道"穷极奢侈"。[②]

二宋父亲长年在外做官，兄弟俩从小跟着父亲辗转各地，后来随父亲在安州应山县（今湖北广水）寓居，宋庠、宋祁拜于应山著名隐士连舜宾门下，当时在连舜宾门下就读的，还有寓居随州的欧阳修。所以欧阳修和宋氏兄弟，还是同门师兄弟。

说起小宋的"穷极奢侈"，是很有些名气的，陆游的《老学庵笔记》里

① 丁传靖辑：《宋人轶事汇编》上册，北京：中华书局，2012年，第308页。
② 丁传靖辑：《宋人轶事汇编》上册，北京：中华书局，2012年，第308页。

这样说他：

> 宋景文好客，会饮于广厦中。外设重幕，内列宝炬，歌舞相继，坐客忘疲，但觉漏长，启幕视之，已是二昼。名曰不晓天。[①]

这样的做派和晏殊一比，是不是很相像？难怪他们俩的关系特别好。物以类聚，人以群分，毫不奇怪。

小宋无非一翰林学士而已，怎么会有那么多钱蓄养歌伎？难道他拿的俸禄特别多吗？不太可能。不过他做过知制诰，知制诰起草诏书是要收润笔费的。此外，他名气大，也会有一些别的收入。比如给人写序、写墓志铭之类。再者他是省元，门生应该有一些，也会有收入。小宋能过上歌舞相继醉生梦死的生活，应该是有物质基础的。但一个穷学生蜕变至此，却也让人意想不到。

有样学样，难怪他的公子也成了社交名人，并和大骗子做上了朋友。

小宋文章在史上并不出名，诗歌倒留下一些，他最著名的诗作是七律《玉楼春·春景》：

> 东城渐觉风光好，縠皱波纹迎客棹。
> 绿杨烟外晓寒轻，红杏枝头春意闹。
> 浮生长恨欢娱少，肯爱千金轻一笑。
> 为君持酒劝斜阳，且向花间留晚照。

"浮生长恨欢娱少，肯爱千金轻一笑"，应该就是小宋的人生哲学。诗人、文学家之流总归有些疯疯癫癫。但小宋晚年，给自己的人生写下一篇极精彩的总结性文章，倒真是好。

---

① 丁传靖辑：《宋人轶事汇编》上册，北京：中华书局，2012年，第311页。

> 余少为学，本无师友。家贫无书，计粟米养亲，绍门阀耳。年二十四，以文投故相夏公，公奇之，以为必取甲科，吾亦不知果是欤。天圣甲子，从乡贡试礼部，故龙图刘公叹所试辞赋，大称之朝，吾始自淬厉。年过五十，被诏作唐书，尽见前世诸著，乃知文章之难。取视五十以前所为文，赧然汗下。又曰："余于为文似蘧瑗，年六十始知五十九年非，每见旧作文章憎之，必欲烧弃。"梅尧臣喜曰："公文进矣。"①

小宋说他年轻时家里很穷，连本像样的书都没有，他之所以读书，只是为继承他们家的门阀（**宋家乃世家**）而已。24 岁时，他投书给老宰相夏竦先生。没想到夏公看了便叫好，认为必取甲科。后来礼部考试时，刘筠先生看了他写的诗赋，赞美不已，把他推为第一名。这时候，小宋才开始真正发奋。

年过 50，他接受仁宗诏命开始编修唐书，便有机会，看到前人很多好书，这才知道，要写出好文章，是一件非常难的事。这时候再回看以前他那些旧文章，便让他羞愧不已。然后说，他于文章似蘧瑗②，60 岁时，始知前面 59 年之非。每见旧作便很厌烦，就想把它们一把火烧掉。梅尧臣听说后，高兴地说："有此想法，您的文章便会有进步。"

小宋活到 60 岁时，才明白文章应该怎么写。而其兄长宋庠，早就轻轻松松做到高位，被千人捧万人抬的，他过的是政治人生。宋庠天天手不释卷，比小宋还勤奋，人也不风流，是一个优秀的学者，却不是一个优秀的宰相。

包拯弹劾小宋是嘉祐四年（1059）的事。此时包拯已做了御史中丞，而小宋呢，在做过多任地方官后，终于从成都回到京城，被任命为三司使。此时大宋已回锅当了宰相。

---

① 丁传靖辑：《宋人轶事汇编》上册，北京：中华书局，2012 年，第 312—313 页。

② 蘧瑗是孔子的老友，卫国的大夫。道家无为而治的思想，便出于此公。此人活了一百多岁，一生侍奉过三代国君。主张以德治国。"年五十，知四十九年之非"，这句话经常被人引用，便是他说的。意思是他活到五十岁时，才知道以前四十九年的过错。——作者注

一对兄弟都在执政高层，一个做宰相，一个做三司使，诏命一出来，包拯当即上疏说：

祁在益部多游宴，且其兄庠方执政，不可任三司。[①]

意思是，小宋在成都做太守时生活奢侈，且其兄方做宰相，他不可做三司使。就这样，小宋三司使还没做上，就被免了。宋人笔记中说，"小宋闻报怅然"[②]。

小宋晚年知成都任上兼修唐书。每次宴罢，开房门，垂下帘子，点二根大蜡烛，有人磨墨理纸，有人热情服务，远近皆知他在修唐书，他的生活看着如神仙。有一次在锦江吃饭，感觉到有点冷，叫人拿背心来，结果婢女每人拿来一件，十几件一齐送过来，小宋生怕厚此薄彼，干脆一件都不穿，就冻着回家。

这样的人，能做三司使吗？

## 唐介被贬

皇祐三年（1051），有两位宰相先后被罢，年初是宋庠，因被包拯等人弹劾而被罢相；十月份，文彦博亦因谏官弹劾，丢了相位。

头一年冬，张尧佐一天之中掉下四顶高帽，台谏官多次弹劾，甚至不惜强留朝臣不让下班，激怒宋仁宗，逼得张尧佐主动请辞宣徽使。

这事才过去8个月，张尧佐又被任命为"宣徽南院使、判河阳"。诏命一出，群臣哗然。

御史中丞王举正首先上疏。意思是，张尧佐罢宣徽使才过了半年，他端

① 孔繁敏：《包拯年谱》，合肥：黄山书社，1986年，第103页。
② 丁传靖辑：《宋人轶事汇编》上册，北京：中华书局，2012年，第313页。

坐京师并无寸功，又给了他宣徽南院使。宰相们没阻挠这种任命，是不负责任的，对天子的威信也是有损害的。

包拯、陈旭、吴奎三谏官，紧接着也联合上疏，要求仁宗收回这项任命。

殿中侍御史唐介，是位特别有个性的人物。头年台谏官们联合弹劾张尧佐时，他和包拯一起占尽风采。这一次，他一个人反复上疏。仁宗便对他说，这次张尧佐的诏命，是中书草拟的诏书，意思是，唐介应该去问执政。当时的执政嘛，就是文彦博。

唐介退下来时，请全体台谏官出动，和他一起上殿，结果，他们被拦下，不被允许；既然不被允许，他就请求贬官[1]，这项请求亦被扣留，这才火大，开始弹劾文宰相。弹劾的主要理由：文彦博结党营私，他在知成都时，曾托中人送金奇锦，献给宫里，因此而被提拔为宰相。

张贵妃父亲张尧封，早年曾做过文彦博父亲的门客。传说文彦博知益州（今成都）时，托人带过蜀地特产"金奇锦"给张贵妃。金奇锦色彩华丽，做工细腻，女人们没有不喜欢的。有说是文彦博夫人送的，他本人并不知情。甚至有传言说，文彦博升上宰相，也是后宫帮忙的结果。唐介弹劾文彦博的这些理由，是据"风闻"而来，并无证据。在唐介的这篇弹章中，还把同一战线的吴奎也捎带上了。说他与文彦博"互为表里"。

据《东轩笔录》记载，唐介在弹文彦博时，本来说好和吴奎一起弹的，但吴奎临阵退缩，反而为文彦博说起了好话，说彦博有才，国家依赖，不可罢他。唐介这才火大，原来你们是一伙的。

> 唐子方始弹张尧佐，与谏官皆上疏。及弹文公，则吴奎畏缩不前，当时谓拽动阵脚。及唐争论于上前，遂并及奎之背约，执政又黜奎。[2]

---

① 谏官言事不被君主采纳，即应主动请求解职，这在宋代被视为台谏官的职业操守而成为共识。——作者注

② 丁传靖辑：《宋人轶事汇编》上册，北京：中华书局，2012年，第421页。

仁宗看了唐介的弹章，还没看完，他就扔一边开始咆哮了，他骂唐介胡说八道，听风便是雨，扬言要把唐介放逐出去。

看到皇上反应这么剧烈，唐介也是条汉子，他自己索性拿过来，一字一句读给皇上听。读完，他直视仁宗，开始表明态度：

"陛下，我是出于一腔义愤，才写这篇弹章的，我心坦荡荡，陛下就是把我放进锅里去煮去烧我也不怕，还怕什么降官、放逐呢？！……"

仁宗看到一个当大臣的态度居然如此嚣张狂妄，天不怕地不怕的，他的眼珠子已电光闪闪，让人喊宰相枢密使过来。

他们都到齐后，仁宗指着弹章对他们说："唐介说别的事还可以，但他居然说文彦博是因为贵妃的原因才当上执政的，这……这……简直是胡说八道！"

仁宗如此生气，就因为唐介说文彦博当上宰相是往宫里送了金奇锦才被提拔的。一个当皇帝的，任命宰相，还要听贵妃的？这明显看不起他的智商嘛。他当皇帝 30 年来没有大的战争，经济发达人民幸福，和历史上任何一个伟大的帝王比，他都不差，唐介居然敢如此指责他，他能不愤怒吗？！再没性格，碰到下属这样指责，他也要暴跳如雷。

去年众谏官弹劾张尧佐时，弹章之多弹文之厉害，不比唐介这一篇差啊，可为什么仁宗没跳起来呢？包拯言词激愤，当着他面说个不停，还把唾沫星子飞到他脸上，他也没贬包拯出京啊。

唯一的理由是：因为那次，仁宗的确听了爱妃的话才提拔张尧佐，他心里发虚，而这次，他心里一点都不虚，在任命文彦博为相的问题上，和什么金奇锦不金奇锦毫无关系。他的这个愤怒也算是为文彦博洗白。至于唐介，这次只能算他倒霉，撞到了皇帝的枪口上。

唐介是个直男。

他见到文彦博来了，也毫不客气，走到文彦博面前说："彦博，你应该自我反省一下，如果真往宫里送过金奇锦，在陛下面前，你应该说个明白，不能有丝毫隐瞒。"

文彦博何许人也？当宰相的人，站的高度岂是谏官们能领略的呢？他不说一句话，只是左右拜谢不已。

枢密副使梁适，见众目睽睽之下没人敢说话，只好站出来，批评唐介在皇帝面前态度狂傲，让他赶紧下殿。但唐介非常固执，他请求辞官，人站着，却不肯下殿。仁宗气更大了，让人把唐介扭送到御史台，听候处理。

唐介走后，文彦博再度向仁宗拜谢，这时，他才开始说话，他说："台官言事是他的本职行为，陛下不要给他加任何罪，也不要放逐他。"激怒之下仁宗当然不听，他已经控制不了自己的情绪，传唤起草诏书的值班人员过来，就在殿上，当着所有朝臣的面，口述对唐介的处分决定——罢殿中侍御史，改为春州别驾。

春州在岭南，即今广东阳春。听到这么一种处理，所有大臣心里一惊：去春州就是去送死啊，因为那个地方传染病多，死亡率高，到那个地方去，惩罚有点过了。

仁宗在口述诏命时，只有史馆编撰蔡襄站出来说话，他说唐介这人，个性狂直，但人是很忠诚的，陛下应该包容他，这也是圣德啊。

次日，御史中丞王举正也上疏说，皇上昨天处理唐介太重了。这时候，仁宗心情已经平静下来，他对昨天的言行有点后悔。唐介弹劾文彦博就因为扯到张贵妃他才那么愤怒，传出来也不好听。这么多年来，他从没严肃处理过一个谏官。因为谏官言事是允许"风闻"的，不必非要取得证据。[1] 何况谏官言事也是他的职责所在。仁宗便传命百官，对唐介的处理，由"春州别驾"改为"英州别驾"。英州即今广东英德。虽然改放英州，似乎好了一点，但都在岭南。

知制诰胡宿，他是负责起草诏书的，听到很多人的议论后，也为唐介鸣不平，便对仁宗说："唐介作为台谏官因言获罪，这种放逐是以前从未有过的。

---

[1]　"风闻"指的是台谏官通过各种渠道获得信息，允许略去姓名，托以风闻，据以言事。这在洪迈《容斋随笔》中即有"御史风闻"介绍，自晋以后，御史官便拥有这一特权，宋代因循袭用。
　　——作者注

如果唐介在路上死掉，或者到英州后性命丢了，传出来，陛下会被指责没有包容心。"

胡宿这么一说后，殿中侍御史梁蒨也站出来说："陛下是爱护唐介的，但如果唐介不幸因病死掉了，天下人恐怕会说是陛下杀了唐介。"

仁宗承认说，他没想到这一点。便派人去追还中使，叮嘱他们一定要保护好唐介，不能让他死在路上。

唐介却因为这么一个事件而成了红人，人称他为"真御史"。离京时，很多官员为他送行，其中有位李师中还当众赠诗一首：

> 去国一身轻似叶，
> 高名千古重如山。
> 并游英俊颜何厚，
> 未死奸谀骨已寒。

文宰相成了诗中的讽刺对象。这诗也因此流传下来。

唐介后来因文彦博等人的推荐回朝廷后，李师中去向他讨回这首诗，唐介还给他诗时，说了一句让人噎气的话，"我不用这种落韵的诗"。李师中是王安石同年，少以才气自负，但他这首诗，山和寒二字使用不同的韵，故被唐介看不起。[1]

唐介后人中，有一位大名鼎鼎的人物，名叫陆游。陆游母亲，正是唐介的亲孙女。

## 为何七求外任

唐介被贬，仁宗事后亦不无反省，他在冷静下来后把唐介的弹章重新看

---

[1] 丁传靖辑：《宋人轶事汇编》上册，北京：中华书局，2012年，第420页。

了一遍，觉得唐介所说也不无道理，便决意罢免文彦博。

次日文彦博被罢相，以吏部尚书、观文殿大学士知许州（今河南许昌）。司马光的恩师庞籍，被诏命以枢密使的身份临时兼任宰相。参政高若讷，则以本官充枢密使。枢密副使梁适，被调整为参政。知制诰王尧臣，出任枢密副使。

二府换了一班人马，又开始运转了。

文彦博被罢相，吴奎受牵连，也被贬出京，由知谏院改知密州（今山东诸城）。

这些事，都发生在唐介被贬后的次日。

显而易见，仁宗对唐介的弹章，在冷静下来后，还是认真对待的。既然唐介说吴奎和文彦博"互为表里"，他们完全有可能背地里结成利益同盟，做皇帝的孤家寡人，对付一群朝臣，当着他面都喊忠诚，可在背后是否捣鬼他并不知道，设置台谏官，就是为了防范这些事情，可万一谏官和宰相有勾结呢？唐介说的是真是假仁宗没法知道，但他可以经常动一动班子，以防万一。

当包拯看到皇上对他的亲密战友来这么一刀，心里一凉，他想留住吴奎，就像当年庆历新政时，谏官听说仁宗要放逐欧阳修，便纷纷上疏请求留下欧阳修一样。不管有用没用，包拯先写了再说：请留吴奎依旧供职。疏里说：

> 臣伏闻敕差起居舍人吴奎知密州。臣近因上殿，亲奉德音宣谕，以唐介弹奏大臣，事及吴奎，臣亦粗陈本末。缘吴奎荷陛下不次擢用，孜孜言事，不避权倖，以是忌嫉者众，非陛下英明博照，无保全之理。况唐介轻妄之词……①

这段话细读之，亦不无感动。包拯其实已知道仁宗的心理。说起来做谏

---

① 杨国宜：《包拯集校注》，合肥：黄山书社，1999年，第193页。

官的很威风，弹劾这人弹劾那事，但他们也是高风险行业，敌人树得越多，不安全感也越强。他们的唯一保护人，只能是君主。所以包拯说"非陛下英明博照，无保全之理"——可如果连陛下本人都怀疑了呢？那谏官只有放逐这一条路了。

包拯这道疏上去后，你猜仁宗怎么说？——"介昨言奎、拯皆阴结文彦博，今观此奏，则非诬也"[1]。

意思是，唐介昨天说吴奎、包拯和文彦博之间结为朋党互为表里，今天看到这篇疏文，这就坐实了，唐介所说并非诬告。

包拯请求留用吴奎，反而成了他们结为"朋党"的证据。包拯哑巴吃黄连自讨苦吃，而且他也被唐介捎上了。

吴奎、包拯和文彦博，他们仨原本便是同年，彼此间价值观相同，平时处事很默契，看起来的确像是"互为表里"——如果把这说成是"朋党"，就像当年的范仲淹、富弼、欧阳修被人指责为朋党一样，"朋党"这种罪名是很难让人洗白的。这次包拯碰到的问题，也是范仲淹、欧阳修当年碰到过的。庆历新政那一班人，当年全被放逐出京，范仲淹到死都没能回来。

包拯知道仁宗已经在怀疑他们了，文彦博和吴奎已被贬出京，那他也只有自请出京这一条路可走。回到办公室，他便开始写"求外任"一疏。

没想到递上去后，没有任何反应。包拯只有再写，递上去，仍然没有反应。那就再写。包拯一共写了七篇"求外任"，有六篇，是一个时间段内写的，因为有一篇是这样写的：

臣前后六次具状并札子陈乞外任差遣，近又准中书札子，奉圣旨以臣到院未及二年，依天禧元年新降诏书，令依旧供职者。[2]

① 孔繁敏：《包拯年谱》，合肥：黄山书社，1986 年，第 77 页。
② 孔繁敏：《包拯年谱》，合肥：黄山书社，1986 年，第 77 页。

包拯前后六次请求外任，其间仁宗曾让中书带话给他，意思是你安心留下来，不必外任。说明仁宗还是信任包拯的。但包拯内心，仍然"进退忧惶"。

在无数个辗转难眠的夜晚，包拯很怀念当年在端州做一个地方官的感觉：走访地方乡贤，听取百姓心声，办学校，惩治贪官，清理冤案，兴办农桑，讲学……做地方官多好啊，可仁宗没同意，让他继续留在京城做谏官。

这一年包拯家里有了喜事。

儿子包繶娶了 19 岁的贵族女子崔氏，新媳妇知书达理，让包拯夫妇很满意。

亲家母吕氏，是老宰相吕蒙正的后人。老宰相，是包拯从小敬重的人物。包吕两家，多少也有些交往，吕家原本住在安徽寿县，因吕蒙正考上状元而开始发迹，到了吕夷简，已是两代宰相之家。吕蒙正有七个儿子，大家族枝繁叶茂，子孙众多，吕氏家只能算普通一贵族。至于新媳妇是谁介绍的，亲家公又是干什么的，史上并无记载。

## 进魏郑公三疏

求外任而不得，包拯便埋头写文章。这篇文章有点长，题为"七事"。

这七事里，写到了忠良见疑，写到了所谓的"朋党"，还写到了朝廷的不良风气，也写到了仁宗喜欢先入为主，写到了人才选拔和用人上的种种问题，最后一事，包拯写得特别沉重：

> 臣伏见近岁以来，多有窜逐之臣，或以无辜，或因小过，或为阴邪排陷，或由权要憎嫉，吹毛求其疵点，洗垢出其瘢痕，罪罟实繁，刑网太密，甚伤清议，大郁舆情……[1]

---

[1] 杨国宜：《包拯集校注》，合肥：黄山书社，1999 年，第 206—207 页。

这七事包拯都是有感而发，郁闷在心，写成疏文。包拯说，他观察近年来，多有被贬窜之臣，或因无辜，或因小小过失，或被人构陷，或被权要嫉妒憎恨，被吹毛求疵，罪名太多，刑网过密，让大臣们失望，甚伤清议，这对皇家形象并不好。

曾巩对包拯知谏院这一段工作曾有过简短总结，并对他的"七章"一文做过评论，这一段文字不长，可以放在这里做参考：

> 及知谏院，数论斥大臣，请罢一切内降，又录唐魏郑公三疏，请置座右。及别条七事，言明慎听纳，辨别朋党，爱惜人才，不主先入之说，荡去疑法，条责臣下牵录微过，其论甚美。①

魏郑公便是魏徵，他是唐太宗时一著名谏臣。包拯在做谏官时曾手抄魏郑公三疏，送给仁宗，希望他能置于座右，时时看一看作为借鉴。为此，他还特意写了"进魏郑公三疏札子"做了说明：

> 臣闻唐太宗英明好谏之主也，魏玄成忠直无隐之臣也，故君臣道合，千载一时，事无不言，言无不纳。太宗尝谓左右曰："朕即位之初，或言人主必须威权独运，不得委任群下，或欲耀兵振武，慑服四夷；惟有玄成劝朕偃革兴文，布德施惠，中国既安，远人自服。朕从其语，天下大宁，绝域君长，皆来朝贡，此皆玄成之力也。"是至贞观之风与三代比盛，垂三百年，抑有繇矣。所上谏疏，具在史册。
>
> 臣窃谓玄成虽言于当日，亦可行于方今，谨条其三疏，备录于左，皆词理切直，可为龟鉴。伏望陛下万机之暇，特赐观览！②

---

① 杨国宜：《包拯集校注》，合肥：黄山书社，1999 年，第 266 页。
② 杨国宜：《包拯集校注》，合肥：黄山书社，1999 年，第 215—216 页。

包拯在这道札子里说：我听说唐太宗是英明喜欢纳谏的君王，而魏玄成是忠直无隐之大臣，他们俩事无不言、言无不纳，君臣道合，千载一时。太宗曾对左右说过："我即位之初，有人说君王必须威权独揽，也有人说要耀兵振武，让邻国们都害怕。只有玄成一人劝我要兴文偃武布德施惠。他说中国自己安定了，四方邻国自然也就服气了，反而会佩服我们。我听从他的话，果然天下安定，四方邻国都来朝贡我们。这都是玄成之力啊。"贞观之风成就了大唐三百年。魏玄成所上的谏疏，也都载入了史册。魏玄成之语，也可用于现在。我把他三条最著名的谏疏抄下来送给陛下，希望陛下能放在案头边上，在繁忙之余，常拿出来看一看，会有启发。

这样用心良苦的礼物，历史上应该没人送过，包拯算是独一份。而历史证明，他和宋仁宗，君臣相遇，也是千载独一对。

曾巩在史官修撰的任上写过不少宋朝名臣，写包拯传，是在包拯故后的事，他代表官方出面撰写，有点盖棺定论的性质，这和吴奎写的墓志铭，性质不一样。但曾巩的文本和《国史本传》里的"包拯传"，还是有细微差别的，比如包拯知谏院这一部分，《国史本传》里便如此记载：

> 皇祐二年，擢天章阁待制，知谏院，数论斥大臣，请罢一切内降，奉诏除天下逋欠七千二百余万。尝写唐魏郑公三疏上之，请置天子座右；及别条七事，大指明慎听纳，辨别朋党，爱惜人才，不主先入之说，荡去疑法，条责臣下牵录微过，其论甚美。[①]

两相比较，显然，《国史本传》里记载得更为详细。曾巩作为一个大文人，他不会去做文字搬运工，唯一的可能是，《国史本传》在他文本的基础上做了修改。这才是真正的官方文本。

---

① 杨国宜：《包拯集校注》，合肥：黄山书社，1999年，第269页。

## 弹劾藏书家

皇祐三年秋，包拯和吴奎联手弹过一个名叫李淑（1002—1059）的文臣。李淑是位藏书家，他家藏书接近三万册，仅次于宋绶家。

李淑比包拯小3岁，父亲李若谷官至参政。李若谷是徐州人，进士出身，少时父亲便去世，后游学洛阳。大概因为他自己是这么一个苦出身，所以从小便对李淑要求很严格，在父亲的指导下，李淑很小就显露出了文学才华。

在李淑12岁时，他父亲正在亳州任通判，真宗皇帝突然有一天大驾光临来到亳州。亳州在安徽的北边，靠近河南，地理位置并不好，说得上既荒凉又偏僻；而当时的首都是在北方的开封。那么皇帝去这个地方做什么呢？

说起来好笑，宋朝几个皇帝中，最有神仙缘的是真宗。1008年，他先是去泰山朝拜了天帝及各路小神仙，三年后复又跑到河中汾阴，拜了大地母亲。1014年，他又在大臣的蛊惑下跑到亳州来，朝拜道教始祖李耳。李耳就是老子，他是道家学派创始人，一生只留下区区五千字的《道德经》，却成为中国历史上最伟大的思想家。他是周朝人，是个史官，主张"无为"而治。亳州涡阳有个天静宫，是北宋时神仙家假造的"李母感星之所"。

话说真宗千里迢迢跑到亳州来朝拜老子，作为亳州通判的李若谷自然全程陪同。趁真宗心情好时，便让儿子李淑献上文章。真宗看了看这小孩子的文章，大感惊奇，又考了考他的诗赋，也很不错，便赐他"童子出身"，又给他搞了一个简单的专场考试，通过后，便任命他为"秘书省校书郎"。这种传奇经历很像杨亿和晏殊，都是年纪轻轻便出了大名。

因为不必走正常的应试教育，李淑便可以把大把精力用来钻研学问。19岁时，又一个好机会落在他身上。

那年朝廷要招馆阁人员，经大臣寇准推荐，李淑经过考试被录用，做上了馆阁校勘。以后他的大半生都在馆阁里修书，后来一步步升到知制诰。

李家祖上很穷，更不会有什么书，所以李淑家的三万册藏书，绝大多数是在他个人手里完成的，李淑自称致力于藏书"三十年"。这三十年中，他在书的搜访上下了很大力气，这和他馆职工作有关，但做过馆职的人未必一定是大藏书家，所以还跟他本人无比热爱搜书事业有关。应该说，李淑是一位极品书痴。

买书是要有很高成本的，不是迷恋过度，李淑绝对搜不到三万册书。宋朝时出版业已经有了，但不会太发达。更多的是到民间士族家，一家一家去搜访，虽然不一定都得花钱，但耗上了时间和路费。宋家经几代人的努力才达到三万册的藏书规模，而李淑却在短短三十年间便做到了，可见这个人实在痴得可以。

身为皇家编纂的李淑，本身负有搜书职责，他因搜访到不少好书，而成为当时最著名的目录学家。李淑自编有《邯郸图书志》和《邯郸书目》，他一生只活了 58 岁，却有著作一百余卷问世，还参加编写过不少本重要的皇家著作，比如《国朝会要》《三朝训鉴图》《阁门议制》等。可惜，李淑花费几十年光阴搜到的三万册书，到了南宋后，便散入民间，不复存在。

李淑被授"翰林学士，兼端明殿学士、侍读学士"，是皇祐三年秋天的事。这几顶高帽子，通常只授予学问专精、声望很高的大师级人物，对李淑的专业水准，两位谏官并无疑义，却对他的道德层面提出了质疑：

> 淑性奸邪，尝乞侍养其父，而不及其母。既得侍养，又复出仕。有谋身之端，无事亲之实。作《周三陵诗话》，语涉怨愤，非所宜言。①

---

① 杨国宜：《包拯集校注》，合肥：黄山书社，1999 年，第 191 页。

意思是李淑这个人，心地不正，他曾经向朝廷打报告要求回家侍养父亲，可没多久，又出来做官。当时朝廷上下对他议论很多。现在他母亲快 80 岁了，家里又没有别的儿子，他不在家好好侍养母亲，却要出来工作，这说得过去吗？再说，他以前写诗，对本朝各位祖宗有过讽刺，曾被人弹劾过。这样有污点的人，应该罢翰林学士，"乞与外任，或令侍养"。

两位谏官上疏后，李淑的学士帽应声而落。两位谏官认为这还不够，便又继续上疏，认为"李淑父子荷国厚恩，荣幸俱极"，却居然敢"私怀怨望，讥切祖宗"，这样的人心地不纯正，不能留他在朝廷里做侍读学士。

在宋朝，对大学士们的道德要求是比较严苛的，因为他们是学界领袖，"德才兼备"是基本要求。有高年父母在堂，必须辞掉工作，回家侍养。当年包拯就是这么做的。反观李淑，老母年近八十，他还渴望着工作。一个书虫，他完全可以在家里做学问嘛。

藏书家在家里做学问是最好的归宿。可为什么李淑急着要出来工作呢？他的《周三陵诗话》语涉怨愤又是怎么回事呢？

说来话长。

1044 年十月底，82 岁的老宰相陈尧佐（963—1044）去世。李淑奉诏为陈公草拟神道碑。他起草的内容事先并没给家属看过。结果神道碑做成后，他家老大陈述古看了很不满意，说这碑里连他父亲最起码的生平事迹和道德文章都没提到，只云"平生能为二韵小诗而已"，便向李淑提出要求更改。但李淑很自负，不同意修改，理由是，文字已经向上进呈，不可能再更改。

陈家是四川阆中人，是一个非常传奇的家族，祖父陈省华官至谏议大夫，他家三个儿子中，出了两个状元三个进士。其中老二陈尧佐，26 岁时第一个考中进士；次年，29 岁的老大陈尧叟考中状元，皇帝见他磊落大方应对机智以为奇人，那还是宋太宗时，便召见他们的父亲陈省华，陈省华当时还是一个小县令，和皇帝一番交谈后，太宗觉得陈省华也是个人才，便破格提拔他，让他在朝廷做了"太子允中"；再过几年，老三陈尧谘 31 岁时又考中状元。

陈家三兄弟中，老大老二都曾官至宰相，但活得最长寿的是老二陈尧佐。

有一个阶段，老大陈尧叟知枢密院，老二陈尧佐值史馆，老三陈尧咨做知制诰，三儿子如此风光之时，老爸老妈都还健在，所以士大夫们都以陈氏为荣。贾昌朝便是陈门女婿。

陈尧佐不光做过宰相，还是著名书法家、水利专家，也是文学家、诗人。他儿子的名字中都有一个古字，分别叫陈述古、陈求古、陈学古、陈道古、陈博古、陈修古……其中陈述古是老大，父亲去世时他应该有五六十岁了，年纪比李淑还大，孙子都有了，沈括和苏轼在文章中都曾写到过他，他虽然官做得没父亲和祖父大，但人很正直，也很有脾气。他见李淑事先不给他们看内容，事后又不愿意更改，而且脾气还有点坏，便很恼火。

大人物死了，才有神道碑。而神道碑就相当于一个人生前功德的展示橱窗，是要给别人和后人看的，而且内容得呈皇上审批，可见其重要性。何况陈家又是这么一个世家大族，对这么一个人物的评判，李淑哪能由着性子来？这件事处理不慎，李淑的好运气也就到了头。

没多久，李淑外放知郑州，他去周恭帝陵祭拜，写下一首诗，诗中有：

弄楯牵车挽鼓催，不知门外倒戈回；
荒坟断陇才三尺，犹认房陵半丈来。

周恭帝便是后周皇帝柴宗训（953—973），他在父亲柴荣去世后即位，年仅7岁。赵匡胤是从他手上拿到的政权。从道德层面来说，这个政权来得并不光明，但兵不血刃，就完成了政权的和平转移，这是宋太祖的高明之处。可书呆子李淑，父子两代都受惠于赵宋政权，过上了富贵安逸的好日子，却偏要跑到周恭帝陵来祭祀，祭祀就祭祀吧，还要写诗纪念他，借以讽刺时政。

这诗三传两传就被陈述古看到了，他让人刻印百本散发出去，很快，有人献给仁宗看了，仁宗看过当然不高兴，便把这诗交给中书去处理。翰林学士叶清臣看到后便上疏说，本朝以揖让得天下，而李淑却诬蔑本朝是靠武力拿下政权的，这不是一个臣子应该说的话。李淑因此被贬知南京。[1]

李淑被贬后，便主动提出来，要回家养老。可回家没多久，他又请求出来做官。这便在朝廷引发非议。包拯便讽刺他"无致养之乐，有谋身之端"。他不是真想回家做孝子，而只是虚晃一枪做做样子而已。

一个藏书家，为什么那么急着要出来做官呢？还是有不得已的苦衷，又不便向人道也？

理论上，回家养老，俸禄是要打折扣的。这对淘书狂人来说，俸禄减少对淘书事业可能是个重大打击，所以必须赶紧出来工作。当然，也有可能，他对那顶帽子还是很在乎的。有帽子没帽子绝对是不一样的。搜书人如果有一顶官帽子，所到之处，自然一路绿灯。无论知郑州还是知南京，除在官府上几天班外，李淑大量时间应该放在搜书上。

此公还有别的笑话传出来。比如他为吕夷简写墓志，墓志中有"过猲鸡晨"语。鸡，是指刘太后。真宗去世时，仁宗还小，当时正是刘太后垂帘听政，那时候的执政大臣是吕夷简。李淑用这样带有侮辱性的言语去影射刘太后，是否有点呆呢？

如果此事发生在明清两朝，文字狱盛行，那他还会人头落地呢。一个藏书家，也有这样幼稚的一面。

---

[1] 丁传靖辑：《宋人轶事汇编》上册，北京：中华书局，2012 年，第 305 页。

# 四、做父母官

## 一通珍贵书简

皇祐四年（1052）三月，包拯在知谏院做满两周年时，被命龙图阁直学士、河北都转运使。

庆历八年五月，包拯从陕西转运使任上回来，朝廷就派遣他去河北做转运使，但不知为何那次没去成，又被改遣为户部副使。就在这一年，河北路在区划上作出重大调整，在大路下，析分出四个小路：大名府路、高阳光路、真定府路和定州路。各自独立却又互有统属。这是为了应对挑战，加强沿边国防力量而作出的区划调整。一般而言，安抚使负责整个路的军事和治安，转运使则负责军需供应和地方税赋，并对州县官员进行监督和考核。

包拯对河北非常熟悉，以前奉命去过几次，这次去后不久，他就向朝廷发回一份奏疏，要求分流河北路沿边部队的兵马。除留下防守外，其余部分，可往河南诸州分流，以减轻全路军粮负担。因为那些地方军粮容易筹措得到，而且离边疆不是很远，真碰到紧急情况，马上出发，不到半月就可到达前线。这类建议包拯以前也提过，可都得不到同意。这次亦然。

这个建议之所以不被允许，是因为边疆守军，谁也不敢提出分流。但包拯调查后认为，沿边还有18万的民兵，他们如果训练有素，战时是可以派上大用场的。分流也就不必那么紧张。

这里必须介绍一下，宋时也是有民兵的，这些民兵平时务农，农闲时开始训练，战时即可做防守之用。训练通常三个月，训练期间，官方给口粮补助。这些民兵秉性剽悍，又熟悉当地情况，且他们的自身命运是跟边防安危捆在一起的，所以他们也乐意去做民兵。就战斗力而言，他们打起仗来甚至超过那些南兵。无非是官方补助经常不到位，训练也常不到位。包拯为此算了一笔账，他得出的结论是：供养18万民兵的钱，只相当于河北路屯兵一个月的口粮。

可是，报告递上去后，朝廷还是没同意。包拯便再次上疏，要求"罢公用回易"。

在宋朝，官吏除正常的俸禄外，还有一块叫公用钱，公用钱是根据官员等级，按年月支取，可以自行支配的。相当于我们现在的办公经费。可以请客送礼，招待使臣，做各种开支。对沿边政府，朝廷还破例网开一面，允许他们拿公用钱去和商人做交易，盈利部分可以弥补地方财政的不足，这叫"公用回易"。

有公权力的政府一旦获准可以和商人争利益，那商人和老百姓肯定是争不过他们的。权力一旦介入，那里面的经济会被搞得一团糟，强行买卖、鱼肉百姓、抢占有利资源，官员为所欲为、中饱私囊、侵占民间利益都会发生。

包拯到地方后，老百姓和商人纷纷向他告状，说他们被这种公用钱交易搞惨了。包拯便向朝廷提出，应该禁止沿边州县"公用回易"。

这道疏上去后，分屯之事没同意，禁止公用钱交易这件事，后来终于获准。

这个时候，韩琦正在知定州任上。包拯有一天突然收到韩琦来信。这封信的具体内容，包拯生前没披露过。但却被一百多年后的周必大看到了，这个帖辗转到他手中，想来已经过了多道人手，此时包韩两公俱已成了历史人物，而北宋也已成为历史。江山几度风云，人已去，帖还在，周必大睹此感慨良多，便在此帖旁边，题字纪念：

　　右魏忠献王与包孝肃公帖。王庆历八年知定州，在镇五年。孝
肃皇祐四年方自谏院出为河北都转运使。当是时也，稻子细事，省

费重农，委曲尚尔，则凡兴利除害，惠及民者，固应不遗余力，挝鼓主祠，岂徒然哉！淳熙八年。①

韩琦在宋徽宗时被追封为"魏郡王"。

周必大在跋中作了分析，判断出此帖，是包拯做河北都转运使时韩琦写给他的，说的内容关乎稻子、关乎民生、关乎农业，和两人此时的身份极其吻合。淳熙八年（1181），周必大56岁，身为翰林学士的他，在此前一年官拜参政，后来当上宰相，成为南宋朝一著名人物。

后人便说，《宋史》上不是说包拯"不作私书"的吗？怎么还会有这么一种私信存在？

这一封信的偶然发现并不能证明什么。因为这在理论上，算不得"私信"。一个是河北都转运使，一个是定州知州，他们俩此时的关系是工作关系，谈"稻子细事"之类，纯属工作问题。再说这封信是韩琦寄给包拯的，包拯回信虽然没有被发现，但按常理推测，包拯应该给韩琦回了信。

至于韩琦写给包拯的信，怎么会让一百多年后的周必大看到？这封信难道是从包拯后人手里留传出来的吗？这个可能性不能说没有。几十年后随着金兵南侵，北宋沦陷，北方豪门士族纷纷南逃，包拯老家合肥曾遭遇金兵三次洗劫，包公墓也在这一期间被盗贼多次光顾过，合肥城里的包公后人纷纷逃离合肥，包公书信文献之类因此流落到民间是有可能的。如果是从包家流出来的，那么也可以推论——这封信在包拯生前一直保存在家里。

韩琦20岁那年考中进士，考中的还是第二名的榜眼。但他身世，实在有点惨。他父亲知泉州时，和一位婢女生下了他，韩琦年仅3岁，亲生父母便双双离开了他，他是由兄长抚养成人的。韩琦在庆历新政后被贬出朝，先是知扬州，庆历八年知定州并兼安抚使。他到定州后采取大刀阔斧的手段整顿定州军队，日夜操练将士，使得定州军"精劲冠河朔"。包拯去河北后，按

---

① 杨国宜：《包拯集校注》，合肥：黄山书社，1999年，第307页。

他工作惯例，他第一个大动作，就是把河北路全部跑一遍听取各方声音，他必定去了定州，也会向韩琦讨教经验，因为韩琦在边疆前线待过多年，统兵打过仗，他的经历和经验，对没有统兵经验的包拯来说弥足珍贵。他们之间会有书信往来也很正常。

这封信能够被周必大（1126—1204）收藏是一件幸事。周必大不但收藏了，还给它题了跋，收进他的文集中。这就具有文献价值了。

周必大是个和欧阳修差不多的人物，他们还是老乡，都是庐陵（今江西吉安）人。一个是北宋文坛领袖，一个是南宋时的文坛霸主。周必大曾在吉安老家，给三位著名的老乡盖过三忠堂，其中一位便是欧阳修。周必大26岁进士及第，32岁举博学宏词科，做过多任地方官，后官至翰林学士、吏部尚书、枢密使、宰相。此君还是一位书法家。

由周必大亲自题写并收藏的这封信，现在当然早已不见，但周必大的题跋内容却因其文集存世而留传下来，包拯和韩琦之间的交往也便有了实证。

在包拯奏疏中，有一通和韩琦有关，"请罢里正只差衙前"，写于韩琦知并州时，此时包公家里出现重大变故，因独子去世，包拯调回老家知庐州。老年失子，心情之苦闷，可想而知，但当他看到韩琦上疏要求罢各路里正后，他也上疏，积极呼应韩琦。在他们俩的先后呼吁后，至和二年（1055）四月，朝廷终于出台规定，"请罢里正只差衙前"。由此推测，他们俩应在1055年年初上的疏。这是两人一生友谊的珍贵见证。

包拯的这道疏是这样写的：

> 臣伏见知并州韩琦上言，乞罢诸路里正……臣昨任河北，备见诸州军所差里正，只是准备衙前，其秋夏二税，前是户长催驱，重役之中，里正为甚。每县或无上等，即以中等户充，家业少有及百贯者，须充衙前应副，重难之役，例皆破荡。其逃亡非命者，比比皆是，怨嗟愁苦，所不忍闻。今若依韩琦起请悉罢里正，如衙前有阙，即委令佐于一县诸乡第一等中选差物力最高者充役；如更有阙，

亦如此轮差。委是经久公私利便，庶几凋残之民稍获存济……①

当年各差遣都是无偿征用老百姓。其中第一等户充衙前，如没有第一等户，就由中等户顶上。这些人家其实并没多少钱，有一百贯的人家已经很稀罕了。在县衙里做衙正，一点报酬都没有，这都不算什么，关键是，要他们去乡下催税赋，一个县的每年经济指标要靠他们来完成。如果催不上来，得由他们代交。他们那一点小家产，自然会被搞破产。交不上来，还要被抓进监狱，这就逼出人命来。所以韩琦要求停止执行此项制度，有一等户让一等户去做，无一等户则轮流做衙前。这样就分解压力了。包拯做转运使时见多了这种悲惨事件，他当然赞成韩琦观点，便也上疏，强烈要求朝廷能够采纳韩琦的建议。

这一通上疏是有价值的。

本来摇摆不定的仁宗及各位宰相，见到包拯上疏后，终于下定决心罢诸路里正衙前。

## 安抚使的苦恼

包拯的家庭生活，在他54岁时，似已达至人生的一个巅峰，他的儿女都已结成美满婚姻，两个女婿一个媳妇，个个都是名门士族嘉子弟。儿子因父荫而做官，在潭州（今长沙）做通判。粉嘟嘟的小孙子文辅已出生，会笑了，萌得很。老妻在家安静地读读佛书，弄弄花草，一切都要感谢上苍，此时生活让人无话可说。

包拯一个人去了河北，他的作息中没有任何吟诗赋词的习惯，满脑子的工作，都忙不过来，河北问题又是如此复杂，报告打上去后，通常都没有下文。别的同道碰到这样的窘状，干脆就做自己喜欢做的事好了。这个年龄完全可

---

① 杨国宜：《包拯集校注》，合肥：黄山书社，1999年，第250页。

以致力于艺术创作。可包拯不一样，他的使命感，总是特别强。

任命包拯做河北都转运使不过3个月，工作才走上正轨，皇祐四年（1052）七月五日，包拯又接到新诏命，"徙高阳关路都部署、安抚使、知瀛州"。接替他担任河北都转运使的，是他的谏官同道陈旭。

安抚使，又称"边帅"，是军政一把手。高阳关路的路治在瀛州，所以又兼瀛州知州。显而易见，这个担子比所谓的转运使，工作更神圣，使命更重要。一个没有做过军政一把手的官员，工作履历是不完整的。做台官时，可以对边事不断发表各种高见，可坐而论道，究竟比不上行而知之。

高阳关路与辽国接壤，是军事重镇，辖十一州。辖境相当于现在的天津市、河北容城以南、白洋淀、武邑、南宫、清河以东和山东武城、无棣两县，地域广大，情况复杂。瀛州就是现在的河北河间县。自从天津、北京、山海关、长城这些关键的山脉和城市，拱手出让给辽国后，瀛州直接成了前线，属于边塞了。因无险可据，那怎么办呢？要么是平地起高楼，人工造出一些城堡出来。以前的诸位边帅，比如那位对盐法改革有卓越贡献的范祥，在乾州做通判时，便修筑了不少城堡。再如现在的宰相庞籍，当年镇守陕西边疆时，亦修筑了不少城池。协助文彦博平定贝州兵变的明镐，则以城堡先生著称，他在镇守边疆时，修筑过5座城堡。韩琦做边帅时，除了训练部队，打造一支纪律严明有战斗力的铁军外，修筑城堡也是必须的。

当时在边疆任职的有不少纨绔子弟，再加上老兵众多，骄纵不堪，把部队直接当成养老院，反正国家养着他们。早年行军打仗时，还有娼妓同行的，纪律涣散到什么地步，便可想而知。

因为宋这边无险可据，将领们除修筑城堡外，还挖了些水塘城池出来，如果对方的铁骑胆敢侵略，就让他们尝尝陷入汪洋沼泽的感受。

话说包拯门生张田刚出道时，便曾遇到过一件很搞笑的事。有一年，仁宗宠爱的大太监杨怀敏和爱臣夏竦，联合提出要在与契丹接壤的七郡"增广塘水"，意思是，要多挖些水塘和水池，以防御敌国入侵。

那个时候，宋与辽国刚签下新和平协定后不久，有位谏官便上疏说，"增广塘水"这件事情，恐怕会惹来麻烦，会引来老百姓的怨恨，也会引来辽国的抗议，云云。仁宗便任命他为河北体量使，专门去河北研究水塘和水池到底要不要搞。这位谏官，调查过后，轮到要他拍脑袋做决定时，又傻眼了，不知如何是好。朝廷只好诏命通判群议此事。毕竟通判直接在沿边地带做军事长官，他们了解实际情况，应该能拿得出主意来。

张田是澶渊（今河南濮阳）人，又在沿边做判官，他上疏说："增广塘水，这不是御敌的好办法。还把好好的良田给破坏了，修建塘水后，老百姓的房子和他们祖宗的坟墓，都要给淹没掉，老百姓势必会强烈反对，会给出行带来极大不便，弊端很多，这绝对不是好办法，不宜采用！"

张田上疏言辞激烈，触动了两位大官人的痛点，他因此被贬郢州（今湖北武昌），做监税官。

张田的老家澶渊，是著名的边地。宋真宗时的澶渊之盟，便是在这里签订的，这是北宋历史上最耻辱的条约。此盟约一签，北宋从此向辽国开启了进贡史。张田那时候还没有出生，他是宋神宗熙宁（1068—1077）初年去世的，时年54岁，以此反推，他很可能是1015、1016年出生的，也就是说，他是澶渊之盟签订十年后出生的。

出生在这样一个特殊地方，耳濡目染，他对边事的看法自然有别于他人。此君小包拯十七八岁，考上进士后，曾做过应天府的司录官，在这里，遇到了欧阳修。

皇祐二年（1050）七月下旬，欧阳修从颍州调到应天府，做知府兼南京留守司事。小司录张田，便成了欧阳修的属官。

欧阳修在应天府任上一年半，向朝廷推荐了几个年轻人。其中一位年轻推官，名叫苏颂的，是他当时非常欣赏的人物，举凡府中公务和奏章书简，都委托他处理，在他任满一年后，欧阳修向朝廷做了推荐，说他"才可大用"。苏颂在宋哲宗时官至宰相，还是一位天文学家、天文机械制造家和药物学家。

在推荐杰出青年苏颂之前，欧阳修先向朝廷推荐了司录官张田。因为欧阳修的推荐，张田官迁广信军通判。

张田跟包拯的认识，就在广信军任上。说起来，欧阳修是张田的第一个推荐者和发现者，但他和欧阳修的缘分也就到此为止，而他和包拯的缘分，却直接改变了彼此的人生。

包拯来到瀛州后不久，便上疏仁宗，说到他的闹心事，不是一件，而是一堆："本路久经灾涝，流亡未复，臣自莅事以来，应系兵民边防凡干利害，敢不悉心措置。"

这些灾涝，多数是大自然行为，但也有不少人为因素。大兴塘水以御敌，把沿边故意搞成汪洋一片，就有人为因素。到包拯来时，骑着马巡视辖地，坑坑洼洼的，村落荒凉，人烟稀少，够他闹心的。"然而路当冲要，使介相望，迎劳供费之繁，因循浸久。"①

对面的辽国，时不时要派使臣过来贺岁贺生辰什么的，有来必有往，沿途接送，招待吃喝，都要沿边州郡掏钱买单，这是一个不小的负担。

包拯在做谏官时，曾上过一道疏章"请选河北知州"，此疏一开头便说到他观察到的河北现状：

　　臣送伴北使往回，窃见河北当路州军，各系近边控扼之地，所有知州等，并是朝廷一一精选，盖欲谨边访，训士卒，以为急务。今则不然，但能增饰厨传，迎送使人，及曲奉过客，便为称职，则美誉日闻，若稍异于此，则谤议纷然，往往因此降黜者有之。缘每年两次人使往来，动经七八个月，逐次预为准备，不敢少懈；况去岁两度非次人使，乃是一年之内迎送绝无虚日，又何暇略谋训练哉……②

包拯这疏里提到的，还是他多年前做送伴使时的见闻和观察，当年边臣

---

① 杨国宜：《包拯集校注》，合肥：黄山书社，1999年，第243页。
② 杨国宜：《包拯集校注》，合肥：黄山书社，1999年，第225—226页。

们向他絮絮叨叨倾诉的种种烦心事，一天到晚迎来送往，稍不如意，就被弹劾，只好委屈自己，把他们安排好招待好，便美誉日隆，就可以升官。他们哪有精力训练士卒整治边事呢？

这样的事情，以前做谏官时的包拯只能是纸上谈兵，提建议想策略，而现在他是安抚使，所有问题都要去处理。让他整天赔笑脸、陪吃喝、陪玩乐，压根不是他的菜。而稍不爽他们，恐怕就会有人往朝廷里打他小报告了。所以包大帅，在"论瀛州公用"这份奏疏中，便使用了这样的语词："**臣方欲裁损一二，而议者亦已云云，孤危之迹，不皇启处。**"意思是，他准备在招待费中砍一刀，减少支出，降低接待档次，但恐怕这样一来，就会很多人说他坏话了……

一个孤独的改革者，必定是"谤议四起"，这是他无力应对的。何况，包拯面临的窘状，远不止这一点。

在做河北都转运使时，包拯曾弹劾过雄州知州刘兼济。弹劾他的理由是"**材质识暗，素无廉节**"。雄州是边陲重镇，和辽国直接接壤，使臣进来的第一站便是雄州。那边的情报人员也时常过来，抛出一些假情报诱惑雄州这方，而且诡计多端——一个才智平庸的人来做知州，不但识破不了人家的诡计，很可能，还会被人家牵着鼻子走，何况此君素无廉节，政治操守有问题，这种人镇守边陲，指不定会唱出什么大戏出来，给朝廷惹下麻烦。包拯要求罢免这样的人物，可他数次上疏，朝廷皆无旨令。这位刘兼济，也就继续在雄州做着他的知州。

刘兼济父亲刘汉凝是位武将，早年跟着宋太祖征战河东，官至崇仪使。刘兼济，就躺在父亲的功劳簿上睡大觉，先在襄州做兵马监押，后升至雄州知州。知雄州时他对下属态度苛严，惹得士卒怨声四起，因此而徙冀州、忻州。包拯做边帅时，此人尚在知雄州的任上，面对这样一个曾经被他弹劾过的下属，包大帅估计也够难堪的。其他几个边州的长官也很平庸。包拯几次上疏仁宗要求选择精明强干的人担任边郡长官，可报告上去后，都没有下文。

除此之外，沿边州军的情报工作，问题也很严重。

包拯在转运使任上时，便向朝廷上疏，"请择探候人"，探候人就是我们现在说的情报人员。他在这道疏里说，以前边臣对情报工作都是非常重视的，派遣人员都经反复挑选，而且保密工作做得非常好，边臣将帅也都具备识别情报真伪的本领，但这些年，各州军，却打探不到辽方的真实情报。派遣人员既不挑选也不培训，随随便便就派出去了，以致他们到辽国后，只能得到一些假情报，并没有多少军事价值，甚至还有情报人员自动泄密，以致辽方直接派人过来，把一家人都捉过去。这样的怪事情，已经发生不少起。现在，辽方在边界线上增添了不少巡逻岗，我方人员要想深入，几乎不可能。

包拯认为，情报工作滞后，是边事的心腹大患，一点不亚于士卒训练。而现在，这两手都软，是摆在安抚使面前的两大难题。

此外，瀛州公使钱严重不足，公共财政缺口，也让包拯头大。

说起来，瀛州公使钱只有区区二千贯，所有用度，都要从这里面开支。包括迎来送往的招待费用。如果按原来那般开支，就必须砍掉别的费用，才能应付过来。如把这笔钱拿来做生意放高利贷，做违禁品买卖，是能挣到一笔钱的，可包拯已明文要求朝廷禁止公使钱的交易。他下来做边帅时才知道，这简直给自己挖了一个坑。

包拯到瀛州后，便把历年来的财政开支一览表做了出来，并把各州的公使钱项目全部搞清楚。钱的问题很困扰他，他决定给皇上写信，一笔一笔算清各类开支，然后沉痛地总结说：我就是设法把用度减下来一半（**这已经本事很大，要得罪几千张嘴了**），每年还必须花钱近六千贯，现在还缺口四千贯。这四千贯，天上能飞来吗？恐怕不可能，那只好走公使钱回易这条老路。可拿两千贯来投资，就算百分百赢利，也还存在缺口。

写到这里，包拯写不下去了，他站起来往外面走一走，外面北风呼啸着穿堂而过，无边无际的星空下，有点点星光，呼应着他内心的苍茫。

包拯希望朝廷以雄州、恩州、莫州等州的公使钱做参照，或委任本路转运使、提点刑狱亲自去取索，合乎钱数，政府才能正常运转。大概包边帅觉得自己也是老给皇上添堵的人，报告的都是不好的事情，还絮絮叨叨，可这说的都是公家事啊，他不敢有丝毫隐瞒。而且他也知道，打他小报告的人正排着队呢，一切一切，只希望皇上能够懂他爱他，"曲赐保全"。

做边臣，容易吗？

# 推荐张田

包拯在瀛州做边帅，虽然碰到不少烦心事，却也有激情澎湃的时刻。比如，有一次在信安军，通判张田陪在身边，两人谈边事谈得非常投机，旁边的人都自动忽略成了背景，两人却激情四射说个不停，而且一说就懂。

这次对话，似乎是为包拯暗淡的边帅生活迎来某种转机。在一片平庸中，遇到张田这样优秀的属下，包拯岂能不激动呢？而白羊男的激动，全部都写在脸上。两人眼睛里的点点光亮，让一个旁观者印象深刻。

旁观者是谁呢？他便是光信军的长官，张田的顶头上司某君。张田无数次在他面前提及边事的处置，要如何如何，不能如何如何，他始终不屑一顾。当张田一再挑战他的智商冒犯他的尊严时，他简直愤怒至极，指斥他被贬过一次还不够，还想再来一次？有欧阳修推荐又如何？欧阳修不照样在颍州修地球吗？而这次包拯骑马来光信军视察，他是主陪，言语滔滔不无得意，包拯爱听不听的他也不管，恰在这时，张田这厮冒了出来，说了两句话，就把包拯给吸引住了，看着这两人越走越近，身影叠加在一起，最后干脆就不走了，就站在那里对谈。旁边人都等得不耐烦了，只有这两人，还在风中谈个不停。他知道张田抢走了他的风头。在包弹面前，他自己站成了一棵树，却不敢上前指责张田一个字。

张田生于斯长于斯，他的父母兄弟、师长亲友，都生活在这片土地上，他们几十年间的感受和观察，岂是一个外来者能体会的呢？他对边事的思考和建议，都凝结在《边说》七章里。当张田把《边说》七章完成后，第一读者原本便是这位某君，可某君只看了一个开头就弃而不看，张田的文字很扎人，他不喜欢看，便扔还给张田。而这次是包拯主动索取，还一再感谢张田。

包拯当夜读完《边说》七章后，激动之余，便让底下人认真抄写一份，他自己复又核对一遍，然后提笔写下一道疏文，"进张田边说状"：

> 臣窃见殿中丞通判信安军张田，性质端劲，文艺该博，周知河朔之事，曾著《边说》七篇，词理切直，深究时病，辄敢缮写进呈。伏望陛下万机之暇，少赐观览，则沿边利害，粲然可见。仍乞宣谕两府大臣，参议可否，锐意而预图之，实天下幸甚。[①]

张田碰到包拯，算是在对的时间里，遇见一位对的人，包拯看过后立即在第一时间推荐给仁宗，希望仁宗能抽出时间来看一看，看过后转发给两府大臣议一议，讨论一下张田提出来的建议是否可行？他说张田这人知识渊博，性格端劲，对河朔之事非常了解，他写的《边说》七章，对沿边利害说到点上了。

在包拯的奏疏史上，这样去推荐一个人，也是史无前例的。可见，张田的《边说》七章的确让他很震撼。可惜《边说》七章今人已无缘一见。那么，这份上疏可有下文呢？

这次仁宗不但看了，还让朝廷给张田颁发一个大奖状，"赐信安军通判殿中丞张田敕"，这在信安军中一下子引发轰动。

皇帝敕奖，实出张田意外。某君此时也一改往日态度，第一时间跑来祝贺，并对张田说，他在不久前，也向朝廷做了汇报，云云。但张田内心明白，这一切，都是包拯起的作用。朝廷一百多字的敕书里，什么都交代得一清二楚：

> 敕张田：省高阳关路都部署兼安抚使知瀛州包拯奏，窃见汝性质端劲，文艺赅博，周知河朔之事，尝著《边说》七篇，词理切直，

---

[①] 杨国宜：《包拯集校注》，合肥：黄山书社，1999年，第245页。

深究时病，辄敢缮写进呈，仍乞宣谕两府参议可否事。汝学术精深，志虑宏远，能穷边琐，善启忠规，文成七篇，说通三训，虽杜牧之之注《孙子》，臧嘉猷之集《羽书》，会粹研覃，曾不是过也。览观之际，良深叹嘉，故兹奖谕，想宜知悉。[①]

这段颁奖词里，有一段，用的几乎就是包拯的原文。里面说到杜牧之，便是写"清明时节雨纷纷，路上行人欲断魂"的大诗人杜牧。因杜牧在家族中排行十三，所以世人又称他为"杜十三"。杜牧不光是个诗人、文学家、书法家，还是一个军事问题研究专家，他写过十三篇《孙子》注解。而写《羽书集》的臧嘉猷，也是唐人，他是一位布衣，于军事却极有见解。在嘉奖词中，把张田的《边说》七章比之于杜牧之注《孙子》、臧嘉猷之集《羽书》，这是极高的评价。

包拯和张田，这只是第一次交集，却给彼此都留下深刻印象。

# 丧子知庐州

不久后包拯因儿子突然去世，上疏朝廷，请求给他换一个离老家庐州近的工作，以便处理家务事宜。

朝廷这次一反常态，以最快的人性化的速度处理，先是派遣他出知扬州。在扬州，只是过渡一下，等到庐州知府空出缺来，便马上派遣他出知庐州，这是皇祐五年（1053）的事。

包拯离开东京时，为他送行的人不少，有他做台官时的同僚，还有那些留在京城里的老同年，更多的则是他的那些左右邻居，平时交往虽然不多，但他们都非常敬重这一家，看他们搬家时，全都前来送行，这让包拯夫妇非常感动。

---

① 杨国宜：《包拯集校注》，合肥：黄山书社，1999 年，第 246 页。

好在包拯在京城做官数年，住的都是官舍，迁官时无非衣物书籍而已，虽然也雇了好多担子，幸而不少书籍存放在老家，所以总体而言，也不算太麻烦。

包拯爱书如命，每到一地，也会去搜书，但毕竟他也没打算做藏书家，何况他在庐州老家已收了不少书，相同的书他不会再去搜，做什么版本学家。他只收藏他没有的书，目标很明确，所以也就不会像藏书家那样，搬家时搬不动，给自己带来巨大麻烦。

给书打包他不要仆人做，都是自己亲力亲为。做这些事，他有的是耐心。

老年丧子对包拯的打击是毁灭性的。从此，他家几乎听不到笑声了。只有天真的小文辅，还能给家里带来一点欢乐。

包拯头发似乎一夜变白了。夫人也是。他在朝臣中，以不苟言笑而著称，但私底下，却是笑脸常开的。可独子死后，笑容几乎从他脸上蒸发了。

把家从东京搬到扬州去，又在短短数月间搬到合肥，辗转上千里，搬家的忙碌也多少缓解了一点内心的痛苦。丧子这段时间，他几乎不能让自己安静下来，因为一静下来、闲下来，儿子包繶的身影，就会在眼前晃动，包拯就忍不住想哭几声，但他又不能哭，他一哭，老妻董氏就会哭个不停。投入工作，是最好的安慰。

包拯回到老家来办的第一件私事，是让儿子落土为安。儿子安息的地点，是包拯自己亲自挑选的，这也是他为自己及子孙们规划的地下家园。和他父母并不在一块，也和祖墓有些距离，地点是合肥东郊大兴。这一块地方，离日夜奔腾的南淝河并不远。后来李鸿章也选在离包公墓一里处安息。

20世纪70年代包公墓挖掘时发现，包公大儿子的墓并无墓志铭，可能因去世时年纪还轻，为国家没做什么贡献，所以包拯认为，不必要多加一字去说明。这也可以看出包拯对家人的要求。

离开瀛州后，包拯仍关注高阳关路那么多欠债问题，看到朝廷又要举办三年一次的南郊大典，大典之后都会有大赦，他在知庐州任内，给朝廷写了一道疏，"请放高阳一路欠负"，这道疏很短：

> 臣昨任高阳关日，以部下十一州诸般欠负，并系明堂赦前，合该除放。缘逐州军从前失于举行，臣寻具欠折因依，保明申奏，乞与除放，已蒙三司送本路转运司，再令勘会，至今未尽结绝。况前件欠负，委是逃亡人户。其间或有存者，又无家业抵当，即不是侵欺盗用。今又该南郊大赦，欲望朝廷特赐指挥，检会臣前状，尽与除放。①

南郊大赦是皇祐五年十一月的事，包拯此疏应写于十一月之前，这个时候包拯已经从知扬州任上，做了庐州知府。但他仍牵挂着高阳关路十一州老百姓的陈年欠负。这些欠债户，多半都是给官府做免费服务发生倒欠的，而朝廷还要抓他们，走投无路下，他们只好选择逃亡。对这类农户，包拯眼含泪水，希望朝廷能够放他们一马，一笔勾销。

这份报告打上去后，这些债务统统被解除。那些逃亡的人户，终于可以放心回家来，过上安稳的小日子。

包拯做庐州知府，时间不满两年，留下一口井、一个墓志和几个故事。

井就在庐州府学内，那里刚刚建起孔庙。庐州府治，就在庐州府学对面。

包拯的前任建起了孔庙，那包拯就给府学打一口井吧，这口井，被后人称为"包公井"，一直都在。直到几十年前，由于建设的需要，这口滋养过万千学子的井才被掩埋，这是合肥人深感遗憾的一件事。

包拯回庐州来做知府后，有位堂舅舅，暗地里做了一点欺负人的事情，被人告上法庭。他以为外甥来做知府，怎么也会保护他。可包拯是个非常讲原则的人。私下里亲戚有什么难处找上他，没有不帮忙的。可亲戚犯法被人举报，那就得公事公办了。

这位堂舅，被传唤到庭。

包拯公开审讯，原告人证物证俱在，处理起来三两下搞定。堂舅被当堂

---

① 杨国宜：《包拯集校注》，合肥：黄山书社，1999 年，第 249 页。

打了几十大板。

这一下，立即轰动了合肥城。

新来的庐州知府，如此不讲情面，原本还想找他办事叙旧的亲朋旧友，从此不敢轻易登门。知府大人，也因此清静了不少。

转眼到了1054年，这一年正月京师大寒，冻死很多人，传染病也出现了。仁宗让太医进处方，方里有一味药，是犀牛角，这是一味非常昂贵的中药，内侍李舜卿便说，这味药应该留给皇上自己使用。仁宗一听火了："我用好的，那老百姓就应该用贱的了？！"当即下令，将这味药立即研碎，加进处方里，分送给病人。

这一年，仁宗最爱的张贵妃一病不起。他按皇后规格为贵妃治丧。京城禁止娱乐一月，以表纪念。皇上自己则辍朝七日。朝臣们怕皇上会撑不住，还一起去宫里看望了他。

张贵妃死后不久，老岳母也病倒了，并很快去世。仁宗为之辍朝三日。接着宣布改元"至和"。这是1054年三月的事。

这一年的庐州，也流年不利。老天就是不肯降雨，粮食也就颗粒无收。街上流民多了起来，饿死人的事，快要出现了，包拯要求官仓放粮救济，还动员大户们拿出粮食来，帮穷人一把。但这样也还不够。他想起几年前范仲淹知杭州时的一个做法，便把这个做法立即用于庐州救荒，果然很快取效。

四年前，江浙大旱，饥荒流行。范仲淹时任杭州知府，他除常规做法外，还想出一个办法来，宣布将杭州斗米价格，从120贯提到180贯，并派人沿江张贴杭州府高价买米的官方告示。商人见此有钱可挣，便纷纷运粮到杭州来卖，杭州城里粮食很快多了起来，粮价开始企稳，人心开始安定，饿死人的事便没发生。

范仲淹的这一做法被包拯拿来活学活用，庐州大旱时，他靠此举，成功解决了饥荒饿死人的问题。这在《能改斋漫录》中卷二"增谷价"条下，有明确记载。

《合肥县志》上记载一件事，也和包拯有关。

明嘉靖年间，一位合肥书生，请人挖塘蓄水，结果挖着挖着，挖到一个宋墓，除挖出一些随葬品如陶罐、木俑外，还挖出一方墓志。从墓志上看，墓主姓危，官至侍郎，墓志作者却是大名鼎鼎的包拯。此人看到墓志后大吃一惊，不敢继续挖了，又不知如何是好，便干脆把墓就地掩埋起来。但这事还是传出去了。①

在欧阳修、苏轼等宋人文集中，举凡墓志、举荐信、信札、为朝廷起草的诏书之类，都全部收入个人文集中，而包拯传世的只有一本《包拯奏议集》，该书只收了奏议，诗也只象征性收一首，别的诗文都未收进去。这篇墓志的发现，恰恰证明包拯生前是写过不少东西的。

墓主姓危，生前官至侍郎，也许是包拯的属官、同僚或是朋友，不管哪种可能，墓主既然是在合肥去世，那他应该和包拯认识并熟悉。

墓志并不好写。得对墓主有相当了解，而且还要有一定声望，文笔当然也要好。欧阳修写范仲淹墓志铭，区区二千多字却用了两年多时间，还吃力不讨好，可见，写墓志是个技术活，有难度有要求，惜乎此方墓志未能出土。

包拯在合肥还留下不少传说。

比如"箭杆黄鳝马蹄鳖"的故事，便传播很广。说包拯知庐州时，精心选择了两样贡品，一是细小得像箭杆一样的黄鳝，另一个是马蹄般大小的老鳖。当这批贡品进贡给仁宗时，仁宗不太高兴，包公便乘机给他上了一堂课，他说庐州虽然土地不少，但不长什么庄稼，这样的黄鳝算是大的了。淝水也不肥，老鳖也只长这么大，庐州税赋太重了，老百姓都吃不饱饭，请皇上开恩救济救济吧。仁宗便说庐州真是穷，那就免一年的税赋吧……这个故事明显是剧作家们的创作。还说包公上京送贡品时，后面还跟了个厨师。包拯说完这番话后，便让厨师献上美食。箭杆黄鳝和马蹄老鳖看起来不美，吃起来可美了，

---

① 程如峰：《包公传》，合肥：黄山书社，1994 年，第 131 页。

仁宗吃过后大赞其美，云云。这编排得更离谱了。

这些故事，只能看出老百姓对包拯的热爱，却看不出什么来。

包拯做事向来坦荡荡，他会直接上疏申请减免庐州税赋，不需要亲自送贡品给仁宗品尝。仁宗更不会在朝廷里吃什么贡品，那像什么话。而征收税赋，则是转运使的事。

# 五、降官与复出

## 降官知池州

至和二年（1055），包拯官迁刑部郎中。和包拯一同迁官的，是龙图阁直学士赵师民。

这位赵师民，9 岁就能写文章，50 岁后去京师，被一干名人推荐，做了国子监直讲。后来外放地方做太守。他的地方官政绩也相当不错。包拯和他当时都是兵部员外郎，一起官迁刑部郎中。所以这道诏书，也就把他们俩放在了一起。

起草诏书的是知制诰刘敞（1019—1068）。欧阳修说此人无所不通。庆历六年（1046），他本来殿试第一，但因为那一科的编排官王尧臣，是他表哥（他母亲是王尧臣姑姑），宋仁宗为避嫌疑，便把贾黯取为第一名，把他调整为第二名。他弟弟刘攽，亦为此科进士。兄弟俩都是宋史上的著名人物，被后人称为"北宋二刘"。刘敞在至和元年九月，被任命为知制诰。至和二年八月，奉使辽国。所以包拯迁官，应该在至和二年八月之前。

刘敞起草的这道诏书，在他自己的文集中保存了下来。他评价包拯，用了这样的语言，"拯识清气劲，直而不挠，凛乎有岁寒之操"。[1]后来这句话，被很多人拿来评价包拯。

可"识清气劲"的包拯，却在至和二年十二月，因坐失保任，被降为兵部员外郎、知池州。池州和庐州比邻，是一小郡，由大郡改知小郡，是一种

---

[1] 孔繁敏：《包拯年谱》，合肥：黄山书社，1986 年，第 88 页。

降级处理。

坐失保任又是怎么回事呢？

原来包拯在陕西转运使任内，曾推荐过凤翔监税、柳州军事判官卢士安，出任陕西边防军职。卢士安到任后，发现边防城堡年久失修，早已破败不堪，便进行修筑加固，这本是他的职责所在，无可指责的，却遭到了攻击，说修城堡一事，容易刺激西夏"浮想联翩"，引发外交问题。于是上面就把他革职，还追究到保人包拯身上。这真是冤事一桩。

包拯自出道以来一直在升官，一生中被降级，也就只此一次。说起来并没什么不光荣，因为这样的事情在宋朝是司空见惯的。官员升升降降起起落落是常态，只升不降，反而不正常。比如张尧佐越级提拔被台官弹劾，这就很不正常。只要做事超越常规，没有不被批评和指责的，就像庆历新政中范仲淹从宰相被贬后，一直到死都在地方做官。他死的时候仁宗觉醒了，为之嗟叹不已，下葬时范仲淹没有一件新衣，还是由友人集资为他举办的丧礼，而仁宗也破天荒为其亲自书写墓碑。

包拯的同僚同年中，几乎都有过降官经历。连最著名的文彦博，也是起落如家常便饭。他在至和二年六月，重新回到京师出任宰相，和他一起被任命为宰相的还有富弼。两位才俊同被拜相，士大夫们无不高兴。

几天后，外放做官的老宰相庞籍回到京师来，庞籍两年前因一起事件被罢相。仁宗召见他，看到老人他很亲切，问过身体后，谈起朝政："这次我用的二位宰相如何？"言下不无得意。庞籍说："两位大臣都是朝廷高选，陛下选拔他们，非常符合天下人的期望。"仁宗说："的确如此。文彦博嘛还有私心，但富弼，绝对是没话说的，众人万口一词，都赞美他是贤相呢。"

庞籍说："我和文彦博在一起共过事，对他很了解，他本人并无任何私心。无非有人不喜欢他而已。做宰相的哪有不被人攻击的呢？何况他被谤而出，现在应该更加谨慎了。对大臣，陛下不怀疑才对。用人不疑，疑人不用啊……"这一番话深深打动了仁宗。

文彦博重新出山做宰相，包拯知道后很为老同学高兴。包拯有没有去信祝贺他？我们并不知道，但他在知池州任上，的确写过信给文彦博，文彦博回了他一首诗，这在后面还要说到。

话说包拯到池州上任这一年，时值大旱，城中的几条河流全干涸了，老百姓为争水，常打得头破血流。

包拯思来想去，还是要设法打井。这方面他有经验。但在哪里打，是有讲究的。他每天在城里到处逛，看似漫步，实则是在察看地表。一天，他散步时无意发现府周一处墙角，地表土是潮湿的，便眼睛一亮，就是它了。当即让人在此挖井，挖到数尺深后，果然挖出了水。

这口井打好后，他怕池州人为抢水打架，就派三个衙役轮流看着，没想到，三个衙役居然开始卖水收银，弄得老百姓怨声载道。包公知道后气极了，便勒令他们，每人再打一口井，以示惩罚。这三个贪心的衙役，只好在这口井的旁边再打井，三口井打好后，四口井连成一个正方形，全城老百姓的饮水供应就此解决。

现在这四眼井还在，被后人称为"包公井"。

包公在池州期间，还破了一个案子。据《嘉靖池州府志》记载：

> 包拯……出守本州。辨浮江尸与瘿僧冤，时称神明。为治严而不刻，所至缩靡费以利民。明年，复其官。民多德之，立祠祀焉。[1]

包拯在池州任内破了个浮江尸案，被人称为神明。他做知府时，治理政务虽严格却不苛刻，缩减各种费用以让利给百姓，故让老百姓交口称赞。所以他离开后，老百姓感念其德，为他建祠纪念。

一个官员只做九个月就走了，老百姓却要他为建祠纪念，这是不多见的。

浮江尸案是怎么回事呢？原来江边有座古庙，一位老和尚，有一天发现江上漂下来一具尸体，便想办法把尸体打捞上岸，然后就地埋葬，并给他诵

---

[1] 孔繁敏：《包拯年谱》，合肥：黄山书社，1986年，第90页。

经超度。没想到这件好事却被人告上池州府，说是老和尚图财害命。老和尚便被带走关了起来。这时包公走马上任，他先去监狱里看了看老和尚，问了问情形，又去庙里走了一趟，问问情况，心里便有数了。然后开庭，把举报者叫来审问。

"和尚谋财害命时，你在现场吗？"

"我是听人说的。"

包拯两眼直盯着举报者，那人长相没问题但别的都不对，人有 50 岁光景，衣着破烂，脸形瘦枯，一看就是生活得十分艰难的底层农民。他回答时甚至不敢抬头，也不敢看包拯的眼神。回答的声音也有气无力，声音发虚。

"说和尚谋财害命，只是听说？你胆子也真够大啊。是你谋财害命吧？！"包拯板子一拍，那人尿都吓出来了，站起来就想跑。然后撂下一句话，"钱，我也不要了"。

府衙们上前把他揪了回来，他跪下来交代说，他并没看到死尸，也没看到和尚埋尸过程，只是听人说，到府衙举报会有奖励，便借此举报一下，至于和尚是不是谋财害命，他哪里知道？这时候他声音变大了，敢直接抬头看包知府了，还斗胆提了一个问题："和尚为什么不报案，要埋尸体呢？他难道没有问题？"

碰到这样的案例简直要笑起来。举报者只是想冒领一笔举报费用，就胡乱报案。真是穷疯了。这也引起包拯的思考：池州百姓看来都不好过啊。

包拯后来做了一番调查，池州老百姓的确生活艰难，因苛捐杂税多，又碰到干旱，饥荒中逃亡的人户颇有一些，有的干脆避到深山里，地也不种了，去山上开荒，哪怕出家做和尚，反正要让官府找不到他。

知道这种情形后，包拯就在减免税赋、紧缩开支上做起了文章。而且原先担任免费服务生的各种欠债户，包拯也给他们吃了一颗安心丸，说政府会想办法解决他们问题的。

小民百姓的日子安稳下来后，包拯终于得一闲空，去铜陵义安耆土桥（今钟鸣镇），看望隐士陈嚣先生。

陈翥（982—1061）比包拯大 17 岁，当时已 70 多岁，此公早年闭门苦读，他家专门在外面盖一间房子供他苦读，家人不得打扰；可到 40 岁，他还没取得功名，便放弃科考，转而研究起学问来。

到 60 岁时，他拿出数亩地，种上数百株桐树，他把桐树作为观察和研究对象，还到处走访专家，非要研究个名堂出来不可。

皇祐年间（1049—1054），陈隐士 70 来岁时，终于写出了《桐谱》，虽只区区一万六千字，但此公也因此跻身于中国古代科学家行列。这是世界上第一本关于桐树的学术专著。此公不仅研究桐树，还对天文、地理、占卜、医术之类都有研究。边研究边著述，写过不少东西，计有著作 26 部 182 卷。

陈隐士出名后，便不断有人推荐他出来做官，但他此时对做官已完全无感，以致官方多次征召，他都拒绝去。包拯在京师做台官时便知道他，还曾赠诗一首赞美他：

> 不听天子宣，幽棲碧涧前。
> 钟鸣花寺近，肱枕石狮眠。
> 禅有远公偈，辞能靖节篇。
> 一竿堪系鼎，千古见心传。

包拯到池州来做知府，便很想拜访一下陈老先生。陈翥老人看到知府来看望他，非常兴奋，便带着包拯，去看他的桐树和竹园，一路侃侃而谈。包拯回去后，便向朝廷举荐陈翥，但诏书下达时，仍被先生婉辞，包拯感佩之余，再次写诗相赠：

> 奉敕江东历五松，义安高节仰陈公。
> 赤心特为开贤路，丹诏难回不仕风。
> 乐守斋盐忘鬓白，笑谈金帛近尘红。

无拘无束清闲客，赢得芳声处处同。[1]

这两首诗，是几十年前才在铜陵《五松陈氏宗谱》中发现的，这让包公研究者极其兴奋。原来，包公在铮铮铁骨之外，还有这么一种文人心性。

## 包拯的一通私信

话说南宋宰相周必大，他先在一通韩琦写给包拯的信上题过跋，后在江西临川梁世昌处，看到他收藏的一封包拯亲笔信，是寄给一位同年的。这让他无比兴奋，便在信的边上，题跋留念：

右包孝肃公自帅乡郡，坐失保任，降知池州，与同年手帖一通。惟公刚正之名，至今播在人口。《国史本传》云：性峭直……不为苟合，不作私书，亲旧干请，一切绝之。今观此帖，亦非绝物离人者也……嘉泰壬戌八月平园老叟周某（必大）书而归之临川梁世昌光远。[2]

这段题跋见于周必大的文集《益公题跋》中。嘉泰壬戌，是公元1202年。而他在韩琦致包拯书信中的题跋，写于淳熙八年（1181）。20年过去，1126年出生的周必大此年已77岁。经历过政坛几番变故，如今垂垂老矣，正在江西老家隐居，尝试着用泥活字，刻印自己的文集，他也是历史上用泥活字刻印第一人。老人虽淡出政坛，但他的文坛声望仍在，梁世昌能请到他，给他的珍贵藏品题跋，实在难能可贵。

那通韩琦致包拯信，周必大在题跋里，并没说明那封信得之何处，不说明来源，那就很可能是他自己的个人收藏。如果这么去分析，那么也可以说，

① 程如峰：《包公传》，合肥：黄山书社，1994年，第139页。
② 杨国宜：《包拯集校注》，合肥：黄山书社，1999年，第307页。

"韩琦致包拯"和"包拯致某同年"这两通信，流出渠道是不一样的。"包拯致某同年"，很可能是从那位同年的后人手里流出来的。国破山河碎，经过金兵多次洗劫，北宋的高门巨族纷纷南逃，在那种情形下，什么样的怪事都会发生。周必大在时隔20年的光阴里，先后有幸看到这两通信札，并为之题跋，也是极为难得的一件事。

包拯这通信，到底写给哪位同年？为何周必大语焉不详，却要说出"今观此帖，亦非绝物离人者也"这番话来，意思是包拯也是有私人感情的，并非传说中的那样铁面无情，那么唯一的指向，包拯这封信是写给时任宰相文彦博的。而文彦博也的确在他知池州时，回了他一首诗："名高阙里二三子，学继台城百六公，别后愈知昆气大，可能持久在江东？"意思是，像你这么有大才的人，怎么可能在江东待很久呢？

包拯这一通信，写给时任宰相文彦博，既是工作汇报，也是祝贺老同学复出，合情合理，十分正常。而文彦博写诗回赠，又是何等的风雅。

包拯的这一通信流传出来，并被人收藏，给一百年后的周必大看到，有可能是从文彦博后人手中流出来的，但也有可能，是从包拯后人手中流出来的，为什么这么说呢？因为文彦博在包拯去世二十多年后还健在，并主动把小女儿嫁给包拯小儿子做续妻，那么老先生很可能把这封包拯写给他的信找出来，把原信送给包公后人做纪念。这种可能性，也是存在的。

其实包公的后人，有一部分也是文彦博的后人。所以这信交给他们保管，非常合乎情理。后来金兵打过来了，包公后人纷纷逃离合肥城，在逃难过程中，信件没有带出来或被丢失，便完全有可能。

## 仁宗诡异的疾病

至和三年（1056）九月，仁宗改元嘉祐。所以历史上的至和三年，也就是嘉祐元年。

刚改元不久，仁宗便开始生起病来，而且病得有点诡异，举止出现了异常，语言一度错乱，用现在的话说，他有点疯了。

一直好好的仁宗，怎么突然会在精神上出问题？难道是爱妃去世给他留下的后遗症？还是始终生不出儿子来让他郁闷？当然，这些问题，也都困扰着他。

发病的头天，大雪，仁宗在宫廷里光着脚祈祷。次日上朝时，百官就列，他站起来时突感眩晕，然后人就站不住了，左右赶紧扶他坐下。有人在他人中掐了一把，口角流出点白沫来，人清醒一点，便赶紧把他送回宫中休息。

仁宗这一年虚岁 47，他可能患有几种富贵病，比如糖尿病、高血压、高血脂什么的，用现在医学分析，仁宗当时得的可能是小中风。

第二天，仁宗要接见并宴请辽国使者。文彦博便去请示，没想到仁宗一见他，脱口而出"不乐焉"，意思是他心里很不快乐，不想见使臣。这让文彦博十分吃惊，不知如何应对才好。但仁宗最后还是出席了，在宴会上勉强撑到结束。

再过一日，使臣来辞别，看他们进到庭院里来，仁宗一改平时温文尔雅的做派，居然说，他不想见使臣，语言荒唐，毫无逻辑。这让宰相们惶恐不已，赶紧派人把他送回宫中。

事关外交，不能让辽国使臣看出皇帝精神有问题，文宰相便派遣一个大臣去驿站赐宴颁发国书，并以皇上旨意宣谕说，"头天晚上酒喝多了，今天不能亲临送别宴"云云，以掩盖过去。

这事把宰相们吓得不轻，而此时，连太子都还没确定呢。虽然皇上自己没有儿子，但宗子是有的，而且宫中以前收养过两位宗子（**太宗孙子**），张贵妃以为她能生出皇子来，便把他们都一一遣出宫去。这两位宗子如今都已长大了，口碑又都不错，仁宗为国家安定起见，应早立太子为好。万一他老人家有什么三长两短的，国家就会陷入动荡之中。大臣们能不惶恐吗？

又过一日。仁宗光着脚从宫中大呼小叫跑出来，说皇后和张茂则要谋逆，说的话错乱不堪，更像个疯子。

张茂则是宫中内侍，皇帝平时不喜欢他。听到仁宗这么一说，吓傻了。

他是个老实人，没办法，只好上吊自杀。幸亏有人把他救了下来。

文宰相知道后，便把他叫过来一通大骂，说："皇上生病了，你还来添乱？你如果死了，中宫就说不清楚了。"

曹皇后呢，虽然不至于吓傻，可她也很郁闷啊，对皇帝这么好居然怀疑她要谋逆，她也不敢去看仁宗了。

此时仁宗的几个女儿都还幼小，只有一个福康公主稍微大一点。但福康公主此时心理也有毛病了，她并不知道她深爱的父皇病了。仁宗病时，身边只有十阁女。

福康公主对父亲特别孝顺。仁宗每次生病，她总会过来看望并在身边照顾，还默默祈祷父皇早日康复，甚至乞求自己能够代替父亲生病，祈祷时，她也是光着脚，所以仁宗特别喜欢她。后来把她嫁给亲舅舅的儿子李玮。但李玮是个丑男，虽然人很朴实，但没什么才气，与公主本人极不般配。所以公主的这个婚姻并不幸福，和婆婆关系也不和睦，有一次她半夜跑回来拍打宫门，要回娘家来。看到公主深夜叩门，侍卫们不敢不开。可宫门哪能随便打开呢？这事闹得很大，台官纷纷上疏，要求严肃处理放行的侍卫官。碰到这样的事情，让仁宗很难堪。他不能骂女儿不懂事，只好先把一干警卫逐出京城；又把女婿李玮贬官外放。公主呢，则把她"屏居内庭"，一个人独住。夫妻自此数年不见。多年后，仁宗才把驸马召回京城。福康公主命薄，只活了33岁，而李玮因为对公主不好也饱受指责，被贬陈州。仁宗生病时，公主已得了抑郁症。

仁宗的这个怪病，中医叫"痰症"，西医则叫癔症或精神分裂症。

据《长编》记载，仁宗生病的这段时间里非常沉默，宰相每天向他请示朝政处理，他很少开口，只是点头而已。朝会制度，此时也只剩一班制，只有宰相，每天去皇帝床前汇报工作，而且他们都是商量好后，拿一个方案出来，皇帝只要点点头，表示同意就行了。

此时，朝廷大臣，天天都在香案前为皇帝祈祷，而宰相们则日夜轮班，守在皇帝身边。仁宗此前精神完全正常，条件那么好，为什么还会出现精神错乱呢？

设身处地想象一下：仁宗长年待在宫中，他的不安全感，是非常强烈的。以前有过一次，他住在曹皇后的宫殿里，半夜里，有乱兵敲打宫门要进来，曹皇后沉着应对，指挥宫人死死抵住宫门，坚决制止仁宗出来。直到援兵来到，这才度过危机。但仁宗事后，在张贵妃的挑动下，居然怀疑曹皇后与此事有牵连。

曹皇后（1016—1079）出身将门之家，祖父是北宋初期的名将曹彬。曹皇后姿色一般，没有为仁宗生育过一男半女，而仁宗喜欢颜值高的女性，他那么爱张贵妃，颜值高当然也是一个重要因素。所以仁宗不太喜欢曹皇后，几次想把她换掉，但因为换过一次皇后了，再换一次，难度非常大。曹氏虽然颜值不高但人很聪明，喜欢读书，在后宫女人中，她是最有学问的一个。她看仁宗经常写飞白书，在边上看着看着她也就会了。[①]后来仁宗去世后，曹皇后升级为太皇太后，帮着英宗处理政务亦非常得体，是个智商型的皇后，在历史上美誉度很高。

英宗（1032—1067）原名赵宗实，后来仁宗为他改名赵曙，他是仁宗堂兄弟濮王的第十三子，所以又称赵十三。他4岁时因仁宗无子被收养在宫中，交给曹后抚养。他是个爱读书的孩子，天性孝顺，穿用都很节俭，一生只娶一妻，也是皇帝中的极品人物。9岁时，仁宗亲儿子生出来后，受张贵妃指使，仁宗便又把他送回他父母家。这之前，他一个人孤零零地待在宫中，父母又不敢跟他有任何联系，曹氏也不是太关心他，他那几年在宫中生活得很压抑，并不快乐。他不喜欢去当什么太子或皇帝，宁愿回归原生家庭。仁宗去世前半年，才最终决定立他为太子。而英宗本人却不情愿，后来强迫他接受，他才不情不愿地出来当太子继而当皇帝。

英宗当皇帝时已经是32岁，初起当皇帝，他想为仁宗守孝3年，但大臣们全都不答应，他便让曹太后代他主持朝政，自己则退而养病。因为有人离间，

---

① 丁传靖辑：《宋人轶事汇编》上册，北京：中华书局，2012年，第35页。

曹太后和英宗的关系一度还很紧张，后经人调解，这才缓和。

一年后，赵曙才亲政。然而在他亲政的那段时间里，朝臣们又为他去世的生父，到底是叫"皇考"还是叫"皇伯"而争论不休。因为英宗算是过继给仁宗做儿子的，仁宗是"皇考"，那他生父叫什么？

大臣们两派意见严重对立，历史上，叫"濮议之争"，整整争了 18 个月。欧阳修、韩琦、富弼一干大臣全部卷了进去，而且有从朋友一变而为政敌的，这也是很可怕的一件事。现在人看来，古人面红耳赤这么去争一个称号，是不是太迂腐了？在老百姓的眼中很简单，父亲就是父亲，嗣父就是嗣父，有什么好争的？

1064 年五月英宗才亲政，两年半后他就生病了，旋即立了太子，就是后来的神宗皇帝。英宗只活了 36 岁，真正执政也就 2 年多时间，而且执政期间极不快乐。加之身体也不好，所以他当皇帝时，宫中只有一个高皇后，并无其他女人，这也是宋朝那么多皇帝中，唯一的例外。

神宗赵顼（1048—1085）当皇帝时 20 岁了，他受母亲影响，对祖母曹氏无比孝顺，所以曹氏的才华在神宗时代，又有了神一样的发挥。

而在仁宗时期，曹氏虽贵为皇后，但常被皇帝闲置不用。这次仁宗癔症发作，"大呼而出"，说"皇后与张茂则要谋逆"，这其实是他潜意识里的一个反应。

曹皇后因无子女，便把姐姐的女儿高滔收养在宫中，后来又把她嫁给了英宗，这便是哲宗时期著名的宣仁皇太后。曹皇后贤良，既大气也很会做人，所以宫中上下都乐意听从她的指挥。她在宫中还会种种谷物、养养蚕桑什么的，对民间疾苦深有体会。仁宗虽贵为天子，但宫中的实际掌权者是曹皇后。张贵妃生前虽然获得仁宗的百般宠爱，但她最想做的其实是后宫中的一号首长，但始终得不到，她在仁宗面前说过不少曹皇后的坏话，所以仁宗潜意识里，觉得曹皇后可能也是一个危险。

宫内环境实在也够复杂，难怪仁宗对立太子一事，始终拖着不肯表态，而那些嫔妃们，肚子又不争气，这便让仁宗越发地郁闷。

## 寄药和复出

远在池州的包拯听说仁宗生病后，心急如焚。他对仁宗非常有感情。

当听说中药石菖蒲治"痰症"有特效，而池州出品的石菖蒲疗效又特别好，包拯便赶紧让人找来最好的石菖蒲，精挑细选后，快寄一银盒给仁宗。

仁宗吃了包拯特快寄来的石菖蒲后，人清醒过来了，不久后便康复了。病好后，他吩咐欧阳修，起草一份诏书褒奖包拯。

外放多年的欧阳修，在至和元年五月回到京师。这一年的八月，他被任命为《新唐书》的刊修官，九月，又被任命为翰林学士兼史馆修撰。翰林院设在禁中，和皇帝的大殿挨在一起，翰林学士夜里也要轮值，以方便皇帝随时召唤，负责起草诏书兼侍讲。

包拯何时进奉石菖蒲，仁宗又是何时褒奖他，这在包拯奏议集中都没留下蛛丝马迹，幸而欧阳修的文集中保存了此道诏书，而且诏书下注明，是八月十日起草的。

由此推测，包拯进奉石菖蒲应该在七月间。仁宗吃了这味药后奏效了，这才让欧阳修起草诏书感谢包拯。

仁宗回赠给包拯的，不只是一道感谢诏书，在此前 6 天，即八月四日，他让朝廷降诏，包拯由知池州徙知江宁府（今江苏南京），复任刑部郎中。

包拯官复原职，是否只是因为送了石菖蒲？倒也未必。如果给皇上送东西就要给官，那么朝臣们都会纷纷效仿。所以官复原职还有更深层次的原因。

七月六日，欧阳修曾经上过一道疏，"再论水灾状"，提到四位大臣都是难得之士，却都得不到重用。这四位没得到重用的大臣便是包拯、张瓖、吕公著和王安石。他说包拯"清节美行，著自贫贱，谠言正论，闻于朝廷，自列侍从，良多补益"，这样一位大臣，却因一点小小的过错，让他闲在小郡实在可惜。至于其他三位人物，也都非常优秀，但都没得到重用，欧阳修希望仁宗不要埋没了这四位大臣，早点提拔他们，把他们用在身边，肯定对国家会有更大作用。①

说起来，欧阳修和包拯之间并无私交，他能主动上疏建议起用他们，和包拯进石菖蒲并无关系。

欧阳修的这道疏，是起用包拯的前奏曲。而包拯的最后被起用，还和台官吴中复的奏章有关。在说到吴中复之前，不妨插说一下，包拯在池州留下的另一个故事。

池州虽说是个小郡，可处处好山好水，很多大名人一来到这里就走不动了，怎么也得歌吟一下，千百年下来，池州因此出了大名。

首开先河的是唐朝大诗人"杜十三"杜牧，他在这里做刺史时，写过很多首诗，最动情的是这一首：

> 我来秋浦正逢秋，梦里重来似旧游。
> 风月不供诗酒债，江山长管古今愁。
> 谪仙狂饮颠吟寺，小杜倡情冶思楼。
> 问着州民浑不识，齐山依旧俯寒流。

齐山就在池州东南五华里处。有十几个小山峦，都差不多等高，故此得名。齐山玲珑秀美，岩洞多且奇绝，此前并不出名。但杜牧一歌唱齐山，诗人们都跟着循迹而来。梅尧臣来了、苏舜钦来了、司马光来了，后来苏轼、王安石、黄庭坚、岳飞都来过。

有"铁御史"之称的吴中复，他在至和元年被贬到池州，当过三个月的小知州，他在山中建了一个亭纪念杜牧。他最著名的一首诗，就刻在齐山上青岩：

---

① 孔繁敏：《包拯年谱》，合肥：黄山书社，1986 年，第 91 页。

当时齐映为州日，从此山因姓得名。

却自牧之赋诗后，每逢秋至菊含情。

行寻古洞诸峰峭，坐看寒溪数曲清。

梦到亦须尘虑息，那堪图画入神京。

这人诗好，才气大，脾气亦古怪。否则何来"铁御史"之称呢？而送他铁御史称号的还是仁宗皇帝。

吴中复（约 1011—1078）是兴国永兴（今湖北阳新）人，父亲做过县令。他和哥哥吴畿复、弟弟吴嗣复，在宝元元年（1038）一起考中进士，这在他们老家，是非常轰动的一件事，所以他们三兄弟又被乡人称为"吴三贵"。后来家乡为纪念吴家三兄弟，还在他们的读书处建起一所书院。传说吴中复做地方官时非常清廉，离开时，船上空空如也"不载一物"归。后来有御史官便推荐他做监察里行，这位推荐者当时并不认识他，只是听闻这个人治理地方非常有成绩，又廉洁到"不载一物"归，这样的人最适合做御史官。吴中复做御史官是皇祐五年的事，他在任上纠弹过梁适、贾昌朝、刘沆等政坛大佬，风骨凛然，所以仁宗亲书"文儒铁御史"褒奖他。

此公离开池州后不久，便被选拔到御史台任职，包拯则继他之后来到池州，这年七月二十二日，他哥哥吴畿复也来池州要登齐山，陪同他的正是知州包拯。

来客中，还有一位名叫王绰的先生，他是琅琊人。琅琊王氏是古中国一著名的门阀士族。王羲之、王献之就是这个古老家族的代表人物。这位王绰，名字曾不止一次在包拯弹王逵的奏章中出现。此君当年和王鼎、杨纮号称"江东三虎"，是庆历新政时被范仲淹派遣出去的干部，他当时是江南东路转运判官，处理案件作风泼辣，得罪人太多，因被弹劾而被贬。包拯多次呼吁要起用他们。皇祐三年，包拯再度上疏"请录用杨纮等"，要求仁宗起用"江东三虎"，杨纮、王绰这才被一一擢官。王绰复出后出任江西路提点刑狱，嘉祐二年迁官湖北转运使。这次他和吴畿复一起来到池州，可能是从江西路离任赴京途中路过池州，在这种情形下见到他们，包拯亦喜出望外，他和王绰多年不见，甚至从来没见过面也是有可能的，但包拯一次又一次上疏为他们鸣不平，王绰是知道的，他特意绕到池州来，向包拯表示感谢。至于吴畿复，他在地方做官，和包拯只是耳闻并未一见，但他对包拯早就非常欣赏了。

这一行人，在七月二十二日这一天，一同爬齐山，其乐融融。在齐山寄隐岩，包拯应邀写下两个大字"齐山"。落款：

> 至和丙申岁七月二十二日，庐江包拯希仁、富水吴畿复照邻、琅琊王绰德师，同游齐山寄隐岩。①

包拯写的齐山，后来被明时知府何绍正重刻，现在是齐山一道最美的人文风景之一，也是包拯留给齐山的最好纪念。

吴畿复离开池州后数天，他弟弟吴中复便上疏朝廷要求起用包拯、唐介。八月四日，朝廷便有诏书下来，这在《长编》中有记载：

> 复龙图阁直学士、兵部员外郎、知池州包拯为刑部郎中、知江宁府。……唐介为户部员外郎。时殿中侍御史里行吴中复乞召包拯、介还朝，宰臣文彦博……请如中复所奏召用之，故有是命。②

这里交代得非常清楚。包拯和唐介还朝，先是吴中复上疏请求召还，然后宰相文彦博也帮着说话，而这之前，又有欧阳修上疏要求起复四位难得之士，最后才有仁宗的爽快同意。

至于吴中复上疏要求起用包拯和唐介，是否受他哥哥吴畿复的影响呢？从时间上看，可能性存在。

---

① 孔繁敏：《包拯年谱》，合肥：黄山书社，1986年，第90页。
② 孔繁敏：《包拯年谱》，合肥：黄山书社，1986年，第92页。

包拯陪吴畿复、王绰上山，是七月二十二日的事，几天后抵达京城，吴畿复很可能就住弟弟吴中复家，吴畿复自然要讲到他和包拯见面的情形，而且王绰一路上对包拯的赞美及他个人的观察和感受，也会一并说给吴中复听。吴中复早就知道包拯其人，他在哥哥说过包拯的事后，便上疏，要求朝廷起用包拯和唐介。

这个推理，可能接近事情的真相。

## 诰词和笑脸

至和三年八月四日，包拯被任命为江宁知府，但这一年的十二月，他即出知开封，所以他在江宁也就过渡一下，只区区三个多月。这么短的时间里，要干出点名堂似乎也不可能。所以包拯知江宁和知扬州一样，在历史上，并未留下什么。

但徙知江宁的那通诰词，却被包公某支后人一直当宝贝般收藏着。北宋灭亡后，金兵曾三次劫掠合肥，包拯的很多后人都跑出去了，散的散了、丢的丢了，三百年后，这通诰词，突然冒了出来，还请到一个名人题跋，而那个名人又是个著名文学家、史学家，在他的文集中，收进了这件作品，这才让九百年后的我们知道这件事情。

此公便是大名鼎鼎的宋濂（1310—1381）。而拿诰词请他题词的是包公十五世孙包宗礼，包宗礼现已考证不出他的生平来，而宋濂是元末明初的著名人物，浙江浦江人，被明太祖朱元璋誉为"开国文臣之首"，曾为太子朱标讲经。洪武二年，宋濂奉命主修《元史》。1377年即洪武十年，68岁时，宋濂年老辞官，回到浦江。包拯的这位十五世孙，很可能就住在他家附近，包宗礼就把诰词以古锦精细装裱后，拿给宋濂去欣赏，并请他题跋。

金兵入侵后，包氏后人纷纷南逃。其中一支迁到了浙江，他们有居临安的、有居金华的、有居天台的，也有居东阳、居宁波的，这是包公后人，历史上最大的一次迁徙。

包拯一生迁官 27 次，每迁一次官，朝廷都有诰词，包括朝廷对他的各种奖励，还有书信诗词文章之类各种资料，后来都在大迁徙中消失不见，这通诰词能被保存下来，还能够请到宋濂题跋，可见包宗礼也是一个很有眼光的人物。可惜，诰词原件最终消失不见，唯宋濂的题跋有幸保留下来。

> 右《包孝肃公诰词》一通，其十五世孙宗礼所藏。宗礼以古锦装潢成卷，请濂为之题识，濂不敢让，因疏其事而归之。……惟公居家孝友，立朝纲正，清风竣节，百世师法有不待区区末学之所褒赞，姑以旧闻疏之如右。文质直而无润饰，庶使世之读者，咸悉其意焉。公平生迁官凡二十有七，此乃二十一次……①

宋濂说包宗礼拿精裱后的家传诰词让他题跋，他不敢不题。他说包公的风范已有公论，立朝纲正，清风竣节，足以为百世师法，这已经不需要他来评价了，所以他的题词也就简朴自然，不加任何润饰，这样方便读者可以一窥其真面目。他说包公一生迁官 27 次，这是第 21 次。

在这道诰词里，还出现包拯同年吴奎的名字，吴奎当时已回到朝中，任知制诰。这件诰词，他是起草者之一。此外，起草者还有韩绛，他也是知制诰。而吕夷简的三公子吕公著，他当时是司封员外郎，负责朝廷封爵之事。诰词里还提到宰相。而时任宰相，正是文彦博和富弼。

一通诰词，信息量极大。

包拯知江宁，时间太短，既无佳话也无故事留下来，这也正常。

没料到 1978 年江西鄱阳县，在清理一个宋墓时，出土一方墓志铭，墓志铭保存完好，共有 2850 字。② 墓主名叫熊本，是北宋晚期的一个名人，也是位文章高手，连皇帝都知道他文章写得好，还想请他做知制诰。而他和包拯，

---

① 杨国宜：《包拯集校注》，合肥：黄山书社，1999 年，第 308—310 页。
② 1978 年江西鄱阳县出土《龙图阁待制熊本墓志铭》。

在江宁期间居然有过一次交往，这真是意想不到的惊喜发现。

熊本（1026—1091）祖籍江西南昌，后来祖上迁徙到鄱阳定居。他比包拯小 28 岁。包拯在江宁做太守时，他是建康军的节度推官，分管军中司法审判这一块。此人 21 岁中进士，做过各种地方官，后来也曾出知南昌和杭州，为"龙图阁待制"。熊本 66 岁时在老家去世，他的坟墓就在鄱阳一中校址所在地不远处。

墓志作者是北宋英宗治平二年（1065）那一科的状元彭汝砺。彭状元（1042—1095）比熊本小 15 岁，虽是状元，却一生起落数次，但为人颇有气节。他和熊本是鄱阳老乡，彼此非常欣赏且心气相通。他比熊本晚 4 年去世。

熊本出生于一官宦世家，从小就有文章名。1037 年，范仲淹被贬知饶州，当范仲淹看到 12 岁的熊本写的文章后，惊奇不已。范仲淹对熊本非常欣赏，并给他很多鼓励。这成为熊本一生中最难忘的事之一。

熊本中进士后，初官抚州军事判官。他赴任后，刚开始，老吏们看他年纪轻，还想糊弄他，没想到他处理案件水平很高，老吏们一下子就被他震住了，从此"噤若寒蝉，不敢出声"，可见熊本为官风格，和包拯颇有相像处。当他听说大名鼎鼎的包公来到江宁做知府，便特意赶来拜访。

都说包公轻易不开笑脸，是位很严肃的人物，可当他听说熊本来了，居然一反常态，"倒屣以迎"。这之前，包拯已听说过熊本其人，说他年纪很轻却很有才气，很能办案，且效率很高。当听说这么一位大才子光临江宁府，包公无比高兴，连官靴都没穿好，就跑过来迎接。可见，包公不是不开笑脸，看他遇到何人。

两人谈什么，墓志中并无记载，但包大人"倒屣以迎"，却刷新了我们对包公的另一种认识。

包老真中丞

# 一、开封府尹

## 老大难的开封府

包拯最终在历史上留下芳名，和他做开封府尹这段经历有关。

包拯知开封，也就区区一年零三个月时间，对他个人来说，只是一段工作上的小生涯，为何就有这么大的名气呢？历史上知开封的名臣很多，难道他们都不如包公吗？

目前市面上包龙图坐开封府的故事特别多，那些林林总总的电视剧、戏剧、公案、小说，都说到很多案子，包公一生中审的案，也的确在开封最多，毕竟开封是首都，人口有 150 来万，是北宋第一大都市，也是当时全世界最大的城市，而同时期的日本京都才 20 万人口，阿拉伯地区最大城市巴格达也才 30 万人，欧洲美洲此时也都不值一提。

北宋名将柴宗庆，曾经这样说开封，"曾观大海难为水，除去梁园总是村"，这里的梁园是指开封，意思是除却梁园，别的地方，都可以叫作农村。

时称东京的开封，当时也是外国人来往最多、经贸交流最大的城市。当然，更是北宋的政治中心，无数权贵居住于此，皇宫是这个城市的中心所在地。全国货物大半汇集于此。这里消费指数也最高，奢侈品之多，更是天下少见。每天这里会上演很多故事，也都可以想见。可见，做首都一把手，看起来很美，工作压力其实很大。老百姓和商人犯法好处理，但权贵们犯法，就不是那么好处理了，他们身份尊贵背景复杂，牵一发而动全身。

包拯后任欧阳修出任开封知府时，他在不满两个月的时间内，就碰到过

十起权贵犯法事件 ①，那么，包公碰到的案子又有多少，便可想而知。

包公知开封是嘉祐元年（1056）十二月初五得到的任命。但他在江宁接到诰命，则是十二月二十日的事，他要等到新任知府来，工作交接后，才能赴任东京。故包拯真正出掌开封府，应是嘉祐二年（1057）三月的事，此时前任知府曾公亮已到中央做参政去了，在包公未到之前，朝廷临时派遣王珪、钱明逸主持开封府工作。

开封号称天府。

一般而言，做过开封知府的，便能够跻身中央，做更高一级领导。也因此，宋朝的宰相多半都从三司使、翰林学士、开封府尹、御史中丞这四类人中去选拔，所以这些人又被称为"四人头"。包拯做过开封府尹后，做的是御史中丞，后来由御史中丞做到三司使，最后做到枢密副使，也正符合这么一个规律。

宋太宗、宋真宗在做皇帝之前，都曾做过开封府尹，所以后来的大臣知开封，要在前面加一个"权"字，以显示不敢和前面几位亲王相提并肩。北宋名相毕士安、寇准、范仲淹等人都做过开封府尹。

在北宋一百多年历史中，担任过开封府尹的官员多达 180 人，平均任职时间一年都不到，像寇准和范仲淹，知开封只几个月时间，时间太短暂，还有很多人，只把开封府尹当跳板，并没有认真去治理，所以包公就成了历史上那个认真去治理首都的一个人。他的做法也别开生面与众不同，便成了历史上留下大名的人物。

包公的不少前任其实都很厉害，但在首都治理上，却没一个人达到他的水平。比如著名的范仲淹吧，在管理开封时仍把精力聚焦在国家制度上，当时的宰相是吕夷简，他派范仲淹出任开封府尹，就是想借此消耗掉他的大把精力，不再有余力议论国家制度，可范太守偏偏和他对着来，明着做开封府尹，每天朝会上慷慨陈词的仍然是国家制度的改革问题，把吕宰相气疯了，只好

---

① 刘德清、刘菊芳：《欧阳修传略》，南昌：江西人民出版社，2012 年，第 222 页。

打发他去做地方官。

仁宗中期后，每天朝会奏事改为四班制。地点就在垂拱殿。四班奏事先宰相，次枢密使，次三司，次开封府。四班奏事结束后，才轮上别的部门和大臣。垂拱殿的早朝时间，规定要在辰时（7点到9点）结束。[①] 朝会结束后皇帝去吃早餐。早餐吃好后，换一套衣服，再去便殿，听取其他部门的汇报。所以一个早上大家都很紧张。尤其是每天要去朝会作报告的开封府尹，可能四五点钟就要起来了，骑马去奏事，奏事完后，回到开封府，还要处理一大堆事情。

据说开封府办公，每月光用秃的毛笔就有一箱子；官印由于用得多磨损快，每年都要更换。也因此，开封府印就和别处不同，印文要刻得特别粗大，以耐磨损。这也折射出大都市公文处理之繁杂。当然，更难处理的并不是这些，而是皇亲国戚为非作歹让府尹头痛。

欧阳修在包拯之后被命知开封，他当时完全不想接这个位置，一个是包公干得太好了，在市民里威望之高，史无前例。前任做得这么好，他再接，有点吃力不讨好。再一个，他身体的确不好，在 "辞开封府札子" 中他这样说自己，"臣久患目疾，年齿渐衰，昏暗愈甚。又自今年春末，忽得风眩"，眼病加小中风，再加上他在修《唐书》，精力也的确跟不上。"臣素以文辞专学，治民临政，既非所长，加以早衰多病，精力不强"[②]，写文章是他专长，但做政务官则非其所长，欧阳修坚决要求辞去这个职务。富弼和韩琦当时是宰相，他们俩坚决不同意，欧阳修只好勉强上任。其实论年龄，欧阳修比包拯还小9岁呢。

欧阳修上任后一改包拯的做法，为政讲究宽简，却也取得了效果。前任以威名震动京都，后任以宽简为主。七百年后，有人在开封府衙东西两侧各树一座碑坊，一边写着 "包严"，另一边写着 "欧宽"。

---

① 周佳：《北宋中央日常政务运行研究》，北京：中华书局，2015年，第109—110页。
② 刘德清、刘菊芳：《欧阳修传略》，南昌：江西人民出版社，2012年，第221页。

但"欧宽"是建立在"包严"基础上的。所以两者并不矛盾。

## 治理天府第一人

包拯一上任，是怎么一个情形呢？且看南宋人徐度写的《却扫篇》中一段记载：

> 包孝肃公之尹京也，初视事，吏抱文书以伺者盈庭。公徐命阖府门，令吏坐阶下，枚数之，以次进，取所持案牍遍阅之。既阅，即遣出数十人，后或杂积年旧牍其间，诘问辞穷，盖公数有严明之声。吏用此以试，且困公。公悉峻治之，无所贷。自是吏莫敢弄以事，文书益简矣。天府虽称浩穰，然事之所以繁者，亦多吏所为。本朝称治天府以孝肃为最者，得省之要故也。[1]

这故事说包拯初做府尹，上班的头一天，老吏抱着文书过来，站满一屋，等着新府尹处理政务。这个阵势也只有在开封府里才能见到。只见包拯不慌不忙，先让人把大门关上，然后让老吏们出去，坐在外面的台阶上，排好次序，一个个进来。进来一个，包公把他抱着的公文看过，处理好打发出去，再进一个。转眼间，几十个人手中抱着的文书全部处理完毕。这个速度有点让老吏们吃惊。

后面有人索性抱过来一堆陈年旧牍，也让包拯处理，想考验一下新知府。包拯做事向来雷厉风行，办事严明，他每处理一件旧牍便追问他们，老吏词穷无以回答，便尴尬退出。天府虽号称事多而繁，但很多事，也正是这些老吏们故意弄出来的。从此以后，他们再也不敢弄事了。文书也越来越少。天府文书在包拯治理期间是最少的。

---

[1] 杨国宜：《包拯集校注》，合肥：黄山书社，1999年，第295页。

包拯不光把公文游戏给治住了，在他任内，还直接撤销了门牌司。

《五朝名臣言行录》卷八有如下记载：

> 包孝肃公立朝刚严，闻者皆惮之。至于闾里童稚妇女，亦知其名；贵戚宦官，为之敛手。旧制，凡诉讼不得径造庭下，府吏坐门，先收状牒，谓之"牌司"。公开正门，径使至前，自言曲直，吏民不敢欺。[1]

开封府旧制中原规定，凡是前来告状打官司的人，先把状纸递交给坐在门口的府吏，这叫"牌司"，相当于现在的传达室。府吏是没有收入的，他们就指望收状纸时从中搞事弄点钱。这种情况到晚清时愈加厉害。

在清时，县吏搞钱已是县令默许的行为。故《儒林外史》中便有不少故事，说那些横行霸道的老吏各种搞钱的怪事。清中晚期因政府没钱，买官卖官已是政府的公开行为，所以不拿钱的吏，也都要花钱才能当上，一旦做了吏，逢年过节、县令和夫人及父母的生辰，吏们都要送钱送礼物，所以当上吏后，便想方设法要搞钱，否则便会亏本。晚清时，官场对这些都默许，官员们在搞钱方面，更是无所不及。清时的腐败也达到了巅峰。

相比较而言，宋时，官场还是比较廉洁的，四驾马车，互相监督制约，吏们搞鬼也没那么多、那么公开。但在首都开封，在门牌司里做老吏，搞点油水，应该也是有的。而包拯居然直接撤销了门牌司。把正门打开，让告状者直接进来，和他本人面对面，自言曲直，"吏民不敢欺"。这不光在开封府历史上，是从未有过，就是中国历史上，恐怕也是闻所未闻，何况开封府还是首都。也因此，包大人很快成为首都家喻户晓、老少皆知的人物。

《五朝名臣言行录》为朱熹所著。他写这本书，约在1172年，距包公去世也就一百多年，距北宋灭亡也就几十年，所以他所收集到的资料还是相当

---

[1] 杨国宜：《包拯集校注》，合肥：黄山书社，1999年，第294页。

真实可信的。而朱熹生前通信最多的好朋友吕祖谦，他是吕夷简的七世孙，吕公著的六世孙，"南宋三贤"中，他和朱熹为其二，他在同时期写的《吕氏家塾记》中，也说到了包公：

> 包孝肃在言路，极言时事，复为京尹，令行禁止，至今天下皆呼"包待制"，又曰"包家"。市井小民及田野之人，凡徇私者，皆指笑之曰："你一个包家"；见贪污者曰："你一个司马家"。天下称司马公曰"司马家"。[①]

吕祖谦说的，一看就明白。可见包公和司马光这两位北宋名臣，在南宋时，已深入人心，成为老百姓心中正义的化身。

包公知开封，留下的故事和佳话也是最多的。很多文人都写过他，若论真实度，排在第一位的，首推吴奎写的墓志。

在包拯权知开封府这段文字里，吴奎以极简练的语言，叙述了几个小故事。因墓志铭经过上千年风雨侵蚀，很多文字已模糊不清，括号里面的内容，系包公研究者程如峰先生所添加。他是根据资料和上下文意思而做出来的推测。

> 有讼贵臣逋物货久不偿者，公批状，俾丞还。贵臣负（势，拒不偿，公当即传贵臣至庭，与讼者）置对，贵臣窘甚，立偿之。[②]

这个案子是说包公有天接到一个状子，是告一位官员的。有人告他拿了东西不归还，已拖欠很久。包公便在状子上批文，让他赶紧归还。官员自恃身份特殊，对开封府的批文采取爱理不理的态度，却没想到，包公马上派人

---

① 杨国宜：《包拯集校注》，合肥：黄山书社，1999 年，第 294 页。
② 杨国宜：《包拯集校注》，合肥：黄山书社，1999 年，第 277 页。

把他传唤到庭，让他和原告，就在法庭上当面对质。毕竟是有身份的贵臣，这一招把他给治住了，他也不辩解了，赶紧乖乖把东西还给人家。

另一个案子是这样的：

> 中人有构亭榭盗跨惠民河壖表识者，会（有）诏书废堙便河壖庐舍，完复旧坊，中人自言地契如此。公命（出地契——审验，有伪增步数者，掘土）丈余，得河壖表识，即毁撤，中人皆服，遂坐（夺）官。[①]

惠民河是东京城内一条大河。有不少富贵人家盖的亭榭庐舍纷纷向外扩张，都盖到河边来了，导致河床变窄。朝廷下令，要求开封府清理河边违章建筑。包公据此对惠民河进行一次大检查。

检查中发现，有人家盖的亭子明显有了扩张，包公便让他们拆除，恢复旧貌。户主便说他有地契，原来就这个样子。包公就让他拿出地契来，对照着地契，他走了几步，发现面积已明显增大，便让人挖地。挖下去三米多深时，河道界石露出来了，他这才无话可说。多出来的部分自然得拆除掉。此人因此而被夺官。

这样的事情包公碰到的肯定不是一起两起。但因为这位官人做出了榜样，别的人，自然老实起来，自行拆除，恢复如初。

这两个典型人物都是官员。官员犯法一样处理，别的人还能怎么说？

还有一个例子，更奇葩。

> 尝有二人饮酒，一能，一不能饮。能饮者袖有金数两，恐其醉而遗也，纳诸不能饮者。（能饮者醒而索之，不能饮者拒之）曰："无之。"金主讼之。诘问，不服。公密遣吏持牒为匿金者自通取诸其家。

---

① 杨国宜：《包拯集校注》，合肥：黄山书社，1999年，第277页。

家人谓事觉，即付金于吏。俄而吏持金至，匿金者大惊，乃伏。①

　　两个朋友在一起喝酒，一个能喝，一个不能喝。能喝的那位袖子里藏着金子，他怕自己喝醉了会遗失掉，便让不会喝酒的那位帮他保管。没想到那位朋友见到金子就眼睛一亮，等朋友醉后，他便把金子带回家里私藏起来。第二天，那人酒醒后去讨金子，朋友声称金子并没给他。金主只好去开封府起诉他。

　　匿金者被传到庭后，仍坚称没拿金子。包公便秘密派遣小吏带着公文去他家，说匿金者派他们来取金子。他家人以为他已招供，便把金子拿出来交给公差。一会儿后，公差拿着金子回到官府，呈上大堂，匿金者大惊，只好伏罪。

　　南宋人曾敏行的《独醒杂志》，记载有不少宋人佚事。下面说的这则有关包公的故事，流传很广，说到包公的另一面，姑且照录：

　　　　包孝肃公尹京，人莫敢犯者。一日，闾巷火作，救焚方急，有无赖子相约乘变调公玩走，声喏于前曰："取水于甜水巷耶，于苦水巷耶？"公勿省，玩命斩之，由是人益畏其服。②

　　包公治理开封时非常严明，没人敢故意闹事去撞枪口的，但有人偏要迎着枪口上。

　　一天，闾巷失火，包拯正赶去指挥灭火，却有几个无赖，约好就要调戏调戏包公，有人见到包公过来，故意拖着长调说："是到甜水巷取水呢还是到苦水巷取水？"

　　包公一听，马上明白过来，这几个混子敢情是在故意捣乱，当即让人把

---

① 杨国宜：《包拯集校注》，合肥：黄山书社，1999年，第277页。
② 杨国宜：《包拯集校注》，合肥：黄山书社，1999年，第295—296页。

他们抓起来，而且毫不犹豫地立马斩首。这一下，所有人都感到害怕了。

这件事情到底有没有发生过？反正吴奎没记录。但司马光做过包公的属官，他的记录应该比较准确。他在《涑水纪闻》一书中说到包公，有这么一段文字：

> 知开封府。为人刚严，不可干以私。京师为之语曰："关节不到，有阎罗包老。"吏民畏服，远近称之……为长吏，僚佐有所关白，喜面折辱人；然其所言若中于理，亦幡然从之。刚而不愎，此人所难也。[1]

司马光说，包公为人刚严，他做开封府尹是严禁关说的。任何人想收买他，或从他这里打通关节，是绝无可能的。所以他办事让吏民畏服，远近称赞。僚佐们，一旦为人关说，包公便会当面批评他们。但他们说的如果有道理，包公也会马上改。他不是一个刚愎自用的人。刚而不愎，是很难做到的。

包拯在开封任上，曾上过一道疏："请开封府司录左右军巡官属不得请谒并追赃事。"他在这道疏里说，八月十七日上殿时，他进了一个札子，是关于开封府司录左右军巡院刑禁之事的，因为他们工作繁重，每天找他们关说的人又特别多，让他们无心于工作，天天忙于应酬，希望朝廷能出台相关制度，严格制止吃请行为。比如死刑重犯，非公事，不得接受请谒，以避免冤案发生；凡涉经济案件追查赃物，必须有健全的登记制度，什么样的物品，从哪里追到的，多少数量，都必须一一登记在案，免得被人上下其手。赃物收缴上来后，私分或偷拿的肯定有不少。举凡公安、司法、检察人员，不得接受吃请，接受关说；而追查赃物，则每个环节都要有记录，流程要有，还要健全。包公的这个观点现在看来，仍非常有意义。

---

[1] 杨国宜：《包拯集校注》，合肥：黄山书社，1999年，第298页。

再联系上面司马光所说的那段话，包公在开封府严禁僚佐关说一事，不光以身作则，实有其事，他还上疏仁宗，希望从制度层面，推动朝廷立法解决问题。他的这些做法，相当前瞻且有现实意义。

吕夷简四公子吕公孺，此时正在开封府做推官。《宋史》中便说到这么一件事，说一个农民挑着柴火进城来卖，结果被人抢劫，农民要抢回他的柴火，却被抢劫者打伤。抢劫犯被抓获后，包公决定让他尝尝笞刑（**用竹或木板打犯人背部、臀部或腿部**）。笞刑是比较轻微的一种处罚，吕公孺觉得这个处罚力度还不够，他说这人"**盗而伤主，法不止笞**"。包拯听他这么一说，觉得有道理，便增加了惩罚力度，并且表扬了吕公孺。

包公属官中，有一位侍其玮。他原来在阳武军做主簿。包公很赏识他，便把他调过来做右军巡判官。

有一次碰到一起案子，是个亡命卒，抢了人家的金子，论罪当"弃市"，弃市就是在大庭广众之下执行死刑。刑具都已备好，侍其玮在执行前复查了他的案子，怀疑是个冤案，便向包公提出来，说这案子有疑点，最好不要急着杀人。包公便马上叫停。侍其玮后来查出真相，证明这位囚犯是被冤枉的，他最后被无罪释放。可见下属真能提出问题来，包公是会认真听取的。

还有一位属官，名叫王尚恭。他在开封下面阳武县做县令，包拯和他打过交道，知道他审案水平很高，对他非常欣赏，只要阳武县的案子过来复审，他就说："既然王县令已经审过了，何用再审？"便放过不再审。王尚恭的墓志铭，1936年在洛阳陈庄出土，这则故事，便记载在墓志里。而墓志作者，是范仲淹的儿子——宋哲宗时期的宰相范纯仁。可见，这是真实的一件事。

包公知开封时，还处理过一件涉及隐私的案件。这位人物在历史上大名鼎鼎，曾做过宰相，不过名声不是太好听。

此公名叫章惇（1035—1105），福建人，是个美男子。他在嘉祐二年进士及第。苏轼正是这一科的。这科殿试状元是章惇族侄章衡，殿试揭晓后，章惇为此大感不平。

就在这一阶段，这人出了一件事情，撞到包公手上。《邵氏见闻录》中，如此记载：

> 章惇者，郇公之疏族。举进士，在京师馆于郇公之第。私族父之妾为人所掩，逾垣而出，误践街中一妪，为妪所讼。时包公知开封府，不复深究，赎铜而已。惇后及第在五六人间，大不如意，诮让考试官。人或求观其敕，掷地以示之，士论愈其不恭。熙宁初，试馆职，御史言其无行，罢之。[1]

章才子举进士这段时间，就住在郇公家里。和郇公的小妾偷偷好上了，有一天他翻墙头时，踩伤了一位老太婆。老太婆便把他告上开封府。包公考虑到涉及名人隐私，便让他赔钱了事。后来他考中进士，名次在五六人之间，很不高兴，便出言讽刺考官（**这时期考不好的、没考上的都在攻击考官**）。有人想看他的敕告，他甩到地上让人看。士子便说他这种行为太不地道。后来他被诏试馆职时，便有御史官弹劾他，说他无品也无行，因此而被罢。

这里说的郇公，便是庆历年间当宰相的章得象（978—1048）。他是章才子的族父。仁宗庆历年间起用范仲淹、富弼、韩琦一干年轻人时，配了个老人家，便是章得象，那时他已有60多岁。章得象一连做了8年宰相，仁宗非常信任他。当范仲淹们唾沫直飞天天说新政时，章相却常沉默不语，有人怀疑他不作为，便问他，为什么不说话？他说："年轻人嘛有激情有理想，总想蹦蹦跳跳的，他们不碰到墙头不会回头，现在他们势头正旺，不能阻止他们，等他们撞过墙后就知道了。"范仲淹在经历过很多事情后，回味章相当年的沉默寡言，这才知道，他是真正的高人。

而章惇，当年也正是恃才傲物什么都不放在眼里的年龄，他考进士时

---

① 杨国宜：《包拯集校注》，合肥：黄山书社，1999年，第296页。

就住在章家院子里，此时老宰相已经去世。章惇居然和相府里寂寞的小妾好上了，这便有了这出戏。包公看在老宰相的面子上，只让赔钱了事。

那一科苏东坡是榜眼。章惇和苏家兄弟也都很熟，平时可以互相打趣，但苏东坡后来被贬，却和他有关。据《独醒杂志》说，章惇每天都要临写一遍《兰亭序》，有人说给苏东坡听，东坡笑笑说，"这样去临写，终究不是自己的，品位也不会高"。后来那人看到章惇临写的《兰亭序》，果然品位不高。

宋书《吕氏童蒙训》上，记载了一则和包公有关的故事。

这则故事说，都说世上"没好人"，可包公在开封做府尹时，遇到过两位好人。

某天，有位老百姓来开封府，请求包大人帮他一点忙，他说当年有人寄一百两白金给他，现在这人死掉了。他想把这一百两白金还给他儿子，可他儿子不肯接受。希望包公能够把他儿子叫过来，他要当面还给他。包公便召其子到庭，可那人说："我父亲生前并没说过他曾送过百两白金给人，既然没说过，我当然不能接受。"

两人一个要给，一个不要，在大堂里推来推去。包公在旁边看着，不无感触，说了一句话："那些说世上没好人的人，看到这一幕，他应该感到惭愧吧？"

宋亡后，南宋遗民周密（1232—1298）寓居杭州城，以著书寄愤并自娱，《癸辛杂识》是其最著名的一本书。在这本书的别集《汴梁杂事》里，记载了这么一段文字：

> 旧开封府有府尹题名，起建隆元年（昝）居润，继而晋王、荆王而下皆在焉。独包孝肃公姓名为人所指，指痕甚深。[1]

---

[1] 孔繁敏：《包拯年谱》，合肥：黄山书社，1986年，第96页。

周密出生时，北宋已沦于金人之手。东京也不复称东京而改称汴梁。南宋亦已于1279年亡于元人之手。周密生前并没有去过开封城。他说开封府门口有一块碑，北宋历任知府的名字，都刻在碑上面，只有包公名字这一处，因经常被人指指点点，而留下一道很深的指痕。他说的这块大石碑，现藏开封市博物馆。

和周密同时期的一位文学家王恽（1227—1304），是个诗人，书法家，他在元世祖忽必烈的手下做过监察御史。元代首都就设在北京。有一天，王恽来到故国都城开封，不免感慨万千。他也是南宋遗民，无非是他还出来做官，但他非常正直，做御史官时，曾弹劾过很多人。话说他来参观开封府衙时，看到了那块碑，还用手去摸了摸。他在府衙里住过一宿，那一夜他浮想联翩，早上起来赋诗一首：

拂试残碑览德辉，千年包范见留题。
惊鸟绕匝中庭柏，犹畏霜威不敢栖。[1]

这里说的包范，是指包拯和范仲淹。那么多府尹中，诗中只提到这两个人物，可想而知，宋亡后，让人记住的大臣，也就只有包、范二公了。到现在，依然如此。

## 小儿子的出生

包公知开封府的这一年，他已59岁。虽然他在工作上非常投入，业绩也很抢眼，可他家庭这一年里，情况并不少。

他唯一的小孙子夭折了。可怜的孩子2岁没有了爸爸，他是全家人的希望，可只活到5岁，便一病不起。

---

[1] 杨国宜：《包拯集校注》，合肥：黄山书社，1999年，第317页。

孩子去世后，崔氏就要垮了。包拯夫妇很是心疼，便托人询问她，如果想改嫁，他们会接受而且也会支持。可没料到派人一问，崔氏当即哭着跑过来，说她誓死不嫁，她要留在包家一辈子，为他们养老送终……这让包拯夫妇感动不已。

眼看着包家断子又绝了孙，包拯夫人董氏急了，她虽然很痛苦，但得撑起精神打理一切。尤其是包家后代的事，只有她来操心了。有亲戚便建议说，给包拯娶个小妾吧，也好给包家留个后。

董氏便偷偷安排侍女孙氏，去服侍包公。这在宋朝那个时候，只要条件许可，有个三房四妾都很正常。包拯后来的小儿子包绶还有小妾呢，更何况包拯官做得这么大。

包拯便在这一年，被安排了一个小妾，孙氏甚至连妾都算不上，墓志里，吴奎没说到这个人物，但《宋史本传》中说："**拯尝出其媵，在父母家生子，崔密抚其母，使谨视之。**"[1] 这个人物，在董氏墓志中也没提到。但崔氏墓志中却有这么一句话，"**孝肃晚得幼子绶，其母出，节妇慈养之如己子**"[2]。崔氏的墓志是张田的手笔。前面说过，张田是包拯在做边帅时认识，并推荐他的《边说》七章给仁宗，由此结下缘分。包拯在做三司使时，提拔了他，虽然时间不长。而他在包公去世后出知庐州，帮着刻印《包拯奏议集》。他后来不光写了崔氏墓志，连崔氏成为"节妇"，也是他向朝廷上疏请求表彰，这才得到诰命的。后来包绶长大后，他还把女儿嫁给了包绶，成为包公的儿女亲家。张田说他是包公的门生，他做的事，甚至比门生还要多。不过，这都是后来的事了。

5年后包公去世时，小儿子包绶只有5岁，所以包绶的母亲孙氏，是在包公知开封时怀孕的。但不知何因，几个月后，包拯便把孙氏打发回娘家，而且是在她刚怀上包绶不久后。

---

① 杨国宜：《包拯集校注》，合肥：黄山书社，1999年，第273页。
② 杨国宜：《包拯集校注》，合肥：黄山书社，1999年，第282页。

包拯 60 岁那一年，也就是次年六月他做御史中丞时，曾上疏仁宗要赶紧立太子，这个时候他回答仁宗说"臣行年六十，且无子"①，这是嘉祐三年六月的事。如果这个时候包绶还没有出生，那便很好理解，倘若出生了，包拯还不知道，便有点难理解。因为这么大一件喜事，董氏和崔氏不可能不告知包拯。由此推测，小家伙包绶很可能是在秋冬天出生的。以此倒推，包拯有"媵"，应该是在嘉祐二年的下半年。

孙氏在包家并没待多久，就被包拯打发走了。什么原因，迄今未知。但包拯的后人，却都是这位孙氏的后人。而孙氏，甚至连妾都算不上，只是"媵"，地位比妾还低下。

在宋朝，妾和媵只是男人的一个附属品，可以通过买卖得到，也可以成为朋友间赠送的礼品。无非这个"礼物"，有点特殊。

王安石做知制诰时，夫人为他买过一个妾。王安石是个怪人，长着一对牛耳，眼睛如雷电，皮肤黑而如蛇皮，而且经常不洗澡。他吃饭时，搛菜只搛最近的这一盘。某天夜里，一个女人突然在他卧室中出现了，便很吃惊，问她来做什么？女人说："是夫人吩咐，来伺候老爷的。"

"你是谁？"

她自我介绍说，她丈夫在军中主管一船官粮，结果不幸沉船，丈夫便把她卖掉以凑钱还钱。

"卖了多少钱？"

"90 万。"

王安石便想办法把她丈夫找到，让她跟着丈夫回家，并且告诉她，不必再退钱。夫人给他买的这个小妾，王安石连碰都没碰过。

被赠送"礼物"，司马光也曾遇到过。还不止一次。

司马光年轻时做通判，因他妻子没有生育，太守夫人便赠送给他一个小妾，司马光没理睬这个女人。妻子以为是她在的缘故，便主动消失，并提

---

① 孔繁敏：《包拯年谱》，合肥：黄山书社，1986 年，第 98 页。

醒那个女人说："在老爷面前，要打扮得好看一点，晚上直接到老爷书房里就行了。"

司马光夜里正在专心读书，看到一个妖艳的女人突然出现在他面前时，惊叫一声，他说："夫人不在，你居然敢来骚扰？"便撵她出去。

后来夫人死后，还有朋友花 50 万，买来一妾要送给他，也被他拒绝。

终司马光一生，无儿无女，只一妻。

司马光是个圣人，一生献给学问。他 19 岁时便立下目标，一生要游圣之门、仁之里，做自己想做的学问。他妻子张氏是龙图阁学士张存的女儿，而张存与他父亲是进士同年，也是好朋友，张存第一次见到司马光，便"一见许婚"。而司马光也没让他失望。妻子死的时候，司马光居然无钱安葬。

司马光对没有后代一事也看得十分淡然，《资治通鉴》便算是他的儿女了，又有哪一个人的后代，有这部作品更伟大、更足以传承他的精神气质呢？

包拯的思想也有圣人的境界，但他毕竟不以治学为主，他被安排小妾，是不是董氏花钱买的？不排除这个可能。

孙氏是不是已婚妇女，只因不得已的苦衷去做滕？还是因家境困难，不得已而为人滕？这都不排除。

但她肯定有她的理由，才肯屈就大人物的"滕"，只为了传宗接代，做一台生育机器。如果家境好，她完全不必走这条道路。再一个，如果她有姿色有点文化，又能歌能舞的，那就去做歌姬好了。晏殊、宋祁，包括苏东坡，都曾蓄养过歌姬。她们卖艺不卖身。但卖不卖身，那个时候，这方面也并不严苛，更没人追究。

小妾比滕身份要高，还能公开出来亮相，像苏东坡的小妾王朝云，原是东坡妻子买来的丫鬟，12 岁进苏家做侍女，后来升格为妾，东坡还培养她读书识字。在妻子去世后，王朝云便成为苏东坡的得力助手。她出身并不好，所以只能做妾，而不能做妻。古代社会里，妻子必须出身于良家，最好两家能匹配，且要履行正式的婚娶手续。而妾和滕，则都放低了要求，甚至没要求，只要喜欢便可。甚至不喜欢，也可。贵族小姐嫁人时，常有陪嫁的侍女，这些侍女的最后归宿，通常都是做主人家的小妾。

孙氏被安排做包公的媵，恐怕也有难言之隐，家中缺钱肯定是最大的理由。而包拯在知道她的苦衷后也非常同情她，可能她父母生病，也可能她有子女需要抚养，而她在包家生活一段时间后，可能她家又有新变故出来，包公便让她回娘家去，那笔钱，也不必再还了。但董氏肯定非常想要她留下来，至少得怀上孩子吧？所以孙氏应该是在包家，待了有一小段时间，她后来是在娘家生下包绶的。

因为孙氏是开封人氏，而她恰恰是在包拯知开封那一年怀上包绶的，由此可知，董氏肯定起了很大作用。董氏为延续包家香火花钱不少，包拯不可能不体谅她，但他最终出于自我道德要求，打发孙氏回到娘家，而孙氏，在怀上孩子后也第一时间告诉了董氏，董氏高兴不已，便经常安排媳妇崔氏，偷偷拿钱去看望她。孩子生下来后，崔氏也常跑去照料他们。

崔氏丧子后内心空虚，她也需要有孩子来疗伤。后来，这个孩子再大一点，干脆就让崔氏带回包家来抚养，崔氏作为长嫂，便成了包绶事实上的养母。这恐怕也是包拯夫妇所乐见的一件事。至于孙氏，应该是会偷偷来看一看包绶的，但后来包拯去世后，他们一家搬离了东京城，孩子也跟着回到合肥，孙氏想看孩子就不太可能了。

但对包拯而言，小家伙包绶的出生，是他晚年最幸福的一件事。

## 了不起的崔氏

在这一章节，我们来说一说崔氏和孙氏的故事。

在包拯去世后，崔氏的母亲吕氏，从荆南（今湖北江陵）千里迢迢赶来看女儿，她这次来是要带女儿回去，让她改嫁表哥。那一年，崔氏 25 岁，而她表哥 30 岁。她表哥正在信州做幕僚，如改嫁过去，崔氏的后半生就有依靠了。而她舅舅还是龙图学士，地位也不低。

母亲的安排，崔氏却拒绝接受。

"妈妈,你怎么不体谅体谅我呢?我公公虽然已经去世了,但我婆婆还在,家里还有小孩子,虽是小叔子,但他就像是我的亲儿子一样,我一手带大的,感情深着呢。这一家老的老、小的小,如今就靠我撑门户了,我怎么还能嫁人?"

吕氏听女儿这么一说,心一揪,止不住怒火往上蹿,她控制不住情绪了,声音变高,连董氏都听到了,就听她在屋里说女儿:

"老公死了守着儿子,这还有道理;可儿子死了,你还守什么?还想在包家待到什么时候?你个傻子。脑袋怎么那么不开窍啊?我这么辛苦跑过来是为什么?!……"

可不管母亲怎么骂,崔氏就是不同意嫁人。

见硬的不行,吕氏便来软的,她最后央求女儿陪她回家。

"我老了,千里迢迢而来,你难道忍心,让我一个人回去吗?"

见母亲说得好可怜,眼泪都出来了,母女多年难得一见,却把场面弄得这么生硬,崔氏只好说:"送母亲回家,顺便看看舅舅,这个是可以的,但你让我嫁人,那就别想了……"

最后,崔氏送母亲回荆州,董氏让仆人带上大包小包送她们到家。走时崔氏对婆婆说:"我肯定会回来的,如果他们不答应,到时候就让他们送回尸体给包家吧。"

这个意志,让所有人都吃惊。

她们走时,小包绶哭着抱住崔氏大腿,不肯放她走。还是董氏,硬把他拽了回来。

崔氏到荆州见到舅舅,表明她的态度,舅舅并不逼她做媳妇,只是和她聊了聊包家的事,也蛮同情她的。崔氏见舅舅能够这样理解她,便放心地在荆州多待了几天,陪陪母亲,也看看其他亲朋好友。母亲这时候也死心了。女儿一路上不断开导她,她只好同意。她自己做了多年寡妇,还能不懂女儿吗?

一个月后,见到风尘仆仆的崔氏出现在家门口,小包绶欢呼着跑去迎接,婆婆呢则流着眼泪欢迎她。崔氏回家，这一家就有了希望，有了盼头，有了生气。

这一年，董氏 63 岁。在包公去世后，她一下子衰老下来。见媳妇回来，董氏非常感动。

不久之后，包公的门生张田来庐州做知府。他到任后便来看望董氏。话语间，董氏看着媳妇为这个家忙前忙后，便拜托张田，向朝廷上疏请求表彰。这当然算是先进事迹。张田上疏后，朝廷表彰很快下来，这表彰令还是苏东坡执笔起草的，他当时在朝廷做知制诰。

> 敕：崔氏，汝甲族之遗孤，大臣之冢妇，夫亡子夭，茕然无归，而能誓死不嫁，抚养孤弱。使我嘉祐名臣之后，有立于世，惟汝之功。……①

崔氏"节妇台"不知何时建起。位置就在今合肥老城区淮河路和六安路交叉口，那里宋时有一条宽大的河流穿城而过，"节妇台"边上刚好有一座桥，它就在桥的南边。当然现在已无踪迹可寻。

包绶 9 岁时，董氏去世。此后包绶的一切，包括延请名师、学习、教育、成家，都是崔氏一手安排。后来包绶长大后，又为他想方设法找到开封城的生母孙氏，看到孙氏生活困难，便把她接到合肥来，让母子得以团圆。长嫂为母，说的就是这段感人的故事。

孙氏和儿子包绶，有过不少年的相处时光。她死后被葬在包公墓的下面、包绶墓的上方，没有墓志，这个无名氏，只能是孙氏。当然，这应该是包绶刻意安排的。

崔氏呢，在找到包绶生母孙氏并把她接过来后，便把母亲的职责交还给孙氏，她自己则收养了一个名叫包永年的族子做继子。包永年，很可能是包

---

① 孔繁敏：《包拯年谱》，合肥：黄山书社，1986 年，第 120 页。

公爷爷堂兄弟的后代，父亲死了母亲改嫁，只有几岁的包永年便过继给崔氏为子，这是皆大欢喜的一件事。所以，崔氏名下也是有后人的。她有孙男一人，孙女二人。绍圣元年（1094）七月崔氏去世，终年 62 岁。

这一年是宋哲宗赵煦时代。

这位青年皇帝只活了 24 岁，他是英宗的孙子，神宗的儿子。虽然短命可他 9 岁就当皇帝了，去世时也算资深皇帝一个。哲宗非常好色，且任性，幸好一直有老祖母曹太后帮他当家，曹太后是仁宗曹皇后的侄女。曹太后在她儿子神宗死后还活了好多年，一直到 1093 年才去世。她是苏东坡的守护神，由于她的存在，这个国家才没有完全垮掉，但在她去世后，国家就被她的后代们弄得不像样子。宋哲宗 15 年的帝王生涯，并没有好好管理过国家。

崔氏去世这一年章惇为相，苏东坡被贬岭南，朝政开始乱七八糟。章惇诱导着年轻的皇帝往坏的方向，跑得越来越远。北宋的沦陷，应该有他的一份"功劳"。

大嫂去世时，包绶 37 岁，正在东京做着国子监丞，生母孙氏还活着，她和儿子一家生活在一起。而包绶的老岳父，此时已是文彦博。但文老宰相在曹太后去世后，被一降再降，三年后，抑郁中去世。包绶的童年虽因父亲早逝而罩上一层不幸的光影，但拜崔氏一路抚养，他后来的人生尚还顺利。先娶张田女，后续娶文氏。他是个非常孝顺的孩子，工作敬业，也很努力上进，一切都以父亲为榜样。

崔氏死后，为她写墓志的是翰林学士、知制诰兼侍读钱勰。写碑的是集贤殿修撰文甫，篆盖作者则是福建路转运判官文勋。这个阵容完全配得上名臣之媳、著名节妇的身份。

钱勰（1034—1097）是吴越王钱镠的六世孙，钱惟演的从孙。他本人是苏东坡的好朋友。藏书宏富，文章雄健，书法亦高妙。宋史上说他判案非常机敏，学识渊博，章惇为相时，因不肯依附而被贬。

能请到他来给崔氏写墓志，可能和文勋有关。因为文勋当时是一位有影响的画家，和苏东坡、钱勰都是好朋友，由他出面，请钱勰写墓志铭便很正常。

当然，更有可能是包绶出面，请他来写。因为包绶此时的职务是国子监丞，负责监督太学，和钱大学士有交往，太正常不过。何况他的岳父还是文老宰相呢。包绶这个时候的朋友圈，应该是有些高端的。在这个位置上，认识几个当朝牛人，便也正常。

崔氏去世时，张田早已去世。但文彦博此时还健在，他在崔氏去世三年后才离世。所以文彦博的影响仍然罩着包绶一家人。因为在包绶原配张氏去世后，正是文彦博把小女儿主动嫁给了他，让包文两家再缔姻缘，他还主动向朝廷上疏，要求关照名臣之后包绶，所以包绶后来的人生路途，再一次因为父亲包拯，得到了改变。他是在父亲伟大光环罩着下长大的孩子。

文甫和文勋，虽然也姓文，但这两个文，和文彦博是不太有关系的。虽然后来被很多人误会，以为他们是一家人，其实无非巧合，都姓文而已。

# 二、弹劾三司使

## 太子问题

仁宗相比于他后面的几位皇帝，英宗、神宗、哲宗、徽宗、钦宗，显然是最安平的皇帝，在位时间也最长。可惜的是，他自己没儿子，致太子迟迟未能定下，让朝臣捏着一把汗。

在嘉祐元年得过一次重病后，对太子问题，朝臣们便开始急红了眼，隔三岔五总有人劝仁宗，要赶紧立太子。

话多了，便烦。难道仁宗自己不操心吗？连精神都操心得出了问题，还要他怎么着？他夜夜睡不着觉。宋人笔记《画墁录》中，记载一则故事：

> 张文节，嘉祐间长宪台，言事无所避。一日，仁宗谓之曰："卿孤寒，凡言照管。"公再拜曰："臣非孤寒，陛下乃孤寒。"上曰："何也？"曰："臣家有妻孥，外有亲戚，陛下惟昭阳二人而已，岂非孤寒？"上罢入内，光献见上色不怡，启问，上以公语告之，光献挥洒，上亦堕睫。自尔立贤之意遂决。①

张文节在嘉祐年间掌管宪台。一次，言事毕，仁宗便幽默地说了他一句："卿孤寒，凡言都要管，太操心了。"张大人便向皇帝深深拜了一拜，然后认真地说："臣不孤寒，陛下才孤寒。"仁宗便傻眼了："为什么这么说？"

---

① 丁传靖辑：《宋人轶事汇编》上册，北京：中华书局，2012年，第30页。

"臣内有妻子儿女，外有亲戚，而陛下呢，没有一个儿子，只有陛下自己和皇后两个人而已，这难道不是真正的孤寒吗？"

仁宗听了这番扎心的话，当然不高兴，但人家说的也没错啊。回宫后，曹皇后看他脸色很难看，便问咋回事？他便把张文节说的讲给皇后听。皇后听后，眼泪马上"哗"地下来了，而仁宗自己说着说着亦流了眼泪。

可怜的皇帝。别人无后只关系到他自己，但一个皇帝没有儿子，就是天大的事了。

到仁宗晚年时，每到他父亲真宗忌日那天，朝臣们都能听到仁宗在放声大哭。那声音听了毛骨悚然。一个大男人为后代问题那么悲痛，也是天可怜见。据说仁宗还偷偷暗示过当宰相的晏殊，要他问问算命先生，晏殊是和仁宗一起长大的小伙伴，就算皇上不示意，他也会主动帮忙的。后来他找的不是算命先生，而是一个通灵人。当然，这都是宋人小品上说的，是否属实谁也不知。

包拯 60 岁时，终于进入中央高层，出任御史中丞，管理宪台，做上了言官第一人，他是张文节的后任，这是嘉祐三年（1058）六月的事。

包拯执掌宪台时，文彦博刚在月初被罢相，富弼被任命为昭文馆大学士、首相。枢密使韩琦则为集贤殿大学士，排序仅次于首相。两人搭档执掌中枢。

文彦博被罢相，这次是他自己主动要求的。这之前，盐铁副使郭申锡受命视察黄河，与河北都转运使李参，因意见相左而心生不满，便向朝廷控告李参，曾经派小吏送《河图》给首相文彦博。

河图就像是一个八卦图，传得很神秘，有符号，有方向，相当于现在所说的魔方之类，南宋人有叫它"纵横图"的。反正是一个诡异的玩意儿。北宋人把它看得很神秘。如果拿这个神秘礼物送给宰相，便会被人不齿。所以御史官开始弹劾李参结交宰相。因事涉宰相，朝廷为此组成一个调查大队去调查，但调查出来，文彦博是冤枉的。得知实情后，仁宗便很恼怒，骂了郭申锡一顿："你们士人，就擅长做这样的事，正事不去做，让老百姓又怎么拿你们做榜样？"

这话骂得有点毒，体现了仁宗的水平。郭申锡因此被贬外放。那位言官也被处理。文彦博就在这种情况下，坚决请辞宰相。再当下去他也觉得没意思了。仁宗只好同意他辞相，但保留他宰相待遇，"充河阳三城节度使，判河南府，兼西京留守"。

就在这种情况下，枢密使空出位来，谏官陈旭等人担心皇上会任命贾昌朝为枢密使，便把贾昌朝认宫中贾婆婆为姑姑的事，再次翻了出来，仁宗只好把他外放去做官，转而任命宋庠和枢密副使田况为枢密使，御史中丞张昇，则擢为枢密副使。这位张昇（992—1077），便是前面说仁宗孤寒的那位张大人。他当时已经67岁，所以仁宗说他孤寒。

张大人去做枢密副使之后，御史中丞的位置便又空了出来，仁宗便任命包拯为"右谏议大夫、权御史中丞"。按宋朝的职官要求，"御史中丞"只设一人，为台长，兼理检使。所以御史中丞相当于我们现在的中纪委主任。至于称"权御史中丞"，是指官阶还未到，属低阶高配，故称"权"，为了与之相匹配，还要给他弄一个"右谏议大夫"。宋朝的官衔，就是这么麻烦。但组织制度，大家执行得还是非常严格的。每个环节都很严谨。

包公执掌台官后上的第一道疏，便是"请建太子"，这又是仁宗不喜欢的事，且之前，有很多大臣皆已提及此事。

问题是，随着仁宗年龄越来越大，生病的次数也越来越多，这个事情就是宋朝迫在眼前的一件大事，包拯既然担任了言官领导，他就有责任必须提及。包拯认为，太子是天下之根本。立谁不立谁，另当别论，但不立天子，是对国家的不负责任。万一哪天皇帝遇到不幸，后果不堪设想。

包拯上疏这天，仁宗和他有过一段对话，流传出来。这在《东都事略》一书"包拯传"中有记载。内容是：

　　仁宗曰："卿欲立谁？"拯曰："臣乞陛下豫建太子者，为宗庙万世计耳。陛下问臣谁立？是疑臣也，臣行年六十，且无子。非徽后福者。"仁宗喜，乃曰："当徐议者。"[①]

仁宗问他："卿想立谁？"

包拯说："陛下问臣要立谁？这是怀疑我啊。我都六十岁了还没有儿子，也不希求有什么后福，说这些事，还不都是为陛下、为国家着想吗？"

当听说包拯60岁了还没有儿子，仁宗马上面露喜色，他这年49岁，还有能力创造后代，便转而安抚说："这个事，卿且放心，容朕从容思考。"

仁宗说他会考虑太子问题，因为这时候，宫中又有俩宫女怀孕了。

万一生的是个皇子呢？那岂不是太子吗？仁宗有他的小算盘。他的造子计划从来没有停止过，甚至有些疯狂。只要身体一好，便会天天临幸宫女，直到把自己搞病倒为止，这时候，他宫里经常临幸的女人刚好有十个，号称"十阁女"。

嘉祐四年初夏，仁宗这一年虚50，后宫董氏的肚子，在万众瞩目中，终于在五月初揭晓，可惜生的还是公主。这是仁宗的第九个女儿。仁宗虽然不无失望，但失望也不是一回两回了，他已具备超强心理承受力了，再说宫中有公主诞生，也还是值得庆贺的一件喜事。

董氏是开封人，4岁入宫，稍长时做了侍女，随侍在仁宗身边已有多年。这位宫女性格老实敦厚，喜欢读国史，还能说本朝典故。她侍候皇帝多年，从未有过闪失。有一次，仁宗生病，精神有些恍惚，夜里拿宝剑出来要砍自己，幸亏董氏眼明手快，赶紧上去夺他的宝剑，在争抢中，董氏手指受伤几至断指。仁宗清醒过来后，感觉很对不住她。自然对她又多了几分好感。

两位宫女怀孕后，内侍省便早早做了准备，一旦生下皇子来，朝廷准备大肆庆贺一番。后来虽然生的是公主，但庆贺也是要的。

江休复（1005—1060）是这一时期的人，进士出身，修过起居注，做过集贤校理，他写的《江邻几杂志》这样说：九公主诞生后，朝廷一连庆贺了

---

① 孔繁敏：《包拯年谱》，合肥：黄山书社，1986年，第98页。

三天，从宰相到大臣都有喜包赏赐，包里有金银，有玟瑰，有犀角，有檀香，也有象牙钱。但喜包不是每人都有，三舍人中只有两人才得到，其中一位是欧阳修；四待制中，有三位得到，刘敞和何郯就没有。馆阁成员中只有吴正言才得到。台官中得到的比较多，江休复说，是因为内官们都有点怕台官。这个时候包拯已调任三司使了。但他也应该拿到了喜包。

董氏生女后不久，便由御侍升格为"贵人"，而她父亲也因此被提拔，在宫里担任侍卫军的小头目。这都是五月的事。

就在这个月，周氏生下皇上第十女。周氏因给皇室造人有功，也在不久后被赐封为"美人"。对两位造人有功者，仁宗赏赐给她们的礼物特别多，数倍于真宗当年的赏赐。十阁女中，造人没成功的也嚷着要赏赐，仁宗搞不定她们，只好让中书下诏，给她们普降雨露，都给一个"才人"封号。可宰相们说，这没道理啊，便拒绝执行。可女人们才不管呢，继续纠缠着仁宗，仁宗天天面对她们，心一软，只好绕过中书，直接出手诏赏赐。

但手诏走的是旁门左道，中书是不认可的，不可能正式下文对外昭告。

诏书和手诏的最大不同，一个是按程序来，经过宰相们的讨论并同意，让知制诰拟诏，经皇帝同意后正式下文。敕诰上往往会有很多人的名字，是非常正式的一个文本。而手诏呢，只是皇帝一个人的私下旨意，但手诏也未必便是皇帝本人亲笔写的，反正他周围有一帮秘书，可以专门写手诏，而且他们模仿皇帝的字迹可以模仿得非常像，让外面真假难辨。

比如，把北宋送上不归路的天才艺术家宋徽宗，他的瘦金体字，在历史上非常著名，现在拍卖公司还偶尔能拍出宋徽宗的字出来，那都是无价之宝。一般以为宋徽宗的"御笔"，肯定便是他写的，其实也未必。

据《宋史·梁师成传》记载，凡御书号令，皆出其手，说梁师成模仿宋徽宗的字非常相像，外人根本辨不出来。宋徽宗身边的秘书团队，也都喜欢模仿皇帝的字，且模仿得越像，越有可能被挑中去给皇帝代笔。现在宋徽宗的字画，在大拍卖场上还能不时见到，看到这则故事后，便有理由对这些字画的真假，表示怀疑。司马光曾经说过，他做知制诰时，对那种骈四俪六的文章，既没有天分，也懒得卖力，有时候实在不胜其烦，他也常会请别人代劳。

皇帝出手诏，常遭到台官们的批评。包拯便曾上疏批评过皇帝降内诏的行为，认为破坏了制度。但皇帝也是有苦难言，他是诏书这条路走不通，才出手诏的。

十阁女中有一位张美女，却不肯接受赏封，她就是张贵妃的妹妹。

张氏幼年时和姐姐一起进宫，她见到的宫廷是非太多了。刚被赐才人时，每月新加赐银五千两、金五百两，她觉得钱太多了，用不掉，便拒绝接受。仁宗便问她："以前你的月俸是二万七千，现在涨到二十万了，干吗要辞退？"

"月俸二万七千，我就已经用不掉了，为何要用二十万呢？"她说得有道理。

这时候有一个谏官，名叫范师道的，上疏说："现在宫女太多，皇上又出手诏要赏封诸阁女，都是才人，且不从中书走，这会让人说闲话。周、董两位，是因为生了皇女，那其他八位呢？毫无贡献也升才人，没有理由啊。才人在古代也是有定额的，唐制中只有七人而已，祖宗朝女侍，也不过二三百人，才人并没有几个。陛下宠幸太过，恩泽没有节制，这并不好。女人与小人一样，都不能宠幸太过。到时候不给她们，便会生怨心。而怨心一起，宫中就乱套了。没有制度管束她们，这怎么可以呢。何况给钱太多，国家财政也吃不消啊。一个才人的月俸，抵得上一百个中等收入人家一个月的花费，这还不算别的赏赐……"

仁宗见他说得十分有道理，自己想想也过分了，便开始遣送宫女出宫。第一拨，放走宫女214人，隔了几天，又放走236人。

在第一拨被放逐的宫女中，有两位出自十阁女。一位姓刘，一位姓黄，她们俩因为骄纵太过而被仁宗放逐。这也是给十阁女一个警告。

其中刘氏来自民间，后来让她掌管御膳，让仁宗看上了，被皇上临幸过后，她便得意起来，态度傲慢，看谁都不顺眼。这人粗识几个大字，有点小聪明。某日，她在延福宫，揭下屏风纸，写了几百字送给仁宗，算是她的第一封情书吧。仁宗还为此小小感动了一把。但最终是这位刘氏，促使仁宗下决心要放逐宫女。

刘氏颇有心计，她在宫中时，便曾以皇上的名义递话给宫外某位大臣谋求某事，当时的御史中丞韩绛得知这一消息后，便第一时间通报给仁宗，仁宗大吃一惊，说："如果不是今天爱卿说，朕真不知道这件事，希望悄悄调查一下，到底是怎么回事。"

这一调查，刘氏渐渐浮出水面。一个宫女，为谋求利益居然干涉朝政，还伪造圣旨，这还得了。仁宗得知真相后非常愤怒，当即决定放逐宫女。第一个被放逐的，便是刘氏。黄氏也是一极其骄横的女人，也一并被放出宫外。

刘氏被放逐出宫后，哪里敢回娘家呢，丢人丢大了，只好削发出家做了尼姑，仁宗见此也就不再追究了。

两次放逐宫女，是嘉祐四年下半年的一件宫廷大事。


# 包老真中丞

南宋名公洪迈《容斋五笔》中，有一则短文"嘉祐四真"，被后人多次引用。

> 嘉祐中，富韩公为宰相、欧阳公在翰林、包孝肃公为御史中丞、胡翼之侍讲在太学，皆极天下之望。一时士大夫相语曰："富公真宰相、欧阳永叔真翰林学士、包老真中丞、胡公真先生。"遂有四真之目，欧阳公之子发、斐等叙公事迹，载此语，可谓公言。[1]

包拯是在嘉祐三年六月接掌宪台的，而欧阳修则继他之后出任开封府尹，欧阳修反复请辞不被批准，只好硬着头皮上任，到了年底，他眼病发作，双

---

[1] 孔繁敏：《包拯年谱》，合肥：黄山书社，1986年，第102页。

眼疼痛视力模糊，实在坚持不下去了，只好告假在家休养。为了不耽误首都政务，他在元月三次上疏请辞开封知府，希望能放他回老家南昌疗养。嘉祐四年二月三日，朝廷终于同意解除他的职务，但不同意他回到老家，而是留他在京，授他"给事中"，继续做翰林学士，并负责科考阅卷事宜。而包拯是这一年的三月接掌三司使的。所以这篇短文中说，"嘉祐中，富韩公为宰相，欧阳公在翰林，包孝肃公为御史中丞，胡翼之侍讲在太学，皆极天下之望"，当指嘉祐四年初这段时间。

洪迈是南宋史上一位著名文臣，翰林学士，先期做过"福州教授"，后为国史馆的编修官。他一家从父亲、哥哥到他儿子，都是著名学者。他著作不少，最著名的就是《容斋随笔》和《夷坚志》。《容斋随笔》共74卷1220则。这一则乃其中之一。他引用的是欧阳修长子欧阳发等人所写的资料。欧阳发这时候已经成年，朝政情况他了解得比较多，他不久前刚刚结了婚，娶的妻子是户部判官吴充的女儿。因为这件事，还有人上疏言事，意思是，开封府推官吴充，因为与开封府尹欧阳修是儿女亲家，而被越级提拔为户部判官，这不合朝廷制度。按规定，吴充做推官才一年，是不够资格升官的。这事当时也曾闹得沸沸扬扬，但最后还是不了了之，说明吴充升官，和欧阳修并没有关系。

弹劾吴充的不是包拯。因吴家兄弟他都很熟悉。吴充大哥是吴育。吴育在这一年四月因病去世，才55岁，欧阳修为他写墓志。紧接着，王尧臣去世。包拯那一科的省元和状元双双在这一年离世，这让包拯多少有点唏嘘之感。

吴充（1021—1080）比吴育小17岁，是吴家最小的儿子。他在景祐五年（1038）考中进士，年仅18岁。而吴育，不光考省试时是第一名，后来还参加过制科考试，获三等。制科考试难度更大，宋以来，三等是最高名次，只有吴育和苏轼考入过"三等"。可见吴育的才气实在很不一般。制科出来，官升得比科考正途出来的会更快。吴育当年和他两个弟弟吴京、吴方考中同年进士。可惜吴京考上不久便未官而死；三弟吴方，后来官至翰林学士；小弟吴充除和欧阳修做亲家外，还和王安石做了亲家。他和王安石，在神宗时期先后拜相，成为前后任，亦是极难得的一个特例。

包拯执掌宪台期间，留下来的奏议并不多，和他做谏官时相比，数量上有明显减少。这原因在哪呢？既然包拯此时号称"包老真中丞"，那么，包老此时的弹劾风采依然还很强劲，否则何来此外号？

以包拯的脾气和工作精神，他的奏疏不会在数量上有大的减少，事实证明也的确如此。那么，唯一的解释是，《包拯奏议集》的主编和幕后策划者，即张田和包拯夫人董氏，在出书时，抽下了部分篇章，以免引起当事人的不满。这些被抽掉的弹章中，便有弹张方平和宋祁的。包拯当年弹张方平火力很猛，他先把张方平的三司使弹掉，后又把继任宋祁的三司使弹飞。两个三司使都被他弹掉后，朝廷诏命他出任三司使。包拯真去上任了，这让欧阳修极度不满。意思是，你把别人都干掉了，而自己却去做了这个官，也不谦让一下，好像怎么也不合适吧？

欧阳修在此情形下，开始弹劾包拯。他的这篇弹劾文章，有幸留传下来。从他这篇弹章中，再结合别的资料，这一事件的发酵过程及前前后后，我们才约略知道事情的真相。而张田抽掉这几篇弹章，应该是和董氏反复商量后决定的，因为欧阳修、张方平，此时都还在位上，他们多少会有忌讳，这也可以理解。

先说弹张方平。《长编》是这样记载的：

> 三月己亥（5日）："三司使、吏部侍郎张方平为端明殿学士兼龙图阁学士、尚书左丞知陈州。先是，京城富民刘保衡开酒场，负官曲钱百余万，三司遣吏督之，保衡卖产以偿，方平因买其邸舍，保衡得钱即输官，不复入家。会保衡姑讼保衡非刘氏子，亡赖豪纵，坏刘氏产，下吏按验，具对以实。御史中丞包拯遂劾奏'方平身主大计，而乘势贱买所监临富民邸舍，无廉耻，不可处大位。'故命出守。"[1]

---

① 孔繁敏：《包拯年谱》，合肥：黄山书社，1986 年，第 102 页。

张方平被贬是嘉祐四年三月初的事。那么这个事件的发生，应该在二月。欧阳修当时已辞开封府尹，谏官陈旭，走马上任开封知府。

这时候，京城出了一个案子，有位刘老太上诉说，她的侄子刘保衡，把刘家产业给贱卖掉了。她要求停止这笔交易，追回房产。因刘保衡并非刘氏亲生子，而是个无赖、混混。开封府就此进行调查。这一调查，把三司使张方平给牵连了进来。

原来刘保衡开有酒场，却倒欠官府上百万钱，因为卖酒是要交税的，很可能他卖了酒，拿钱做了别的用场，比如赌博或什么的，致使税钱交不上了，三司便不断派人催他交钱，刘保衡只好变卖家产。卖房的钱，直接就让官府给拿走了。刘老太太知道后当然气得要命。而买她家房产的人，正是三司使张方平。包拯因此弹劾说，作为一个三司使，乘势低价买进你监管下的富民邸舍，这是绝对不可以的。这样的人，不能做三司使。

包拯说的当然有道理。这一点欧阳修没办法为张方平辩解。

张方平（1007—1091）是苏家的恩人。当年苏洵就是拿着书稿先找到他，经他推荐给欧阳修，因此而为朝廷所知；后来他对苏东坡亦有所提携，所以苏家一直视他为恩公。

张方平，死后谥号"文定"，宋人笔记中亦有称他张文定的。他是南京（今商丘）人，和张贵妃的父亲张尧封，年轻时就认识，孙复先生也是他的老朋友。此君1034年中"茂才异等科"，神宗朝时官拜参政。死后赠司空。据说他小时因家贫没书读，常常向人借书看，有一次，借别人的《三史》读，只十几天便看完了。他说他读书只看一遍就行了，不需要看第二遍。他后来也是翰林学士。嘉祐元年出任三司使。

张方平在三司使位置上以低价买进刘保衡的房子，而刘保衡又是在三司催逼下贱卖的产业，这中间是否还有猫腻且不说，但此举肯定是违规的。当时弹劾他的不止包拯一人。

刘保衡的供词中，还牵出当朝宰相富弼的女婿冯京。

此时冯京正在集贤院供职，就住在刘保衡的隔壁，常常会从刘保衡那里借东西。刘保衡当然也愿意和他交往，因为冯京是状元，岳父又是当朝宰相，像刘保衡这样的混混，当然愿意结交高大上的人物。

冯京当时的俸禄还很低。他曾经拿铜器，去刘保衡那里换钱，而刘保衡呢，他手头并没有现钱，便把冯京的铜器拿去抵押给别人，拿到钱后再送给冯京。混混也有大气的一面。所以他姑姑要告他是个败家子，刘家本来很富有，都让刘保衡给败光了。

据《长编》记载，冯京还不断从刘保衡家借东西，而刘保衡呢，却从不拒绝。冯京不仅是个状元，还是个美男子，平时为人处世极其洒脱，刘保衡应该是喜欢他的。这次刘保衡被他姑姑起诉后，三下五除二，全部吐了出来。冯京知道这事要牵连他，便赶紧上疏做自我批评，并请求贬官外放。

张方平被罢三司使后，仁宗和宰相商量，便命宋祁接任。宋祁还没走马上任，便有台官开始弹劾他。

一开始，弹劾宋祁的是谏官吴及。吴及说宋祁在知定州时纵容人贷公使钱数千缗，知益州（**今成都**）时生活奢侈无度，这样的人不能做三司使。

吴及上弹章后，包拯开始跟进，说宋祁知益州时经常参加游宴活动，而且他的哥哥宋庠又在做执政，兄弟俩都在中央做执政大臣，不适宜。

吴及 17 岁考中进士，和欧阳修是同年。嘉祐三年初，任秘阁校理。包拯出掌宪台后，便上疏"乞吴及依旧供职"，得到仁宗同意，吴及因此被迁"右正言"，做了谏官。

吴及一做谏官，便上疏说，仁宗宜早立贤明的宗子为太子，要有博爱之心，同姓宗子也是骨肉之爱啊。老是不立太子，这会让天下人为之焦虑，这也不是英明帝王应有的态度和胸襟。早立太子，不光可以让全民安心，更可以早点进行帝王之道的教育。就算以后陛下生出皇子来，也可以让宗子回到他父母家嘛，这于情于理都说得过去啊。这一番话，说得入情入理。

很早之前，吴及就上过一道疏，论及宦官的，当时他的言论尺度之大，让仁宗吃惊。吴及说，为做宦官，男孩子很早就要接受一个痛苦的手术，除去性器官，失去生理功能，这是一个残酷的肉刑，反人性的，陛下不应该使用太多宦官，这会给下面人以误导，都想把自己儿子送进宫里做宦官，以为当宦官会有出息，这让很多男孩在小小年龄，就因父母的错误决定而备尝痛苦，这是非常不应该的。

吴及的观点耳目一新，仁宗当时看了也为之感动，就想用他为谏官，但因吴父刚刚去世，吴及要回家丁父忧，那次谏官便没做成。

吴及做秘阁校理时，发现很多书被人借走后，就不归还了，致馆藏书籍丢失很多。而且馆阁里的书籍也缺乏专人管理，简编脱落的不少，他因此建议馆阁应有专人负责编写书目，整理书籍。因吴及的这个建议，馆阁开始增设"编订书籍官"，这是宋时图书管理的开始。

吴及还上过一道疏，说执政大臣每次升官，都会奏请带上一帮勤务兵来上任，而且数量不少。有的就据为私用。他建议，宰相及枢密使以上只能配五人，枢密使以下只能配三人，这个建议后来被仁宗采纳，自嘉祐四年初开始执行。

电视剧《包青天》中，说包拯每次出去都会带上王朝、马汉。王朝、马汉是不是真有其人，史上并无记载。但做大官的可以配勤务兵，是实有其事。

吴及做谏官以"劲直"著称，但他并不得志，后来也曾做过短暂的庐州知府。他和包拯同年去世，年仅 49 岁。


## 欧阳修为何弹包拯

包拯把张方平、宋祁两位三司使弹掉后，三司使谁来当合适呢？

富弼、韩琦两位宰相商量后，经仁宗同意，决定让包拯来当三司使。诏命下来，哗然一片，用欧阳修的话说，"命下之日，中外喧然"。这个"中外"，并不是指外国，这只是文学家笔下的语言，有点夸张，只能说大臣们私下里议论纷纷，意思是，包拯把前后两个三司使都干掉了，皇上不敢再任命别人了，只好任命你，这是不是有点不厚道？

几天后，听闻包拯已去就任三司使，欧阳修便愤怒起来，他在家里思考良久，虽然眼睛不好，仍决定出手写篇长文，弹一弹包拯，这便是"论包拯除三司使上书"。

这篇文章写得很长，为方便读者一目了然，就把他观点和论据梳理一下。

欧阳修的核心观点是：言人之过，可以；但逐人之位，不可以。意思是，你把别人赶走了，自己却去坐那个位置，有蹊田夺牛之嫌。所谓蹊田夺牛，是指因别人的牛踩踏了自家的田，就让人把牛抢走。欧阳修用这个比喻形容包拯之言行，显然用错了地方。因为包拯弹劾之前，压根没想到，朝廷最后会任命他为三司使，他没有长第三只眼睛，不能以结果来倒推他的行为。而且这个结果，也不是他能操控的，这和张方平低价买别人的房不一样。所以"蹊田夺牛"这个指责是概念错误，逻辑混乱。

包拯的弹劾是职业行为，身为言官，不弹劾才不正常。包拯在这里，唯一可能犯下的"错误"，是没有请辞。这也是欧阳修指责的主要理由。哪怕包拯，只是象征性地辞一下。但包拯不是欧阳修，欧阳修做开封府尹时一再请辞，固然是眼睛有毛病，但他不想去做实际政务更是一大原因。他在辞掉开封府尹后，高兴得不得了，在给吴奎的书简中说自己，"病中闻得解府事，如释笼缚，交朋闻之，应亦为愚喜也"[1]。他把开封府尹视为"笼缚"，便可想见，他是极不愿意去做政务官的。但包拯不然，他乐意做，而且也有能力做，所以诏命他为三司使后，没有二话，他就上任去了，这也是他的一贯风格。欧阳修便觉得奇怪：你怎么连辞都不辞一下就上任了呢？好意思吗？

以自己的行为来要求别人，这是错误的。因为每个人的思维不一样。

就在这一道疏章中，欧阳修说，"拯性好刚，天姿峭直，然素少学问"，他觉得包拯不如他有学问，倘若以文学评判而言，那包拯肯定不如欧阳修，可做官不是比文学成就，比学问渊博，而是比实际能力。包拯所到之处，政绩斐然，又有几人，在数百年后还让人怀念？欧阳修这样来指责包拯，显然

---

① 刘德清、刘菊芳：《欧阳修传略》，南昌：江西人民出版社，2012年，第224页。

也是文学家的自负。文中言：

> 昨闻拯在台日，常自至中书，诟责宰相，指陈前三司张方平过失，怒宰相不早罢之，既而台中寮属相继论列，方平由此罢去，而以宋祁代之；又闻拯亦曾弹奏宋祁过失，自其命出，台中寮属又交章力言，而祁亦因此而罢，而拯遂代其任。[①]

昨天听说包拯在御史台时，常跑到中书那里，因为张方平的事，而指责宰相不早罢免，张方平因此被罢三司使。任命宋祁为三司使时，台官又相继弹劾他，宋祁亦因此被罢。欧阳修由此指责包拯行为不妥，居然敢去指责宰相。然后说，他想当什么都可以，就是不能做三司使。

欧阳修上疏后，包拯有什么反应呢？

他不辩解也不请辞，只在家里闭门几天，等着朝廷通知下来收回诏命。可等了几天，朝廷并没免他三司使的消息出来，包拯这才去赴任。

到这里，双方的心理都已一目了然，包拯并不认为他有什么过错，而欧阳修的弹劾，仁宗也没有采纳。

现在来看欧阳修的这篇疏文，他还是情绪化了一点。把请辞不请辞看得那么重，气度显然小了一点。

治平四年（1067）十月一日，司马光曾上过一道札子，是论张方平的：

> 向者仁宗时，包拯最名公直，与台谏官共言方平奸邪贪猥，事迹颇多。陛下傥欲知方平为贤为不肖，乞尽令检取包拯等言方平奏章，及开封府陈升之两处推勘刘保衡公案，并方平秦州所奏边上事宜状，即知臣所言，非一人之私议也。[②]

---

① 杨国宜：《包拯集校注》，合肥：黄山书社，1999年，第303页。
② 杨国宜：《包拯集校注》，合肥：黄山书社，1999年，第306页。

治平四年已是英宗时代，当事人有的已经去世，比如包拯，有的仍然在位，比如张方平。

张方平被免三司使后，回到他的老家南京，做了知府。不久，以工部尚书身份统率秦州。当时有谍报人员说西夏要打过来，张方平便向朝廷奏请出兵。可这事，后来证明子虚乌有。朝廷不免议论纷纷，张方平便申请回任南京知府。

英宗即位后，张方平升礼部尚书，后诏命他做参政。司马光为此上疏，反对此项任命，他说包拯在仁宗时期最为公直，当时他曾与台官一起弹劾过张方平，说他为人阴险奸猾贪猥，建议英宗不妨调阅一下当年包拯等人的弹章，如若不够，还可再看一下当年开封府推官陈升审理刘保衡一案的卷宗，便可知其所言不虚。

从这道疏中，便可看出司马光的立场，他对张方平是很不屑的，而对包公本人，则持相同立场，高度赞赏。

清《四库全书总目提要》卷五五，点评此事说：

> 拯之刚正，岂逐人而觊其位者！修虽有此奏，特宋人好为议论之习。①

意思是，包拯刚正，眼里容不得沙子，他岂是为自己谋求位子，而弹劾两任三司使？欧阳修根本理解不了包拯的行为。宋人喜欢夸夸其谈，欧阳修也在所难免，从此奏中，便能看出。

这话说得太好了。

---

① 孔繁敏：《包拯年谱》，合肥：黄山书社，1986年，第106页。

# 三、执掌三司

## 两位牛下属

包公在三司使的位置上干了近两年。他生命的最后光阴，差不多都奉献给了宋王朝的钱袋子。

嘉祐四年（1059）三月，包拯被任命为权三司使，这个"权"，显见他当时的官阶还差那么一点点，直到两年后，也就是嘉祐六年四月，迁为"给事中、三司使"，这个"权"字才拿掉。不过，拿掉没几天，他就告别三司，去枢密院做了枢密副使。

包拯做三司使时已61岁，都到退休年龄了，黄毛小儿包绶也已经出生几个月。但包拯此时，还没见到他小儿子的面。

此时在中书政事堂坐着的两位宰相富弼和韩琦都是他的同年，都比他小几岁，但他们当时已是很有经验和声望的老宰相了。不过，宰相当久了，受各方利益牵制，难免也会犯各种错误。这时候宋仁宗也已进入暮年，虽然他才50岁，但因身体时不时要出状况，他的脑子也常会犯糊涂，能让宰相们去做决策的事，他有时都懒得去动脑。所以，这时候宰相权力之大，也是空前的。

这段时间里朝廷有喜事也有丧事，喜事是，宫中添了两位公主，然后放走450个官女。丧事是，那个藏书家、被包拯弹掉翰林学士的李淑先生去世。仁宗对李淑还是难忘旧情，死后特赠家属黄金百两。李淑为文好用古语骈偶，显摆学问，文章不太讨人喜欢，所以李淑虽是大学者，可常遭到台官们的弹劾，史载他"抑郁而死"。此外，枢密使田况突然中风，语言出现障碍，他请辞十次，才辞掉枢密使。

包拯管理下的三司，共有三大摊，一盐铁，二户部，三计量。计量是统计部门。盐铁呢，不光是盐和铁，还包括军工、商税、茶叶、铜铁矿等。户部嘛，算民政这一块。三司那时候的机构设置：

盐铁下设七案，即兵案、胄案、商税案、都案、茶案、铁案、设案。

度支下设八案，即赏给案、发运案、钱帛案、骑案、粮科案、斛斗案、常平案、百官案等。

户部设有五案，户税案、修造案、上供案、衣粮案、曲案。

此外，三司还有一些附属机构，比如有磨勘司、都主辖收支司、拘收司、都理欠司、都凭由司、开折司、发放司、勾凿司、催驱司、受事司，等等。

三司的部门这么多，可想而知，做三司使是非常忙碌的。所以三司使的位置仅次于宰相和枢密使。在三司使下面，设有盐铁副使、度支副使和户部副使。曾经上疏要求起复包拯的吴中复，现在做了户部副使，成了包公的副手。

此时志向远大的王安石，正在三司做度支判官。度支判官并不是去审案，而是做度支副使的主要助手，相当于现在的部长助理。这之前，王安石一直在地方做官。他做地方官时便喜欢给宰相们写信，提建议说想法。他虽然才名已经有，但他的古怪举止更有名气。王安石的衣服经常不洗不说，还不洗澡不洗脸，他的皮肤本来就黑，到最后，脸黑得都像有病似的，吕公著提醒他用芫荽（香菜）可以洗掉，他说："我脸黑啊，这不是病。"他做宰相时，门人给他求医，医生说，"他这是垢啊，不是病"。他夫人倒很爱干净，还有洁癖，不知这对夫妇平时怎么相处？

王安石在三司时，几位朋友见他常年不洗澡不洗衣服，便约好每一两个月，去定力院洗一次澡，各家都给他备好新衣，号称"拆洗王介甫"。王安石亦好玩，每次洗完澡，见到新衣服，拿起便穿，也不问何人提供。

像王安石这样连洗脸都不肯浪费时间、睡觉时手不释卷的人，的确有大才。他在做三司度支判官不久，便上疏富宰相，一方面说他不擅长新职务，"金石之事，安石生平所不习"；另一方面又表达对宰相的崇敬，"惟不肖常得出入门下，蒙眷遇所为不浅矣"，希望富宰相能满足他的小小私愿，还让他做地方官：

> 诚望阁下哀其忠诚，裁赐一小州，处幽闲之区，寂寞之滨，其于治民，非敢谓能也，庶几地闲事少，夙夜悉心力，易以塞责而免于官谤也。①

意思是，希望宰相给一个小州让他去治理，地闲事少，他会尽心尽力把它治理好。王安石文辞之美，由此可见。

这样一位有大才的人，一来就和宰相攀上关系，还给皇帝上言事书，这是他一生中最长的一篇文章，说他的各种革新政治的观点。这样有想法有见识的人做属下，包公会不会赏识他呢？应该也会赏识。毕竟包公也是怪人一个，爱才华，胜过爱美貌。

而一心想做史官的司马光，此时也在三司底下的二级机构"度支勾院"做判官。度支勾院是审核各地上报三司的钱粮百物出纳账籍的。勾院判官为其主官。一天到晚和数字打交道，当然也非司马光之所爱，但他还是非常尽职尽责。

有次包拯请他们俩喝酒赏牡丹。这种风雅事，包拯一生中是非常少见的。可见他对他们俩的大才还是很看重的。《邵氏见闻录》记载一段故事，说是出自司马光：

> 司马温公尝曰："昔与王介甫同为群牧司判官，包孝肃为使，时号清严。一日，群牧司牡丹盛开，包公置酒赏之；公举酒相劝，某素不喜酒，亦强饮，介甫终席不饮，包公不能强也。某以此知其不屈。"②

---

① 邓广铭：《北宋政治改革家王安石》，北京：北京出版社，2017 年，第 34 页。
② 杨国宜：《包拯集校注》，合肥：黄山书社，1999 年，第 292 页。

这段话里说，司马光曾经说起过，说包公做三司使时，他和王安石都在群牧司做判官。一天，群牧司牡丹盛开，包公要请大家喝酒赏牡丹，司马光虽然不喜欢喝酒，可还是给包公面子，硬着头皮喝了，而王安石呢，就是不肯喝，怎么劝都没用。司马光因此感慨地说，就是包公也不能让王安石喝酒，由此可知王安石是头犟驴。

《邵氏见闻录》作者邵伯温（1055—1134），小时常跟司马光一起出游，他亲耳听司马光娓娓道出这段陈年往事。但一起喝酒的只有这三人吗？也许还有吴中复等人。

司马光和王安石在神宗时期都做了宰相，到最后，他们俩观点完全对立，差不多成了死对头，但在做包公下属时，两人关系还很不错，常一起跑出去玩。

当时常在一起玩的有韩氏兄弟和吕氏兄弟。吕氏兄弟即吕夷简的四个儿子。韩氏兄弟是指北宋名臣韩亿（972—1044）的几个儿子，韩亿是老宰相王旦的女婿，韩家有子八人，韩绛、韩维、韩缜等。其中韩绛和王安石进士同科，做过开封府尹、三司使、枢密副使。王安石认识韩氏兄弟实和韩绛有关。而韩家和吕家，当时都是朝廷巨室。有宋书说，天下之士不出于韩即出于吕，可见，这两家的影响力。年轻时的王安石虽然在文学上极有才气，但朝中士大夫未必欣赏他。所以王安石有意识地深交韩、吕二家兄弟。司马光，当时也是王安石深交的人物。韩、吕兄弟和司马光，常一起出游，彼此欣赏互相影响。

到了北宋中晚期，这批人全部出来了，有好几位还做了宰相，成了左右朝政的重要力量。他们做宰相时，彼此已越走越远，甚至连朋友都做不成了，不过，当权力离开他们时，他们又恢复了来往。

王安石做包公属下约有两年光景。嘉祐五年十一月下旬，朝廷委派司马光和王安石同修《起居注》。司马光请辞五次而后受命，王安石呢，辞了五次都没辞掉，仁宗派人把诏令直接送往三司，但王安石仍然不接受，甚至躲到厕所里去，小吏只好把诏令放在他的办公桌上一走了之。王安石从厕所出来，看到办公桌上的诏命，又派人追过去还给小吏。仁宗皇帝还没有碰到过这样不懂事的下属。有才又怎么样？！难怪王安石被人称作"拗相公"。没多久，诏命又下来了，他又请辞。辞了七次还辞不掉，王安石只好接受。据说仁宗是不喜欢王安石的，而王安石呢，文字里对仁宗的评价也不高。算是互相看不顺眼吧。

不知道包公是如何对待王安石的，反正两人都没有留下一句话来，只有司马光说的这一个喝酒故事，算是唯一的痕迹。

# 直人张田

嘉祐四年五月，包拯推荐张田来三司做度支判官。但张田的这项任命，却在宰相富弼那里遇到了阻挠。

张田知道后，便上疏富宰相，他不说恭维话，反而直接点出富宰相的五大过失。最后一段是这样说的："公负天下重望数十年，今为元宰，而举措如此，甚可惜也。"[①]

碰到这样敢直接挑战宰相权威的人，富弼当然不会高兴，但因为张田说的不无道理，如果他再不同意，就怕张田还会不依不饶，所以他就不再阻挠此项任命，张田才得以出任三司度支判官。他的诰敕上写的是"权发遣度支判官、太常博士"，说明当时张田的官阶还不高，属于低阶高配。

可张田在三司做官半年不到，便被赶出京城。

据《长编》记载，这年九月，张田因被台官弹劾而被贬外放，出知蕲州。

　　田因建议郊赏非古也，军赏或不可遽废，愿自执政而下小损之。
　　章五上。谏官唐介劾田资任至浅，幸得擢佐大计，内挟奸心，外夸

---

① 孔繁敏：《包拯年谱》，合肥：黄山书社，1986年，第106—107页。

敢言，阴附宗室、宦官不敢裁减，而刻剥其余，使国家亏恩伤体，乞加贬黜。故有是命。[①]

弹劾张田的是唐介，他当年因弹劾文彦博、顶撞仁宗而被贬流放岭南，现在已回来做谏官。

张田到三司后，因即将到来的十月祭祖大典封赏一事，曾五次上疏，说郊赉并非自古有之，建议今年的郊赉要作出调整，不能再普天同赏。军赏或许取消不了，但自执政以下要减少赏赐额度和范围。就因为这个建议，他得罪了一大批朝臣。

每次朝廷在南郊举行祭天祭祖大礼后，事后都有赏赐。这种赏赐，等于是免费发放礼包。只不过礼包大小，每人不一样。在军队中，军费未必有保证，但赏赐，每次都会有，额度依入伍时间、兵种、驻地而各有不同。这种赏赐，从北宋开始一直持续到南宋，从未停止过。而现在，突然出现一个资格很浅的人，刚被破格提拔到三司来工作，却反复上疏要求减少赐赏范围和数量，尤其是，自执政以下都要减少。却没提出，要减少宗室、宦官这一块的赏赐，显然打击目标太精准了，打击的都是吃公务员饭的人。他还五次上疏，似乎不达目的绝不收兵，所以唐介必须出来弹劾弹劾这个臭小子。张田因此而被逐。此后再也没有在京城做过官。张田的出发点是为十分窘迫的国家财政节约开支，非为他个人。如为他个人，那他就不应该犯傻，去反对这个大礼包，他也有份啊。

那时候的北宋财政已十分困难。

张田去三司做度支判官后，这一块的具体情形他非常了解，每年的开支和收入，大数据都在他这里，他为即将到来的郊赉忧心忡忡。因为筹集费用也是他这里的事。能不能减少或干脆取消赏赐呢？如果说军人这一块必须优先确保的话，那么高级干部，因俸禄高，这一块能不能先减少？这并不影响

---

① 孔繁敏：《包拯年谱》，合肥：黄山书社，1986 年，第 106—107 页。

他们的生活嘛。他的这个观点应该和包公事先沟通过，并取得包公的支持，所以他才一而再，再而三地上疏，却没想到，他因此遭到唐介的弹劾而被贬出京。

张田个性要强。他在冀州做通判时，大太监张宗礼刚好做了他的顶头上司，这人醉酒无度，行为放纵，没人敢向上面告发他，张田搜集他的资料后上疏朝廷，大胆揭露此人的恶劣行径，张宗礼因此被发配去西陵做了清洁工。张田外放出京后，先知蕲州，后做湖南刑狱提点官，结果不知何事，又惹恼了唐谏官，这时候司马光也已去谏院做上谏官了，唐介便联合司马光，一起来弹劾他。后来张田改知湖州，在包公去世三年后即英宗治平二年（1065），他被调到庐州来做知府。宋史评价说，"治有善迹"，也就是说，他在庐州任上是有作为的。

后来张田知桂州、知广州，也都很有成绩。在广州知府任上，当时的广州还没有外城，在张田做知府时开始修建东城，环城七里，只二十天便完工了。结果城墙建成后，东南角微有塌陷，张田过去视察，因突发疾病，暴死在路上。年仅54岁。广州那个地方天气炎热，又加上疲劳，可能是过劳死吧？算是国家一等劳模。可他死后，却没多少人痛悼他，只因他行事果敢，得罪了不少人。

张田脾气也和包公一样，自负甚高，眼睛很毒，下面人要想糊弄他糊弄不了，他会当面指责让人下不了台。但他为官非常清廉。有一个故事，是宋史上记载的，说他妹妹嫁给马军帅王凯，王凯想在广州做生意，却在张田那里碰了一鼻子灰。

张田家中设有堂，可他的堂与众不同，名叫"钦贤堂"，挂的都是清官像。每晚睡前，张田都要在清官像前拜一拜，点一炷香，这相当于每天给自己做廉政文化教育啊，张田思想境界之高，可以想见。

张田在包拯去世三年后，来到包公家乡做父母官，使得他有机会和包公家人频繁接触，进而完成董夫人的委托，帮助编印《包拯奏议集》。并向朝廷上疏，建议表彰崔氏。最后又由他来为包拯夫人董氏写墓志铭，在包绶成年后，又把自己的爱女嫁给了包绶。

因为编辑《包拯奏议集》，张田才得以有机会全面阅读包拯留下来的所有奏章，他对包公的了解越深入，写出来的文字也就越感人。他原本便崇拜清官，而在读过包公生前所有的奏文后，他就认为自己是包公精神的最好传承者，从此，干脆称自己为包拯"门生"。其实他在包公手下做属官也才区区四个月，而这四个月中，包拯还碰到过不少麻烦事，他出面保护了一批属官不被问责，可能这其中，就有王安石和张田，因为正是他们分管的这一块工作出了点问题，划拨军费没有及时到位，致下面士卒闹事。因为保护他们，包拯自己直接"挨了一刀"，成为弹劾目标。这应该是继欧阳修那次弹劾后，在不到半年内的第二次被弹劾，也是包公一生中，仅有的两次被弹劾，且全部集中在这一阶段。包拯成为风口浪尖中的焦点人物。而张田，却是此次事件的目击者和当事人之一。

张田身后遗有著作《歜贤集》，苏东坡读过他的这本书，对他评价很高，认为张田是位真正意义上的清官，完全可以和他推崇的古廉吏齐名。

对恩师包拯，张田在《包拯奏议集》序跋中一开头就这样写：

> 仁宗皇帝临御天下四十年，不自有其圣神明智之资，善容正人，延说议，使其谋行忠入，有补于国，卒大任以股肱者，惟孝肃包公止尔。[1]

在这篇序跋中，张田说，虽然先朝任台官的人很多，他们没三四年就被火速提到皇帝侍从官的位置，有的人被提拔是有异议的，但只有包公的提拔，是没有任何异议的。因为包公当年一举甲科，拜八品京官，出任县令，当时一同中第的人中，没有一个不数星星数日月等着升官的，只有包公与众不同，他回家守孝十年，天底下有第二人吗？他十年后出来做事，尽职尽忠，他心里没有别的想法，只知道忠君做事也。他人或才不胜任，或望不压人，还争

---

[1] 孔繁敏：《包拯年谱》，合肥：黄山书社，1986年，第113页。

这个想那个牢骚满腹的，也只有包公，内心淳朴，一心做事，他的不断被提拔，且能善始善终，是仁宗朝的奇迹。天下还有第二个人吗？

张田写恩师包拯，是写得最到位的，且带有感情，读了让人感动。

## 第二次被弹劾

包拯在三司使任上被弹劾，和嘉祐四年两起老兵闹事有关。

先是七月，一位名叫张玉的傲慢老兵，闯进三司使公堂里大骂包拯一顿。这人当场便被拿下。

宋时等级森严，人户分成三六九等，军阶也分成很多等次。高一等级的，可以骂低一等级的，但绝不允许低等级的骂高等级的，"触犯阶级"是一种犯罪行为，重则杀头，轻则被鞭打，皮肉痛苦绝对少不了。只有亡命之徒或脑子进水的，才会去做这样的事。

这个老兵跑来骂三司使，包拯的第一个反应，就是这人脑子有问题，便叫医生过来查验，医生检查后报告说，这人脑子有毛病，包拯便派人把他扭送到殿前司，就是皇家保卫处。他们询问后，向朝廷写报告说此人名叫张玉，是一名退伍骑兵，原来驻扎在河北，四月，河北都转运使李参裁掉一万多老弱羸兵，他便是其中一员。他听人说，因为三司使包拯舍不得发钱，这才裁兵的，还听说，今年连郊赉的赏赐都不会发了，便跑过来骂人。

张玉交代后，便被送到开封府大刑侍候。台官们因此纷纷上疏，要求严惩这位骄横老兵，说一个当兵的居然敢跑到京师来凌辱大臣，此风不可长，此人不可不诛。开封府法官审理后也说，这名老兵"犯阶级"罪，论罪当死。朝廷当即同意，张玉便被"杖杀"。

因张玉事件，朝廷害怕老兵闹事，原来已被裁撤的老兵，后来又重新给养了起来。推测起来，退伍老兵的重新被安置，可能和另一起兵变也有关系。据《长编》记载：

初，泾卒以折支不给，出恶言慢通判，相纠为乱。其乱斩二人，黥三人，乱意乃息。诏提举在京诸司库务胡宿置狱，劾三司吏不明计度。三司使包拯护吏不遣，宿言："泾卒悖慢，诚当罪；然折支军情所系，积八十五日而不与，则三司岂得无罪？陛下以包拯近臣，不欲与吏一体置对，可谓曲法申慈。而拯不知省惧，公拒制命。如此则主威不行，纲纪益废矣。"拯皇恐，遣吏就狱（此据胡宗愈所作《胡宿行状》附见）。[1]

泾州士兵因为军费迟迟没给到位，先是出恶言骂通判，准备开始闹事。这波闹事者，抓起来5个，最后杀了2人、黥面3人，事件才算平息下来。

事件上报后，朝廷命翰林学士胡宿彻查此案。胡宿调查后，便弹劾三司相关人员，在划拨调度军饷时，未按时调拨到位，而引发士兵哗变，要求严肃处理，但三司使包拯却拒绝交出相关人员。胡宿便要求包拯和三司计吏，当面和他对质，把这个事说清楚。这一要求，仁宗没同意。

胡宿便上疏说，泾州士兵哗变，老兵悖慢，诚然有罪，然三司迟迟拖着不给军饷，整整拖了85天，难道就没有过错？陛下以包拯系朝廷重臣，不想让他与三司计吏一起面对面，这样保护他并不妥当吧？而包拯却不知反省，如此抗命，哪里还有什么纲纪可言？陛下威望又如何体现出来？

胡宿这道疏一上，包拯没办法再保护三司计吏了，只好把相关人员移交给胡宿处理。

这是包拯一生中，备感屈辱的一起事件。所有包拯的相关资料中都没有提到，包括墓志铭及包拯的各类传记。张田编的《包拯奏议集》，对这两起兵变事件，也一概未提及。这点好理解，张田是为师者避讳。

这件事，只在《宋史·胡宿传》中说到。而《长编》的资料出处，则来源于胡宿从子胡宗愈所写的《胡宿行状》。

---

[1] 孔繁敏：《包拯年谱》，合肥：黄山书社，1986年，第107页。

胡宿介入调查后，认为事件的导火索，是三司拖延军饷发放，所以要求弹劾三司计吏，结果包拯却保护他们，迟迟不交人出来，这便惹火了胡宿，于是转而弹劾起包拯来。胡宿一弹劾，包拯便迅速交出计吏出来。

以包拯平时处世之泼辣，做事之机警，军饷怎会拖85天不给？事情出来之后，为何又迟迟不愿交出涉事官员？这其中有什么难言之隐吗？

包拯死而不能复生，他自己已无法回答这些问题了。此事发生于他担任三司使数月后，固然三司工作千头万绪，问题太多，包拯忽略掉某一块，也是有可能的。但问题出现后，开始追究责任人时，他为何不愿交出当事人呢？

这起事情的真相，等待更多史料的出现。

仁宗在这个问题上，是真心保护包拯的。可见，包拯跟仁宗之间是有沟通的，仁宗本人应该知道事情的真相。也因此，在胡宿弹劾包拯后，包拯却未受到任何处理。可见，事情的真相在最高领导那里。唯一的解释只能是这样。

胡宿比包拯大4岁，他是宋庠、宋祁那一科的进士，是一位颇有影响的诗人、书法家、文学家和金石专家。杨亿对他很欣赏，曾将胡宿的诗题写于秘阁，还感叹说，惜乎未见过此人。胡宿的第二个赏识者是谢绛。谢绛在做考官时，举荐胡宿为第一名。谢绛后来也以发现胡宿而自豪。胡宿在考中进士后的第8年，成为馆阁校勘，与宋祁等人编修《北史》。皇祐四年（1052）他已是翰林学士。嘉祐二年，他和欧阳修一起知礼部贡举，这科进士及第的人物中，有他未来的女婿蒋之奇，从子胡宗愈，苏轼、苏辙兄弟俩。嘉祐六年，他和包拯同时出任枢密副使。73岁时死在杭州知府任上，胡宿的墓志是欧阳修写的。胡宿和欧阳修，是好朋友。

政坛从来都是江湖。既然是江湖，便有朋党有圈子。所以欧阳修弹劾过包拯，欧阳修的朋友胡宿再来弹劾包拯，这不足为怪。何况包拯弹劾的人更多，这中间不少人，便是欧阳修、胡宿的朋友，比如二宋。小宋不光和胡宿同年，也是馆阁同僚，他们的馆阁余事之一便是诗歌唱和、诗酒风流。当年做贡院考官，锁院期间，欧阳修、胡宿、梅尧臣等考官一起诗酒唱和，现在的考官没一个敢这么不严肃吧？此事后来被考生攻击，说他们不负责任。这就是宋朝。

"包老真中丞，胡公真先生"中的胡公，和胡宿同属常州胡门。

胡公是指胡瑗（993—1059），世称安定先生，此公和泰山先生孙复是朋友，同属于北宋最著名的两位大教育家。他们俩的命运，也有诸多相同点：一是从小读书很疯狂；二是科考都很失败，孙复先生四试告北，胡公七试落榜；三是考试失败后都开始尝试办教育，结果都成了大教育家；四是两人都因为范仲淹而改变命运。胡先生是在 40 岁后才投身办学的。范仲淹被贬知苏州，创办郡学，请来胡瑗做教授，这是胡公一生中的重要转折点。

胡瑗后来被请到国子监来讲学。他的生徒之多，比孙复有过之而无不及。胡瑗早年在湖州办学时，比他小 2 岁的胡宿，时任湖州知府，他便大力推动胡瑗办官学，给了他很多支持，以致胡宿离任后，士子们要给他建生祠。这算是一首著名的"二胡"合奏曲。

若要论历史上的知名度，胡宿可能还不及女婿蒋之奇。蒋之奇应该是胡宿最欣赏的门生之一。说起来，蒋之奇的确有才，但人品实在说不上好。神宗时期，身为监察御史的蒋之奇为洗白自己，弹劾恩师欧阳修，做了一件极不应该做的事，以致史上留名。

这件事前因后果一时说不太清，只说蒋之奇为了在某件事上急于撇清自己，受人鼓动，脑子一热，开始弹劾欧阳先生"帷薄不修"，说他和儿媳妇吴春燕，有"乱伦"之情，请求判处欧阳修极刑，暴尸示众。

神宗看过蒋之奇的弹章后不无怀疑，要求彻查此事。蒋之奇伏地不起，他说此事绝无虚假，有人证在，也要求立案处理。欧阳修此时已是风烛残年的老人家，这事于他伤害实在太大，他在一个月内连上十二道疏，要求追究蒋之奇，查清真相，还他清白。亲家公吴充也为之上疏，要求朝廷务必查清真相，还当事人一个清白。

蒋之奇名气本来还不大，经此一役，也算闹大了。不过这回他的丑也丢大了。因为这事经不得查，三查两查，所有的牛鬼蛇神全都曝光了。原来始作俑者是欧阳修小舅子薛宗孺。薛夫人的这位堂兄弟，后来在她亲兄弟去世后，过继到她娘家做继子。他便成了欧阳修正宗的小舅子。多年前，他保荐的一个人，因犯事牵连到他，薛宗孺被抓了进去，讼狱一拖便拖到改朝换代。新皇帝登基，大赦天下，他原以为姐夫在中书做参政会帮他说话获得赦免，没想到欧阳修却要和他撇开关系，主动声明说，朝廷千万不要看在他的面子上赦免薛宗孺。结果，薛宗孺被削官。他在离开看守所后，返回京城，便开始制造流言，诋毁姐夫私德有问题。流言被人利用，蒋之奇因之上套，成了一个著名的小丑。

欧阳修虽然被洗白了，但这事伤害实在太大。尽管神宗一再致信表示慰问，事件平息后请他出来走动走动，刷刷存在感，政坛人物通常都要靠这个来自动洗白，但欧阳修此时已心灰意冷，先是闭门不出，后三上表章，要求请辞出知外郡，他后来去了亳州。

幸亏这些事，胡宿都不知道了，否则他要气得要命。与之相比，他之弹劾包拯包庇属官已算不得什么事了。在大历史面前，是是非非，皆已一风吹走。更何况，三司的事情那么复杂，实也怪不了包公。


## 举荐人才

嘉祐四年九月，宋廷举行三年一次的南郊大典。十月，继大赦之后赏赐文武百官活动如期举行，多数官员都拿到了皇家厚薄不一的赏包。只有强烈反对赏赐的张田，在郁郁寡欢中收拾行李离开京城，身后的欢乐已和他无关。

离京前，包拯请张田喝酒。那时还有菊花可赏，陪同者有吴中复等人，包拯一杯接一杯地喝酒，嘱咐张田到地方后，给他写封信报平安，别的并不多说。反倒是张田有说有笑，他在安慰包老呢，没事的，这不算什么。

61岁的包拯，在政坛腥风血雨中，早已见多了起起落落，半年多的三司使生涯有点让他精疲力尽，光是筹备封赏的资金用度就已让他煞费苦心。何况他的财经思想是富民强国，尽量减少不必要的开支，把老百姓的各种不合理的税务降到最低点，此一财经思想，在他刚上任时，就在"请罢天下科率"这道疏中，表达得足够清楚。包拯认为，一切没有名目的苛捐杂税都要罢免，地方官吏不能动不动就从老百姓头上刮油水。皮之不存，毛将焉附。老百姓才是国家之根本。

这次文武百官赏封加恩，宋庠被封莒国公，文彦博被封潞国公，包拯被擢"轻车都尉"，这道诰敕是知制诰刘敞起草的，保留在他的文集《公是集》中，不妨看一段刘敞的文笔：

> 祀者，国之大事也，而禘又加大焉。朕既亲缫祖考，承致多福，庆赐所被，自公卿大夫、六师庶卫、执干戈之人，外薄四海，罔不毕及。搢绅欢呼，士卒免藻。其调度费用一出大农，固亦勤矣。其强志尽瘁，夙夜匪懈，任重权专，不可以非理挠；使吏谨其职，下安其业，民不加赋而国有余财，以成朝廷之大礼，可无褒乎！……①

"民不加赋而国有余财，以成朝廷之大礼"，的确是包拯的贡献。可要做到这一点，他费了多少辛苦呢？"夙夜匪懈"，没日没夜不敢松懈，真心不易。

刘敞写完这个诰敕后不久，便因得罪人太多，主动要求外放。

前面说过，宋时知制诰、翰林学士写敕书、告敕之类，是可以收润笔费的。杨亿做知制诰时，就有很多人主动在他当值那天来找他写，就因为他写得好。因为朝廷诰敕是可以当传家宝收藏的，被宋人极其看重。包拯后人中便有很多诰敕，无非后来传着传着，在兵荒马乱中被传丢了。

刘敞开头一段文字，是这次南郊赉赏的常规套辞，后面才是具体写人的。他写包老，写得的确很到位。

但是也有人，并不愿意做知制诰给人写敕书，因为这种写作，是一种模式化写作，写多了烦。王安石在做知制诰时，有一次自由发挥过了头，朝廷

---

① 孔繁敏：《包拯年谱》，合肥：黄山书社，1986年，第107—108页。

为此下发诏令，"今后舍人院不得申请除改文字"，舍人院就是负责起草诏令的机构。王安石看到这道诏书后，上疏为自己"除改文字"辩解，为此得罪了时任宰相韩琦。

嘉祐八年翰林学士有缺，通常都是由第一厅舍人根据资历自动递升，这次刚好轮到王安石，可因韩宰相厌恶他，便改变路径，不从新学士里递补，改从老学士里找。这样一来，张方平便被幸运递补上，而新学士王安石则被直接闷杀。宋人笔记《晁氏客语》中记有一事，说某日王安石与韩琦议事不和，一气之下，直接甩话给宰相，"如此，则是俗吏所为"。韩宰相却把话轻轻接住，风趣地说："你不知道，我就是一俗吏呢。"韩宰相榜眼出身，长得比王安石好看，经的风雨见的世面并不少，人家就有这个自信。

回过头来说包老，他每天一早上朝廷来开朝会，也是目不斜视、一脸生威的，长得就很威严，压得住局面，撑得住阵脚，自己没有私欲，不搞小圈子，做什么事都为国家着想，他怕谁呢？王安石在他手下时没敢甩他一句狠话，最多坐着不喝酒而已，但他老老实实一直坐到终席，这已算很给包老面子了。而包老也是保护了他的，不以他一身臭气一张黑脸而瞧不起他。哪怕胡宿弹劾包老，包老也拒绝交出属官，够牛的。

这次大赏过后，富宰相以母亲年老为借口请辞，累章求退，仁宗不同意，把他辞职信直接扔回来，或干脆扣下不发。富弼只好称病不出。仁宗也厉害，你来这一招他也不怕，直接派人过来喊他出来上班，富弼只好还来朝廷当首相。

这时候的枢密使是宋庠，枢密副使是程戡。

据《长编》记载，程戡说话有些俗气，宋庠便看不起他，两人因此闹得很僵，常为政事在枢密院里争得不可开交，导致台官纷纷上疏弹劾他们，程戡最后只好自请辞职。程戡（997—1066）是天禧年间的进士，任职地方多年，政绩不错，至和元年做了参政，后因与文彦博有亲戚关系，而被调整为枢密副使。

程戡自请辞职后不久，宋庠因被多名台官弹劾，也被罢免。参政曾公亮，便被任命为枢密使。欧阳修、陈旭则为枢密副使。这是嘉祐五年初的事。

这一年，仁宗下诏，意思是从今往后，臣僚们不要再来请他题写神道碑了。这时期仁宗心情也不好，大女儿精神病常发作，几次闹着要自杀。说起来这次宋庠被罢枢密使，也和他在处理长公主的婚姻问题上偏爱公主有关。驸马一路被贬，行情下跌，朝廷里并不缺乏同情者。他们都是男人嘛，那时又是男权时代，他们觉得仁宗在处理女儿女婿的婚姻问题上，偏爱公主，对驸马有失公正。女儿婚姻出了问题，父母也有责任啊。仁宗听大臣们纷纷这么说，他也开始反思。但宋庠，这次因为帮公主说话，而被台官轰下了台。

这原本只是宫中的一场戏，但因主动加盟的场外演员太多，便成了嘉祐五年最好看的一出春季大戏。像包拯这样只知道埋头做事的人，最多做做场外观众而已。何况他这时候的角色也已改变，不宜再去弹别人。

这一年四月，包拯被命和吕居简、吴中复一起同详定均税。前几年宋王朝虽然开垦的农田在数量上有了大幅增加，但每年的总收入还是减少了。秘书丞高本，也在这次工作队中。他上疏说田税不可平均征收，因为各地农田不一样，有肥有瘦，有的只长草不长粮的，不能均田赋。所以最后只均了几个郡后，便不了了之。

七月，包公上疏说，京西地带闲田多，而唐州所辖四县，十之八九原来都是荒田，朝廷就是减免掉所有税赋，老百姓还是流亡在外，不肯回来。知州赵尚宽，经过实地调查研究，发现了西汉时期的陂堰遗址，便动用士卒，疏通三处湖泊一处沟渠，引水灌溉，把一片荒原改造成万顷良田。现在逃亡人户陆续都回来了，还吸引湖南、河北万余人户过来。包拯因此上疏朝廷请求留用他。仁宗看到后非常高兴，不但嘉奖了赵尚宽，还留他再任，并赐金给他。在仁宗和包老都去世后，赵尚宽还留在唐州做太守。他在唐州一共为官五年，调走的时候，当地老百姓纷纷感谢他，并给他建像立祠，王安石、苏轼也写诗赞美他，此人后来官至司农卿。

赵尚宽，是包拯做三司使时首先发现的人物。

嘉祐中他以考课第一知唐州。唐州地广人稀，每年上交的税赋很少，有人建议废郡为邑，赵尚宽却说，地广可以开垦，民稀可以招徕，有何必要废郡为邑呢？这人的确有本事，从一个书生很快变身为农业问题专家，仅仅三年就使当地变了大模样。包拯对他大感兴趣，便专门去唐州做了实地调查，调查过后让他很兴奋，而赵尚宽也因包拯举荐有了大名。

此外，还有一件事，也是包拯在三司使任内做的。这在《宋史·刘挚传》中有记载：

> 刘挚，嘉祐中擢甲科，历冀州南宫令。县比不得人，俗化凋敝，其赋甚重，输绢匹折税钱五百，绵两折钱三十，民多破产。挚援例旁郡，条请裁以中价。转运使怒，将劾之。挚固请曰："独一州六邑被此苦，决非法意，但朝廷不知耳。"遂告于朝。三司使包拯奏从其议，自是绢为钱千三百，绵七十有六，民欢呼至泣下。[①]

刘挚 30 岁时考中进士甲科，出任冀州南宫令。刘挚去的这个县税赋很重，市景凋敝荒凉，一匹绢只折钱五百，一两绵折钱三十，老百姓被搞得苦不堪言，多半破了产。刘挚做县令后，对老百姓的遭遇非常同情，要求转运使能比照旁郡下调税赋，调高折钱比重，可转运使不听，刘挚只好上疏朝廷。包拯看到他的疏章后，坚决支持他，并为他呼吁。

由于三司使包拯的鼎力支持，朝廷很快同意刘挚所提意见，调高了折钱比重，一匹绢折钱由五百改为一千三百，一两绵折钱由三十改为七十六，比原来涨了一倍还不止。老百姓知道后，"欢呼至泣下"。这一幕场景着实令人感动。

刘挚后来官至御史中丞。他一生正直敢言，颇具包拯风仪。神宗年间，他一度被王安石引为知音，但因为王安石改革推行太快，问题太多，刘挚要求暂缓推进，这便成了王安石的反对者，因此被贬。他一生跌宕多姿，是北宋晚期极具声望的政坛人物。

---

① 杨国宜：《包拯集校注》，合肥：黄山书社，1999 年，第 297 页。

# 四、枢密副使

## 除命枢密副使

包老被除命枢密副使，是嘉祐六年四月二十七日的事。这是他的最后一个官职。

这之前，他的那些著名同年，很多早已做上了参政和枢密副使，后之于他的比如欧阳修，也已做上了枢副；而包老声望之高，做枢副早已绰绰有余，所以头一年，京师便有谚语传出来："拨队为参政，成群作枢副。亏他包省主，闷杀宋尚书。"①

第二年，谚语中说及的两位老哥，皆有了迁升，包老做了枢副，宋祁进了翰林，算是对民意的一个回复。

包老这时候已63岁，小儿子包绶已被接到家中，包老一有空闲便亲自教育。他被除命枢副时，吸取了上次被欧阳修弹劾的教训，也来象征性地请辞一番，结果未获允。

请辞这个事情，似乎是那个年代官员刻意要摆的姿态，表示对当官不感兴趣，以示清高、低调和谦虚。如果不请辞就赴任，便会被人说三道四，甚至还会被弹劾。有位官员被命两项官职，他索性合并一次请辞，欧阳修就弹劾他傲慢。反观欧阳修自己，他是请辞的模范。但像王安石那样，一辞二辞三辞乃至七辞的，显然也有作秀的嫌疑。

刘敞做知制诰时，见多了官员请辞的奏折，那些奏折他都要代表皇帝

① 杨国宜：《包拯集校注》，合肥：黄山书社，1999年，第297页。

——回复，公文游戏让人不胜厌烦。有一次，他忍不住上疏说，诸让官者，或一谦虚，或再让，或三让，大家都有品秩，不是不让让，但这样让来让去也太虚伪了，让人厌烦。什么事过了头，也便假了。

包拯请辞这件事，历史上有记载。仁宗让翰林学士王珪起草回复，这封信写得花团锦绣，显示王大学士的才气，看得让人头晕。无非是说，你包拯耿耿忠心皇上是知道的，你的多方面的才干也是知道的，国家方倚为大用，怎能允许你辞职呢。

由此可知，皇帝身边为什么要用那么多文人。如果每个官员接受除命，都要反复请辞，朝廷这边得有回复，这得浪费多少人力资源？文书之类又会增加多少？行政效率自然会大幅降低。

包拯不喜欢作秀。既然辞不掉，那何必二辞三辞呢？还要大学士一封接一封起草回复，有必要吗？何况他这时候身体也还允许，经验非常丰富，当个枢副绰绰有余。

包老做枢副时，枢密院里已有两位老同僚待在那里——欧阳修、赵槩，他们在一年前便做上了枢副。此时宋仁宗的执政团队里，清一色以老人居多。因为这时候的他，也只喜欢与老臣打交道。

嘉祐五年春，程戡被罢枢副时，宰相问他要用何人？仁宗想了想说，"还是用旧人吧"。他们便挑了做过御史中丞的孙抃做参政。孙抃和欧阳修是进士同年，他是那一科的榜眼，年纪比包老还大3岁，《长编》说他老了常忘事，语言举止多可笑，常被人引为笑谈。但此公为人颇诚恳，没有官气，作为谆谆一长者，倒也让人敬爱。

这一时期的二府执政团队，基本上都是奔五的人了，有的还奔六了。多数都是包拯同年，小部分是欧阳修的同年。他们之间打打闹闹一辈子，却也算相亲相爱。政坛事如急风暴雨，来时汹涌，一阵风后便被刮走，彼此之间并没有什么解不开的结。对包拯而言更是如此，他一生弹劾过无数人，可心里并无一个仇人长驻不走。弹劾过他的欧阳修和胡宿，再次见到，甚至就在一起议事，也没什么嘛。胡宿比包拯略迟一点来做枢副。

这一年闰八月，参政孙抃和枢副欧阳修、赵槩、包拯四人，一起进官一等。欧阳修这次由枢副调整为参政。因为四人是一起被同时进官的，所以他们也一起上表请辞。这回，进的官被辞掉了。包拯辞掉的是"礼部侍郎"。后来这一顶帽子在他去世后，又被送了回来。

此时，52岁的宋仁宗，在朝会时经常面无表情，缄默不语。宰相枢密使们每日奏事，他通常只以点头示意，很少说话。司马光此时已是谏官，太子问题悬而未决，仁宗身体又是如此不好，朝臣们急也不得，恨也不得，十年来，年年都有人上疏和面奏，可仁宗就是不做决定。后宫这两年间，虽然又陆续生出三个孩子出来，可都是女儿。最小的十三女，只活了两个月就夭折了。

此时司马光毕竟还年轻，思维敏锐，敢言敢说，还能说到仁宗的痛处，太子的事就在他的一次上疏后峰回路转，出现了转机。

那次他请求面奏，仁宗听完，沉思良久，终于开口说话了：

"真的必须从宗室里面选太子吗？你这是忠臣之言啊，一般人都不敢这么说。"

"陛下，我这样说也是提了脑袋的，却没想到陛下会接纳。"

仁宗这时终于想通了，话语中不无幽默，"这没有害处。这种情况，其实古今皆有"。

立太子一事终于出现曙光。从此之后，开始进入操作层面。


# 董夫人进宫

话说包拯做上枢副后不久，董夫人也因丈夫迁官，而被封为"永康郡夫人"。这一道诰命，是"沈氏三先生"之一的沈遘起草的。

沈遘是杭州人，他和弟弟沈辽、叔叔沈括，被称为"沈氏三先生"。沈二先生沈遘，是皇祐元年的榜眼。他一不小心考上了第一名，可他当时已有官职在身（荫仕），有大臣便上疏说，有仕者不能录取为第一名，仁宗便把他降为第二名。嘉祐七年他为知制诰。此后不久，他因父亲犯事而被免出知杭州。英宗时做过开封府尹。到了南宋时，宋高宗嫌他名字太古怪，干脆直呼其字"沈文通"。

这人是个大怪，知杭州时禁止杭州人吃虾蟆。他在任三年，没人敢吃，虾蟆也就消失了。等他走后一开禁，虾蟆又都回来了。据说他每次生病，并不急着吃药，而是取来那些难以判决的词状，连判数百纸，落笔如风雨，写着写着，心情大好，病就好了一大半。这位差点得状元的人，王安石还看不起他，给他写墓志，内有一句，说"公虽不尝读书"。写完这句话后，又觉得不太妥，说状元不曾读书这也太雷人了，便改为不尝"视书"。沈二先生在考上榜眼后，开始变得不太读书了，这倒有可能。

沈文通起草的"枢密副使给事中包拯妻仁寿郡君董氏可进封永康郡夫人"，这道诰敕标题足够长，按标题觉看来，是不合格的，但宋人嘛，可以的吧？何况这种诰敕也只有当事人和家属喜欢看。这道诰敕收在沈文通的《西溪文集》中。

> 敕：鹊巢采蘩，召南之风，王教之本，而公侯之事也。具官某妻董氏，出于盛族，而有温惠之实；归于良士，而有辅佐之效。……[1]

据张田为董氏写的墓志说，董夫人被授"永康郡夫人"后，按规定，她要进宫向皇后表示感谢。进宫时穿什么服装是很有讲究的，可董夫人居然就穿平时穿的衣服进了宫，当曹皇后看到这么一个朴素的老年妇女进宫来，左看右看，上看下看，怎么也不像枢密副使的夫人。曹皇后当即赐命服给夫人，让她赶紧换上。

有人说，这样的错误之所以发生，是因为包拯没提醒，所以董夫人才穿着旧衣服进了宫。

按说，这种大事，摊在董夫人身上，也是人生第一回。作为从不出头露

---

[1] 孔繁敏：《包拯年谱》，合肥：黄山书社，1986年，第110页。

面的女人，她当然会请示一下先生，怎么进宫，穿什么衣服，怎么说话，行什么礼仪，等等。女人心思绵密，又是名门闺秀，董夫人不可能不懂这个道理，她肯定也想做件新衣服，穿像样一点进宫去，可包老说，做什么做啊？来不及了。就从家里衣服中，找件好一点的穿上就行了。董夫人家居衣服中还真没有一件像样的，但她也就落落大方地穿了出去。

仁宗得知这件事后，不无感慨，他说："包老果真廉洁啊，家风就是不一样。"仁宗自己也是喜欢穿旧衣服的人，他虽然贵为皇帝，可他的私下衣着和床上被褥，也都是旧的。

嘉祐七年二月二十五，包老的最后一个生日到了。不知为何，这时候的仁宗开始特别念旧，主动派人要送生日礼物给包老。还让翰林学士王珪起草诏书，"赐枢密副使包拯生日礼物诏"。诏书里有：

> 抱峻清之节，济沈远之谋。眷秉轴于宏廷，省梦熊之嘉月。方宠政涂之望，特将私馆之颂。续尔寿祺，昭予礼遇。[1]

这个时候，老同年吴奎也来到了枢密院，和包老重新做起了同事。

四位枢副中，有两位同年吴奎和赵㮣，还有胡宿，再加上枢密使曾公亮，枢密院里人才济济。在包老最后一年的枢密副使生涯中，有这么多才气很高的大臣聚在一起做同僚，实也是一件幸福的事。

## 伟人倒下

没有资料证明，包拯这时候身体有什么不好。但老花眼之类是可以想见的。那时候还没发明老花镜，所以老年人一到晚上点着油灯，也干不了什么事写不了什么大文章。只有如早起的鸟儿，早早起来，早早出门。

---

[1] 孔繁敏：《包拯年谱》，合肥：黄山书社，1986年，第110页。

五月十三日，包拯"方视事，疾作以归"①。这应该发生在早上。包老起来很早，四五点钟就骑马出门了，到了枢密院，才开始办公，便昏倒。他疾病发作时，很可能是在七八点钟光景，那正是心脑血管疾病高发的时间段。包拯可能已有高血压，但当时还没发明血压计及降压药，所以没办法提前预防。

64 岁的老人，说倒就倒了。朝廷马上派人把他送回家，吴奎应该是目击者，在旁边跑前跑后的，甚至有可能跟着护送病人回家。董夫人看着先生一早出去被送回来，眼泪唰地流下来了。包家小儿啼哭，惊吓不已。顶梁柱倒了，一门凄惶。

仁宗知道后，第一时间派御医过来看病人，还送来好药。可那时医疗条件毕竟有限，除了口服中药外，也没什么好办法，病人躺在家里，12 天后，终告不治。

据吴奎在墓志中记载：包公去世后，"其县邑公卿忠党之士，哭之尽哀。京师吏民，莫不感伤，叹息之声，闻于衢路。"②

病重时，包拯还有意识。他强撑身体写了张条子，算是遗书，也是家训：

> 后世子孙仕宦有犯脏滥者，不得放归本家；亡殁之后，不得葬于大茔之中。不从吾志，非吾子孙。仰珙刊石，竖于堂屋东壁，以诏后世。③

包公的这个家训，为包公子孙世世代代所遵守，也已成为中国最著名的家训。

这颗伟大的灵魂，累了，倦了，他要休息去了。可 5 岁的小人儿，却啼哭着不让他走。他听到了，长长的叹息声留在空中，传到崔氏耳朵里。

崔氏跪下来，她让公公放心，她一定会带好这个小儿，教育好他。后来

---

① 孔繁敏：《包拯年谱》，合肥：黄山书社，1986 年，第 111 页。
② 孔繁敏：《包拯年谱》，合肥：黄山书社，1986 年，第 111 页。
③ 孔繁敏：《包拯年谱》，合肥：黄山书社，1986 年，第 117 页。

她果然践行了诺言。而小儿也不负父亲所望，长大后成为一个有担当有作为，清白一生，如父亲一样的好男儿。

## 何人要写墓志铭

在仁宗年间，有两位大臣之死，引发效应非常强烈。一位是皇祐四年（1052）五月二十日去世的范仲淹。一位便是嘉祐七年（1062）五月二十五日去世的包拯。

他们相差十岁，都死在五月牡丹花开的季节，活的岁数也一样，都是 64 岁。

那次范仲淹去世引发的痛悼也是全国性的，波及甚广，毕竟他是庆历新政的主将，才华出众的文学家、思想家和政治家，无论"立德、立功"还是"立言"他都有。但范仲淹影响更多的是在朝臣和士子中间，而包公，则在民间更受追捧和怀念。两人都是千古名臣。范仲淹一直活在文人的作品中，而包公，更多地活在老百姓心中，活在舞台上。

闻说包公去世，京都百姓无不痛惜，家乡父老更是唏嘘不已，包公家里平时并无几人上门，但此时，每天不断有人上门来悼念。仁宗听说包拯一病不起，挣扎着一定要上门来悼念，安慰家属。那天他特意"辍朝一天"，既不参加朝会也不听工作汇报，以示对包拯的悼念。

天子辍朝一天并登门悼念，是对包拯一家的最好安慰。看到包家四壁没什么值钱的家当，只有几架书几张字，有一张还是仁宗亲赐包拯的飞白字，被精裱起来，挂在中堂，算是他们家最好的装饰品。包拯自己的字也写了几张，挂在家里，此外，便没什么了。包拯的字遒劲且苍茫，厚重而朴拙，颇见个性。在《宋史本传》中说包公，虽然当了大官，但"衣服器用饮食如布衣时"[1]。这就是他们家的家风。

看到包家小儿眼泪汪汪才 5 岁大，仁宗眼泪便情不自禁地掉了下来。回

---

[1] 杨国宜：《包拯集校注》，合肥：黄山书社，1999 年，第 273 页。

去后便赐官给包绶"将仕郎、太常寺太祝"。

这次来包家，仁宗既带了钱也带了物。这在吴奎的墓志铭中也有透露，"维公逝殁，圣主咨嗟。多赐秩物，厚抚其家"[1]。

包公去世后，宰相来了，枢密使也来了，很多同僚也都来了，出现次数最多的自然还是吴奎。董夫人委托他写墓志，他一口答应下来。没有人比他更了解包拯。让他写墓志，恐怕也是包拯的遗愿吧。

包公灵堂就设在开封御寺即大相国寺旁边。这估计是朝廷安排的。方便朝臣和都人奠拜。前来奠拜包公的都人每天都有，他们每每奠拜结束，出来都要感叹感叹。这是不太能见到的情景。很多大臣和老百姓关系都不大，但包老不一样。他特别受开封百姓的追捧。男女老少，没有不知道他的。他活在老百姓心里。

在登门悼念的朝臣中，还有一位是曾经的包公下属，未来的史官司马光。司马光没写自己的感受，却用一行字，记录了仁宗上门的情形："嘉祐七年五月辛未，枢密副使包拯薨，车驾临幸其第。"

还有一位名公，也上门来悼念，并且主动表示说，他愿意给包公写墓志。可董夫人说已经托付吴奎写了，他只好怏怏告辞。这在此公的经历中，被人当面谢绝，恐怕也是第一次。

董夫人送他走后，跟家人说了这件事，然后说，他的文章虽然好，但不可能写好墓志铭的，让他写可能还有副作用，会迷惑后人，不如直接回掉为好。

这事在张田写的董氏墓志中有记载：

> 初孝肃薨，有素丑公之正者，甘辞致唁，因丐为之志，夫人谢曰："已诿吴奎矣。"既而谓家人云："彼之文不足罔公而惑后世，不如却之之愈也。"此又识有出人远甚。[2]

---

① 杨国宜：《包拯集校注》，合肥：黄山书社，1999 年，第 280 页。

② 杨国宜：《包拯集校注》，合肥：黄山书社，1999 年，第 281 页。

墓志铭是 1973 年出土的，所以这段故事埋在地下已有九百多年。

参与包公墓挖掘并整理墓志铭的程如峰先生，是 1949 年参加工作的老同志，他对这段记载特别感兴趣，他就想，这人会是谁呢？又是"素丑公之正者"，那弹劾过包拯的不就只有欧阳修和胡宿吗？而对自己的文笔又很自负的，也就只有欧阳修了。他把当年二府中的几个人全找了出来，然后一一比对。文坛声望最大的只有欧阳修，他和包拯是老同僚，包拯被降官时他曾向朝廷要求起复包拯，后来又弹劾过包拯，最后又一起在枢密院里短暂共过事，有这么几重关系的，没有别人了，程老先生因此得出结论，这人，应该就是欧阳修。

后来一对作家夫妇陈桂棣、春桃写了本《包公遗骨记》，他们采访了程如峰先生，证据也由他提供，所以说到这事，他们对董夫人拒绝欧阳修写墓志不无遗憾，书中说：

> 包公的墓志铭，如果出自欧阳修之手，势必会像韩愈撰写柳宗元的墓志铭一样，珠联璧合，相得益彰，成为中国的文化史上又一桩千古佳话。[1]

以欧阳修的知名度，如果包拯墓志由他来写，不可能像吴奎写的墓志一样不为人知。这是肯定的。但他们不知道的是，欧阳修给无数人写过墓志，给晏殊写过，给吴育写过，给杜衍写过，给胡宿写过，也给范仲淹写过。此外，我们不知道的还不知有多少。可那些人在历史上留名，全和欧阳修无关。

欧阳修的墓志是韩琦写的。而欧阳修给范仲淹写墓志，还有一些后遗症留下来。他花两年时间，才完成《范公神道碑铭》，仅两千余字，不能说不精彩，时间也拖得足够长。如何写范仲淹，的确不容易。可是，当韩琦读了后并不满意，

---

[1] 陈桂棣、春桃：《包公遗骨记》，北京：人民文学出版社，2005 年，第 96 页。

要他修改，其中提到吕夷简的部分，富弼看了也不高兴，因为他们当年都是庆历新政的当事人，知道那一段的真实情形。范仲淹儿子范纯仁更不同意欧阳修的表述，请他删除掉部分文字，但欧阳修拒绝修改。最后，范纯仁自己干脆手动删除。这墓志几方面都不满意，欧阳修本人也很受伤。一度闹得沸沸扬扬。

这件事，包公也是有所耳闻的，既然包公知道，那董夫人肯定也知道，所以她拒绝欧阳修来写包公墓志是有道理的。何况欧阳修当年弹劾包公，那篇文章董夫人读过，她也很受伤，便不可能接受欧阳修来写包拯，明摆着，他们俩是不同款的。

墓志写作涉及对墓主的评价是否客观和公正。倘若对人有偏见，墓志中很可能会流露出来，这也许恰恰妨碍了客观和公正。

文学家可以给无名者写墓志，无名者因之而史上留名。但倘若本就是一朝廷名公，那谁来写，还是有讲究的。

吴奎和包拯三十多年情同手足，既是同年又是同僚还是朋友，更何况他本人也是大才子，早年还考过制科，如今既是翰林学士，又是枢副，以这种身份给包拯写墓志，还有谁比他更合适呢？

但我们也得为欧阳修说句公道话。他在包拯去世后，能够主动上门来悼念，并提出他愿意来写墓志，这也说明他对包拯认识还是比较深的。何况宋朝时的官员，弹劾来弹劾去，都是职业角色所决定的，过了这个村，早就不是那一重风景了。对欧阳修的行为，我们也得点赞一下。

包拯死后，被欧阳修最得意的门生曾巩写过，那一篇文章虽然也美，但若论情感，论气势，论震撼度，都远远不及吴奎的墓志铭：

> 宋有劲正之臣，曰包公。始以孝闻于间，及仕，从（州县累迁至于二府，卓）立于时，无所闻。（提）举有明效，其声烈表爆于天下人之耳目，虽外夷亦服其重名。朝廷士大夫达于远方学者，皆不以其官称，呼之为公。（公之薨也），其县邑公卿忠党之士，哭

之尽哀。京师吏民，莫不感伤，叹息之声，闻于衢路，（若）相属也。①

吴奎开篇便先声夺人，堪称墓志的杰作。通篇三千多字，应该也花了他数月时间。一改再改，是可以想见的。欧阳修写范仲淹二千字花了两年时间，可想而知，墓志的写作，并不是那么容易的。远非下笔千言倚马可待那一种。

吴奎生前应该有文集，只是没留下来而已，这篇文章，应该小范围内流传过，也会递交给有关部门存档。他应该是写包拯的第一人。宋史《包拯传》，很可能是从他这里获取了主要资料。因为有很多语言是一样的。所以这一篇，是写包拯小传的原始文本。别的都是复制改写的子本，包括曾巩那篇。吴奎说包拯"慎交游，喜读书，无所不览"，为国家事"词严气劲"，"可以训人臣之失"，说得何其准确。

最懂包拯的人是吴奎。有知己若此，包拯死而无憾矣。

王巩《甲申杂记》记载一事，可以印证墓志铭中所说的"虽外夷亦服其重名"这句话：

> 西羌俞龙珂既归朝，至阙下引见，谓押伴使曰："平生闻包中丞拯，朝廷忠臣，某既归汉，乞赐姓包。"神宗遂如其请，名顺。其后熙河极罄忠心。②

这是包拯去世多年后的事。

西羌首领俞龙珂归顺宋朝后，上朝乞姓包，因为他们原本是没姓的。听说包中丞是朝廷的忠臣，他也愿意做个忠臣，他归顺后便想改姓包以示诚意。神宗答应了，这人后来果然是个忠臣。据说他的这个部族归顺后，都一齐改

---

① 杨国宜：《包拯集校注》，合肥：黄山书社，1999 年，第 274 页。
② 杨国宜：《包拯集校注》，合肥：黄山书社，1999 年，第 300 页。

姓包了。所以现在姓包的，有一部分，便是西羌人的后代。

西羌人改姓包，这是对包拯的最好赞美。

包公死后，朝廷追赠他为"礼部尚书"，还封他为"东海郡开国侯"，谥"孝肃"。

仁宗念包公之忠，除录用其子包绶为官外，还追恩其族子和孙（*他当时应该有外孙*）数人。包公两个女儿，一个嫁给王向，他当时是陕西硖石县主簿，一个嫁给文效，他是国子监主簿。这两位女婿，也是世家子弟。包公去世后，朝廷特别安排文效为庐州保信军节度推官，以便让他协助董夫人，护送包公回家。

八月癸酉日，包公安息在儿子的身边。

墓园是他自己亲自选定的，地点就在合肥东郊公城乡，现名大兴集。这块墓地距南淝河不远，可以看到这条奔腾不息的河流。

包公墓历朝历代都受官方保护，有世袭"守冢户"看守，耕种墓田，且"世奉免征"。他们负责每年为墓培土，禁止放牧，并接待谒墓客人。每届庐州知府和合肥知县，上任后都会过来谒墓。还有不少远道而来的客人，路过合肥，怀念包公，也会过来拜一拜。

每年清明时节，包公后人依约来扫墓，"守冢户"会备好两桌饭，每桌八个菜，招待他们。到最后，这成了规矩。包家也不收他们的田租，皇家免收他们税赋，算是对他们一家看守墓园的一个回报。而每年春秋二季，庐州府学的学生，会由府学教授和合肥县长带领，前来祭拜，祭银一两五钱，是公家出的。

到了清朝乾隆年间，朝廷特在包公长房长支后裔中，立"奉祀生"一名，叫"恩生"，通常由族长担任，每年有俸禄可以领，他一家专门负责管理包公墓和包公祠。"恩生"世代就居住在包公祠的对面，现在那个地方叫宁国新村。那里面还住有不少包公后人。因为包公长子早已去世，所以他的后裔，事实上都是包公小儿子包绶的子孙。

包公墓，后来成了包公家族墓。当然，以包公为中心。但也就到包公的孙子为止。后来的子孙便不再往那里安葬，以便保护好包公墓。

在包公墓边上，后来又有两位名臣，明嘉靖年间进士、著名学者蔡悉，大清重臣、中国近代化之父李鸿章，主动选择葬在这里，依偎着包公。

"一里三公"，便成了新中国成立前合肥东郊最著名的一道文化景观。这三位人物，也是一千年来合肥的杰出代表。

# 五、包公身后事

## 包公祠的由来

合肥出现包公祠，是在包公去世四年后，也就是 1066 年八月。当时张田已调离合肥，去往广州做知府，新郡守大名叫张环，早年曾得到过包公的欣赏和推荐，也是一位有故事的人。

这时候张田编辑的《包孝肃公奏议》已经问世。第一版印了多少本，已无从知道。最多几百本吧，也有可能只有几十本。当时印刷业还属初期阶段，印书不是那么容易，成本也高昂。因为印得不多，这本书后来越来越少，而想看的人却代有其人，于是不断有人筹钱再印。一千年来，想看包公奏议的人何其多也，光在合肥本土需求量就很大，致使各种版本不断问世，而筹钱再版的人士，也多是包公的老乡。但最原始的张田编的老版本，现在已经失传。

包公祠的出现，是在张田离任后的事。推测起来，应该是《包孝肃公奏议》一书催生的衍生产品。为什么这么说？因为建祠者，是兴化寺的僧人仁岳，他和包公原本便打过交道，对他不无景仰。但为什么在包公去世时并没建祠，却要等到四年后，才提出要建祠呢？唯一的解释是，此时《包孝肃公奏议》已经问世，仁岳师傅肯定是这本书的读者之一。因董夫人是佛教徒，常到兴化寺里来烧香，和仁岳师傅应该很熟悉。这本书印出来后，董夫人应该送给仁岳师傅一本。仁岳师傅在看过这本书后，不无感动，他没想到包公是这么一个伟大的人物，便把自己的偏屋腾出来，要为包公建祠。

建祠之事，必须请示知府大人的同意，没想到新知府张环，和包公交情很深，当他得知后，自然一百个乐意。

包公初做谏官时，上的第一通疏，"请召还孙甫张环"。这个张环，正是此时的庐州太守。这道疏里，高度评价了张环和孙甫。

　　臣窃见起居舍人秘阁校理孙甫、兵部员外郎秘阁校理张环，禀纯一之性，有端方之节，危言笃论，可以正阙遗；博学远职，可以备顾问，欲乞特与召还，置之近列，则言路益广，公议允协。[1]

张环出身于名臣之家，祖父张洎为真宗朝参政。张家是安徽滁县全椒人，也是一个著名的文化家族。张环在庆历年间便进了馆阁，但十年没被重用。包拯便为他抱不平，上疏要求重用他，可他并没做成谏官，而是做了两浙转运使。他的被起用，应该和包拯上疏不无关系。

张环和王安石是馆阁老同事，年轻时关系很不错。熙宁二年（1069）二月，王安石做了宰相，变法前夕，他要建立自己的行政团队以便推行新法。他想重用张环，但此时张环对政坛兴趣已不浓烈，他更喜欢下棋，是当时数一数二的棋手，他说自己老了，就算了，倒希望王安石能提携一下他弟弟，便把弟弟张璪推荐给王安石。因父母死得早，张璪是张环一手带大的，不到20岁就考中进士，当时在浙江缙云做县令。因了张环的推荐，张璪很快进了馆阁，做过神宗朝的知制诰，后来一度官至参政。而张环，在担任过两浙转运使后，于1066年来到合肥，做庐州知府。

当仁岳和尚报告说，他要在兴化寺里建包公祠，张太守自然举双手赞成，包公祠就这样问世了。作为太守和著名文人，张环应邀写下"孝肃包公祠堂记"，记录立祠经过，这文章写得可真是好，不妨看其一段：

　　公昔为乡郡，有佛寺曰兴化寺，僧仁岳尝被公遇，今以其居

---

① 杨国宜：《包拯集校注》，合肥：黄山书社，1999年，第139页。

之西偏屋辟而为祠，立公之像，白于州。州询诸士，士曰然；询诸
民，民曰宜；乞辞于守，守固曰无愧：其旧政遗惠，不待称而可知，
故略。

这篇美文写于治平三年（1066）八月。文章后面有一段文字，是作者的
自我简介：翰林侍读学士左谏议大夫守合肥郡事滁州全椒张环记。

文章里，张环对包拯有一段佳评："公行也备，才也果，言也诚，志也忠，
自初仕逮于考终命，其节未尝少衰变。"后面还有一段话更精彩：

观公平居进益廷争之语，人能道之，任刚肆直，虽鼎镬在前，
植若自守，闻者为其悚然。而仁庙乐闻直谏，容纳是止，无一毫芥蒂，
始卒听用者，自尧舜、文武而下，仁庙一人而已。[1]

仁庙即仁宗皇帝。张环写这篇文章时，两位被写者，一君一臣，皆已离世。

张环说，包公在朝廷上说的话，也许很多大臣都会说，可能还不算什么，
关键是，包公个性刚强，在任何情况下，哪怕把他架在火锅里烧，他都敢说，
凛凛然有不可侵犯之势，让闻者为之动容，这是很多人做不到的；而仁宗作
为国君，却能始终包容他，不但听得进去，还无一毫芥蒂。君臣如此相得，
这在历史上，也是极罕见的个例；仁宗时代那么多名臣那么多谏官，从始至终，
君臣能相得者，也只有包公一人而已。

接下来，他说："公之行事，请视国录；公之文章，请视家集。"家集即指
《包孝肃公奏议》。可见，此书张环已全部通读过。评论得如此精准、到位，
显见他对包公之了解。

张环此时已是翰林侍读学士，意味着他已经有资格给皇上做老师了。据
说英宗很欣赏他。他能进馆阁里修书，亦说明此公非常博学。他还是一位著

---

① 杨国宜：《包拯集校注》，合肥：黄山书社，1999年，第310—311页。

名棋手。苏轼曾在一个寺庙里，看过他和人对弈。他祖父张泊是位棋手，不过张环出生时祖父已经去世。张泊（934—997）是南唐进士，他在当时很受器重，"参预机密，恩宠第一"。他在归顺宋后，被宋太祖用为参政，和寇准同为名公巨卿，也是位翰林学士。宋人说他"文章清瞻，博学多闻"[①]。有这样的家庭背景，张环兄弟自然也非凡角。

张环应仁岳和尚请求，在包公塑像上题了一首诗：

> 龙图包公，生平若何？肺肝冰雪，胸次山河。报国尽忠，临政无阿；杲杲清名，万古不磨。[②]

这诗写得大气、清雅、简劲，极有古风。这应该是写包公写得最好的一首诗。

可惜，张环的更多事迹，甚至连生卒年月也一概不知。几年前出版的《合肥通史》，在仁宗时期历任庐州知府名单中，张田后面写的是吴及，然后是吕公弼、吕公孺。独独没有张环。但张环的这篇包公祠记，却一直留传下来。这也是写包公祠写得最美最动情的一篇文章。

顺便提一下，包公祠不是合肥才有，但凡包公工作过的地方，后来都建有包公祠，外地的则以端州和开封最著名。

现在安徽定远，也在几年前，建了一个很气派的"包青天廉政文化园"，解说词里说，"包拯在定远曾做首任县令"，这显然是在和天长抢风头。因为知天长，牛舌案，都是宋史上有明确记载的。而"定远县令"，则是文人演绎出来的。

包公出名后，很快成为文人笔下的主人公，被一写再写反复写，越写越离奇，他变成了神人。包公是中国历史上舞台形象最丰富、最长久的一个人物，

---

① 丁传靖辑：《宋人轶事汇编》上册，北京：中华书局，2012 年，第 142 页。
② 程如峰：《包公传》，合肥：黄山书社，1994 年，第 188 页。

早已被脸谱化，但绝大多数，都属于"编排"和"戏说"，当不得真。

肺肝冰雪，胸次山河。杲杲清名，万古不磨。包公果真活成了老同僚张环眼中的这般模样。他也因此，成了千古包公。

# 文氏和包家

1973 年包公墓及其家族墓的挖掘，对包公研究是个巨大推进。

有很多石破天惊的发现让人震撼：

一是包公墓很早就被盗墓者光顾过。就在南宋，金兵南侵洗劫合肥时，包公墓在被盗墓者光顾后，被其一支后人草草安置于旁边一无名小墓里。而其他后人却一无所知，以致几百年来祭拜的主墓其实早已空空如也。

二是包公所有家族墓都很寒酸，都没挖到什么好东西，小儿子包绶墓中只挖出一方普通的砚，是歙砚而不是端砚。证明包公知端州时"不持一砚归"实有其事，并非虚构。

三是包绶夫人文氏墓中挖出一方墓志铭，墓志记载，文氏是文彦博的小女儿，包绶是文家女婿。文彦博作为包拯的老同学，在包拯去世多年后，主动嫁女给包家，让两代情谊延伸到下一代，令人敬佩。

四是包公的几位后人，从墓志铭看来，他们全都清廉一生，没人给包公丢脸。

此外还发现，包家和姓文的特别有缘分。这些姓文的人，是不是一个家族？他们之间究竟有什么关系？这里展开来说一说，这也是目前所有包公书中，交代不清或以讹传讹的一部分。

包公有一女婿名文效，小儿媳妇叫文氏。还有一位名叫文勋的人，先后给包公、董氏写篆盖，并自称"外甥"。他后来也给崔氏写过篆盖，时间跨度有 32 年，不是亲戚是不可能做到的。那么文勋和包公女婿文效、文彦博的小女儿文氏之间，可有什么关系呢？程如峰先生曾经推测，他们有可能是一家的，或一个家族的。但他并没有证据，唯一的"证据"，是他们都姓文。

在崔氏墓志铭中，还出现一个名叫文及甫的人。他是崔氏墓志铭的书写者。文及甫，后被证实，是文彦博的儿子，文氏的亲兄弟。

崔氏去世于 1094 年，她当时和继子一家生活在合肥；而文氏，不久前嫁给包绶，他们一家当时和包绶生母孙氏一起，生活在京都，包绶时为国子监丞。抚养包绶长大的长嫂崔氏去世时，他"不远千里，助成丧事"。崔氏的墓志铭撰写者是翰林学士钱勰，他在 20 多年前做庐州监酒官时为董夫人书写过墓志，他不光是个文学家，还是个极有造诣的书法家。时隔这么多年，请他出山为崔氏写墓志铭，也算是再续前缘。再请书法家的妻兄文及甫书写墓志，自也是情理之中的事。

在崔氏继子包永年的墓志铭中则提到，包永年的次女，嫁给了"庐江县俊士文贯"。可见庐江本地，原本便有文姓。庐江舒人文翁，汉时在蜀地办学，历史上非常著名。

而在包公出生地小包村不远，也有一个文集村，住的都是姓文的人。现在这个村子，被视为文效的后裔。但这种说法，还是值得怀疑。

因机缘凑巧，好几个姓文的都和包家有了亲戚关系。这几个文，有的的确是一家，比如包绶夫人文氏和文及甫，是文彦博的儿女；而有的则毫无关系，比如文效、文勋，他们有可能就是当地人。

文效，曾官国子监主簿。包公去世后，朝廷临时安排他为庐州保信军节度推官，以护送包公灵柩回老家安葬。几年后，他就去了常州做团练判官。他后来又去了哪里，就不知道了。但他的最后归宿，只可能是他自己的老家。除非文效本身就是文集人。但就算他是文集人，那文集村本身也有很多原住民都姓文，那么多文集人，不可能都是文效的后代。这是基本常识。

再看文勋。文勋自称为包公外甥，在宋史上有明确记载，他是庐江人，字安国，是一位著名的书画家，于篆书尤擅长，他和苏东坡、黄庭坚、米芾等书画名家，都有过交往，他的书法作品也有传世的，先后做过瑞安县令、福建路转运判官及广南东路转运判官等。文勋，有可能是包公姐姐或是堂姐妹的儿子。或许就住在附近，更或许就在文集或不远处的庐江。文勋能在 32

年时间内给三位包家人写篆盖，没有亲戚关系，是不可能做到的。而以包拯当时的声望，选中他写篆盖，肯定别有原因。并非文勋当时的名气已经大得不得了，实因为他是包公外甥，他当时在瑞安做县令，舅舅安葬时，他千里迢迢回来了，叫他写，不是最合适的吗？

包公墓志铭的书写者，是"知国子监书学兼篆石经、同判登鼓院"的杨南仲。杨南仲在国子监里教授书法，他是杨察之子，晏殊的外孙。精通古文字学和金石学，到现在仍被奉为宋代金石学领域创释古文字的第一人。包公和杨察之间有着同乡之谊，杨察已先包公去世。请杨南仲为包公书写墓志铭，诚为最佳人选。

文效跟文勋，极有可能是一个大家族的族兄弟之类。以此推测，包公的这位女婿，很有可能也属庐江文氏。文效和文勋，皆士族出身，在当地应该还是很著名的人家。否则包、文两家不可能结成亲家，再延及下一代。

# 小儿子包绶

包公去世时，包绶才 5 岁。11 岁时，董夫人去世。接下去，这个小人儿的一切，都由长嫂崔氏打理。所以他从小便和崔氏很亲。而崔氏，此时活着的唯一目标，便是养育好包绶，抚养他成人。

出生在这样一个特殊的家庭里，包绶从小就有使命感，而且特别早熟。因为父亲的关系，他一直备受关照。5 岁时便被朝廷授官，然后每三年朝廷大典后举行赏赉，他也跟着迁官，由"将仕郎"转为"大理评事"，后来又加"承事郎"。这些照顾，是他父亲生前强烈反对的，一直没有反对掉，但在他去世后，他家人却享受到了这份福利。

包绶 6 岁时开始读书。董夫人为让他受到良好教育，捐出馆舍，延请名师。

董夫人去世时，包绶才 11 岁，但他居丧尽孝，表现可圈可点。而董夫人生病时，照顾她的是崔氏，"药食不亲调不敢进"。包绶长大后，大嫂又为他想方设法找到生母孙氏，并把她从开封接到合肥来，让包绶享受到母子亲情。包绶虽然从小失去父亲，但得到的爱并不缺少。他的第一任妻子，是张田的女儿。

张田在包公去世后来合肥做了一任知府，受董夫人委托，帮助编辑印制包拯奏议集。1066 年他调往广州任职，两年后，董夫人去世，崔氏成了包家掌门人，此时已任职常州团练判官的文效回来奔丧，然后去信给张田，请他为董夫人写墓志铭。张田无法推脱，因为他和董夫人因编书一事而有过不少来往，更何况他又是包公门生，他不写谁写呢？

张家和包家，就这样，来往越多越有感情，最后成了亲家。这应该是崔氏在周围实在没找到合适姑娘后，突然想起张田来，张田的女儿在合肥时她也见过，印象颇好，便托文效写信求婚，张田一口答应。

从广州迎娶张家姑娘，应该还是有不少故事的。但这方面资料实在太少，姑且从略。包绶的这位夫人是很配得上他的，跟他一起出去做官，并为他生儿育女，张氏和他一起度过了幸福的几年光阴。

可惜张氏命薄，没几年便去世了。张氏去世时，张田已先她离世。张氏生有二子，次子耆年活至成年，所以包公的后人一支中，也有张田的血脉。

包绶的第一个官职是濠州（今安徽凤阳）团练判官。这个时候，他已初具包拯当年的风仪，做事公正、严明且泼辣，下属想做点什么小动作，都逃不过他的眼睛，而且他批评起人来也毫不留情，所以他的同事和属下，对他既敬且畏。时日一久，声望日高，连太守做事都要和他商量，如果事不可行，他便当面提出来，让人心服口服。他在濠州任内，做了不少好事，很得民心。

父子为人处世如此相像，这不能不感叹，基因太强大了。父亲的为官风格，父亲留下来的那些奏议，肯定也深深影响了包绶。任满解官时，"人称廉洁，恩惠爱，异口一词"。小包绶，显然是包公 2.0 版。

包绶任满后要进京到吏部磨勘，这期间，他拜访了父亲老同学、时任宰相的文彦博老先生。这是元祐三年（1088）的事，距离包公去世已 26 年，当年的 5 岁小儿，已经成了一双孩子的父亲；而文彦博此时年已 83 岁垂垂老矣，此时已是宋哲宗时代，高太后在主持朝政。

这位高太后，就是仁宗曹皇后姐姐的孩子，从小被曹皇后收养在宫中，后来又是曹皇后做主把她嫁给了英宗。她是哲宗皇帝的老奶奶，已升级为"太皇太后"。她喜欢用老人，所以一再要求文彦博必须出山。年迈的老宰相本来已在洛阳养老，在儿子的陪同下颤颤巍巍进宫，请辞不得，只好接受新职，被授"太师、平章军国重事"，这个头衔是史无前例的。他除了当宰相外，还负责给小皇帝讲解经书。允许他一月赴宫中讲两次课，每六日去一次朝廷。但文彦博并不倚老卖老，而是非常守规矩懂礼节。在皇帝面前，老人家都是毕恭毕敬地站着，小皇帝屡次要请他稍加休息，但他还是站着，不肯坐下来。一位80多岁的老先生，服侍过四位皇帝，做过多年宰相，但任何时候，他在细节上都绝不随意。

31岁的包绶，曾多次听家里的长辈讲过文彦博，也听同僚多次说起过文老宰相，对他佩服得不得了。而他和父亲的交情又非同一般，所以这一回在京都等差遣期间，他一定要去拜访老人家一下，这也是大嫂崔氏的心愿。

这时候，包公生前的老同僚、老同年差不多都死光了。就连司马光，也已在两年前去世。说起来，文彦博的被召用，还是司马光最先提出来的。并要求，一定要把老前辈文彦博摆在他的前面（**当时司马光也是宰相**）。此事一度引起过阁员们的非议。意思是，一个老先生，虽然德高望重，但毕竟80多岁了，办事不能全仰仗他，平时的政务事，还是要司马光处理，所以宰相排序，司马光理应排第一。但司马光强烈要求，无论从年资还是从威望，都必须把文彦博排在第一位。最后，当然还是尊重司马光的意见。司马光那时候已抱病在身，他多次请辞而不得。他死后，文彦博一连写下四首挽词，以示痛悼。其中一首这样写：

莫逆论交司马丈，君心知我我知君。

同谋同道殊无间，一死一生今遂分。

八十衰翁如槁木，一千余日是残曛。

前途若有相逢处，尚以英灵解世纷。

这诗读来不无感伤。而他和司马光能成莫逆之交，也是一段佳话。

见到包绶来拜访他，文彦博非常高兴，和他谈起了他父亲的生前往事，也询问了包绶的现状。当得知他已丧偶，而文家刚好还有一个小女儿待字闺中，文彦博当即决定，把小女儿嫁给包绶做续妻。他特意叮嘱包绶写信给崔氏，告知他的这一决定，并向她问好。

当包绶听到文彦博的这一决定时，以为听错了，但文彦博慈爱的眼睛看着他，让他回过神来，他赶紧跪下表示感谢，对这份意想不到的礼物，他不知道该谢绝还是该接受，最后还是文彦博拉起他，让他坐下，然后说了一句话："你一直做得很好，你很像你爸爸……"而包绶此时已泪流满面。

1088 年的时候，文氏只有 15 岁，她是老父亲 69 岁时生下来的孩子，家里的老幺，平时备受父亲的宠爱。她嫁给包绶，还要过一段时间，在她 16 岁时，两人结了婚，那时候包绶已经做了京朝官。而包绶能做上京朝官，还和文彦博的推荐有关。

1088 年十一月，文彦博向朝廷举荐包绶，他的举荐是基于两位新人因为父亲的关系而被拔擢，他们的父亲当年都不如包拯有名，何况包绶政绩非常优秀，所以他的举荐信，理由十分充足：

臣切见故枢密副使包拯，身备忠义，秉节清劲，直道立朝，中外严惮。先帝以其德望之重，擢为辅臣，未尽其才，不久薨谢，举朝痛惜之。今其子绶见任宣义郎，签书濠州判官，能世其家，恬静自守，不苟求进，士人称之。臣伏见近奖用刘敦夫、吕由诚皆以其父吕诲、刘痒之故。如包拯之后，惟绶一身孤立不倚，臣以谓宜蒙奖擢，以旌名臣之后。取进止。

老宰相出面推荐包绶，包绶也因此改变了他的命运。他由地方官改为京朝官。回到了他的出生地开封，他的生母孙氏也跟着他一起回来。而两个孩子，则有小妾在照顾。

这位小妾或者叫滕，不知其姓氏，也不知有无生育。她应该是在张氏去世后出现的。而文彦博知道这些情况后，还愿意把小女儿嫁给包绶做续妻，可见他是非常欣赏包绶的。对小妾的存在他也是不以为意的。当然，我们也有理由推测，文姑娘应该是文彦博小妾生的孩子。

包绶任的第一个京朝官职是少府监丞。北宋时，少府是专门掌制造门戟、神衣、旌节、祭玉、法物、牌印、朱记、百官拜表法物等事的一个机构。包绶在这里做监官，他做事非常细心周到，管理得有条不紊，好像天生就是做这个官的，"若素宦于朝者"，得到很多人的表扬和推荐，包括那些名公巨卿，都说他果然是名臣之后。

做少府监丞时，包绶娶了文姑娘，文、包两代情缘，由此延伸到了第三代。

能做宰相家的女婿，文彦博对包绶肯定会有影响，他的朋友圈自然也不一样。如果说，父亲包拯是他的启蒙老师，那么，文彦博应该是他的博士生导师。文氏和他做夫妻十几年，文彦博的影响也是始终存在的。这种潜移默化的影响，也会在他们俩的后人身上体现出来。

文氏既聪明又漂亮，为人贤惠且落落大方，在家时便很讨老父亲的欢心，年纪轻轻嫁过来，就升格做了继母。出嫁前，父亲对她语重心长说了很多话。意思是，让她学会处理各种复杂的关系。文彦博的教育应该是成功的，文氏嫁过来后，上上下下都对她很满意。她既是个好妻子，又是个好媳妇，还是个好母亲，她对张氏两个儿子视如己出。喜欢周济穷人，不看重钱财，却自奉甚俭。毕竟是名门闺秀啊，做派果然高大上。

文氏活了30岁，死于1103年，有墓志铭留下来。说她有子四人，女三人。但其实，这些子女未必都是她生的。在墓志铭上，不会刻意区分亲生和非亲生。如果小妾也有生育的话，也算她孩子。这样一来，她本人具体生了几个孩子，后人还是无从知道。但包绶的四个儿子中，三子彭年、四子景年，应该是她生的。

包绶的两位夫人都出身高贵。张氏没有墓志铭而文氏有。文氏出身显然更高贵些。文氏去世时，包绶已46岁，她的8个哥哥都在朝为官，立个墓志铭，也是包绶对文家的一种报答，他是感恩的。幸亏他给文氏立了墓志铭，我们这才知道，包公一部分后人的遗传密码中，还有文彦博的一部分。

包绶做国子监丞，也是很有故事的。国子监是宋时最高学府，包绶虽然没参加过科考，但读书并不少，学问也是有的，因为不需要考进士，他反而有更多时间可以自由读书。他一到这里做官，"公一提按，典籍遍举。复视公厨，饮食苟且，积弊为甚"。他主抓两块，一块抓图书管理，一块抓食堂后勤。包绶看到食堂管理漏洞很多，饮食苟且，他顺藤摸瓜，很快找出问题，并当众公布，严肃处理，食堂面貌为之一新，"诸吏肃然"。这种作风是不是很像他爸爸？

包绶后来移官，做"将作监丞"，监管皇家宫室建筑、金玉珠宝器皿刺绣之类的制作部门，一样做得很好。

文彦博死于绍圣四年（1097）五月。这之前，向太后去世，哲宗亲政，朝廷形势开始大变，老家伙们都被赶走了，新换的是人品有点邪的蔡京、章惇、曾布之流，他们对前朝旧人纷纷贬斥并加以追杀。苏东坡被贬，司马光赠谥被追夺。文彦博在死前被降官，这是对他老人家的极大污辱。不过，他去世后一切都看不到了。只知道朝廷已变了天。

崔氏死于文彦博前三年，她是绍圣元年（1094）七月去世的，那时高太后刚去世，哲宗开始亲政，旧人还没被怎么打压，包绶千里奔丧，崔氏的丧事是他一手操持的。当然，崔氏的养子包永年也在跑前跑后，帮了不少忙。

## 长孙包永年

包永年比包绶小12岁。他在几岁时，因父亲去世母亲改嫁，被过继给崔氏。所以他也是崔氏一手带大的孩子。

神宗元丰年间（1078—1085），"天子念孝肃忠烈，当追荣无穷。诏登绘像，春秋从享，俾若嗣若孙，加以恩赉"。以天子的名义下诏要奉像纪念包公，还加恩给他的子孙，这是有里程碑意义的一件大事。此时包绶已20多岁，成了家还有派遣在身，所以他上疏朝廷，"**乞官其侄。朝廷喜，从其请**"。这样，包永年便被赏官"宣教郎"，但他七年未仕。因他是1070年生的，此时他还是个少年，还在做学生呢。

包永年虽非包公亲孙，但他受到的教育也是非常完整的。崔氏当年怎么教包绶，包永年得到的爱和教育也一样不少，所以包永年，也成长为一个有着包公气质的男人。

他在元祐七年（1092），授官"无为军巢县主簿"。将欲行，养母崔氏去世。他在家丁母忧。丁忧满，改任开封府咸平县主簿。此时叔叔包绶一家都在开封。他过开封时，特意去看望了叔叔一家。那时候叔叔一家生活得和和美美，让他不无羡慕。

包绶在做过将作监丞后，被除"通判瀛州"，瀛州是他父亲生前工作过的地方，他很想去，但终因家贫负担重而没有成行。后被改授少府监丞。再次回老单位来工作，他工作精神不减，"视事不异前日"。

不久，因生母孙氏去世，包绶把孙氏送回老家，安葬在父亲墓的下角。因生母没有名分，所以也不宜立墓志铭。只是在董夫人边上，给她一个小小的位置而已。作为儿子，也只能如此了。

包绶守丧期间杜门不出，只是在家教育子弟。读书，教子弟，写写东西，大约是他这段时光的主要生活。

丁忧结束，他被授"汝州通判"。汝州这个地方盗贼多，可奇怪的是，听说包公儿子来做通判了，那些盗贼都变身为良民，不再出来犯事了。这得益于包公的影响，但小包公也的确有包公的范儿，不光长得像，连为官风格都像包公，所以谁也不敢在他手里犯事。小包公离开汝州时，汝州百姓都出来送他。

包绶去吏部磨勘，这次等到的派遣是监进奏院。三年任满后，转为潭州（今湖南长沙）通判。

此时，文氏已离世，这让他痛苦万分，此时已是宋徽宗时代。朝廷一路下行，糟糕得不像样子。文氏去世时是他护送她回老家的，给她立碑，写墓志铭的是他的一位朋友。书写墓志并篆盖的是新授临江军、新淦县丞张忠思。治丧结束后他回到朝廷，接受新派遣。他等到的新派遣是潭州通判。此时他的侄子包永年已被授袁州分宜县尉。

叔侄之间虽然不太能见到，但彼此间常有书信往来。包永年为官也和叔叔一样，每到一地都有政绩，廉勤自守，为民所爱。在分宜时，他和县令论事不协，他索性解职退休，待在家里有6年。他再出来工作已是大观二年（1108）。所以文氏去世时，他刚好在家。小叔去世时，他也在家。包绶是1105年去世的，时崇宁四年十一月初七。

包绶死在去潭州任职的路上。他一路舟行，又是冬天，半路上染病，在距黄州十余里处病情加重，不幸病逝，终年48岁。

包绶遗物中，除了诰敕、著述外，并没什么积蓄和贵重物品，大家都觉得奇怪，出生在这样一个家庭，又一直有官职在身，怎么会没有钱呢？可见，小包公和老包公一样，虽然做官却清苦守节，廉洁自律。只可惜，包绶的著述没有一篇留下来。

根据墓志铭的介绍，"崔氏有子，相与义居，至于终，无异意"，可见包绶和包永年叔侄两家始终没有分过家，他们是一个大家庭，而且两家人处得都不错。包绶长年在外做官，除了有几年回家守孝外，大部分时间都在外面。这种情况，在古代大家庭很多见，甚至有几百年都不分家的。中国最著名的大家族义门陈氏（著名学者陈寅恪的家族），曾经四百年不分家，还是皇帝下诏，由包拯和文彦博主持分家的。这在陈氏族谱里有记载。

包绶娶的两位夫人皆出自贵家，但他却视富贵如浮云。他和文氏都喜欢道教，所以为人洒脱，不重钱财。包绶墓志铭说他：

甫自童雅，御事有法，不喜苟佞，取友必端。博及群书，罔不通悟。

从童年起，包绶做事便很有方法，不喜油滑奸诈，所交朋友都是端方之人。博览群书，无不通悟。由此可见，包绶受父亲影响很大，他们的行事也都差不多。

包绶有子四人，皆有学问。长子康年，次子耆年，三子彭年，四子景年。康年和彭年，"后公数年卒"。老二耆年、老四景年活到成年，包公的后人，便出于这两位祖宗。一支有张田血脉，一支有文彦博血脉。女有三人，除长女早夭外，次女嫁提点刑狱张公之子。小女不育。

包绶的棺木是在 11 年后，即政和丙申年（1116）十二月，由两位已成年的儿子包耆年、包景年运回老家安葬。据墓志铭作者说，包绶的两个儿子"泣血持节来乞其铭以荐"，他无以为辞，不敢不写。

而包永年，在叔叔去世后三年，又重新出来做官。复出后，他先调浙江做遂昌县令。才一年，生母萧氏去世，他辞官回家丁生母忧。生母在生父去世后改嫁，后来包永年长大后，她再嫁夫又去世了，包永年便上门迎请她回来，朝昏服侍，极尽人子之职。

政和二年（1112），包永年丁忧结束复出做官，去金州（**今陕西安康**）司工曹事。他到任后，凡是同事决定不了的，都要找他咨询，可见他的能力很高。干了一年，州人想把他留下来却不可得，纷纷感叹说："包公孙子，果然不一样啊。"

1118 年，包永年在鄂州做崇阳县令。他在这里做了一年多官，便因病辞官回家，不久便去世了，终年 51 岁，时为宣和二年（1120）四月十一日。

包永年先后娶过三位夫人，都死在他前面，儿子叫包完，当时还很幼小。两个女儿都已嫁人，两个女婿皆是俊才。而他自己一生乐善好施，和叔叔一样视富贵如浮云，为官廉洁清白，颇有包公之风。

包永年死的时候，家里穷得叮当响，丧事还是两位弟弟包耆年、包景年帮忙操办的。

## 那些著名后人

1987 年 10 月 1 日国庆节，笔者刚好在合肥，那天下午去了包河，无意中撞见香港船王包玉刚，在省长、市长陪同下去包公祠、包公墓园祭祖。那天围观者很多，笔者只是远远一瞥，站在他们身后的一片小树林里。这个印象非常深刻。因为这在当时是一个大新闻。

一个采访者后来说，他是包玉刚此行的摄影记者，跟拍了全过程。那天他的日记记了不止一页，还给包玉刚先生画了速写，并在速写纸上，请包玉刚及其家人签字留念。此公名叫康诗纬，后来得过中国摄影金像奖，这件作品被他收进一本画册中，而笔者则有缘为这本画册举办过读书会暨首发式。

包玉刚（1918—1991）当时拥有现代化船只 200 多艘，已跻身"世界船王"之列。他去北京时，通常见到的都是党和国家领导人。包玉刚 15 岁从宁波辍学，去往上海，先在银行业服务，后辗转重庆，1949 年去了香港，1955 年买了一条旧船，开始学做海上运输，一年后发展为七艘船，可以组成一个编队。在著名的以埃战争中，他的船队迅速扩张，平均往返四次就能赚回一艘船。到了 20 世纪 70 年代，他已是著名的船王，财富触角遍及很多国家，是香港排名第五的著名财团。

包玉刚的奋斗史足以证明，穷小子逆袭成功并非神话。却没想到，他是包公后人。这是包公墓挖掘后，被证实的一件事。

参与挖掘的程如峰，后来特意去了一趟宁波，那里有个著名的藏书楼天一阁，珍藏着一部《包氏宗谱》。程如峰查阅到的包氏宗谱，全名叫《镇海横河堰包氏宗谱》，这个宗谱创建于明崇祯元年（1628），经过十次重修，均为手抄本。宗谱共一部六卷，从包公高祖开的头。显见浙江这一支包氏，是包公的后代。由于手抄的原因，宗谱中也有不少错误，但条分缕析，却分明见证了包公后人如何落户浙江，并发展壮大的过程。

这一查，顺藤摸瓜便摸出了包玉刚。他是包公第二十九代孙。于是程如峰回来后写了一篇论文《包玉刚先生家世考》，并把写好的论文寄给包玉刚过目，没想到，包先生很快托助理回了信，这才有了1987年他到合肥祭祖的这个举动，而笔者居然无意中看到了他们祭祖的大致过程。30年后，有出版社约写包公，这也是缘分吧。而笔者从南京来到合肥，刚开始的第一个住处，就在包公祠对面，和包氏长房长支居住的宁国新村，也就隔一条马路。更想不到的是，包公最著名的一支后人，就生活在笔者的老家浙江。这一支实也是文彦博的后人，这正是包绶小儿子包景年那一支。

文氏1074年出生，嫁给包绶，当在17岁左右。以此推算，小儿子包康年的出生应该在1095年左右。包绶去世时，包景年才10来岁。二哥包耆年应该有20来岁了。他一个人运不回父亲的棺材，所以要11年后，等包景年长成壮小伙子了，兄弟俩才能把父亲棺木运回来安葬。

对包景年来说，虽然父系母系出身都那么高贵，属双料巨族，但他那么小就父母双亡，几年后，大哥康年、三哥彭年又相继去世，打击一波接一波袭来，包景年小时候的人生远不如父亲包绶，更不如祖父包拯。作为包公的小孙子，朝廷也还有些福利在，再加上此时家族里的大哥哥包永年还在外地做官，对兄弟俩多少也会有些照顾。一大家子互相扶持，度过了人生中最困顿的少年时光。他的那些舅舅们有没有关照到他，我们并不知道，但包景年应该和舅家还会有些联系。

包景年因祖荫袭迪功郎。迪功郎又称宣教郎，在宋时，是从九品官。他后来做过历阳县令。这时候已是天翻地覆南宋天。不过南宋天子对包公后人还是很关照的。包景年的儿子包安中"遇明堂赦恩，袭将仕郎"。将仕郎，是最末一等官，九品下。但多少也是个意思。

1129年，也就是包景年40多岁时，金兵南下合肥，他们在合肥的老房子被一把火烧掉，包公后人四散逃亡，包公墓也被盗墓者光顾。金兵走后，包公后人回来，看到包公墓被劫，他们把包公遗骨在夜里偷偷捡出，安葬到边上一个小墓坑里，大墓仍照原样填回去。

　　不久，金兵又一次大扫荡过来，包公后人惊慌中再次逃离老家。这个事情当时处理得十分隐蔽，迁墓者很可能在逃亡期间遭遇到了不幸，故后人对此事始终一无所知，以致一千年来，人们祭拜的始终是空空如也的大墓，而对小墓视而不见。

　　包景年长年在外做官。在合肥祖居遭遇金兵劫掠，一把火烧掉后，他和家人在合肥已无家可归，也变成了逃亡一族。在金兵狂掠合肥城时，他的二哥包耆年，可能已不在人世。

　　绍兴三年（1133）五月辛酉，录故枢密事使包拯曾孙嗣直为迪功郎，用淮西将帅胡舜陟请也。

　　这一则史料，记载于李心传写的《建炎以来系年要录》一书中。淮西将帅胡舜陟奏请朝廷录包拯曾孙包嗣直为迪功郎。胡舜陟是庐江人，做过庐州知府。他对包公是非常景仰的，对包公后人也是熟悉的，所以才有这份奏请。

　　程如峰先生认为，这个记载是有问题的。按他的理解，包景年那时候才40多岁，就算有孙子，也才一点点大，不可能录为迪功郎。但如果这位孙子，是包耆年的孙子呢？

　　包耆年大包景年十来岁，这个时候他的孙子已经有十几岁了，录为迪功郎是完全有可能的。而且他属"长房长孙"这一支。如果朝廷有什么福利，也首先落在长房长孙这一支上。这是古代中国的规矩。

　　包景年的孙子包邦直，这时候可能还没有出生，或者刚刚出生，他后来生活在老家，并且活到了包公200周年生日。因为就在1199年，包公出生200年时，包公墓在庐州府学教授丁端祖、合肥县令潘文友的提议下，经淮西路主帅王补之同意，开始了第一次重修。

　　墓园修成后，受王补之的委托，淮西路安抚司一位官员林至，写了一篇"庆元重修孝肃包公墓记"，提到了"中更兵火，子孙流离，故宅废为民居，独庙祀存焉"，提到了包公墓园景况凄凉，"丘封荒顿，宰木剪拔，担夫牧竖，往来莫禁，甚者至蹊其墓田，欲夺而有之"，还提到了这位曾孙，"公之元孙邦直，朝廷盖尝命之官，今虽老不能仕"，说明这位曾孙，正是促成政府重修包公墓的一个主要人物。

按时间来推算，到包公诞辰 200 年时，包景年的孙子包邦直，应该有六七十岁了，"今虽老不能仕"，说明这位老人家当时已是包公后人中族长之类的角色，年资最高，说的话也最有分量，所以由他出面跟政府交涉。

包邦直的儿子包必胜，曾做过安徽太湖县令，孙子包有容则做过浙江平阳县令，到他曾孙包元吉时，靠自己努力逆袭成功，包元吉不但考取进士，还"榜眼及第"，这是继包公之后的又一位进士。此人 15 岁便为郡守所器重，考中进士后"历官秘书监丞兼崇政殿说书，仕终承仕郎、守翰林院中书待制、赠朝散大夫，著有《经传考疑八卷行世》"。做上了翰林院待制，还在崇政殿里讲过课做过教授，并有著作问世，这是包公后人中最厉害的一位。

此人颇有些狂气，他请人给自己画像，然后在像后题跋：

> 某才学则迂疏，其志行亦狂简；幸逢世以效愚，每惴惴于自反；僚友谓之强，主上谓之板；愧变通之乏术，徒为杰士之所芜；强者矫亢不阿之名，板者愚直不通之谓；盖气质固蔽之已深，而学问变化之未至；若谬比于奸邪，则难合乎公义，虽内省之无愧！然岂敢忘敬畏也哉！

这位进士的做派，和老祖宗包公有得一拼。有才气，有学问，有风骨，有真性情，当然也有脾气。敬畏天地，敬畏祖宗。不媚俗，不苟从，铁骨铮铮。

此公后来定居临安（今杭州），死后亦葬于此。这是包景年这一支正式定居浙江的开始。

这位进士共有四个儿子，六个孙子。其中二子做过无锡县令，小四子包璋是进士出身，做过朝散大夫。包璋死后葬在父亲身边，但他的儿子包荣，则由临安搬到宁波居住。是包玉刚的一位老祖宗。

包元吉四个儿子中，定居临安的只是考中进士的包璋这一支。三个儿子后来都相继返回合肥居住。

1265 年，蒙古兵打到合肥来，包元吉那些住在合肥的孙子们，纷纷南逃加入流亡大军的队伍中。这是包公后人又一次大规模的南迁。

南逃的包元吉的那些后人们，多随身携带有包公留下来的诰敕、画像之类作为纪念。其中一位名叫包宗礼的后人，他便带着老祖宗留下来的一道诰敕逃难到临安，包宗礼可能去了金华一带，他后来碰到大名人宋濂，请他为所携带的诰敕题跋。他是包公的第十五世孙。时间当在 14 世纪中后期。因为宋濂是 1381 年去世的。南宋亡于 1279 年。而元朝则亡于 1368 年。此时距包公去世，已整整过去三百多年。他的子孙中，还有人保存着他的诰敕。

乱世中，包公后人中第二位考取进士的包慎，他是最早留在杭州定居的那一支。他的曾孙包世茂，是"四明三先生"之一，曾做过定海县教谕。在四明培养了很多弟子。包世茂后来考中进士。他是包公后人中第三位考中进士的。有《蛟川集》传世。

包世茂的弟弟包世忠，有一位家住镇海的后人，名叫包奎祉，他是包公的第二十一代孙。这人家境贫寒，初以缝纫为生，后来改贩丝绸，常往来于宁波、温州等地。有一天早起，发现自己的青布包袱不见了，却多了一个裹着 200 两银子的枕头，里面还有一张 5000 两银子的银票。这让他大吃一惊，他问遍了所有的客人，都说不是他们的。他便想，是不是头天住天台饭店时，早上起来匆忙之中，拿错了枕头。他怕失主着急，赶紧挑着担子回到天台饭店，却连等数日都无人来认领。他只好在墙上留言，留下地址。

一年过去，才有人上他家门。原来是位福建商人，做木材生意的，他在拿错了枕头后匆忙挂失，却忘了返回住处。他想，200 两银子肯定不会有人送回来的。一年后他重回天台饭店，看到墙上那则留言，便匆忙赶了过来。

商人见银两和银票子全在，非常感动，当即说，200 两银子就不要了，当作感谢。包奎祉说：我保存银子等着你来，难道是为了要你的感谢吗？我是担心你丢失巨款，会有不测啊。不由分说还给了他。当商人得知这位包先生就是包公的后代时，顿生好感。便萌生念头，一定要帮助他。于是邀请他去福建，跟他一起学做木材生意。

包奎祉在福建商人的帮助下，很快学会了做木材生意，十几年后发了大财，回家买田置地。这就是包玉刚的一位祖宗。

总结起来，包公家族在一千多年中，总共出过5位进士，有两对父子进士，有一位财富领袖。更多的是无名人士。

不过，不管有名还是无名，他们都视包公为最大的骄傲。本分为人，清白持家，忠于国家，忠于乡邦，廉洁，有操守，绝不辱没祖宗，这便是包家世世代代严格遵守的家风。

这样的家风，已成绝唱矣。

# 主要参考书目

〔宋〕李焘：《续资治通鉴长编》

〔元〕脱脱：《宋史》

〔宋〕李心传：《建炎以来系年要录》

〔宋〕洪迈：《容斋随笔》《夷坚志》

〔宋〕刘克庄：《后村先生大全集》

〔宋〕邵伯温：《邵氏见闻录》《闻见录》

〔宋〕田况：《儒林公议》

〔宋〕孙氏：《孙公谈圃》

〔宋〕叶梦得：《石林燕话》

〔宋〕王明清：《挥尘后录》

〔宋〕蔡绦：《铁围山丛谈》

〔宋〕陆游：《避暑漫抄》《老学庵笔记》

〔宋〕王巩：《闻见近录》

〔宋〕魏泰：《东轩笔录》

〔宋〕文莹：《湘山野录》

〔宋〕王铚：《默记》

〔宋〕曾敏行：《独醒杂志》

〔宋〕吴曾：《能改斋漫录》

〔宋〕王称：《东都事略》

〔宋〕周密：《癸辛杂识》

〔宋〕江休复：《江邻几杂志》

〔宋〕陈师道：《后山谈丛》

〔宋〕韩琦：《墨客挥犀》

〔宋〕张舜民：《画墁录》

〔宋〕司马光：《资治通鉴》《涑水记闻》

〔宋〕欧阳修：《归田录》

〔宋〕曾巩：《曾巩集》

〔宋〕朱熹：《三朝名臣言行录》

〔宋〕范仲淹：《范文正公集》

〔宋〕王安石：《临川先生文集》

〔宋〕张方平：《乐全集》

〔宋〕蔡襄：《蔡忠惠公文集》

〔宋〕文彦博：《文潞公文集》

〔宋〕沈括：《梦溪笔谈》

蔡东蕃：《宋史演义》，长春：吉林大学出版社，2011 年版。

孔繁敏：《包拯年谱》，合肥：黄山书社，1986 年版。

杨国宜：《包拯集校注》，合肥：黄山书社，1999 年版。

李继海：《肥东人物》，北京：中国文史出版社，2013 年版。

程如峰：《包公墓再生缘》，香港：香港天马出版有限公司。

程如峰：《解开包公墓之谜》，香港：香港天马出版有限公司。

侯小宝：《文彦博评传》，成都：四川大学出版社，2010 年版。

程如峰：《包公传》，合肥：黄山书社，1994 年版。

陈桂棣、春桃：《包公遗骨记》，北京：人民文学出版社，2005 年版。

李良学：《李良学讲包公》，天津：南开大学出版社，2014 年版。

李炜光：《正说包公》，北京：中国青年出版社，2013 年版。

张国华：《包拯身前身后事》，北京：中国经济出版社，2002 年版。

完颜海瑞：《合肥包公》，合肥：安徽文艺出版社，2011 年版。

朱万曙：《包公故事源流考述》，合肥：安徽文艺出版社，1995 年版。

虞云国：《宋代台谏制度研究》，上海：上海人民出版社，2014 年版。

邓广铭：《北宋政治改革家王安石》，北京：北京出版社，2016 年版。

邓广铭：《宋史十讲》，北京：中华书局，2015 年版。

〔宋〕孟元老撰，伊永文笺注：《东京梦华录笺注》，北京：中华书局，2006 年版。

邓小南：《过程·空间　宋代政治史再探析》，北京：北京大学出版社，2017 年版。

梁庚尧：《宋代科举社会》，上海：东方出版中心，2017 年版。

赵冬梅：《司马光和他的时代》，北京：生活书店出版有限公司，2014 年版。

诸葛忆兵：《范仲淹传》，北京：中华书局，2012 年版。

慕容苹果：《一曲新词酒一杯——晏殊传》，北京：北京工业大学出版社，2017 年版。

丁建军：《宋朝地方官员考核制度研究》，北京：人民出版社，2014 年版。

王桐龄：《宋辽金元史》，武汉：华中科技大学出版社，2017 年版。

刘德清、刘菊芳：《欧阳修传略》，南昌：江西人民出版社，2012 年版。

赵冬梅：《千秋是非话寇准》，北京：电子工业出版社，2012 年版。

梁建国：《朝堂之外：北宋东京士人交游》，北京：中国社会科学出版社，2016 年版。

周佳：《北宋中央日常政务运行研究》，北京：中华书局，2015 年版。

聂崇岐：《宋史丛考》，北京：中华书局，2013 年版。

丁传靖辑：《宋人轶事汇编》，北京：中华书局，2012 年版。

张晓林：《宋真宗的朝野》，北京：现代出版社，2016 年版。

张晓林：《书法菩提》，北京：现代出版社，2016 年版。

张金铣主编：《合肥通史》，合肥：安徽人民出版社，2017 年版。

薛凤旋：《〈清明上河图〉：北宋繁华记忆》，北京：中华书局，2017 年版。

周义敢、周雷：《梅尧臣资料汇编》，北京：中华书局，2007 年版。

张程：《脆弱的繁华——南宋的一百五十年》，合肥：安徽人民出版社，

2008 年版。

　　秦俊：《大宋天子宋仁宗》，北京：东方出版社，2018 年版。

　　林语堂著，张振玉译：《苏东坡》，长沙：湖南人民出版社，2017 年版。

　　曾枣庄：《苏洵图传》，石家庄：河北人民出版社，2006 年版。

　　朱东润：《梅尧臣传》，北京：中华书局，1979 年版。

　　施耐庵、罗贯中：《水浒传》，北京：人民文学出版社，1975 年版。

　　邱捷：《晚清官场镜像：杜凤治日记研究》，北京：社会科学文献出版社，2021 年版。

　　欧阳修：《欧阳修全集》，北京：中华书局，2001 年版。

　　苏辙：《苏辙集》，北京：中华书局，1990 年版。

　　范仲淹：《范仲淹全集》，南京：凤凰出版社，2004 年版。

　　马端临：《文献通考》，北京：中华书局，2011 年版。